U0274507

北大纵横管理咨询集团系列丛书

孙连才 编著

管理咨询经典
工具与模型精选 （第2版）

清华大学出版社

北京

内 容 简 介

本书是一本管理理论与管理咨询实务高度融合的工具书,精选了管理活动中常用的55个工具、模型与方法,从决策思维分析、战略管理、人力资源管理、财务管理、生产管理、营销服务管理、项目物流管理等方面,阐述了各工具的产生背景与发展情况、工具的操作步骤,以及可能产生的问题和对策等,并附丰富的实际操作案例。书中对每一个工具追根溯源,为每一个模型清晰概念,让每一个方法有章可循。

本书可帮助管理咨询从业人员在工作中准确高效地使用模型,也能够使一线管理者随时随地查阅每一种方法的操作步骤,还可作为管理者、学者和对管理咨询相关内容感兴趣的人员的参考书。

本书封面贴有清华大学出版社防伪标签,无标签者不得销售。

版权所有,侵权必究。举报:010-62782989,beiqinquan@tup.tsinghua.edu.cn。

图书在版编目(CIP)数据

管理咨询经典工具与模型精选 / 孙连才编著. —2版. —北京:清华大学出版社,2023.3

(北大纵横管理咨询集团系列丛书)

ISBN 978-7-302-55245-1

Ⅰ.①管… Ⅱ.①孙… Ⅲ.①企业管理—咨询—研究 Ⅳ.①F272

中国版本图书馆CIP数据核字(2020)第047884号

责任编辑:王燊娉 高晓晴
封面设计:赵晋锋
版式设计:方加青
责任校对:马遥遥
责任印制:刘海龙

出版发行:清华大学出版社
　　　　网　　　址:http://www.tup.com.cn,http://www.wqbook.com
　　　　地　　　址:北京清华大学学研大厦A座　　　　　　　邮　　编:100084
　　　　社 总 机:010-83470000　　　　　　　　　　　　　邮　　购:010-62786544
　　　　投稿与读者服务:010-62776969,c-service@tup.tsinghua.edu.cn
　　　　质 量 反 馈:010-62772015,zhiliang@tup.tsinghua.edu.cn
印 装 者:北京嘉实印刷有限公司
经　　销:全国新华书店
开　　本:180mm×250mm　　印　张:30　　字　　数:675千字
版　　次:2014年5月第1版　2023年3月第2版　　印　　次:2023年3月第1次印刷
定　　价:109.00元

产品编号:084904-01

丛书序

中国企业的经济活力即将迸发，中国的经济发展将会引领世界，这是一个值得期待的时代，也是一个让人遐想的时代！

新的经济环境赋予了中国企业新的历史使命，也催生了中国本土咨询业的快速发展，越来越多的知名企业与咨询服务机构的成功合作，预示着两者之间的关系将会更加紧密。作为中国本土管理咨询业的先行者和领导者，我们不仅熟悉管理理论和管理规律，而且把世界上先进、成熟、实用的管理理念和工具、方法迅速介绍及运用于企业，使之变成对管理实践有指导意义的可操作、可执行的方案，这既是管理咨询顾问的价值体现，也是我们主张的专家、咨询顾问和企业家"三层面"管理理论的实现方式。

北大纵横管理咨询集团已成功为近千家企业提供了咨询服务，我们的发展历程也是本土咨询业探索和发展的缩影。通过专一小组、专一服务的驻场式强互动工作方式和三级质量保证体系，我们已成功地解决了规模化服务和个性化服务之间的关系，解决了保证服务质量与保持企业发展速度之间的关系。客户感受到的不仅仅是方案的价值，更是在整个咨询过程中，咨询公司把丰富的管理知识和敬业精神不断传递给企业的知识转移与示范效应价值。

北大纵横管理咨询集团一直保持着出版优秀图书的传统，从第一套系统的管理咨询图书出版至今已有十几个年头，很多咨询公司都是在纵横这套丛书的指导下在咨询行业走得越来越稳，这也是我们最为骄傲和自豪的地方，我们和中国的咨询业一起成长！

在这期间，很多纵横人也陆续出版了自己的图书，把自己的经验、知识和前沿关注与读者一同分享，但是这些图书比较分散，不成系统。这一次，在集团高级副总裁孙连才博士的策划与推动下，整合纵横诸多优秀咨询师的作品推出"北大纵横管理咨询集团系列丛书"。本丛书既是作者们集体智慧的结晶，也是作为中国最大的管理咨询公司勇于担当社会责任之率先垂范！

我们牢记"推动企业变革与成长"的公司使命，始终坚持个性服务和终生服务的理念，努力与服务过的客户建立长期的战略合作伙伴关系。

我们愿意不断接受新的挑战，更愿意成为企业家们在挑战新高度时手中那根撑竿，帮助企业跳得更高、跃得更远，为实现企业发展、国家富强这一共同的理想而努力。

北大纵横管理咨询集团创始人

2023年1月

前　言

　　战略制定时外部环境主要从哪几个维度分析，绩效指标从哪些维度分解，岗位评价如何才能更加切合企业实际，对企业进行财务分析应从哪几个方面展开，六西格玛如何在生产管理中运用，精益生产能给企业带来什么……作为一个管理咨询顾问，这些问题在项目中是经常会遇到的，而学习管理的人士和企业的高级管理者也会遇到这样的情况。

　　管理技术带来的经济效益毋庸置疑，而管理思想也同样重要。如何用管理的思维提高企业运行效率、优化企业运作流程，是摆在从事理论研究、管理实务和管理咨询工作人员面前的课题。

　　以上这些问题和要求无不在推动着管理思想、管理技术、管理理论和管理实务快速、深入地发展。本书是众多管理思想与管理技术的汇编，分别从决策思维分析、战略管理、人力资源管理、财务管理、生产管理、营销服务管理和项目物流管理7个方面精心挑选几十个经典的管理工具、模型和方法。这些工具经历了诸多专家学者、实务人员的使用和补充而日臻完善。

　　本书在选择管理工具、模型和方法的过程中主要考虑如下几点。

　　首先，工具产生的背景和思想理论基础。每一个管理工具、模型和方法产生的背后，都有现实的经济和社会背景、技术条件，了解这些能够使读者更深刻地理解这些工具，即"知道它们存在"，更知道它们"为什么存在"，这样才有可能对工具进行改进和创新。

　　其次，给出相对规范的概念含义和准确的特征。管理语言的一致性是交流与传播的基础，如果在管理活动的交流中对同一个词语的理解不一致，则十分不利于沟通，阻碍思想的融合和问题的有效改进。

　　再次，尽量告诉读者规范的操作流程和分析使用步骤，这是管理工具在实务运用中最为关键的步骤。很多管理者和管理咨询顾问在实务中任意改动操作流程和步骤，这是非常不可取的，建议按照规范的操作步骤运用管理工具，在熟练后再根据企业具体情况进行改进和优化。

　　最后，没有完美的管理工具、模型和分析方法，每一个工具都有其局限性和优缺点，每一个模型都有相对的适用范围，每一个方法都有其适用的公司规模和行业。因此，工具模型和方法的优缺点是读者必须关注的，更要关注的是相同或相似工具、模型和方法的运用。

　　本书第一版自出版以来重印近十次，能够获得如此多的管理咨询行业从业者、管理学及相关专业师生，以及企业管理者的青睐，甚是荣幸。其间，也收到不少读者的反馈意见和建议，此次再版对书中原疏漏之处进行了修订。因时间紧迫和诸多条件的限制，很多设想无法一一实现，错误之处也在所难免，恳请读者不吝赐教。

于北京 一介斋

2023年1月

目　　录

第一篇　决策思维分析工具

工具1　德尔菲法——高效重要的判断预测工具 ……………………………………… 2

工具2　决策树分析法——现代管理决策者常用的工具 ………………………… 10

工具3　头脑风暴法——激发团队创新的有效决策工具 ………………………… 14

工具4　5W2H分析法——调查研究和思考问题的有效方法 …………………… 25

第二篇　战略管理工具

工具5　PEST分析——战略外部环境分析的基本工具 ………………………… 30

工具6　波士顿矩阵法——制定公司层战略流行的方法 ………………………… 36

工具7　波特价值链分析——战略决策时资源分析的理论模型 ……………… 43

工具8　波特五力分析——行业竞争战略的有效分析工具 …………………… 51

工具9　核心竞争力分析——分析企业竞争和成长的重要工具 ……………… 58

工具10　麦肯锡三层面论——企业设计战略规划实施工具 ………………… 66

工具11　SWOT分析——战略规划和竞争情报的经典分析工具 …………… 75

工具12　GE矩阵——业务战略单元发展的分析工具 ………………………… 85

工具13　利益相关者分析——战略制定和战略评价分析工具 ……………… 92

工具14　平衡计分卡——具有影响力的战略绩效管理工具 ………………… 98

工具15　KPI——企业经营绩效成果测量和战略管理工具 ………………… 107

第三篇　人力资源管理工具

工具16　职位分析问卷法——流行的人员导向职务分析系统 ……………… 120

工具17　海氏工作评价系统——广泛使用的岗位评估工具 ………………… 124

工具18　宽带薪酬设计——新型薪酬管理系统及操作流程 ………………… 134

工具19　关键事件技术——识别工作绩效关键性因素的方法 ……………………… 143

工具20　360度绩效考核——推进员工行为改变的有效工具 ……………………… 146

工具21　霍兰德职业兴趣理论——通用的职业兴趣测验工具 …………………… 156

工具22　能力素质模型——实用的人岗匹配操作工具 ……………………………… 168

工具23　职业锚——有效的职业测评工具 …………………………………………… 182

工具24　3S绩效考核——经过验证的合伙人制度设计与考核体系 …………… 193

第四篇　财务管理工具

工具25　杜邦分析法——企业业绩评价体系中的有效工具 ……………………… 206

工具26　比率分析法——财务分析的基本工具 …………………………………… 211

工具27　财务分析雷达图——企业经济效益综合分析工具 ……………………… 219

工具28　净现值法——企业投资决策中的常用方法 ……………………………… 227

工具29　本量利分析——实施目标成本管理的重要工具 ………………………… 231

工具30　经济附加值——当今热门的财务创意 …………………………………… 245

第五篇　生产管理工具

工具31　PDCA循环——有效控制管理过程和工作质量的工具 ………………… 256

工具32　JIT生产方式——使生产有效进行的新型生产方式 …………………… 261

工具33　6σ——先进的质量管理方法 ……………………………………………… 271

工具34　5S管理法——现场科学管理的基础工具 ………………………………… 279

工具35　大规模定制——颇具竞争优势的生产模式 ……………………………… 291

工具36　零缺陷管理法——企业质量管理方法的一次变革 ……………………… 306

工具37　品管圈——广为认可的品质管理运作机制 ……………………………… 312

工具38　丰田生产方式——系统完整的生产管理方式 …………………………… 328

第六篇　营销服务管理工具

工具39　顾客金字塔模型——有效的顾客细分管理工具 ………………………… 338

工具40　满意镜——提高顾客满意与员工满意的工具 …………………………… 346

工具41　推销方格理论——直观有效的销售分析工具 …………………………… 352

工具42　SPIN销售法——系统化挖掘客户需求的销售工具 …………………… 361

工具43　CS战略——企业提高市场占有率的有力工具 ………………………… 368

工具44　服务利润链——服务管理的经典分析工具 ……………………………… 376

管理咨询经典工具与模型精选（第2版）

工具45　4Ps营销组合模型——制定市场战略的常用工具 ………………………… 385

工具46　产品生命周期模型——描述产品和市场运作方法的有力工具 …………… 391

工具47　服务质量差距模型——分析服务质量简单有效的工具………………………… 400

第七篇　项目物流管理工具

工具48　VMI模型——前沿的供应链库存管理模式 ………………………………… 408

工具49　快速反应策略——企业实现供应链竞争优势的管理工具 ………………… 415

工具50　ECR系统——新型的供应链管理策略 …………………………………… 420

工具51　SCOR模型——标准的供应链流程参考模型 ……………………………… 431

工具52　PERT网络分析法——有效的项目进度管理工具 ………………………… 442

工具53　工作分解结构——高价值的项目管理工具 ………………………………… 445

工具54　甘特图——常用的项目控制管理的有效工具 ……………………………… 453

工具55　关键路径法——广泛运用的项目管理方法 ………………………………… 457

参考文献 ……………………………………………………………………………… 465

第一篇 | 决策思维分析工具

工 具 1
德尔菲法——高效重要的判断预测工具

❋ 1.1 基本概念

德尔菲法又叫专家意见法,最早出现于20世纪50年代末的美国,经过兰德公司进一步发展而成。这一名称起源于古希腊有关太阳神阿波罗的神话,传说中阿波罗具有预见未来的能力。因此,这种预测方法被命名为德尔菲法。1964年,兰德公司的赫尔姆和戈登发表了《长远预测研究报告》,首次用这种方法来进行预测,后来该方法被迅速广泛采用。除了科技领域之外,德尔菲法几乎可以用于任何领域,如军事预测、人口预测、医疗保健预测、经营和需求预测、教育预测等。此外,还用来进行评价、决策和规划工作,并且在长远规划者和决策者心目中享有很高的威望。据《未来》杂志报道,从20世纪60年代末到70年代中期,专家会议法和德尔菲法(以德尔菲法为主)在各类预测方法中所占比重由20.8%增加到24.2%。

德尔菲法,即依据系统的程序,采用匿名发表意见的方式,即专家之间不得互相讨论,不发生横向联系,只能与调查人员发生关系,通过多轮次调查专家对问卷所提问题的看法,经过反复征询、归纳、修改,最后汇总成专家基本一致的看法,作为预测的结果。这种方法具有广泛的代表性,较为可靠。

该方法主要是由调查者拟定调查表,按照既定程序,以函件的方式分别向专家组成员进行征询;而专家组成员又以匿名的方式(函件)提交意见。经过几次反复征询和反馈,专家组成员的意见逐步趋于集中,最终获得具有较高准确率的集体判断结果。

❋ 1.2 工具特征

1. 德尔菲法的特点

德尔菲法本质上是一种反馈匿名函询法。其做法是,在对所要预测的问题征得专家的意见之后,对其进行整理、归纳、统计,再匿名反馈给各专家,再次征求意见,再集中,再反馈,直至得到稳定的意见。其过程如下:

匿名征求专家意见—归纳、统计—匿名反馈—归纳、统计……若干轮后,停止。

总之,它是一种利用函询形式的集体匿名思想的交流过程。它区别于其他专家预测方法的三个明显特点是:匿名性、多次有控制的反馈,以及小组的统计回答。

(1) 匿名性。匿名是德尔菲法极其重要的特点,从事预测的专家彼此互不知道其他有哪些人参加预测,他们是在完全匿名的情况下交流思想的。

(2) 多次有控制的反馈。小组成员的交流是通过回答组织者的问题来实现的,一般要经过若干轮反馈才能完成预测。

(3) 小组的统计回答。小组的预测结果只反映多数人的观点，并没有体现出小组中的不同意见。

2. 德尔菲法的优缺点

德尔菲法能充分发挥专家的优势，集思广益收集不同方面、尽可能多的意见，准确性较高；能把各位专家意见的分歧点表达出来，取长补短；避免数据不充分而做出错误的决策；避免个人因素对结果产生的不当影响；通过反复论证和分析，最终能就某一主题达成一致的意见，有利于统一思想、产生步调一致的行动。

虽然德尔菲法优势明显，但也存在一定的缺陷，主要表现为过程比较复杂，花费时间较长。

❋ 1.3 工 具 应 用

1.3.1 工作程序

德尔菲法的预测程序，如图1-1所示。

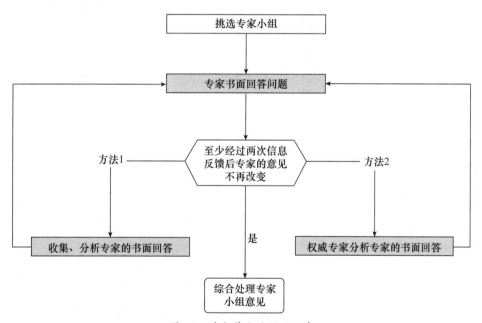

图1-1 德尔菲法的预测程序

根据图1-1中的内容，总结德尔菲法的一般工作程序如下：

(1) 确定调查目的，拟订调查提纲。首先必须确定目标，拟订出要求专家回答问题的详细提纲，并同时向专家提供有关背景材料，包括预测目的、期限、调查表填写方法及其他希望和要求等说明。

拟订调查提纲是基础工作，这项工作需要注意的事项包括：①在调查表中，应该对德尔菲法做一个基本的介绍，包括程序、规则和作用等；②征询的问题要尽量集中，有针对性；③避免组合问题，如果一个问题包括两个方面，一方面是专家同意的，另一方面则是不同意的，就会让专家难以回答，不利于征询工作的开展；④用词要确切，避免产生歧义和误解；⑤调查表要简洁，容易理解；⑥问题的数量不宜过多，一般在25个以内为佳。

(2) 选择一批熟悉该问题的专家，一般为20人左右，包括理论和实践等各方面的专家。

(3) 向选定的专家发出调查表，征询意见，并附上有关这个问题的所有背景材料，同时请专家提出还需要什么材料。然后，由专家做出书面答复。

(4) 专家根据所收到的材料，提出自己的预测意见，并说明自己是怎样利用这些材料并提出预测值的。

(5) 将各位专家第一次的判断意见汇总，列成图表进行对比，再分发给各位专家，让专家比较自己与他人的不同意见，修改自己的意见和判断。也可以把各位专家的意见加以整理，或邀请其他更具权威性的专家加以评论，然后把这些意见再分送给各位专家，以便他们参考后修改自己的意见。

(6) 将所有专家的修改意见收集起来，汇总后再分发给各位专家，以便进行第二次修改。逐轮收集意见并为专家反馈信息是德尔菲法的主要环节。每一轮时间为7～10天，总共一个月左右即可得到大致结果，如果时间过短，专家会因急于反馈而做出不稳妥的答案，甚至无法反馈意见；时间过长则外界干扰因素增多，影响结果的客观性。收集意见和信息反馈一般要经过三四轮。在向专家进行反馈的时候，只给出各种意见，但并不说明发表各种意见的专家的具体姓名。这一过程重复进行，直到每一位专家不再改变自己的意见为止。

(7) 对专家的意见进行综合处理。

1.3.2 预测步骤

根据德尔菲法的基本原理，预测程序可简要地概括为以下步骤。

1. 预测筹划

确定预测的课题及预测项目，并且根据项目提出含义十分明确的征询问题。设立负责预测组织工作的临时机构，全面负责预测工作的组织、协调和管理。

选择若干名熟悉所预测课题的专家，组成专家小组。按照课题涉及的知识范围，确定专家人选。专家人选的多少，可根据预测课题的大小和涉及面的宽窄来定，一般不超过20人。

另外，对专家的挑选应基于其对企业内外部情况的了解程度。专家可以是一线的管理人员，也可以是企业高层管理人员和外聘专家。例如，在估计未来企业对劳动力的需求时，可以挑选人事、计划、市场、生产及销售部门的经理作为专家。

2. 专家预测

预测机构把预测项目表及有关背景材料寄送给各位专家，并为专家提供充分的信息，使其有足够的依据做出判断。例如，为专家提供企业人员安排及经营趋势的历史资料和统计分析结果等。专家根据材料，以匿名方式独立对问题做出判断或预测，并说明是怎样利用这些材料提出预测值的。

3. 统计分析

工作人员将第一组问卷的结果集中在一起编辑、加工和复制，对每个问题进行定量统计归纳。将各位专家第一次的判断意见汇总，列成图表进行对比，并且综合成新的预测表。

4. 分界咨询

将新的预测表再分别寄送给各位专家，每位专家根据这个统计归纳的结果，了解其他人的意见，然后提出自己的意见。也可以把各位专家的意见加以整理，请权威专家加以评论，然后把这些意见再分送给各位专家，以便他们参考后修改自己的意见。

第二次收集征询意见表，再进行统计、整理，然后再将统计、整理结果分发给各位专家，请他们再一次填写征询意见表，如此反复多次。

逐轮收集意见并反馈给专家是德尔菲法的主要环节，经过多轮反复征询意见，并让每位专家都知道现已存在的各种不同意见，从而重新考虑自己的意见。以此顺序反复，经过三四轮，直到专家的意见趋于一致。

5. 表述预测结果

对收集到的几轮专家意见进行处理，可以用算术平均值来代表专家们的意见。预测机构将形成的结果以文字图表的形式表现出来。

1.3.3 专家的选择

选聘专家是德尔菲法最关键的步骤。在选聘专家时要注意以下问题。

1. 专家资格

这里说的专家是指在特定问题上有专门知识和经验的人。因此，所选专家不能以资格老、地位高为标准，应以对特定问题的熟悉程度、研究深度，以及创见性等标准来衡量，特别应注意选择年轻专家。

2. 专家的选择范围和条件

(1) 内部专家和外部专家：内部专家指对预测的问题而言，单位、行业、领域内的专家。一般顺序是，先选择内部专家，这样可使选择工作易于进行；再选择外部专家，人选可以内部专家举荐、信息查询等方法进行。

(2) 专家的结构：应包含各种知识结构、学派、层次、专业、地域的专家。

(3) 专家的意愿：专家应有时间和兴趣回答问题，因此在专家初选后要将问题函告专家，得到同意后再发送正式的调查表。

3. 专家人数

专家人数过多或过少都不恰当，人数太多难于组织，工作量也大；人数过少则限制了代表性。人数的多少应以达到所需的可信度为宜，经研究，可信度在专家人数超过15人后，随人数增加可信度的增长呈递减趋势。一般来说，专家人数以10～50人为宜，对重大问题，也可达100人以上。

1.3.4　组织者与专家的任务

在实施德尔菲法的过程中，始终有两方面的人在活动：一是预测的组织者；二是被选出来的专家。

德尔菲法的程序是以轮来说明的。在每一轮中，组织者与专家都有各自不同的任务。

第一轮：

(1) 组织者发给专家的第一轮调查表是开放式的，不带任何限制条件，如果限制太多，会漏掉一些重要事件。因此，组织者只提出预测问题，请专家围绕主题提出意见。

(2) 预测组织者要对专家填好的调查表进行汇总整理，归并同类事件，排除次要事件，用准确术语提出一个预测事件一览表，并作为第二轮调查表发给专家。

第二轮：

(1) 专家对第二轮调查表所列的每个事件做出评价。例如，说明事件发生的时间、叙述争论问题和事件或迟或早发生的理由。

(2) 预测组织者收到第二轮专家意见后，对专家意见做统计处理，整理出第三张调查表。第三张调查表的内容包括事件、事件发生的中位数和上下四分点，以及事件发生时间在四分点外侧的理由。

第三轮：

(1) 把第三张调查表发下去后，请专家做以下事情：重审争论；对上下四分点外的对立意见做出评价；给出自己新的评价(尤其是在上下四分点外的专家，应重述自己的理由)；如果修正自己的观点，也请叙述为何改变，原来的理由错在哪里，或者说明哪里不完善。

(2) 专家们的新评论和新争论返回到组织者手中后，组织者的工作与第二轮十分类似：统计中位数和上下四分点；总结专家观点，重点关注争论双方的意见；最终形成第四张调查表。

第四轮：

(1) 请专家对第四张调查表再次评价和权衡，做出新的预测。是否要求做出新的论证与评价，取决于组织者的要求。

(2) 当第四张调查表返回后，组织者的任务与上一轮的任务相同：计算每个事件的中位数和上下四分点，归纳总结各种意见的理由及争论点。

> **注意：**
>
> (1) 并不是所有被预测的事件都要经过四轮，可能有的事件在第二轮调查中专家就达成统一，而不必进行第三轮的调查。
>
> (2) 有些事件在第四轮调查结束后，专家的预测结果也不一定都达到统一，这时就可以用中位数和上下四分点归纳出的结果来做结论。事实上，预测结果不统一的情况是经常出现的。

1.3.5 预测结果

德尔菲法的预测结果可用表格、直观图或文字叙述等形式表示。

1. 楔形图

楔形图的顶端表示中位数，底边长为最迟和最早时间间隔，纵坐标上的数字为项目代号，如图1-2所示。

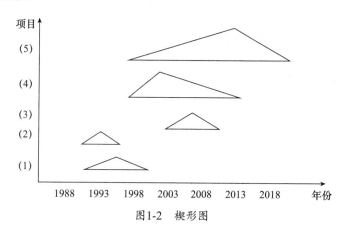

图1-2 楔形图

2. 截角楔形图

截角楔形图的顶点表示中位数，截角端点为上下四分点，底边长表示四分点间隔。截角楔形图上的号码为所代表事件的号码，如图1-3所示。

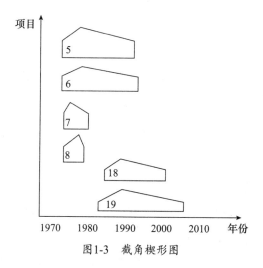

图1-3 截角楔形图

3. 表示两种概率的预测结果的截角楔形图

预测组织者有时要求专家按一定概率预测事件可能发生的时间。如果要求按两种概率回答(如40%和70%)，那么，对每一事件的发生时间的预测有两种结果(一般来说，概率越高，预测的事件发生时间越迟)。把这两种结果都用截角楔形图表示出来，如图1-4所示。

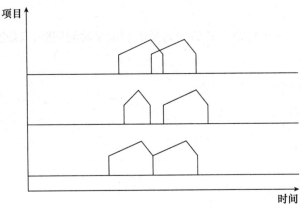

图1-4　表示两种概率的预测结果的截角楔形图

4. 直方图

直方图的横坐标表示不同时间段，纵坐标表示赞同事件发生在相应时间段的专家的比例，如图1-5所示。

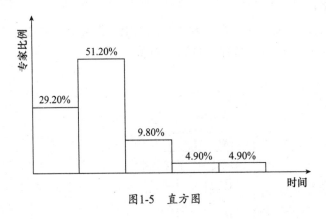

图1-5　直方图

1.3.6　应用注意事项

(1) 使用德尔菲法时应考虑专家的广泛性，即邀请不同领域的专家。此外要根据预测结果的保密性，考虑是否需要聘请外界专家。

(2) 德尔菲法能否成功，要看这些专家是否全心全意且不断地参与。因此，必须先获得对方的同意，并向其解说研究目的、程序、安排、要求和激励方法。

(3) 问题必须提得非常清楚明确，其含义只能有一种解释，要消除任何不明确或容易产生歧义的情况，因而问题不能讲得太简单或太复杂。

(4) 问题要构成一个整体，不要分散，数量不能太多，最好不超过两个小时就能答完一轮。问卷形式必须易于填答，即问题须编排得容易阅读，答案应该为选择式或填空式，希望能有评论时应留出足够的空白。

(5) 在任何情况下，组织者都须避免将自己的看法暴露给专家成员。任何成员均不应知道其他成员的名字，这种不记名的方式才能确保对概念及意见的公正判断。

(6) 要有足够的人员处理回卷。收回的问卷应及时进行整理、统计，并制作出下一轮的调查表，因此应配备充足的人员，一般在调查一个问题时，一名组织者加上一名辅助人员已足够。若问题较多，则应增加相应人手。

为了提高德尔菲法的效果，一方面要慎重地挑选专家组的成员，另一方面则要将征询的问题限制在以下几方面：对调查期间提出各种课题的重要性进行评价；对调查范围内各种事件发生的可能性和发生时间进行评价；对市场 规模、市场增长率、竞争强度、技术要求、能源要求等之间的相互关系和相对重要性进行评价；对为了达到某个目标，需要采取的重大措施及这些措施实施和完成的可能性与必要性进行评价。在提出问题时，应该考虑如何获得同类的和可以相互比较的回答，以便于在专家调查的最后阶段对评审资料进行数字处理和汇总。

工 具 2

决策树分析法——现代管理决策者常用的工具

❋ 2.1 基本概念

决策树分析法又称概率分析决策方法，是指将构成决策方案的有关因素，以树状图形的方式表现出来，并据以分析和选择决策方案的一种系统分析方法。它是风险型决策最常用的方法之一，特别适合用于分析比较复杂的问题。它以损益值为依据，比较不同方案的期望损益值(简称期望值)，决定方案的取舍，其最大特点是能够形象地反映出整个决策问题在时间上和不同阶段上的决策过程，逻辑思维清晰，层次分明，非常直观。

❋ 2.2 工具特征

1. 决策树的结构

决策树是由不同结点和方案枝构成的树状图形，如图2-1所示。

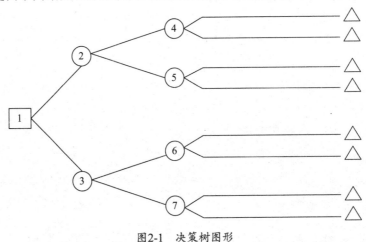

图2-1 决策树图形

图2-1中的符号说明如下：

□表示决策点。需要决策一次，就有一个决策点。从决策点上引出的分枝称为方案枝，方案枝的枝数表示可行方案的个数。

○表示方案的状态结点(也称机会点)。从机会点上引出的分枝称为概率枝，概率枝的枝数表示可能出现的状态。

△表示结果点(也称末梢)。在结果点旁列出不同状态下的收益值或损失值，供决策之用。

2. 决策树的种类

根据问题的不同，决策树可分为单级决策树和多级决策树。

(1) 单级决策树。单级决策树，是指只需进行一次决策(一个决策点)，就可以选出最优方案的决策。

(2) 多级决策树。多级决策树，是指需要进行两次或两次以上的决策，才能选出最优方案的决策。其决策原理与单级决策相同，但要分级计算收益期望值。

3. 决策树分析法的优缺点

用决策树进行决策的优点有：它构成一个简单的决策过程，使决策者可以按顺序、有步骤地进行决策；决策树法有直观的图形，便于决策者进行科学的分析、周密的思考；将决策树图形画出后，便于集体讨论和共同分析，有利于进行集体决策；决策树法能够对比较复杂的问题进行决策，特别适合解决多级决策问题，甚至在决策过程中，通过画决策树可以逐级思考，走一步看一步，三思而后行。

决策树分析法也存在一定的缺陷，如在分析的过程中有些参数没有包括在树中，显得不全面；如果分级太多或出现的分枝太多，画起来会不太方便。

※ 2.3　工具应用

2.3.1　绘制步骤

决策树的绘制方法如下：

(1) 确定决策点，然后以决策点引出若干条直线，这些直线称为方案枝，代表各个备选方案。

(2) 在方案枝后面画出连接点，这些点称为机会点。

(3) 从机会点画出多条直线，这些直线称为概率枝，代表将来不同的状态。

(4) 概率枝后面标注数值，代表不同方案在不同状态下可能获得的收益值。

(5) 为了便于计算，对决策树中的决策点和机会点均进行编号，编号的顺序是从左至右，从上到下。

画出决策树后，按照绘制决策树相反的程序，即从右向左逐步后退，根据预期值分层进行决策。

2.3.2　绘制决策树的基本规则

(1) 对一个决策问题必须选择一个终结的评价时间点，也就是全部策略应在同一时间点被评价。全部收支值应是同时间点上的，否则分析就会忽略金钱的时间价值。

(2) 决策和结局结点的可能序列展开成从一个决策结点出发的依时间顺序排列的各种支路，各支路不应有交接点(除出发点)。换句话说，一个结点仅能有一条支路进入。

(3) 从一个决策点或结局结点放射出的支路必须是互斥的且包括一切可能。

2.3.3 决策步骤

决策树的绘制步骤，如图2-2所示。

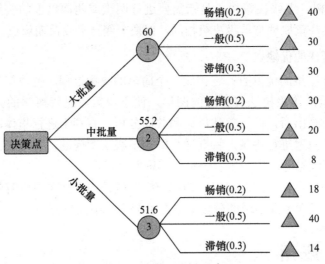

图2-2 决策树的绘制步骤

(1) 由左向右绘制决策树，把某个决策问题未来发展的可能性和结果用树状图形反映出来。画决策树的过程，也就是拟订各种方案的过程。在绘制过程中，为了整个决策有顺序，按从左到右，从上到下将每个结点标上序号，如图2-2所示。

(2) 将各个数值、状态及概率标在树上，特别要注意状态概率的准确性。

(3) 计算各方案的收益或损失期望值。从树的末梢开始，以从右到左的方向计算各点的期望值，把计算结果标在结点上方。计算公式为

$$状态点的期望值 = \sum(损益值 \times 概率值) \times 经营年限$$

(4) 按照期望值准则进行决策，把优选方案的损益期望值标在决策点上方。计算各方案在整体经营有效期限的净效果，即最终期望值。计算公式为

$$方案净效果 = 该方案状态点的期望值 - 该方案投资额$$

(5) 对落选方案，在方案枝上画上"//"符号，表示删枝。

如果是多阶段或多级决策，则需要重复第二、三、四步的工作。

2.3.4 生成过程

通常，决策树法包含以下步骤，但在实际应用中，可以跳过其中的一步或几步。

(1) 提出决策问题，明确决策目标。

(2) 建立决策树模型，即决策指标的选择。建立模型包括两个基本步骤：①提出所

有可能的分枝规则，即可能的决策指标及其所分类别(分类资料)或分类阈值C(等级或计量资料)。②在候选的分枝规则中选择最佳者，选择的标准是使产生的两个子结内个体间有最大的相似程度，即使两个子结内"纯度"达到最大。

(3) 树的剪枝及最佳树的选择。一株达到尽量延展的"最大树"通常是过度拟合的，模型可能不仅拟合了主要分枝变量的特征，也拟合了其中的误差，即"噪声"。因此，需要对其进行修剪，使过度拟合得以纠正，以得到最佳拟合且相对简练的决策树。按剪枝发生在树生长停止之前或之后可分为前剪枝算法和后剪枝算法。前剪枝算法是从绘制开始，一边绘制一边修剪不合适的结点；后剪枝通常从树的末端开始，逐一剪去各子结点，得到一系列子树，再从中选择质量最佳者。

(4) 确定各终结点及计算综合指标。从树梢至树根的方向，采用回乘法，即对各决策结点下全部结局的期望效用与其事前概率的乘积求和，得到各决策方案的期望效用值，并根据综合指标值对各方案排序，进行优劣取舍。

(5) 树的评估，即对完成的决策树进行评价，在此过程中若又发现不合适的结点，也可进行修改和删除。

工 具 3
头脑风暴法——激发团队创新的有效决策工具

※ 3.1　基本概念

　　头脑风暴法是一种通过小型会议的组织形式,让所有参加者在自由愉快、畅所欲言的气氛中诱发集体智慧,相互启发灵感,最终产生创造性思维的决策方法。提出头脑风暴法的目的在于使个体在面对具体问题时能够从自我和他人的求全责备中释放出来,从而产生尽可能多的想法,而设想的数量越多,就越有可能获得解决问题的有效方法。

※ 3.2　工 具 特 征

3.2.1　头脑风暴法的适用范围

　　头脑风暴法的适用范围非常广泛,不仅适合于解决那些比较简单、严格确定的问题,比如研究产品名称、广告口号、销售方法、产品的多样化研究等,还适用于解决组织的战略发展方向,以及需要大量的创造性思维的决策活动。

3.2.2　头脑风暴法的种类

　　头脑风暴法可分为直接头脑风暴法(通常简称为头脑风暴法)和质疑头脑风暴法(也称反头脑风暴法)。

　　直接头脑风暴法是在专家群体决策中尽可能激发创造性,产生尽可能多的设想的方法;质疑头脑风暴法则是对前者提出的设想、方案逐一质疑,分析其现实可行性的方法。

3.2.3　头脑风暴法的作用

　　头脑风暴何以能激发创新思维?根据研究者的看法,主要有以下几点。

　　1. 联想反应

　　联想是产生新观念的基本过程。在集体讨论问题的过程中,每提出一个新的观念,都能引发他人的联想。相继产生一连串的新观念,产生连锁反应,形成新观念堆,为创造性地解决问题提供了更多的可能性。

　　2. 热情感染

　　在不受任何限制的情况下,集体讨论问题能激发人的热情。人人自由发言、相互影响、相互感染,能形成热潮,突破固有观念的束缚,最大限度地发挥创造性的思维能力。

3. 竞争意识

在有竞争意识的情况下，人人争先恐后，竞相发言，不断地开动思维机器，力求有独到见解、新奇观念。心理学原理表明，人类有争强好胜心理，在有竞争意识的情况下，人类的心理活动效率可增加50%或更多。

4. 个人欲望

在集体讨论解决问题的过程中，个人的欲望自由不受任何干扰和控制是非常重要的。头脑风暴法有一条原则，不得批评他人的发言，甚至不许有任何怀疑的表情、动作、神色，这样才能使每个人畅所欲言，提出大量的新观念。

❋ 3.3 工具应用

3.3.1 应用原则

1. 禁止对现有观点的批评

头脑风暴法以所有的想法都有潜力成为好的观点，或者能够启发他人产生新的想法为出发点，认为对现有观点的批评不仅占用宝贵的时间和脑力资源，而且容易使得与会者人人自危，发言更加谨慎保守，从而遏制新观点的诞生。

头脑风暴法要求参加的人员要到头脑风暴会议结束时才对观点进行评判。不要暗示某个想法不会有作用或有一些消极的副作用。

2. 追求观点的数量而不是质量

单纯追求观点的质量，容易拘泥于某一个有创意的观点，将时间和精力集中在对其的完善和修补上，而忽视了其他观点和思路的开发，也不容易调动所有成员的积极性。

头脑风暴法强调所有的活动应该以"在给定的时间内提炼出尽可能多的观点"为指导原则。如果头脑风暴会议结束时产生了大量的观点，那就更可能发现一个非常好的观点。

3. 鼓励狂热的和夸张的观点

由于害怕犯错误，人们不敢提出观点，担心自己的想法可能被认为是"错误"或"愚蠢"的。逐渐地，人们不仅仅失去了宝贵的想象力和创造力，而且也会对其他人提出的这类观点持怀疑和批评打击的态度。

头脑风暴法通过鼓励和禁止批评的方式，创造出一个适合创意、创新的环境。在这种环境下，有时"愚蠢"的观点可能会改变其他成员的思维方式，从而激发出非常有用的观点。

4. 提倡在他人提出的观点之上建立新观点

将他人的观点和自己的观点进行比较、融合，容易产生新的思维成果。

当使用头脑风暴法这一决策工具时，遵循以上原则就会产生更多新颖的观点，从而带来更多有用的观点。这些原则，能够减少人们的拘束，使其思维更加开阔，能够在挖掘自身潜力的同时，参照其他人的思维成果，以便在自身头脑中实现创造性的波动，并在脑力震荡中不断产生新的思维和观念，且有效地表达出来。

3.3.2 实施要点

在上述原则的指导下，召开一次头脑风暴会议，要注意以下几点。

1. 会前充分考察，确定参加会议的人选

专家的选择要与预测目标的领域相一致，最好有一些知识渊博、经验丰富并对问题有较深刻的理解、较强的分析与推断能力的专家参加。一般来说，要综合考虑专家的知识背景和实践经历，并注意邀请在要讨论问题所在的专业领域有较深造诣的专家、专业领域内有较高推断能力的专家，以及能够充分了解和把握市场脉搏、熟悉目标顾客的专家。

2. 环境的选择和配置

头脑风暴的会议环境要整洁、宽敞、光线充足、安静，没有外界的干扰。一般而言，一个宽大的会议室是较好的选择。

会场最好布置成圆形或者U形，这会使每个人都感到平等，而且当专家开始提出观点时，他们很容易感到其他成员和自己处在同一个小组之中。可以在成员们后面(大约每两个人一个)放些便笺和彩笔，以便随时记录他人说出的观点，同时也写下自己的想法。还可以提供投影仪、白板等办公用具，或者提供背景信息和照片，供成员进一步展开自己的描述。在桌子的中央提供一个物体供人们在思考时有东西可以凝视，这样就在提出建议时消除了直视他人面部的必要性。此外，还可以为会议配备一两位秘书，将会议中提出的观点及时记录下来。

3. 正式开始前，在上述原则的指导下"预热"

欢迎与会成员，主持人需要介绍会议成员，使他们彼此之间了解，并可以进行简单交流。正式开始之前，主持人大致说明会议的目的，围绕中心主题展开，希望得到尽可能多的观点。在阐述会议意图时，应注意不要暗示出具体的问题解决方法，尽量不要在现阶段对任何问题解决方法设置障碍。

4. 有意识地设立"拉拉队长"和"黑脸包公"

为了帮助发言的人放松心态，提高兴奋度和参与的热情，可以设立一名"拉拉队长"。"拉拉队长"负责为每个发言叫好，并带领其他人鼓掌以示鼓励。这样更容易诞生新奇的想法，讲话的人也能够克服心理障碍大胆地说出来。喝彩的方式还可以采用发糖果或玩具，以适当的语言给予赞扬等。多种花样的交替使用能够起到保持新鲜感，刺激和产生愉悦情绪的作用。这可以让参加者在良好的气氛中保持思维活跃，敢于发言。

"黑脸包公"的作用是保障头脑风暴会议进行过程中的良好气氛。一旦有人忘记会议规则，遭到他人有意无意地批评，即使这样的批判是善意的、轻微的，"黑脸包公"也要立刻给予提醒和制止。可以用口头的方式，也可以出示一些标志，例如一个黑叉，或者一个玩具。如果有人屡次违反甚至恶意地批评他人，"黑脸包公"要负责将其请出会场。

5. 设置会议中场休息

会议进行一段时间之后，需要进行短暂的休息，这有利于会议成员放松紧张的情绪，整理一下自己的思路。作为组织者可以提供一些合适的音乐，并有意识地推动成员相互交流。休息结束时，与会成员应交换座位，新更换的邻座成员相互问好，然后主持人再次提醒人们注意规则和目的，会议继续进行。

6. 会议结束安排

会议结束时，参与者一般会感到疲劳，可以让他们休息一下，提供一些点心、饮料。提醒大家，如果他们在会后有任何新的观点，希望能够及时通知会议主办方，并把联系方式留给各位成员。当他们离去后，巡视现场，收集写有内容的纸张、便笺和笔记本，寻找可能遗漏的创新观点。

7. 会后对观点进行筛选

整理筛选会议中的观点时，可以将现有观点分成如下三类。

优质的观点，即具有很强的独创性和可操作性，可以立刻被实施；有益的观点，即具有一定的实用性和独创性，或者需要进一步挖掘和发展的观点；无用的观点，即没有任何参考价值的观点。

将前两种观点进行重点分析、细化，结合部门实际进行深入的分析论证，并作为向上级和团队汇报的重点。

3.3.3　实施要求

1. 组织形式

(1) 参加人数一般为5～10人(课堂教学也可以班为单位)，最好由不同专业或不同岗位的人员组成。

(2) 会议时间控制在1小时左右。

(3) 设置主持人一名，主持人只主持会议，对设想不做评论。设置记录员1～2人，要求其认真将与会者的每一设想都完整地记录下来。

2. 会议类型

(1) 设想开发型会议。设想开发型会议是为获取大量的设想、为课题寻找多种解题思路而召开的会议。因此，要求参与者要善于想象，语言表达能力要强。

(2) 设想论证型会议。设想论证型会议是为将众多的设想归纳转换成实用型方案召开的会议。因此，要求与会者善于归纳、善于分析判断。

3. 会前准备工作

(1) 会议要明确主题。会议主题应提前通报给与会人员，让与会者有一定的准备。

(2) 选好主持人。主持人要熟悉并掌握该技法的要点和操作要素，摸清主题现状和发展趋势。

（3）参与者要有一定的训练基础，懂得该会议提倡的原则和方法。

（4）会前可进行柔化训练，即对缺乏创新思维的参与者进行打破常规思考、转变思维角度的训练活动，以减少他们的思维惯性，使其从单调、紧张的工作环境中解放出来，以饱满的创造热情投入激励设想活动。

4. 会议原则

为了使与会者畅所欲言，互相启发和激励，达到较高效率，必须严格遵守下列原则：

（1）禁止批评和评论，也不要自谦。对别人提出的任何想法都不能批判、不得阻拦。即使想法明显是幼稚的、错误的，甚至是荒诞离奇的设想，亦不得予以驳斥；同时也不允许自我批判，在心理上调动每一个与会者的积极性。彻底防止出现一些"扼杀性语句"和"自我扼杀语句"，如"这根本行不通""你的想法太陈旧了""这是不可能的""这不符合某某定律"，以及"我提一个不成熟的看法""我有一个不一定行得通的想法"等语句禁止在会议上出现。只有这样，与会者才可能在充分放松的心境下，在别人设想的激励下，集中全部精力开拓自己的思路。

（2）目标集中，追求设想数量，越多越好。在智力激励法实施会议上，只强制大家提设想，越多越好。会议以谋取设想的数量为目标。

（3）鼓励巧妙地利用和改善他人的设想，这是激励的关键所在。每个与会者都要从他人的设想中激励自己，从中得到启示，或补充他人的设想，或将他人的若干设想综合起来提出新的设想等。

（4）与会人员一律平等，各种设想全部记录下来。与会人员，不论是该方面的专家、员工，还是其他领域的学者，以及该领域的外行，一律平等；各种设想，不论大小，甚至是最荒诞的设想，记录人员也要认真地将其完整地记录下来。

（5）主张独立思考，不允许私下交谈，以免干扰他人思维。

（6）提倡自由发言，畅所欲言，任意思考。会议提倡自由奔放、随便思考、任意想象、尽量发挥，创意越新、越怪越好，因为这样做能启发人推导出好的观念。

（7）不强调个人的成绩，应以小组的整体利益为重，注意和理解别人的贡献，创造民主的环境，不以多数人的意见阻碍个人新观点的产生，激发个人追求更多更好的创意。

5. 会议实施步骤

（1）会前准备：参与人、主持人和课题任务三落实，必要时可进行柔性训练。

（2）设想开发：由主持人公布会议主题并介绍与主题相关的参考情况；突破思维惯性，大胆进行联想；主持人控制好时间，力争在有限的时间内获得尽可能多的创意性设想。

（3）设想的分类与整理：一般分为实用型和幻想型两类。前者是指目前技术工艺可以实现的设想，后者指目前的技术工艺还不能完成的设想。

（4）完善实用型设想：对实用型设想，再用脑力激荡法去进行论证、进行二次开发，进一步扩大设想的实现范围。

（5）幻想型设想再开发：对幻想型设想，再用脑力激荡法进行开发，通过进一步开发，就有可能将创意的萌芽转化为成熟的实用型设想。这是脑力激荡法的一个关键步骤，也是该方法质量高低的明显标志。

6. 主持人技巧

主持人应懂得各种创造思维和技法，会前要向与会者重申会议应严守的原则和纪律，善于激发成员思考，使场面轻松活跃而又不失脑力激荡的规则。要控制与会人员轮流发言，每轮每人简明扼要地说清楚一个创意设想，避免出现辩论会和发言不均等情况。

要以赏识激励的词句语气和微笑点头的行为语言，鼓励与会者多提设想，例如"对，就是这样！""太棒了！""好主意！""这一点对开阔思路很有好处！"等话语。禁止使用"这点别人已说过了！""实际情况会怎样呢？""请解释一下你的意思。""我不赞同这种观点。"等话语。

遇到人人皆才穷计短，出现暂时停滞时，主持人应采取一些措施，如休息几分钟，可自选休息方法，散步、唱歌、喝水等，再进行几轮脑力激荡。或发给每人一张与问题无关的图画，要求他们讲出从图画中所获得的灵感。

根据课题和实际情况需要，主持人引导大家掀起一次又一次脑力激荡的"激波"。例如，课题是某产品的进一步开发，可以从产品改进配方思考作为第一激波、从降低成本思考作为第二激波、从扩大销售思考作为第三激波等。又如，对某一问题解决方案的讨论，引导大家掀起"设想开发"的激波，及时抓住"拐点"，适时引导进入"设想论证"的激波。

主持人要掌握好时间，会议持续1小时左右，形成的设想应不少于100种，但最好的设想往往是会议要结束时提出的。因此，到了结束的时间，主持人可以根据情况再延长5分钟，这是人们容易提出好的设想的时候。但如果在延长时间的1分钟内再没有新主意、新观点出现时，智力激励会议可宣布结束或告一段落。

3.3.4　会议一般步骤

头脑风暴法的实质是一种讨论会议，但它又不同于一般的讨论会和座谈会。头脑风暴会议是让参与讨论的成员想到什么就说什么，能产生多少主意就产生多少主意，一旦某个主意被提出来后，要让所有成员都读到，以成员们能够自由地使用它们为基础。头脑风暴法的实施步骤，一般可分为以下几步。

1. 选定基本议题

议题的选择应十分明确，应该是参加成员一直期待的问题，并且合乎参与者的层次和关心程度。或者说既是组织一直悬而未决的问题，又能保证参与者对此有浓厚的兴趣。例如，阐述为下一个财政年度进行新的促进活动，建议改进销售和服务部门之间的合作方式等。会议开始后，主持人应仔细阐释议题，以便参加者理解。

2. 确定参加者

参加者应包括一般员工、办事人员、管理者、监督人员，以及领导者。参与会议的成员数目一般不应超过10人。确定一位主持人，另外要有专人进行记录，主持人和记录者也可以是同一人。

3. 确定时间和场所，并对场所进行必要的布置

布置过程中要提供进行记录的纸笔工具和海报、黑板等。记录员要将各成员提供的主意记录于所有成员都能看到的黑板或海报上，故座位安排应便于成员看到记录情况。

4. 记录员记录参加者所提的观点

主持人首先向成员介绍头脑风暴法的大意，会议进行中的注意事项，主要是不能破坏实施头脑风暴法的几大原则。若能将这些原则张贴于醒目可见之处尤佳。在适当的头脑风暴情况下，人们无拘无束往往能发表不同寻常的具有创造性的甚至是激进的主意。如此，人们能释放出他们的观点，产生一系列的选择方案。

至此，头脑风暴法的过程并没有完全终结，会议结束后应该对所做记录进行分类整理，并加以补充，然后交由有丰富经验和专业知识的专家组进行筛选论证。

按以下原则给每个建议一个优先权的权重：

0分，该建议对解决问题没有任何帮助；

1分，该建议可能有用；

2分，该建议应该对解决问题有帮助；

3分，该建议对解决问题有明显帮助。

整理分类时应注意的事项：寻找重复或者相似的答案，将相似的概念聚集在一起，并剔除明显不合适的方案。筛选论证应从可行性、实际应用效果、经济回报、紧迫性要求、社会效益等多个角度进行，以选择最恰当、最适合的方案。在评估方案的阶段，很多创意更有可能被评价、修正或者结合起来产生一个创造性的解决问题的方案。

头脑风暴法各阶段的工作内容及注意要点，如表3-1所示。

表3-1　头脑风暴法各阶段的工作内容及注意要点

阶　段	工作内容	注意要点
头脑风暴前	明确主题	要解决什么问题，这个问题能解决吗
	明确头脑风暴的方式(轮流发言、随意发言、先写在纸上后发言……)	注意上下级之间的压力问题，根据组织氛围选择一个方式
	选择参与者	什么人要参与这个问题的解决
	结合与会者相关资料，留下足够时间思考	资料要充分，否则会跑题或者脱离实际
头脑风暴中	选择场地	选择一个轻松的场地
	宣布规则	宣布不准批评、发言方式等规则
	主持人的启发	主持人要事先做好准备
	进行主持，杜绝批评	保障规则的遵守
	调动气氛	不要冷场
头脑风暴后	整理方案	系统、逻辑、缜密地分析，找出可行的方案
	分析方案	
	得出结果	

3.3.5 系统化处理程序

会议提出的设想应由专人简要记载下来或录音，以便由分析组对会议产生的设想进行系统化处理，供下一(质疑)阶段使用。系统化处理程序如下：

(1) 对所有提出的设想编制名称一览表；

(2) 用通用术语说明每一设想的要点；

(3) 找出重复的和互为补充的设想，并在此基础上形成综合设想；

(4) 提出对设想进行评价的准则；

(5) 分组编制设想一览表。

3.3.6 注意问题点

头脑风暴法运用的范围非常广泛，在企业管理中也得到了大量的运用。但是，由于使用头脑风暴法这个工具的主体是人，尤其在企业中利益关系错综复杂，因此在使用它的时候，需要注意以下一些问题。

1. 上下级之间的压力

企业中开展头脑风暴法的时候，由于有上级下级共同参与，迫于上级的压力，下级很难积极主动地参与头脑风暴。在这种情况下，可以采取两种办法：第一，上级采取回避的方式，不参与头脑风暴会议，当然，如果上级领导的风格比较开放，就不存在这个问题；第二，采取特殊的结构化头脑风暴，就是所有人都把自己的想法写在纸上，然后由主持人收集后大家讨论。

2. 环境的压力

环境对人的影响是非常大的，很多人在采用头脑风暴法的时候，往往在公司的会议室进行。很多参与人一到会议室，就会产生开会的错觉，进而产生拘束感。

3. 互相的批评与指责

在企业中为解决问题而进行头脑风暴的时候，往往会触及各个部门、各个经理的利益。例如，讨论顾客服务的问题，就会影响服务部门、销售部门、财务部门等各个部门的职责、权限等问题。这时，一旦有人说出了对自己部门不利的想法，有些人马上会找出一万条理论反驳。一旦开始反驳，大家就都不敢说出自己的想法了。因此，主持人应该在头脑风暴之前宣布纪律，不准批评指责。

4. 没有创造性思维

创造性思维是头脑风暴法的生命力所在。但是现实中，大多数人往往不会主动地进行积极思考。这时，就需要主持人进行启发。例如，在进入正题之前做培训游戏，或者做脑筋急转弯游戏，或者讲讲头脑风暴的一些案例，或与主题类似的案例，对大家进行启发。

5. 主题问题

头脑风暴虽然鼓励畅所欲言，但并不是漫无目的地瞎编乱造、海阔天空，而是要针对一个特定的问题。因此，在头脑风暴会议之前，应该宣布主题内容，让参与者有思考的时间与过程。同时，主持人要把握好大家讨论与发言的方向。

6. 方案分析

头脑风暴是为了解决问题。当收集到足够多的方案时，就需要逐条对各个候选方案进行归纳与整理，选出最适合的方案。这时，就需要系统、缜密地分析与整理了。

3.3.7　常见的问题

目前，头脑风暴法在各行各业都取得了广泛的应用。它能够在较短的时间内通过简单的形式产生大量体现创新精神的新观点、新思路。但不可否认，它并不是一剂万能良药，在实践中也暴露出了各种各样的问题，主要体现在以下几方面。

(1) 头脑风暴法产生的想法不成熟，不符合实用性、独创性和一致性三个标准，甚至被偏激地认为只不过是将事先未经交流或者无法表明的现有想法公开宣布而已。头脑风暴法多半产生的是低风险(很没有开拓性)、未经发展的(不成熟)又需表决的想法。

(2) 与会者不愿意主动发表意见，时常形成冷场的局面，这更加导致发言欲望的降低。甚至有很多人会带着在众目睽睽之下讲话有点傻、会被人认为是出风头、招惹是非的想法参加头脑风暴会议。另外，会经常出现在言谈和舆论上屈从于大多数人的意志，或者屈从于专家领导意志的情况。如果在开会的时候，地位比较高的或者权威人士提出了某些倾向性的意见，很多人就会附和，当形成众口一词的气氛时，会在一定程度上抑制其他人的思维，使得群体思维变得狭窄，达不到头脑风暴会议的目的。

(3) 与会者不发言，但会做"狙击手"。开会的时候自己不说话，只等别人提出一些想法以后，评价其存在的缺陷和漏洞，一旦形成批评的气氛，不但严重打击了提出想法的人的积极性，抑制了他们的思维，还会给大家造成一种观念，就是开会时"谁先讲话谁先'死'"。当创新的想法都被批判得体无完肤时，就不会再有人去做发散性的思考，群体的智慧根本不可能再发生激荡，创新和集思广益就成了无水之源。而当众受到批评的人也会导致心存不满，伺机反击，把头脑风暴会议变成一场辩论会。

(4) 与会者在发言时，会顾虑到是否会伤及他人的面子，开会时参加的发言者越多要考虑的对象就越多。咨询业专家经过统计发现，人数一旦达到16人左右，发言的真实成分就会大大降低，这也就失去了头脑风暴法的意义了。

从根本上讲，这些因素来源于：担心犯错误，担心得罪领导和同事。

3.3.8　应用方法

进行头脑风暴有如下三种基本方法。

1. 循环法

每个小组成员轮流提出与讨论目的相关的想法。将每个想法都记录在活动挂图或写字板上。在小组成员提不出想法时，就跳过。下一轮时，再提出想法或仍然跳过。以这样的方式征集想法，直到小组成员再也提不出新的想法为止。

循环法的优点：一个人很难控制讨论，每个人都可以完全参与到讨论中。

循环法的缺点：如果成员提不出想法，主持者将会有挫折感。

2. 随心所欲法

每个团队成员都自由地、随机地大声说出自己的想法。将每个想法都记录在活动挂图或写字板上，直到小组成员再也提不出新的想法为止。

随心所欲法的优点：团队成员可以自发地提出自己的想法，不受任何约束和限制。

随心所欲法的缺点：某些人可能会控制讨论过程，比较内向的团队成员则可能没有机会讲出自己的想法；如果同时有许多人讲话，会议可能会变得比较混乱。

3. 纸片法

每个团队成员都将自己对某些问题的想法或替代方案写在纸片上。主持者先写下尽可能多的想法，然后将纸片收集起来，将所有的想法都写到写字板上。

纸片法的优点：它记录了所有的想法并且都不是记名的。

纸片法的缺点：由于团队成员不能对其他成员提出的想法做出反应，所以可能会损失某些创造能力。

以上方法各有优缺点，在确定采用哪种方法才能最好地得到所期望的结果前，团队或主持讨论的领导者都必须权衡优劣、做出选择。有时，最佳方法是不同的头脑风暴法的联合使用。例如，头脑风暴会议先采用循环法或纸片法，然后再改用随心所欲法提出更多想法。

3.3.9　人员的选择

为便于提供一个良好的创造性思维环境，应该确定专家会议的最佳人数和会议进行的时间。经验证明，专家小组规模以10～15人为宜，会议时间一般以20～60分钟效果最佳。

1. 专家选择

专家的人选应严格限制，便于参加者把注意力集中于所涉及的问题，具体应按照下述原则选取：

(1) 如果参加者相互认识，要从同一职位(职称或级别)的人员中选取，领导人员不应参加，否则可能对参加者造成某种压力；

(2) 如果参加者互不认识，可从不同职位(职称或级别)的人员中选取，这时不应宣布参加人员的职称，不论成员的职称或级别高低，都应同等对待；

(3) 参加者的专业应力求与所论及的决策问题相一致，这并不是专家组成员的必要条件。但是，专家中最好包括一些学识渊博，对所论及问题有较深理解的其他领域的专家。

2. 主持人选择

头脑风暴法的主持工作，最好由对决策问题的背景比较了解，并熟悉头脑风暴法的处理程序和处理方法的人担任。

3. 会议人员组成

头脑风暴法的所有参加者，都应具备较高的联想思维能力。头脑风暴法专家小组应由下列人员组成：

(1) 方法论学者——专家会议的主持者；

(2) 设想产生者——专业领域的专家；

(3) 分析者——专业领域的高级专家；

(4) 演绎者——具有较高逻辑思维能力的专家。

3.3.10 避免使用词语

明确了头脑风暴法的目的和原则，在其过程中，就应避免在活动中使用以下一些词语：

(1) 理论上可以说得通，但实际上并非如此；

(2) 上级主管可能不会接受；

(3) 以前试过了；

(4) 违反公司的基本政策或方针；

(5) 会被人嘲笑的；

(6) 没有价值的；

(7) 可能没有这么多时间；

(8) 可能大家不会赞成；

(9) 我以前想过了，只是没有多大的把握；

(10) 以后再想想/以后再研究吧。

总之，在头脑风暴法的开展过程中，应尽量避免使用那些可能影响其他人思考和发言积极性的词语，保证活动中热烈积极的发言气氛是最重要的。

头脑风暴法在国际上的应用非常成熟和频繁，在国内的应用总体来说还处于起步和发展阶段。目前人们需要不断地进行尝试和探索，积累经验，进一步完善和发展，争取能让这一决策方法为企业在产品创新、经营发展、政策制定等领域提供更富有成效的服务。

工 具 4

5W2H分析法——调查研究和思考问题的有效方法

✳ 4.1 基本概念

5W2H法，是在第二次世界大战时期由美国陆军兵器修理部首创的，后来广泛运用于组织管理的各个领域，是一个非常简单而又实用的工具。它提供解决问题的基本思路，并有助于弥补考虑问题时的疏漏。

提出疑问对于发现问题和解决问题是极其重要的。创造力高的人，都具有善于提问的能力。提问的技巧高，常常可以启发被提问者的想象力。

发明者在设计新产品时，常常提出：为什么(Why)；做什么(What)；何人做(Who)；何时(When)；何地(Where)；如何(How)；多少(How much)。这就构成了5W2H法的总框架。该方法是5个以W开头和2个以H开头的英语单词或词组逐一提问，并逐一思考回答，从中发现解决问题的线索，发现新思路，然后在此基础上设计构思，从而达到解决问题或者实现发明创造的目的。通常，可以把这一方法理解为"发现问题，解决问题"。

✳ 4.2 工具内容

4.2.1 5W2H的具体含义

(1) What？(什么？目标与内容)——完成了什么？这项工作是干什么用的？目的是什么？

(2) Where？(何处？地点)——何处做？从何处入手？何处入手最适宜？

(3) When？(何时？时间)——何时做？何时完成？何时做最适宜？

(4) Who？(谁？人员)——谁来承担？谁去完成？由谁来做最合适？

(5) Why？(为什么？原因)——为什么需要做？为什么要这样做？为什么要做成这个样子？

(6) How？(怎样？方式、手段)——如何做？怎样做效率最高？怎样实施？

(7) How much？(多少？定量指标)——要完成多少数量？成本是多少？利润有多少？

4.2.2 5W2H提问表

以5W2H方式进行提问，具体形式如表4-1所示。

表4-1　5W2H提问一览表

英　文	中　文	提问范例
Why	为什么	为什么采用机器代替人力？ 为什么采用这个技术参数？ 为什么产品的制造要经过这么多环节？ 为什么非做不可？ 为什么停用？ 为什么要做成这个形状？
What	什么	工作对象是什么？ 功能是什么？ 规范是什么？ 目的是什么？ 条件是什么？ 重点是什么？
Who	谁	谁被忽略了？ 谁会生产？ 谁会受益？ 谁可以办理？ 谁来办理最方便？ 谁是顾客？ 谁是决策人？
When	何时	何时安装？ 何时产量最高？ 何时工作人员容易疲劳？ 何时是最佳营业时间？ 何时完成最为适宜？ 何时销售？ 何时要完成？
Where	何地	安装在什么地方最合适？ 从何处买？ 何处生产最经济？ 何地有资源？ 何地最适宜某物生长？
How	怎样	怎样避免失败？ 怎样才能使产品更加美观大方？ 怎样达到效率？ 怎样得到？ 怎样改进？ 怎样求发展？ 怎样使产品用起来方便？ 怎样增加销路？ 怎样做效率最高？

英　　文	中　文	提 问 范 例
How much	多少	功能指标达到多少？ 销售多少？ 成本多少？ 输出功率多少？ 尺寸多少？ 重量多少？

❈ 4.3　工 具 运 用

4.3.1　应用步骤

使用5W2H法，通常分为6个步骤，而且是一个循环的过程。

第一步，利用5个W和2个H提问，分析现状。

第二步，在把握现状的基础上，利用5个W和2个H提问，预测未来状况。

第三步，如果上述两步的回答中存在不能令人满意的，或者无法解决的问题，那么它或它们就是突破口。

第四步，根据突破口，再利用5个W和2个H提问，找到解决问题的思路。

第五步，做出决定，并执行决定。

第六步，利用5个W和2个H提问，评估执行效果。如果不满意，再进入下一轮的检查，即再重复上述的5步。

4.3.2　应用程序

1. 找出原产品或做法的优缺点

如果现行的产品或做法经过7个问题的审核已无懈可击，便可认为这一产品或做法可取。如果7个问题中有一个答复不能令人满意，则表示这方面有改进的余地。如果哪方面的答复有独创的优点，则可以扩大产品在这方面的效用。

2. 决定设计新产品

克服原产品的缺点，扩大原产品独特优点的效用。

第二篇 | 战略管理工具

工具 5
PEST分析——战略外部环境分析的基本工具

❋ 5.1 基本概念

PEST分析工具是战略咨询顾问用来帮助企业检阅其外部宏观环境的一种方法，是对宏观环境的分析。

一般而言，企业的宏观环境包括该企业面对的政治、经济、社会、教育、文化、技术、法律等人文环境，这些因素对区域内所有的组织均适用。

不同行业和企业根据自身特点和经营需要，分析的具体内容会有差异，但一般在战略宏观环境分析时，都会对企业所处地的政治(political)、经济(economic)、社会(social)、技术(technological)等因素进行分析，确定这些因素的变化对组织战略管理过程的影响，从而在总体上把握宏观环境。该方法简称为PEST分析法，如图5-1所示。

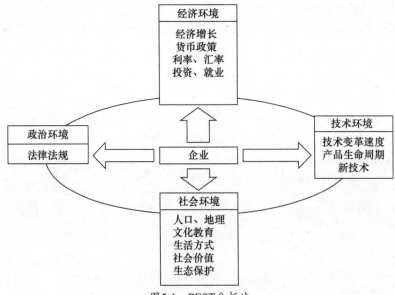

图5-1　PEST分析法

进行PEST分析时，首先要考虑哪些环境因素的影响在过去对组织是很重要的，并且考虑这些影响在未来对组织重要性的变化趋势。其次通过将环境中发挥作用的关键影响因素进行总结和列示，对这些因素进行评价，从而确定企业所面临的机会和威胁。

PEST分析是管理决策者和政策制定者的理想工具，帮助他们分析驱动组织的力量，以及这些因素如何影响企业运作。

❋ 5.2　工具的原理与分析

5.2.1　政治环境

政治环境，是指对组织经营活动具有实际与潜在影响的政治力量和有关的法律、法规等因素。当政治制度与体制、政府对组织所经营业务的态度发生变化时，当政府发布了对企业经营具有约束力的法律、法规时，企业的经营战略必须随之做出调整。

政治环境包括一个国家的社会制度，执政党的性质，政府的方针、政策、法令等。不同的国家有着不同的社会性质，不同的社会制度对组织活动有着不同的限制和要求。即使是社会制度不变的同一个国家，在不同时期，由于执政党的不同，其政府的方针特点、政策倾向对组织活动的态度和影响也是不断变化的。

重要的政治变量：

- 执政党性质
- 政治体制
- 经济体制
- 政府的管制
- 税法的改变
- 各种政治行动委员会
- 专利数量
- 专程法的修改
- 环境保护法

- 产业政策
- 投资政策
- 国防开支水平
- 政府补贴水平
- 反垄断法规
- 与重要大国关系
- 地区关系
- 对政府进行抗议活动的数量、严重性及地点
- 民众参与政治行为

5.2.2　经济环境

经济要素，是指一个国家的经济制度、经济结构、产业布局、资源状况、经济发展水平，以及未来的经济走势等。由于企业是处于宏观大环境中的微观个体，经济环境将决定和影响其战略的制定。此外，经济全球化还带来了国家之间经济上的相互依赖性，企业在各种战略的决策过程中还需要关注、搜索、监测、预测和评估本国以外其他国家的经济状况。

经济环境主要包括宏观和微观两个方面的内容。宏观经济环境主要指一个国家的人口数量及其增长趋势，国民收入、国内生产总值及其变化情况，以及通过这些指标能够反映的国民经济发展水平和发展速度。微观经济环境主要指企业所在地区或所服务地区的消费者的收入水平、消费偏好、储蓄情况、就业程度等因素，这些因素直接决定着企业目前及未来的市场大小。

重要的经济变量：

- GDP及其增长率
- 经济方式转变

- 失业趋势
- 劳动生产率水平

- 贷款的可得性
- 可支配收入水平
- 居民消费(储蓄)倾向
- 利率
- 通货膨胀率
- 规模经济
- 政府预算赤字
- 消费模式

- 汇率
- 证券市场状况
- 外国经济状况
- 进出口因素
- 不同地区和消费群体间的收入差别
- 价格波动
- 货币与财政政策

5.2.3　社会环境

社会文化要素，是指组织所在社会中成员的民族特征、文化传统、价值观念、宗教信仰、教育水平，以及风俗习惯等因素。每一个社会都有其价值观，这些价值观和文化传统是历史的沉淀，通过家庭繁衍和社会教育而传播延续，因此具有相当的稳定性。每一种文化都是由许多亚文化组成的，它们由共同语言、共同价值观念体系及共同生活经验或生活环境的群体所构成，不同的群体有不同的社会态度、爱好和行为，从而表现出不一样的市场需求和消费行为。

社会文化环境包括一个国家或地区的居民教育程度和文化水平、宗教信仰、风俗习惯、审美观点、价值观念等。文化水平会影响居民的需求层次；宗教信仰和风俗习惯会禁止或抵制某些活动的进行；价值观念会影响居民对组织目标、组织活动，以及组织存在本身的认可与否；审美观点则会影响人们对组织活动内容、活动方式，以及活动成果的态度。

重要的社会变量：

- 妇女生育率
- 特殊利益集团数量
- 结婚数、离婚数
- 人口出生率、死亡率
- 人口移进移出率
- 社会保障计划
- 人口预期寿命
- 人均收入
- 生活方式
- 平均可支配收入
- 对政府的信任度
- 对政府的态度
- 对工作的态度
- 购买习惯
- 对道德的关切
- 储蓄倾向
- 性别角色

- 投资倾向
- 种族平等状况
- 节育措施状况
- 平均教育状况
- 对退休的态度
- 对质量的态度
- 对闲暇的态度
- 对服务的态度
- 对外国人的态度
- 污染控制
- 对能源的节约
- 社会活动项目
- 社会责任
- 对职业的态度
- 对权威的态度
- 城市、城镇和农村的人口变化
- 宗教信仰状况

5.2.4 技术环境

技术环境不仅包括那些引起革命性变化的发明，还包括与企业生产有关的新技术、新工艺、新材料的出现和发展趋势，以及应用前景。在过去的半个世纪里，最迅速的变化就发生在技术领域，像微软、惠普、通用电气等高技术公司的崛起改变着世界和人类的生活方式。同样，技术领先的医院、大学等非营利性组织，也比没有采用先进技术的同类组织具有更强的竞争力。

技术环境除了包含与企业所处领域直接相关的技术手段及发展变化外，还包括国家对技术开发的投资和支持重点；该领域技术发展动态和研究开发费用总额；技术转移和技术商品化速度；专利及其保护情况等。这些问题会直接影响企业战略的制定。

PEST提纲挈领结构图和典型的PEST分析内容，如图5-2和表5-1所示。

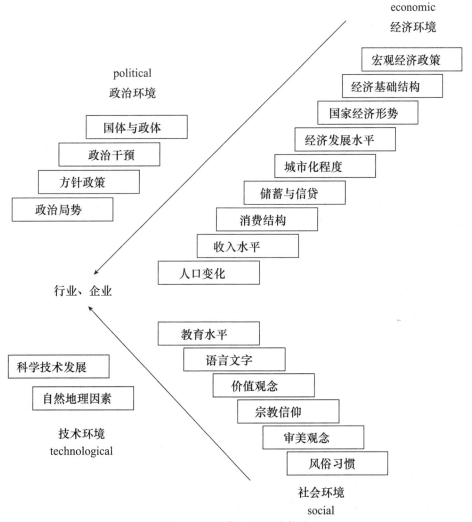

图5-2　PEST提纲挈领结构图

表5-1　典型的PEST分析内容表

政治法律	经　济	社　会	技　术
环保制度	经济增长	收入分布	政府研究开支
税收政策	利率与货币政策	人口统计、人口增长率与年龄分布	产业技术关注
国际贸易章程与限制	政府开支	劳动力与社会流动性	新型发明与技术发展
合同执行法、消费者保护法	失业政策	生活方式变革	技术转让率
雇用法律	征税	职业与休闲态度、企业家精神	技术更新速度与生命周期
政府组织/态度	汇率	教育	能源利用与成本
竞争规则	通货膨胀率	潮流与风尚	信息技术变革
政治稳定性	商业周期的所处阶段	健康意识、社会福利及安全感	互联网变革
安全规定	消费者信心	生活条件	移动技术变革

在进行PEST分析时，我们应更多地关注未来的情况。为了方便管理者对未来P、E、S、T各方面的全面把握，战略研究专家设计了PEST分析项目核对表，如表5-2所示。管理者可以利用该表格，核对自己是否全面考虑了各项外部环境。

表5-2　PEST分析项目核对表

未来政治形势		未来经济形势	
政党、国家及区域联盟政治稳定形势	（　）	总GDP和人均GDP，以及通货膨胀水平	（　）
立法，如税法和劳动法等	（　）	消费者花费和可支配收入	（　）
政府与企业的关系	（　）	币值波动和汇率水平	（　）
政府对行业占有、垄断和竞争的态度	（　）	国家、私企和外国公司投资水平	（　）
		周期性	（　）
		失业率	（　）
		能源、运输、原材料等的成本	（　）
未来社会环境		**未来技术变革**	
价值观和文化变迁	（　）	政府及其他经济组织投资政策	（　）
生活方式改变	（　）	识别新的研究方向	（　）
对工作和休闲的态度	（　）	新的专利产品	（　）
"绿色"环境问题	（　）	新技术变化和应用的速度	（　）
地理变化	（　）	可应用的非相关行业的技术成果	（　）
收入分配	（　）		

❋ 5.3　分析流程

采用PEST分析方法对企业所处环境进行分析，主要经过如下流程：

(1) 列出环境变化过程中的关键宏观因素。

关键因素识别方法：

- 头脑风暴法；

- 因果分析法；
- 集体讨论法；
- 关键事件法。

(2) 根据各因素对企业的具体影响来确定权重，赋予各个因素权重。

常见因素权重确定方法：

- 经验判断法；
- 参照法；
- 三维确定法；
- 价值因子分析法。

(3) 按照企业现行的战略对各个关键因素评分。

确定企业战略模型：

- 生产制造战略；
- 财务投资战略；
- 人力资源战略；
- 市场营销战略；
- 产品研发战略。

评分应注意的问题：清楚目前战略；小组评估；过程公开；集体决策。

(4) 用每个关键因素的权重乘以它的评分，得出每个因素的加权分数。

得分计算注意要点：

- 统计过程监督；
- 数据纠偏；
- 数据分析。

(5) 将所有因素的加权分数相加，得到企业所处宏观环境的总加权分数。

5.4 分析工具的意义

PEST分析工具主要用于分析宏观环境对企业的现实和潜在的影响，对于评价一些因素对企业战略目标和战略制定的影响有深刻的意义。

不过，PEST分析仅仅提供了一个分析的框架，远不够完善，大量的指标必须具体到环境中才有意义，企业可根据自身的环境不断去发掘和丰富。PEST分析工具本身并不提供分析指标的选择和评估标准，具体的分析指标因项目情况不同，企业可根据需要自行选择，具体的分析结果也依赖于管理者和决策制定者的能力与水平，有较大的不确定性。

工具 6

波士顿矩阵法——制定公司层战略流行的方法

❋ 6.1 基本概念

波士顿矩阵法是由波士顿咨询集团在20世纪70年代初为美国米德纸业进行经营咨询时开发的。波士顿矩阵将组织的每一个战略事业单位(SBUs)标在二维的矩阵图上，从而显示出哪个部门或产品提供高额的潜在收益，哪个部门或产品是组织资源的漏斗。因此，波士顿矩阵法，也称四象限分析法、产品系列结构管理法等。

波士顿矩阵的发明者、波士顿公司的创立者布鲁斯认为，公司若要取得成功，就必须拥有增长率和市场份额各不相同的产品组合。组合的构成取决于现金流量的平衡。如此看来，波士顿矩阵的实质是为了通过业务的优化组合实现企业的现金流量平衡，如图6-1所示。

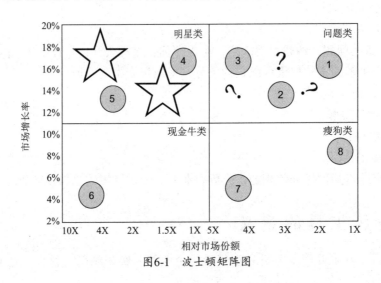

图6-1 波士顿矩阵图

❋ 6.2 主要内容

6.2.1 两个基本因素

波士顿矩阵认为，决定产品结构的基本因素有两个，即市场引力与企业实力。

1. 市场引力

市场引力包括企业销售量(额)增长率、目标市场容量、竞争对手强弱及利润高低等。其中最主要的是反映市场引力的综合指标——销售增长率，这是决定企业产品结构是否合理的外在因素。

2. 企业实力

企业实力包括市场占有率，技术、设备、资金利用能力等，其中市场占有率是决定企业产品结构的内在要素，它直接显示出企业的竞争实力。

销售增长率与市场占有率既相互影响，又互为条件：市场引力大，销售增长率高，可以显示产品发展的良好前景，企业也具备相应的适应能力，实力较强。如果只是市场引力大，而没有相应的高销售增长率，则说明企业尚无足够实力，则该种产品也无法顺利发展；相反，企业实力强，而市场引力小的产品，也预示了该产品的市场前景不佳。

6.2.2 四种业务组合

1. 问题类业务

问题类业务，是指企业中高增长、低市场份额的业务。处在这个领域中的是一些投机性产品，带有较大的风险。这些产品可能利润率很高，但占有的市场份额很小。它往往是一个公司的新业务，为发展问题业务，公司必须建立工厂，增加设备和人员，以便跟上迅速发展的市场，并超过竞争对手，这些意味着大量的资金投入。"问题"非常贴切地描述了公司对待这类业务的态度，因为公司必须慎重回答"是否继续投资，发展该业务"这个问题。只有那些符合企业发展长远目标、企业具有资源优势、能够增强企业核心竞争力的业务才能得到肯定的回答。

如何选择问题型业务是用波士顿矩阵法制定战略的重中之重，也是难点，这关乎企业未来的发展。对于增长战略中各种业务增长方案如何确定优先次序，波士顿矩阵法也提供了一种简单的方法，可参照图6-2权衡选择投资回报率(ROI)相对较高，同时需要投入的资源占的宽度不太大的方案。

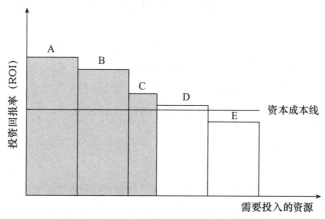

图6-2 波士顿矩阵法的问题型业务选择

2. 明星类业务

明星类业务，是指企业中高增长、高市场份额的业务。这个领域中的产品处于快速增长的市场中，并且在市场份额中占有支配地位，但也不一定会产生正现金流量，这取决于新工厂、设备和产品开发对投资的需要量。明星类业务是由问题型业务继续投资发展起来的，可以视为高速成长市场中的领导者，它将成为公司未来的现金牛类业务。但这并不意味着明星类业务一定可以给企业带来源源不断的现金流，因为市场还在高速成长，企业必须继续投资，以保持与市场同步增长，并击退竞争对手。企业如果没有明星业务，就失去了希望，但群星闪烁也可能会闪花企业高层管理者的眼睛，导致做出错误的决策。因此，企业管理者必须具备识别业务发展潜力的能力，将企业有限的资源投入能够发展成为现金牛类的业务上。同样地，明星类业务要发展成为现金牛类业务，适合采用增长战略。

3. 现金牛类业务

现金牛类业务，是指企业中低增长、高市场份额的业务。处在这个领域中的产品能产生大量的现金，但未来的增长前景是有限的。这是成熟市场中的领导者，是企业现金的来源。由于市场已经成熟，企业不必大量投资来扩展市场规模，同时作为市场中的领导者，该业务享有规模经济和高边际利润的优势，因而给企业带来大量现金流。企业往往用现金牛类业务来支付账款并支持其他三种需要大量现金的业务。现金牛类业务适合采用战略框架中的稳定战略，目的是保持企业的市场份额。

4. 瘦狗类业务

瘦狗类业务，是指企业中低增长、低市场份额的业务。这个领域中的产品既不能为企业取得盈利，也不需要投入大量资金，这些产品没有改进绩效的希望。一般情况下，瘦狗类业务常常是微利甚至是亏损的，其存在的原因更多的是由于感情上的因素，虽然一直微利经营，但像人养了多年的狗一样恋恋不舍而不忍放弃。其实，瘦狗类业务通常要占用很多资源，如资金、管理部门的时间等，多数时候是得不偿失的。瘦狗类业务适合采用战略框架中的收缩战略，目的在于出售或清算业务，以便把资源转移到更有利的领域。

波士顿矩阵的精髓在于把战略规划和资本预算紧密结合起来，用两个重要的衡量指标将复杂的企业业务分为四种类型，用相对简单的分析方法来应对复杂的战略问题。该矩阵帮助多种经营的公司确定哪些产品宜于投资，操纵哪些产品更容易获取利润，应从业务组合中剔除哪些产品，从而使业务组合达到最佳经营成效。

❄ 6.3 分析步骤

采用波士顿矩阵法分析企业中业务的类型，大致要经过以下步骤：

(1) 评价各项业务的前景。波士顿矩阵法是用"市场增长率"这一指标来表示发展前景的，这一步的数据可以从企业的经营分析系统中提取。

(2) 评价各项业务的竞争地位。波士顿矩阵法是用"相对市场份额"这个指标来表示竞争力的。这一步需要做市场调查才能得到相对准确的数据。

(3) 表明各项业务在波士顿矩阵图上的位置。具体方法是以业务在二维坐标上的坐标点为圆心画一个圆圈，用圆圈的大小来表示企业每项业务的销售额。到了这一步公司就可以诊断自己的业务组合是否健康了。一个失衡的业务组合就是有太多的瘦狗类或问题类业务，或太少的明星类和现金牛类业务。例如，有三项问题业务，不可能全部投资发展，只能选择其中的一项或两项集中投资发展；只有一个现金牛类业务，说明财务状况是很脆弱的；有两项瘦狗类业务，则代表企业有沉重的负担。

(4) 确定纵坐标市场增长率的一个标准线，从而将市场增长率划分为高、低两个区域。比较科学的方法有两种：①将该行业市场的平均增长率作为分界点；②将多种产品的市场增长率(加权)平均值作为分界点。需要说明的是，高市场增长定义为销售额至少达到10%的年增长率(扣除通货膨胀因素后)。

(5) 确定横坐标相对市场份额的一个标准线，从而将相对市场份额划分为高、低两个区域。在划分标准线的时候要尽量占有更多资料，审慎分析，这些数字范围应在运用中根据实际情况的不同进行修改。而且不能仅仅注意业务在矩阵图中现有的位置，还要注意随着时间推移的历史移动轨迹，每项业务都应该回顾它去年、前年，甚至更前的时候是处在哪里，用以参考标准线的确定。

一种比较简单的方法是，高市场份额意味着该项业务是所在行业的领导者的市场份额。需要说明的是，当本企业是市场领导者时，这里的"最大的竞争对手"就是行业内排行第二的企业。

✤ 6.4 方法应用

波士顿矩阵法的应用非常广泛。首先，这一模型可以使公司在矩阵中标出其业务所在的位置，使管理层迅速地看到该业务在整个业务组合中的位置。由此，可以制订出整个公司未来发展的动态战略。

6.4.1 应用分析

波士顿矩阵法可以帮助企业分析自身的投资业务组合是否合理。如果一个公司没有现金牛类业务，说明它当前的发展缺乏现金来源；如果没有明星类业务，说明未来的发展缺乏动力。一个公司的业务投资组合必须是合理的，否则会影响企业的发展，对于不合理的业务必须加以调整。

1. 基本策略

在了解各项业务单位在公司中的不同地位后，就需要进一步明确战略目标。面对矩阵中不同类型的业务单位，公司可有以下选择。

(1) 发展策略。发展策略的目的是扩大品牌的市场份额，甚至不惜放弃近期利润来达到这一目标。这一策略主要应用于明星类业务，使明星类业务继续提高市场占有率，拉大与竞争对手的距离，逐渐成为企业的主要利润源泉。同时，该策略也适用于问题类业务，问题类业务的关键是市场占有率与竞争对手有较大的差距，而并非销售利润增长没有空间，市场没有前景，如果它们要成为明星类业务，其市场份额必须有较大增长。

(2) 稳定策略。稳定策略的目标是要保持战略业务单位的市场份额。这一策略适用于强大的现金牛类业务，以继续保持业务能够产生大量的现金流量。此外，稳定策略也适用于部分问题类业务和瘦狗类业务。

(3) 收获策略。收获策略的目标在于增加战略业务单位的短期现金收入，而不考虑长期影响。这一战略适用于处境不佳的现金牛类业务，这种业务前景暗淡而又需要从它身上获得大量现金收入。收获战略也适用于问题类业务和瘦狗类业务。

(4) 放弃策略。放弃策略的目标在于出售或清理业务，以便把资源转移到更有利的领域。这一策略适用于瘦狗类业务和问题类业务，这类业务常常拖公司赢利的后腿。对于这类业务如果没有非常站得住脚的理由来维持，就必须坚决放弃。

2. 改进策略

由于经营环境的变化，业务单位在矩阵中的位置随时间的变化而变化。即使非常成功的业务单位也有一个生命周期，它们从问题类业务开始，继而成为明星类业务，然后成为现金牛类业务，最后变成瘦狗类业务而至生命周期的终点。正因为如此，企业经营者不仅要考察其各项业务在矩阵中的现有位置，还要以运动的观点看问题，不断检查其动态位置。不但要立足每项业务过去的情况，还要观察其未来可能的发展趋势。如果发现某项业务的发展趋势不尽如人意，公司应要求管理人员提出新的战略选择。

在各种战略选择中经营者常犯的错误是要求所有的战略业务单位都达到同样的增长率或利润回报水平，忽视了各项业务不同的发展潜力和不同的市场目标的把握。其他错误还包括：一是留给现金牛类业务的资金太少，其结果是业务的发展乏力；或者留给这类业务的资金过多，结果公司无法向新增长的业务投入足够的资金。二是在瘦狗类业务上投入大量资金，寄希望于扭转乾坤，但每次都失败。三是问题类业务保留得太多，并且对每项业务都投资不足。

对于以上问题，正确的做法是对于问题类业务要么给予充足的支持使之在市场竞争中变劣势为优势，要么坚决予以放弃。在激烈变化的市场环境中，"不断改进"的策略是使企业的经营业务"明星"闪烁、"现金牛"牛气冲天的保证。其途径有：

(1) 改进产品。即企业提高产品质量，改进产品外观或式样，改变或增加一些性能，扩大用途，降低价格等，以吸引新用户和使现有用户提高现有产品的使用率。

(2) 改进市场。即企业千方百计寻找新的用户和使现有顾客多多使用、多多购买本企业的产品。这就要求企业大力开展推销活动，如举办商品展销、削价出售等，以尽量维持市场占有率及抢占新的市场。

(3) 改进服务。即尽量加强产品服务，提高服务质量。例如，为购买本企业产品的顾客提供质量保证，如实行"三包"、保证随时提供服务等。

在实际生活中，上述三种方式往往是混合在一起使用的，常能取得令人满意的成果。

6.4.2   应用法则

按照波士顿矩阵法的原理，一方面，产品市场占有率越高，创造利润的能力越大；另一方面，销售增长率越高，为了维持其增长及扩大市场占有率所需的资金也越多。这样可以使企业的产品结构实现产品互相支持、资金良性循环的局面。按照产品在象限内的位置及移动趋势的划分，形成了波士顿矩阵法的基本应用法则。

法则一：成功的月牙环

在企业所从事的事业领域内各种产品的分布若显示月牙环形，则说明企业的产品分布是非常健康的，因为赢利大的产品不止一个，而且这些产品的销售收入都比较大，还有不少明星类产品。问题类产品和瘦狗类产品的销售量都很少。

法则二：黑球失败法则

如果在第四象限内一个产品都没有，或者即使有，其销售收入也几乎为零，可用一个大黑球表示，则说明企业处在一种较危险的状态。该种状况显示企业没有任何赢利大的产品，说明应当对现有产品结构进行撤退、缩小的战略调整，考虑向其他事业渗透，开发新的产品或业务。

法则三：东北方向大吉

一个企业的产品在四个象限中的分布越是集中于东北方向，则显示该企业的产品结构中明星类产品越多，越有发展潜力；相反，产品的分布越是集中在西南角，说明瘦狗类产品数量大，该企业产品结构处于衰退状态，经营困难。

法则四：踊跃移动速度法则

从每个产品的发展过程及趋势看，产品的销售增长率越高，为维持其持续增长所需的资金量也相对越高；而市场占有率越大，创造利润的能力也越大，持续盈利的时间也相对长一些。按正常趋势，从问题类产品、经明星类产品，最后进入现金牛类产品阶段，标志了该产品从纯资金耗费到为企业增加效益的发展过程，但是这一趋势移动速度的快慢也影响到其所能提供的收益的大小。

如果某一产品从问题产品(包括从瘦狗类产品)变成现金牛类产品的移动速度太快，说明其在高投资与高利润率的明星区域内时间很短，因此对企业提供利润的可能性及持续时间都不会太长，总的贡献也不会大；相反，如果产品发展速度太慢，在某一象限内停留时间过长，则该产品也会很快被淘汰。

在本方法的应用中，企业经营者的任务是通过四象限法的分析，掌握产品结构的现状及预测未来市场的变化，进而有效地、合理地分配企业经营资源。在产品结构调整中，企业的经营者不是在产品到了"瘦狗"阶段才考虑如何撤退，而是应在"现金牛"阶段时就考虑如何使产品造成的损失最小而收益最大。

6.4.3   应用意义

1. 波士顿矩阵法的作用

波士顿矩阵法可以帮助人们分析一个公司的投资业务组合是否合理。如果一个公司没有现金牛类业务，说明公司当前的发展缺乏现金来源；如果没有明星类业务，说明公司在未来的发展中缺乏动力。一个公司的业务投资组合必须是合理的，否则必须加以调整。

波士顿矩阵法也可以帮助人们分析在其他组织之中的某项决策是否对组织的发展具有帮助和益处。结合组织所处的大环境，结合组织的长远发展目标，结合这些情报，然后分析在这些背景下做什么样的决策是最明智而有效的。波士顿矩阵法的应用产生了许多收益，它提高了管理人员的分析和战略决策能力，帮助他们以前瞻的眼光看问题，更深刻地理解组织各项活动的联系，加强了项目单位和组织管理人员之间的沟通，及时调整组织的决策组合，收获或放弃萎缩项目，以便在更有发展前景的项目中投入人力和物力。

2. 波士顿矩阵法的局限性

波士顿矩阵中，所有企业业务单位的未来预期都是用唯一的需求增长率指数来衡量的。要准确地测算这种预期，需要严格的条件：一是要在同一个产品生命周期的发展阶段；二是营销环境的动荡性不大，产品的需求变化不会因受到无法预料的事件冲击而变化。在当今的知识经济时代，产品生命周期大大缩短，新技术、新产品不断涌现，全球化的竞争更是使企业竞争的变数加大，这就使波士顿矩阵的运用大受限制。

在波士顿矩阵中，企业所有业务单位都是用相对市场占有率来表示的，这在各业务处于加速成长阶段，在技术稳定、需求增长速度超过供应增长速度的情况下是适用的；但在经营业务处于减速期或成熟期时，取得竞争优势的决定因素就不是相对市场占有率了。

此外，还存在一些主观上的局限性。例如，由于评分等级过于宽泛，可能会造成两项或多项不同的活动项目位于同一象限中；由于评分等级带有折中性，使很多项目位于矩阵的中间区域，难以做出最后的判断决策等。因此，如果要使用这种方法，就必须占有尽可能多的情报，审慎分析，避免因方法的缺陷造成决策的失误。

❄ 6.5 工具应用

波士顿矩阵法主要为具有多个业务分部或分公司、实行多元化经营的大型公司而设计。与发达国家相比，我国的产业组合结构仍旧高度分散化，但经济发展和市场竞争已造就了众多较大型的企业或企业集团。多元化经营也已作为一种重要的经营战略而为众多大中型企业所采用。采用这种战略或经营方式必然涉及进行正确的业务组合的问题，这就需要采用相应的现代分析与决策工具。而波士顿矩阵法正好可以满足我国大中型企业在这方面的需要。但考虑到国情的不同，在引进和应用波士顿矩阵法时，可对其进行适当的调整。波士顿矩阵法中的圆圈代表不同的业务分部或分公司，而实际上对于不设立分公司或业务分部的企业，可以用圆圈代表其他形式的业务单位，如不同的产品线或利润中心等。总之，应当根据我国市场和企业的具体情况因地制宜，不宜生搬硬套。

工具 7

波特价值链分析——战略决策时资源分析的理论模型

❄ 7.1 基本概念

"价值链"这一概念，是美国哈佛大学商学院教授迈克尔·波特(Michael Porter)在其1985年出版的《竞争优势》一书中提出的。

价值链分析模型主要用来分析企业的竞争态势，有助于企业认清在运作活动链上的优劣环节，调整价值链结构，补强薄弱环节，保持原有的强项，创造新的竞争优势。企业的竞争优势有许多，如技术优势、人才优势、管理优势、创新优势等，但归根结底只有两种：一种是成本领先；另一种是标新立异。如果把企业作为一个整体来考察，又无法识别这些竞争优势，就必须把企业活动进行分解，通过考察这些活动本身及其相互之间的关系来确定企业的竞争优势，这就是价值链分析模型的内涵。

7.1.1 基本思想

企业的价值创造是通过一系列活动构成的，这些活动可分为基本活动和支持性活动。基本活动涉及企业生产、销售、进料后勤、发货后勤、售后服务，即产品的物质创造及其销售、转移买方和售后服务的各种活动。支持性活动涉及人事、财务、计划、研究与开发、采购等，是辅助基本活动，并提供采购投入、技术、人力资源，以及各种公司范围的职能支持活动。这些互不相同但又相互关联的生产经营活动，构成了一个创造价值的动态过程，即价值链，如图7-1所示。

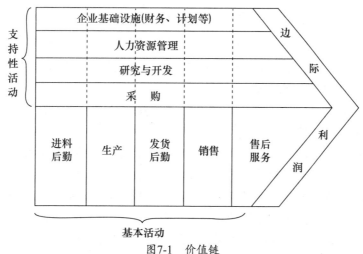

图7-1 价值链

价值链列示了总价值，并且包括价值活动和利润。价值活动是企业所从事的物质上和技术上的界限分明的各项活动，这些活动是企业创造对买方有价值的产品的基石。利润是总价值与从事各种价值活动的总成本之差。

价值活动是竞争优势的各种相互分离活动的组成。每一种价值活动与经济效果结合是如何进行的，将决定一个企业在成本方面相对竞争能力的高低。每一种价值活动的进行也将决定它对买方需要及产品差异的贡献。与竞争对手价值链的比较揭示了决定竞争优势的差异所在。

7.1.2 价值链的含义

企业的价值链主要包括以下三个层次的含义：

其一，企业各项活动之间都有密切联系，如原料供应的计划性、及时性和协调一致性与企业的生产制造有密切联系。

其二，每项活动都能够给企业带来有形、无形的价值，如服务这条价值链，如果密切注意顾客所需或做好售后服务，就可以提高企业信誉，从而带来无形的价值。

其三，价值链不仅包括企业内部各相关活动，更重要的是，还包括企业外部的活动，如与供应商、与顾客之间的联系。

价值链在经济活动中是无处不在的，上下游关联的企业与企业之间存在行业价值链，企业内部各业务单元的联系构成了企业的价值链，企业内部各业务单元之间也存在着价值链。价值链上的每一项价值活动都会对企业最终能够实现多大的价值造成影响。

❊ 7.2 主要内容

7.2.1 价值活动

价值活动分为两大类：基本活动和辅助活动。

1. 基本活动

(1) 进料后勤。与接收、存储和分配相关的各种活动，如原材料搬运、仓储、库存控制、车辆调度和向供应商退货。

(2) 生产作业。与将投入转化为最终产品形式相关的各种活动，如机械加工、包装、组装、设备维护、检测等。

(3) 发货后勤。与集中、存储和将产品发送给买方相关的各种活动，如产成品库存管理、原材料搬运、送货车辆调度等。

(4) 销售。与为买方提供购买产品的方式和引导买方进行购买相关的各种活动，如广告、促销、销售队伍和渠道建设等。

(5) 服务。与提供服务以增加或保持产品价值相关的各种活动，如安装、维修、培训、零部件供应等。

基本活动的具体内容，如图7-2所示。

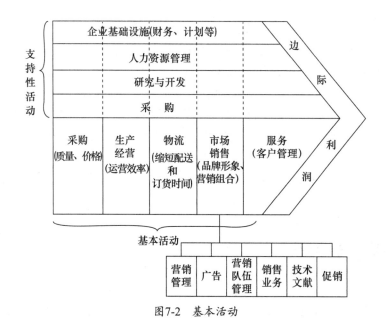

图7-2　基本活动

2. 辅助活动

辅助活动的具体内容如下。

(1) 采购。购买用于企业价值链各种投入的活动，采购既包括企业生产原料的采购，也包括支持性活动相关的购买行为，如研发设备的购买等。

(2) 研究与开发。每项价值活动都包含着技术成分，无论是技术诀窍、程序，还是在工艺设备中所体现出来的技术。

(3) 人力资源管理。涉及所有类型人员的招聘、雇佣、培训、开发和报酬等各种活动。人力资源管理不仅对基本和支持性活动起到辅助作用，而且支撑着整个价值链。

(4) 企业基础设施。企业基础设施支撑了企业的价值链。

7.2.2　价值链内部联系

虽然价值活动是构筑竞争优势的基石，但价值链并不是一些独立活动的集合，而是相互依存的活动构成的一个系统。价值活动是由价值链的内部联系联结起来的，这些联系是某一价值活动进行的方式与成本或与另一活动之间的关系。

1. 价值链内部联系的作用

(1) 联系可以通过最优化和协调一致这两种方式带来竞争优势。联系常反映出为实现企业总体目标的活动之间的权衡取舍。例如，成本更高昂的产品设计、更严格的材料规格或更严密的工艺检查也许会减少服务成本。企业必须优化这些反映其战略的联系以获取竞争优势。联系也反映协调各种活动的需要。例如，按时发货，会要求生产作业、外部后勤和服务(如安装)这些活动协调配合。协调各种联系的能力常常能削减成本或增加经营歧异性。例如，协调的改善会降低全公司库存的需要。

(2) 联系意味着一个企业的成本或特色。联系的数量众多，其中一些是许多企业普遍存在的。最显而易见的联系是那些基本价值链中点画线所表示的辅助活动和基本活动之间的各种联系。例如，产品设计常影响一种产品的生产成本，而实际采购则常影响外购投入的质量，以及生产成本、检查成本和产品质量。更微妙的联系是各种基本活动之间的联系。例如，加强对投入部件的检查会降低后面生产工艺过程中的质量保证成本，而更好的保养维护会减少机器故障造成的停工。相互作用的订单处理系统会减少销售人员为每个买方所花费的时间，因为销售人员可以更快速地处理订单，而无须跟踪解决各种询问和问题。对产成品更为细致的检查能提高该区域产品的可靠性，降低服务成本。最后，向买方的频繁发货会降低库存，减少应收账款。涉及不同类别或不同形式的活动之间的联系常常最难得到认识。

2. 价值链内部联系的原因

尽管价值链内部的各种联系对企业取得竞争优势十分关键，它们却常常难以捉摸，无法被认识。例如，采购影响生产成本和质量的重要性并不明显。订单处理过程、实际生产进度安排和销售队伍的有效利用之间的联系也不是显而易见的。各种联系的确认是探索每种价值活动影响或被其他活动所影响的方式的一个过程。

各种价值活动之间的联系来自一些基本原因：同一功能可以以不同方式实施，如高质量外购投入、明确生产工艺过程中的微小公差或对成品100%的检查都可以使产品符合规格；通过间接活动的更多努力来改善直接活动的成本或效益，如改进时间安排(一项间接活动)可以减少销售人员的出差时间或交货车辆运输时间(直接活动)；企业内部的活动减少了现场示范、解释或产品现场服务的需要，如100%的检查能大大减少现场服务的成本。可以以不同方式来实施质量保证功能，如进货的检查可以替代对成品的检查。

以上所讨论的联系的基本原因仅是一个起点。分解采购和技术开发以将它们与各种具体的基本活动相联系，也有助于突出辅助活动与基本活动之间的联系。

对各种联系的利用常常要求信息或信息系统允许最优化或协调配合的发生。因此，信息系统对于从联系中获取竞争优势至关重要。信息系统技术近来的发展正在创造一些新的联系，并增强获取旧的联系的能力。对联系的利用也经常要求最优化或跨越传统的组织界限的协调。例如，生产组织更高的成本可以带来销售或服务组织成本的降低。这样的权衡未必能够在企业的信息和控制系统中进行度量。因此，对各种联系的管理是一项比管理各种价值活动本身更为复杂的任务。既然认识和管理这些联系是十分困难的，那么能够做到，就会成为产生企业竞争优势的取之不尽的资源。

7.2.3 价值链纵向联系

联系不仅存在于一个企业价值链内部，而且存在于企业价值链与供应商及渠道的价值链之间。这些联系，称之为纵向联系。纵向联系与价值链内部的各种联系类似，即供应商或渠道的各种活动进行的方式影响企业活动的成本或效益，反之亦然。

1. 企业与供应商的联系

供应商生产某个企业用于其价值链的产品或服务，供应商的价值链也在其他接触点影响着企业。例如，一个企业的采购和内部后勤活动与供应商的订单处理系统互相作用，同时，供应商的应用工程人员与企业的技术开发和生产人员之间也是协同工作的。供应商的产品特点以及它与企业价值链的其他接触点能够十分显著地影响企业的成本和创新。

2. 企业与渠道的联系

企业与销售渠道的各种联系与供应商的联系类似。销售渠道具有企业产品流通的价值链。销售渠道对企业销售价格的抬价经常在最终用户的销售价格中占很大比例。在许多消费品中，如酒，它常常占最终用户的销售价格的50%或更多。销售渠道进行如销售、广告陈列等活动可以替代或补充企业的各种活动。企业和销售渠道价值链之间也有大量的接触点，例如销售队伍、订单处理和外部后勤。与和供应商的联系一样，企业对销售渠道的联系进行协调和综合优化能够消减成本或增强差异化优势。

纵向联系与企业价值链内部联系一样，经常被忽视。即使认识到这些联系，供应商或销售渠道的独立的所有权和敌对关系的历史都可能妨碍利用纵向联系所要求的协调或综合优化。有时，通过与联合伙伴或姐妹业务单元的合作获得纵向联系比通过与独立的企业的合作要容易，不过这一点也不能保证。与价值链的内部联系相同，利用纵向联系需要信心，而现代信息系统正在创造很多新的可能性。

❋ 7.3 工具分析

7.3.1 价值链分析的一般步骤

1. 识别价值活动

识别价值活动要求在技术上和战略上有显著差别的多种活动相互独立。如前所述，价值活动有两类：基本活动和辅助活动。

虽然企业的价值活动有基本和辅助之分，但它们并不是相互独立的，而是相互影响、相互联系的有机整体。同时，它们之间的联系也体现和决定了来自各环节的竞争态势之间的联系。价值链则为竞争态势的开展提供了一个清晰的脉络。在识别各种价值活动时，应对各种活动之间的相互联系进行分析，考察每种活动对其他活动的影响，对该活动产生影响的活动有哪些，会产生什么样的影响等。

价值活动的识别是以这些活动在企业创造价值过程中的作用为依据进行的。此步骤完成后，企业的基本价值链就被构建起来了。

2. 确立活动类型和战略环节

在每类基本和辅助活动中，都有如下三种不同的类型。

(1) 直接活动。直接活动是涉及直接为买方创造价值的各种活动，如零部件加工、安装、产品设计、销售、人员招聘等。

(2) 间接活动。间接活动指那些使直接活动持续进行成为可能的各种活动，如设备维修与管理、工具制造、原材料供应与储存、新产品开发等。

(3) 质量保证。质量保证指确保其他活动质量的各种活动，如监督、视察、检测、核对、调整和返工等。

在企业的众多价值活动中，并不是每一个环节都会使产品价值增值而具有竞争优势。这些活动有着完全不同的经济效果，对竞争优势的确立起着不同的作用，应该加以区分，权衡取舍，以确定核心和非核心活动。只有某些特定的活动或活动之间的联系是创造企业价值的关键环节，具有竞争优势，是企业的战略环节。企业在市场竞争中的优势，特别是能够保持长期优势的，主要是因为企业在战略环节上的优势。对于战略环节的确定，需要估算每一项活动创造的价值及成本增量，求得每一环节的附加价值，进而确定企业价值链上的战略环节。

3. 明确一般环节和重点环节

企业战略的实施使得企业的价值链具有动态性，在不同的时期，价值链会得到不同程度、不同形式的调整，从而企业的战略环节也会发生迁移。曾经是一般环节的可能成为战略环节，而曾经的战略环节也会转化为一般环节。价值链分析也应根据企业战略的实施情况调整工作重点，改变工作方式。

4. 系统开展整条价值链分析

上述工作完成后，就可以对整条价值链开展竞争分析，及时发现企业内外部环境的变化及其渊源。随着企业战略的实施和内外部环境的变化，企业的经营活动也会有所变化，价值链也会随之发生某些改变。因此，应适时动态地对价值链进行调整，重新识别价值活动及相互联系，这也就回到了第一个步骤，并循序推进后续步骤，即价值链分析法是一个循环过程。

7.3.2　价值链工具的特点

1. 价值链分析的基础是价值，各种价值活动构成价值链

价值是买方愿意为企业提供给他们的产品所支付的价格，这也代表着顾客需求满足的实现。价值活动是企业所从事的物质上和技术上的界限分明的各项活动，它们是企业制造对买方有价值的产品的基石。

2. 价值活动可分为基本活动和辅助活动

基本活动是涉及产品的物质创造及其销售、转移给买方和售后服务的各种活动。辅助活动是辅助基本活动并通过提供外购投入、技术、人力资源，以及各种公司范围的职能以相互支持。

3. 价值链列示了总价值

价值链除包括价值活动外，还包括利润，利润是总价值与从事各种价值活动的总成本之差。

4. 价值链的整体性

企业的价值链体现在更广泛的价值系统中。供应商拥有创造和交付企业价值链所使用的外购输入的价值链(上游价值),许多产品通过渠道价值链(渠道价值)到达买方手中,企业产品最终成为买方价值链的一部分,这些都在影响企业整体的价值链。因此,获取并保持竞争优势不仅要理解企业自身的价值链,而且要理解企业价值链所处的价值系统。

5. 价值链的异质性

不同的产业具有不同的价值链。在同一产业,不同企业的价值链也不同,这反映了它们各自的历史、战略,以及实施战略的途径等方面的不同,同时也代表着企业竞争优势的一种潜在来源。

7.3.3 启示与借鉴意义

波特价值链分析模型显示,企业与企业的竞争不只是某个环节的竞争,而是整个价值链的竞争,整个价值链的综合竞争力决定企业的竞争力。站在价值链的角度,企业可以明白自己在哪些活动上占有优势,哪些处于劣势。价值链管理的核心就是企业要与供应商、分销商、服务商等通过价值增值形成利益共同体,不仅优化自身的业务流程,而且优化与价值链上其他企业间的业务流程,降低交易成本,提升市场竞争力。

具体而言,价值链的借鉴意义包括:第一,单个企业价值的体现需要经过其他价值链环节的合力才能实现,因此企业必须善于整合上下游资源;第二,一个企业要想在价值链上处于有利的位置,必须掌握和培养自己的核心竞争优势;第三,企业既要让消费者满意,也要让价值链上的合作伙伴满意;第四,企业要善于根据周围环境的变化和企业不同发展时期的特征与状态,不断转移价值创造的重心,将企业价值的创造集中在最能产生超额价值的活动上,从而获得超额价值。

❋ 7.4 工具应用

在企业参与的活动中,并不是每个环节都创造价值,实际上只有某些特定的价值活动才真正创造价值,这些真正创造价值的经营活动就是价值链上的"战略环节"。企业要保持的竞争优势,实际上就是企业在价值链某些特定的战略环节上的优势。运用价值链的分析方法来确定核心竞争力,就是要求企业密切关注组织的资源状态,要求企业特别关注和培养价值链的关键环节,以获得重要的核心竞争力,形成和巩固企业在行业内的竞争优势。企业的优势既可来源于价值活动所涉及的市场范围的调整,也可来源于企业间协调或合用价值链所带来的最优化效益。

对于企业来说,它所从事的处于价值链条上的每一项活动都会产生成本,同时也会带来一定的价值增值。企业的每一项活动,均可从是否创造价值的角度来评判。企业的竞争优势也主要来源于它自身与竞争对手在价值链上的差异。

7.4.1　分析的关键问题

对于企业价值链进行分析的目的在于分析公司运行的哪个环节可以提高客户价值或降低生产成本。对于任意一个价值增加行为，关键问题在于：

(1) 是否可以在降低成本的同时维持价值(收入)不变；

(2) 是否可以在提高价值的同时保持成本不变；

(3) 是否可以在降低工序投入的同时保持成本收入不变。

更为重要的是，企业能否同时实现上述三项要求。

价值链的框架是将链条从基础材料到最终用户分解为独立工序，以理解成本行为和差异来源。通过分析每道工序系统的成本、收入和价值，业务部门可以获得成本差异、累计优势。

7.4.2　分析的注意问题

1. 决策者和情报人员通力合作识别价值活动

价值链各价值活动的识别分解活动应该由企业决策者和竞争情报人员共同进行，在企业决策者所熟悉的价值链的基础上，运用价值链分析方法得出一条有利于决策者和情报人员沟通交流的价值链条，提升企业战略管理水平。价值活动及其彼此之间联系的识别应该由企业决策者、各级管理人员和情报人员通力合作。

2. 企业价值链的针对性和动态性

企业价值链是针对某一时期、某一企业经营过程进行的分析与综合，故具有针对性；而企业的经营过程随着战略的实施进展和内外部环境的变化而不断变动。因此，企业的价值链又具有动态性。企业的价值链不是一成不变的，不同的企业由于所处的内外部环境、拥有的资源等的不同而具有相异的价值链，因此企业拥有不同的竞争优势；同一企业在不同的发展时期也会有不同的价值链。同时，伴随着企业战略环节的转移，对企业自身、竞争对手、客户进行的基于价值链分析法的竞争情报研究，对情报的搜集、分析、评估、预测等也都应该是适时跟踪的动态过程。

决策者应该用发展的、变化的眼光看待企业价值链。否则，将造成企业竞争战略的僵化。

3. 避免时空断层

成功的企业总是随着环境的变化而变化，总会在一条价值链的基础上演化出另一条更适合当时环境的价值链。那么，利用价值链分析法的竞争情报研究也应该随着价值链的变更而有所调整。价值链分析法研究就是在企业的不断演进中不断地进行前文所分析的循环过程。价值链分析是一项系统工程，是一个循序渐进的过程，它应贯穿于企业发展的始终，如果只是阶段性、片面性地开展此项工作，就会造成竞争情报工作在时间上的断层；而如果只对价值链的某些环节开展竞争情报研究，就会造成空间上的断层。时空断层的交叉综合产生的影响就导致了竞争情报研究的低效甚至无效，那么企业竞争战略的制定也就成了"无本之木""无源之水"。因此，应监视各价值活动及其相互之间联系的发展变化情况。

工 具 8

波特五力分析——行业竞争战略的有效分析工具

❋ 8.1 基本概念

  波特五力分析模型最早出现在哈佛大学商学院教授迈克尔·波特(Michael Porter)于1979年发表在《哈佛商业评论》中题为"竞争力如何塑造战略"(*How competitive forces shape strategy*)的论文中。该论文的发表，历史性地改变了企业、组织乃至国家对战略的认识，被评为《哈佛商业评论》创刊以来最具影响力的十篇论文之一。波特在1980年出版的《竞争战略》一书中，将分析中的关键区域——行业结构分析、竞争者分析和行业演化分析整合为一个新的分析竞争行业的模型，这个模型就是广为人知的波特五力分析模型。

  针对工业分析及商业策略发展的框架，波特五力分析模型在产业组织经济学的基础上推导出决定竞争强度，进而产生市场吸引力的五种力量。波特为了使其与更为一般化的宏观环境区分开，将这五种力量称为微环境。这五种力量十分贴切地反映出能够影响一个公司服务于它的客户并且从中获利的能力，其中任何一个力量的改变通常都需要该公司对其市场位置进行再评估。

  该模型的主要思想是：企业获取竞争优势的关键在于企业所处行业的盈利能力(行业的吸引力)和企业在行业内的相对竞争地位。因此，企业战略管理的首要任务是通过分析供应商、购买者、当前竞争对手、替代产品和潜在进入者五种因素，选择具有潜在高利润的行业。选定行业后，企业应根据自身力量与五种力量的对比情况来选择低成本、差异化或集中化的战略作为自己的竞争战略。

  波特五力分析模型对企业战略制定产生了全球性的深远影响，将它应用于竞争战略的分析，可以有效地分析企业的竞争环境。在相当长的一段时期里，波特五力分析模型作为企业外部分析事实上的标准，其应用范围从最初的制造业逐渐扩展到金融服务、高新技术等几乎所有的行业。在企业管理咨询领域，波特五力分析模型早已成为重要的基本分析工具。

  波特五力分析模型将大量不同的因素汇集在一个简单的模型中，以此分析一个行业的基本竞争态势。波特五力分析模型确定了竞争的主要来源，即供应商的讨价还价能力、购买者的讨价还价能力、潜在进入者的威胁、替代品的威胁，以及同一行业中公司间的竞争，企业在评价战略的可行性时，首先应该确认并评价这五种力量。不同力量的特性和重要性因行业和公司的不同而有所变化。波特五力分析模型简图，如图8-1所示。

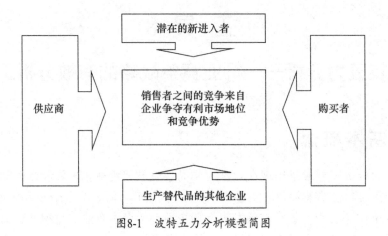

图8-1 波特五力分析模型简图

✳ 8.2 内容分析

波特五力分析模型为人们认识机遇和威胁提供了依据，分析不是简单地描述五个方面，而是希望借此澄清它们对企业成本和收益结构的影响，对市场地位(特别是谈判地位)的影响，以及企业面对各方面挑战时可以采取的对策。

8.2.1 供应商的讨价还价能力

供方主要通过提高投入要素价格与降低单位价值质量的能力，来影响行业中现有企业的盈利能力与产品竞争力。供方力量的强弱主要取决于它们所提供给买主的投入要素，当供方所提供的投入要素其价值构成了买主产品总成本的较大比例、对买主产品生产过程非常重要，或者严重影响买主产品的质量时，供方对于买主的潜在讨价还价力量就大大增强了。

1. 供方讨价还价能力的决定因素

一般来说，满足如下条件的供方集团具有比较强大的讨价还价能力。

(1) 供方行业为一些具有比较稳固的市场地位且不受市场激烈竞争困扰的企业所控制，其产品的买主很多，以至于每个买主都不可能成为供方的重要客户。

(2) 供方各企业的产品各具有一定特色，以至于买主难以转换或转换成本太高，或者很难找到可与供方企业产品相竞争的替代品。

(3) 供方能够方便地实行前向联合或一体化，而买主难以进行后向联合或一体化。

2. 决定供应商影响力的因素

下面一些因素决定供应商的影响力。

(1) 供应商所在行业的集中化程度。

(2) 供应商产品的标准化程度。

(3) 供应商所提供的产品在企业整体产品成本中的比例。

(4) 供应商提供的产品对企业生产流程的重要性。

(5) 供应商提供的产品的成本与企业自己生产的成本之间的比较。

(6) 供应商提供的产品对企业产品质量的影响。

(7) 企业原材料采购的转换成本。

(8) 供应商前向一体化的战略意图。

8.2.2 购买者的讨价还价能力

购买者主要通过其压价与要求提供较高的产品或服务质量的能力，来影响行业中现有企业的盈利能力。

1. 购买者讨价还价能力的决定因素

一般来说，满足如下条件的购买者可能具有较强的讨价还价能力。

(1) 购买者的总数较少，而每个购买者的购买量较大，占了卖方销售量的很大比例。

(2) 卖方行业由大量相对来说规模较小的企业所组成。

(3) 购买者所购买的基本上是一种标准化产品，同时向多个卖主购买产品在经济上也完全可行。

(4) 购买者有能力实现后向一体化，而卖主不可能实现前向一体化。

2. 决定购买者影响力的因素

以下因素影响购买者集团的议价能力。

(1) 集体购买。

(2) 产品的标准化程度。

(3) 购买者对产品质量的敏感性。

(4) 替代品的替代程度。

(5) 大批量购买的普遍性。

(6) 产品在购买者成本中所占的比例。

(7) 购买者后向一体化的战略意图。

8.2.3 新进入者的威胁

新进入者在给行业带来新生产能力、新资源的同时，也希望在已被现有企业瓜分完毕的市场中赢得一席之地。这就有可能会出现新进入者与现有企业发生原材料与市场份额的竞争，最终导致行业中现有企业盈利水平降低，严重的话还有可能危及这些企业的生存。

新进入者进入威胁的严重程度取决于两个方面的因素，即进入新领域的障碍大小与预期现有企业对于进入者的反应情况。

进入障碍主要包括规模经济、产品差异、资本需要、转换成本、销售渠道开拓、政府行为与政策(如国家综合平衡统一建设的石化企业)、不受规模支配的成本劣势(如商业秘密、产供销关系、学习与经验曲线效应等)、自然资源(如冶金业对矿产的拥有)、地理环境(如造船厂只能建在海滨城市)等方面，其中有些障碍是很难借助复制或仿造的方式来突破的。

1. 规模经济

随着经营规模的扩大，单位产品成本呈下降的产业特性。产业的最低有效规模越高，进入障碍就越大，如图8-2所示。

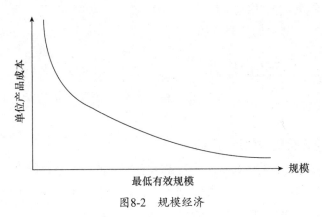

图8-2　规模经济

每个经营环节都存在着规模经济，但程度不同。在不同的产业领域中，规模经济往往突出表现在不同的环节上。

2. 差异化程度

差异化指的是产品与服务对顾客需求的独特针对性。差异化程度越高，进入障碍就越大。例如，独特质量与性能、品牌、形象、服务、产品组合等。

3. 转换成本

转换成本，即顾客或买方的转换成本，是指顾客为了更换供应商而必须付出的额外费用。转换成本包括：①重新培训员工所需的成本；②新的辅助设备的成本；③检验考核新购产品所需的时间、风险和成本；④需要销售者提供技术上的帮助；⑤新销售的产品需要买方重新设计产品，或改变使用者的角色；⑥建立新关系、断绝旧关系的心理代价等。

4. 技术障碍

技术障碍包括专利技术、专有技术和学习曲线。其中，学习曲线，即随着时间的推移，单位产品成本呈下降的产业特性。学习曲线的作用使最早进入某个领域的企业享有特殊的、与规模无关的成本优势。

5. 对销售渠道的控制

企业独自建立的分销渠道、良好的合作关系和声誉、品牌等，如汽车的专销商体制。

6. 政策与法律

国家政策对某些产业进行保护，如金融业。

7. 预期现有企业对进入者的反应情况

对进入者的反应情况主要是现有企业采取报复行动的可能性大小，这取决于有关厂商的财力情况、报复记录、固定资产规模、行业增长速度等。

总之，新企业进入一个行业的可能性大小，取决于进入者主观估计进入所能带来的潜在利益、所需花费的代价与所要承担的风险这三者的相对大小情况。

8.2.4 替代品的威胁

两个处于不同行业中的企业，可能会由于所生产的产品是互为替代品，从而在它们之间产生相互竞争的行为。这种源自替代品的竞争会以各种形式影响行业中现有企业的竞争战略。

1. 替代品对企业的影响

第一，现有企业产品售价及获利潜力的提高，将由于存在着能被用户方便接受的替代品而受到限制。

第二，由于替代品生产者的侵入，使得现有企业必须提高产品质量，或者通过降低成本来降低售价，或者使其产品具有特色，否则其销量与利润增长的目标就有可能受挫。

第三，源自替代品生产者的竞争强度，受产品买主转换成本高低的影响。

总之，替代品价格越低、质量越好，用户转换成本越低，其所能产生的竞争压力就越强；而这种来自替代品生产者的竞争压力的强度，可以具体通过考察替代品销售增长率、替代品厂家生产能力与盈利扩张情况来加以描述。

2. 识别替代品

识别替代品分为以下几个步骤。

(1) 列出替代清单。

例：电子书的替代与互补产品。

- 图书馆的阅览设备；
- 口袋丛书；
- 英语学习用书。

(2) 如何使替代清单完整。

- 顾客的需求是什么？
- 哪些产品能够满足这些需求？
- 它们的功能特征是什么？

(3) 产品的价值体现。价值是产品所具有的，并且顾客愿意为之支付货币的一组功能。价值可以通过"价值曲线"来描述。决定替代品价值大小的因素主要有：

- 替代品的盈利能力；
- 替代品生产企业的经营策略；
- 购买者的转换成本。

8.2.5 行业内现有竞争者的竞争

大部分行业中的企业，相互之间的利益都是紧密联系在一起的，作为企业整体战略一部分的各企业竞争战略，其目标都在于使得自己的企业获得相对于竞争对手的优势，因此，在实施中就必然会产生冲突与对抗现象，这些冲突与对抗就构成了现有企业之间的竞争。现有企业之间的竞争常常表现在价格、广告、产品介绍、售后服务等方面，其竞争强度与许多因素有关。

一般来说，出现下述情况将意味着行业中现有企业之间竞争的加剧：行业进入障碍较低，势均力敌的竞争对手较多，竞争参与者范围广泛；市场趋于成熟，产品需求增长缓慢；竞争者企图采用降价等手段促销；竞争者提供几乎相同的产品或服务，用户转换成本很低；一个战略行动如果取得成功，其收入相当可观；行业外部实力强大的公司在接收了行业中实力薄弱的企业后，发起进攻性行动，结果使得刚被接收的企业成为市场的主要竞争者；退出障碍较高，即退出竞争要比继续参与竞争代价更高。在这里，退出障碍主要受经济、战略、感情，以及社会政治关系等方面的影响，具体包括资产的专用性、退出的固定费用、战略上的相互牵制、情绪上的难以接受、政府和社会的各种限制等。

行业中的每一个企业或多或少都必须应付以上各种力量构成的威胁，而且必须面对行业中的每一个竞争者的举动。除非认为正面交锋有必要且有益处，例如要求得到很大的市场份额，否则企业可以通过设置进入壁垒，包括差异化和转换成本来保护自己。当一个企业确定了自身的优势和劣势时必须进行定位，以便因势利导，而不是被预料到的环境因素变化所损害，如产品生命周期、行业增长速度等，然后保护自己并做好准备，以有效地对其他企业的举动做出反应。

根据上面对于五种竞争力量的讨论，企业可以采取尽可能地将自身的经营与竞争力量隔绝开来、努力从自身利益需要出发影响行业竞争规则、先占领有利的市场地位再发起进攻性竞争行动等手段来对付这五种竞争力量，以增强自己的市场地位与竞争实力，如图8-3所示。

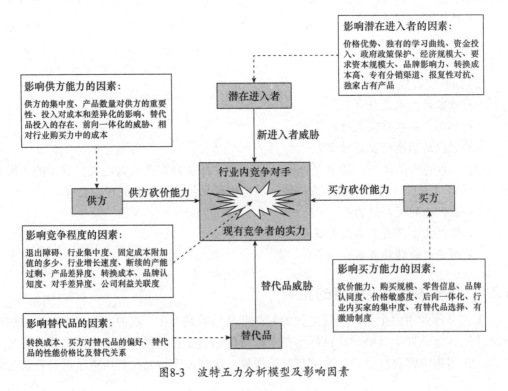

图8-3　波特五力分析模型及影响因素

❄ 8.3　工 具 特 点

波特五力分析模型为企业对所在产业进行深入分析提供了工具，有助于企业了解整个竞争环境，正确把握企业面临的5种竞争力量，制定出有利于企业竞争地位的战略。总体来看，波特五力分析模型有如下特点。

(1) 以竞争为导向。波特将企业置于五种力量对立的焦点位置，企业战略的目的是如何从这五种力量的包围中突围，比较少地考虑企业同其他竞争力量的合作问题。

(2) 以现存产业为研究对象。在波特看来，产业是企业环境的最关键部分，产业结构强烈影响竞争规则及可供企业选择的竞争战略，其分析的隐含前提是产业界限相对明晰。

(3) 关注产业盈利潜力。波特提出的五力分析模型为战略理论研究打开了另一扇窗，其意义不可低估。然而，战略环境的变化、战略实践积累及研究进展等使得波特的五力模型也需要发展，这首先表现在其研究的某些假设前提发生了变化。

例如，在产业划分上，由于技术的进步，原先不同的产业彼此交融，界限变得模糊；替代品既有同行业的厂商生产，还有不同行业的厂商生产，而后者往往更具威胁性；从战略导向上看，企业之间不可避免地要相互学习及借鉴，除竞争之外，企业之间的协作思想亦产生。波特五力分析模型的分析焦点集中在企业外部利益相关者身上，如现实及潜在竞争对手、供应商、顾客等，而对于企业内部诸如股东、员工等利益相关者考虑较少。

❄ 8.4　工 具 应 用

波特五力分析模型的应用流程主要有两个步骤：第一步，收集信息，确认每个作用力的特征，以检查和评估它们对产业的影响；第二步，利用一些因素来确定每个作用力的影响程度。这一步所需的大部分信息可以从间接的资源那里获取，而重要的资源应该是用于提高分析的客观性。

波特五力分析模型是企业进行环境分析尤其是产业分析的利器，但并不是企业制定战略的全部依据。企业应用波特五力分析模型制定竞争战略，还要做到内外兼顾、动态平衡。

1. 考察自身资源与行业的匹配程度

在市场竞争加剧的条件下，任何企业进入不熟悉的领域都有一定的风险。即使波特五力分析模型分析显示市场机会很好，企业也要考虑自己的核心能力和优势资源能否抓住这些机会，如果没有一定把握，则不能机械地按照波特五力分析模型分析的结果进入陌生的行业。

2. 考察市场趋势与战略的灵活程度

没有一成不变的市场，也没有一劳永逸的战略。战略制定是一个不断反馈、不断调整的动态过程，如果盲目固守波特五力分析模型分析得出的产业定位和竞争战略，不能保持一定的战略柔性，企业战略就会落后于市场动态，这是非常危险的。

工 具 9

核心竞争力分析——分析企业竞争和成长的重要工具

❄ 9.1 基本概念

9.1.1 产生背景

核心竞争力是1990年由两位管理科学家加里·哈默尔(Gary Hamel)和普拉哈拉德(C.K.Prahalad)在《哈佛商业评论》发表的《企业核心能力》一文中提出的。他们认为，随着世界的发展变化，竞争加剧，产品生命周期的缩短及全球经济一体化的加强，企业的成功不再归功于短暂的或偶然的产品开发或灵机一动的市场战略，而是企业核心竞争力的外在表现。他们把核心竞争力定义为"组织中的累积性学识，特别是关于怎样协调各种生产技能和整合各种技术的学识"。

企业核心竞争力是建立在企业核心资源基础上的企业技术、产品、管理、文化等的综合优势在市场上的反映，是企业在经营过程中形成的不易被竞争对手仿效，并能带来超额利润的独特能力。在激烈的竞争中，企业只有具有核心竞争力，才能获得持久的竞争优势，保持长盛不衰。

根据麦肯锡咨询公司的观点，所谓核心能力是指某一组织内部一系列互补的技能和知识的结合，它具有使一项或多项业务达到竞争领域一流水平的能力。核心能力由洞察预见能力和前线执行能力构成。洞察预见能力主要来源于科学技术知识、独有的数据、产品的创造性、卓越的分析和推理能力等；前线执行能力产生于这样一种情形，即最终产品或服务质量会因前线工作人员的工作质量而发生改变。企业核心能力是企业的整体资源，它涉及企业的技术、人才、管理、文化和凝聚力等各方面，是企业各部门和全体员工的共同行为。

9.1.2 工具属性

核心竞争力具有以下三个属性：

(1) 核心竞争力必须为市场所认可，即能够提供进入相关潜在市场的机会；

(2) 核心竞争力必须给客户带来特别的利益，也就是说，核心竞争力应当能够提高企业的效率，帮助企业通过降低成本或创造价值来扩大客户的利益；

(3) 核心竞争力必须是竞争对手难以模仿的，只有这样才能保证企业基于核心竞争力的优势得以持续。

其后的研究者们又在此基础上增加了一些判断标准。例如：核心竞争力应当是异质的，而且在数量上很少；核心竞争力应当是难以替代的；核心竞争力必须具有较强的延展性等。

✽ 9.2 内容分析

9.2.1 识别标准

核心竞争力是企业战胜竞争者的竞争优势来源的资源和能力。企业的资源和能力所形成的核心竞争力具有高的价值性和稀缺性，竞争对手很难理解和模仿，具有高度的不可替代性。核心竞争力通常与企业的职能领域相关，当它在一家企业发展、成熟、应用后，就会产生战略竞争力。

并非公司所有的资源和能力都能转化为竞争优势，只有当这种资源和能力具备以下四个标准时，才能转化为企业的核心竞争力。

1. 价值性

价值性是指企业借助某种资源或能力挖掘外部机会或避免威胁，从而为企业创造价值。这种能力能很好地实现顾客所看重的价值，如能显著地降低成本，提高产品质量，提高服务效率，增加顾客的效用，从而给企业带来竞争优势。

2. 稀缺性

稀缺性是指资源和能力只为少数现有或潜在竞争者掌握。这种能力必须是稀缺的，只有少数的企业拥有它。

3. 不可替代性

不可替代性是指其他企业没有与其相类似的资源或能力，它在为顾客创造价值的过程中具有不可替代的作用。

4. 难以模仿性

难以模仿性是指其他企业无法获取这种资源或能力，或是需要付出多得多的成本才能得到该资源和能力。也就是说，它不像材料、机器设备那样能在市场上购买到，而是难以转移或复制的。这种难以模仿的能力能为企业带来超过平均水平的利润。

企业的资源和能力达到以上标准后，它们便成为企业的核心竞争力，从而使企业具有持续的竞争优势。

根据核心竞争力的四个评价标准，设计如表9-1所示的"核心竞争力与竞争优势评价分析表"。通过该分析表，可以判定企业资源的配置整合所形成的能力是否是其核心竞争力，其资源和能力具有何种竞争优势。

表9-1 核心竞争力与竞争优势评价分析表

资源和能力的价值性	资源和能力的稀缺性	资源和能力的难模仿性	资源和能力的不可替代性	核心竞争力	业绩评价	竞争优势评价
低	低	低	低	无核心竞争力	低于平均回报	竞争无优势
高	低	低	高/低	无核心竞争力	平均回报	竞争对等
高	高	低	高/低	无核心竞争力	平均回报至高于平均回报	暂时竞争优势
高	高	高	高	形成核心竞争力	高于平均回报	持续竞争优势

9.2.2 识别方法

由于核心竞争力具有上述特点，因此，核心竞争力的识别就变得非常困难，而且在大多数文献中引证的企业案例往往带有事后追溯的特征。也就是说，一个企业之所以成功，是因为它已经成功了；一个企业之所以具有核心竞争力，是因为它已经取得了竞争优势。本书的任务是从企业的成长历程出发(即从"事前"和"事中"的角度，而不仅仅是事后分析)，寻找识别核心竞争力的途径，从而帮助企业培育、巩固、应用和转换核心竞争力，以取得持续的竞争优势。

识别核心竞争力的基本方法有两种：一是以活动为基础；二是以技能为基础。这两种方法虽然有助于企业识别其重要活动和关键技能，但有一个很大的缺陷，就是忽略了核心竞争力的资产特征和知识特征，即核心竞争力更多表现在专用性资产、组织结构、企业文化、积累知识等隐性和动态要素方面。因此，核心竞争力的识别应该从有形(资产)和无形(知识)、静态(技能)和动态(活动)、内部(企业)和外部(顾客和竞争对手)等多角度、多层次着手，这样才能更好地理解和识别进而培育和保持核心竞争力。

1. 核心竞争力的内部识别

1) 价值链分析

核心竞争力的价值链分析实际上是以活动为基础的。公司是一个由一系列活动所组成的体系，而不是个别产品或服务的简单组合。有些活动的经营业绩好于竞争者，并对最终产品或服务是至关重要的，这些活动就可以被称作核心竞争力。核心竞争力与活动的一个细微但却重要的差别是：活动是企业所从事的，而核心竞争力则是组织所拥有的。

价值链分析是一个很有用的工具，它能有效地分析在企业从事的所有活动中哪些活动对企业赢得竞争优势起关键作用，并说明如何将一系列活动组成体系以建立竞争优势。价值链分析可以用来识别对企业产品的价值增值起核心作用的活动。真正的核心能力是关键的价值增值活动，这些价值增值活动能以比竞争者更低的成本进行，正是这些独特的持续性活动构成了公司真正的核心能力。

2) 技能分析

从技能角度分析和识别核心能力对企业来说是最容易接受和掌握的。大多数竞争优势的源泉根植于出众的技能：业务单位制造出更高质量的产品，有更好的销售人员，并且对顾客更体贴、更周到，原因在于具有某些与众不同的诀窍。没有一个业务单位在各种职能上都有出众的技能，但成功的业务是因为在对某些业务单位战略很重要的职能上具有一定技能优势。如果这种战略是关于质量的，该单位可能在制造技能方面或全面质量管理上具有优势；如果该战略是关于服务的，那么该业务单位将需要在服务技能上，通过设计更优秀的系统或更简易的服务产品拥有某些优势。

业务单位想成功地施展一种关键业务技能，就必须成功地实施其战略活动。大多数战略活动包括一组关键业务技能，这组关键业务技能中的每一种都能够进一步分解为"部件"和"子部件"。部件是按高标准实现关键业务技能所需要的因素，它可以分解为子部件，甚至能进一步细分。某些部件对业务技能的总体业绩有较大的影响，可以把这些部件称为关键性部件。

一项业务技能的每种部件都依赖于诀窍。关键性部件中诀窍的质量对整体业绩可以产生巨大影响。在关键性部件里，公司具有能够开发某些自己特有的诀窍，以及不能被竞争对手广泛使用的出众能力或知识。通过界定"关键业务技能"，精确抓住"关键部件或子部件"，可以识别和培育企业核心能力，从而获得竞争优势。

3) 资产分析

资产专用性越强，可占用性准租①越多，缔约成本将超过纵向一体化的成本，企业更倾向于交易内部化。因此，企业内的专用性投资是取得和维持准租金的源泉。虽然巨额的固定资产投资可以形成进入壁垒、获得超额利润，但这种有形的专用性资产产生的优势因容易模仿而难以持久。稳定而持续的竞争优势主要来自无形资产的专用性投资。

卓越公司的优势并不是体现在现代化的厂房和先进的机器设备上，而是蕴藏在企业的无形资产中。无形资产主要分为四大类：市场资产、人力资产、知识产权资产和基础结构资产。

(1) 市场资产：产生与公司和其市场或客户的有益关系，包括各种品牌、忠诚客户、销售渠道、专营协议等。

(2) 人力资产：体现在企业员工身上的才能，包括群体技能、创造力、解决问题的能力、领导能力、企业管理技能等。

(3) 知识产权资产：受法律保护的一种财产形式，包括技能、商业秘密、版权、专利、商标和各种设计专用权等。

(4) 基础结构资产：企业得以运行的技术、工作方式和程序，包括管理哲学、企业文化、管理过程、信息技术系统、网络系统和金融关系等。

人力资产是整个企业运行的基础，市场资产和基础结构资产是企业赢得竞争优势的核心，知识产权资产只能取得暂时的相对优势。因此，识别企业的核心能力可以从审计企业的无形资产着手，特别是品牌、渠道、文化、结构和程序等方面，因为这些因素是企业自身长期投资、学习和积累的结果，从而具有难以模仿和复制的特征。

4) 知识分析

核心竞争力可以被认为是关于如何协调企业各种资源用途的知识形式。较权威的

---

① 可占用性准租，是指准租中潜在的可占用的专用部分，是超过下一出价最高的使用者的价值。

对知识的分类来自经合组织(OECD)。OECD将知识分为四种类型：知道是什么的知识(know-what)；知道为什么的知识(know-why)；知道怎么做的知识(know－how)；知道是谁的知识(know-who)。其中，前两类大致属于显性知识，后两类属于隐性知识。企业知识并不是企业个体所有知识的总和，而是企业能像人一样具有认知能力，把其经历储存于"组织记忆"中，从而拥有的知识。

2. 核心竞争力的外部识别

核心竞争力的识别也可以从企业外部着手，即从竞争对手和顾客的角度分析。企业的核心竞争力，是由于它提供的产品和服务，以及对顾客所看重的价值与竞争对手相比有多大程度的差异；然后分析为什么会产生这些差异，对重要差异起关键作用的驱动力有哪些。核心竞争力的外部识别方法有两种：一是核心竞争力的顾客贡献分析；二是核心竞争力的竞争差异分析。

1) 核心竞争力的顾客贡献分析

顾客贡献分析是从企业的外部出发，分析在带给顾客的价值中哪些是顾客所看重的价值，那么带给顾客核心价值的能力便是核心竞争力。因此，要识别核心竞争力就必须弄清楚这几方面：①顾客愿意付钱购买的究竟是什么；②顾客为什么愿意为某些产品或服务支付更多的钱；③哪些价值因素对顾客最为重要，也因此对实际售价最有贡献。经过如此分析，可以初步识别能真正打动顾客的核心竞争力。

2) 核心竞争力的竞争差异分析

一个企业的竞争优势取决于两个因素：所选择产业的吸引力和既定产业内的战略定位。也就是说，企业要取得竞争优势，一方面要有能够进入具有吸引力的产业的资源和能力，即战略产业要素；另一方面要拥有不同于竞争对手且能形成竞争优势的特殊资产，即战略性资产。因此，从与竞争对手的差异性角度分析核心竞争力，有以下两个步骤：

(1) 分析企业与竞争对手拥有哪些战略产业要素，各自拥有的战略产业要素有何异同，造成差异的原因何在；

(2) 分析企业与竞争对手的市场和资产表现差异，特别是企业不同于竞争对手的外在表现，如技术开发和创新速度、产品形象、品牌、声誉、售后服务、顾客忠诚等，识别哪些是企业具有的战略性资产，根植于战略性资产之中的便是核心竞争力。

9.2.3　构成要素

具体地讲，核心竞争力包括下列一些构成要素。

1. 企业的战略决策能力

企业的战略决策决定了企业核心资源的配置，在产业发展相对稳定的时期保持企业核心竞争力和积累的一致性，准确预测产业的动态变化，适时进行企业核心竞争力的调整。企业决策后应从企业核心竞争力的培养、成长和积累的角度来考虑企业的战略问题。

2. 研究开发能力

企业所具有的为增加知识总量，以及用这些知识去创造新的知识而进行的系统性创造活动的能力。研究开发包含基础研究、应用研究和技术开发三个层次。

3. 不断创新能力

企业根据市场环境变化，在原来的基础上重新整合人才和资本，进行新产品研发并有效组织生产，不断开创和适应市场，实现企业既定目标的能力。所谓创新，包含技术创新、产品创新和管理创新三方面的内容。

4. 组织协调各生产要素有效生产的能力

组织协调能力不仅仅局限于技术层面，还涉及企业的组织结构、战略目标、运行机制、文化等多方面，突出表现在坚强的团队精神和强大的凝聚力、组织的大局势和整体协调，以及资源的有效配置上。

5. 企业的核心市场营销能力

企业的核心市场营销能力涉及企业营销网络及渠道的管理和控制，运用科学的营销方案，培养优秀的营销队伍，配合各级营销点，有效利用广告效应，将企业的技术优势外化为市场竞争优势。

6. 应变能力

客观环境时刻都在变化，企业决策者必须具有对客观环境变化敏锐的感应能力，必须使经营战略随着客观环境的变化而变化，即因时、因地、因对手、因对象而变化。

7. 有特色的企业文化

以共同价值观、企业精神为主要内容的企业文化，是构成企业核心竞争力的个性化、深层次的重要因素之一，它强烈地影响着企业员工的行为方式，并通过经营决策过程和行为习惯等体现在企业的技术实践和管理实践中。

❋ 9.3 核心竞争力构建

9.3.1 如何构建

构建企业核心竞争力要从两方面实施：一是构建的硬件，即技术创新。企业的技术创新，主要是把基础研究和应用研究的技术成果转化为可以直接使用的新技术、新工艺和新材料。企业技术创新与核心竞争力之间存在着互动关系。技术创新提高了市场竞争优势，从而提高了核心竞争力。而核心竞争力的提高又促使企业不断推陈出新，加快了技术创新的步伐。二是构建的软件，即组织创新。技术与组织在构筑企业的核心竞争力中具有不同的功能，技术的作用在于为组织提供实现其目标的潜在的可能性，为构筑核心竞争力打下基础。而组织的作用则在于采用适当的方式去具体实现其潜在的可能性，形成真正的核心竞争力。简言之，技术的价值体现在其组织的管理之中。

具体来说，营造企业竞争优势，构建企业核心竞争力，必须做好以下几方面的工作。

1. 开发企业核心竞争力

构建企业核心竞争力，就是要将潜在的核心竞争力转化成现实的核心竞争力。核心竞争力作为企业能力中最根本的能力，是企业成长最有力、最主要的驱动力，它提供了竞争优势的源泉。因此，开发核心竞争力首先要明确战略意图。核心竞争力突出体现着企业的战略意图，企业在全面、深入地分析市场未来发展趋势的基础上，通过特定的发展战略形式的拟定，确定企业的战略目标，明确企业核心竞争力的技术内涵，即如何将核心竞争力实现为核心产品。其次，建立合理的战略结构。企业根据既定的战略意图，协调管理人员的工作，优化配置企业的各种资源，设立相应的协作组织，平衡内部资源的分配，同时更有效地吸收企业外部的可用资源。最后，实行战略实施。企业根据既定的战略意图和战略结构，具体组织开发核心竞争力，对开发活动进行实时控制。

2. 维护和巩固企业核心竞争力

核心竞争力是通过长期的发展和强化建立起来的，核心能力的丧失将给企业带来无法估量的损失。企业必须通过持续并稳定的支持、维护和巩固自身的核心竞争力，确保企业的健康成长。

(1) 实施企业战略管理。企业通过本行业的专注和持续投入，精心培育核心竞争力，把它作为企业保持长期发展的根本战略任务。从时间角度看，培育核心竞争力不是一日之功，它必须不断提炼升华才能形成。

(2) 加强组织管理体系的建设。客观上，随着时间的推移，企业核心竞争力可能会演化为一般能力。这就要求企业安排专职管理队伍全面负责，加强各部门间的沟通，将各种分散的人力和技术资源组织起来，协同工作，形成整体优势。定期召开企业核心竞争力评价会，保持企业核心竞争力的均衡性。

(3) 信息体系的培育。企业在整个生产经营过程中，不断收到来自企业内外的各种信息。信息作为重要的战略资源，其开发与利用已成为企业竞争力的关键标志。企业获取更多、更早的信息，并在组织内部准确、迅速地传递和处理，是巩固企业核心竞争力的基本条件。

(4) 知识技能的学习和积累。要让企业核心竞争力永不削弱，企业员工的个人知识技能、整体素质与知识技能结构尤为重要。通过各渠道培训员工技能，积累企业的技术和管理经验，是企业在市场竞争中能够凭借的优势之一。

3. 再创新的核心竞争力

(1) 增强企业再研发能力。企业要生存，就要不断开发新产品，这要求企业不断增强研究与开发能力，满足顾客不断变化的需求。增强研发能力是企业核心竞争力提升和发展的动力。当然，企业再研发必须以核心竞争力为基础，在资源共享的前提下展开。

(2) 寻找培育核心竞争力的新生长点。在自身核心竞争力的基础上，寻找新的生长点，并把生长点培育成企业的核心竞争力。通过企业管理、技术、营销人员、细分市场，找出本企业产品领先的竞争优势所在，对构成上述优势的技术和技能进行分解、归纳。经过界定测试，确定为核心竞争力的生长点，借用科研机构、高等院校科技优势，建立研究与开发联姻关系，引进相关的技术人才，将该生长点培育成企业核心竞争力。

(3) 塑造优秀的企业文化和价值观。以价值观为核心，激发员工的责任心和创造性是提高企业集体效率的一项基础管理工作。企业的软件就是培育和强化企业核心竞争力的构建，是通过一系列持续提高和强化来实现的，它应该成为企业的战略核心。从战略层面来讲，它的目标就是帮助企业在设计、发展某一独特的产品功能上实现全球领导地位。

企业高管在战略业务单元的帮助下，一旦识别出所有的核心竞争力，就必须要求企业的项目、人员都必须紧紧围绕这些竞争核心。企业的审计人员的职责就是要清楚围绕企业竞争核心的人员配置、数量和质量。肩负企业核心竞争力的人员应该被经常组织到一起，分享交流思想、经验。

9.3.2 构建意义

(1) 阐述了企业生存与发展的动因。企业的核心竞争力是企业持续发展的源泉。具有核心竞争力的企业能在长时期内保持超过同行业平均水平的投资回报率，这是因为核心竞争力能为企业创造出可持续性的竞争优势，使企业能在竞争中长期保持主动性。

(2) 为企业制定竞争战略指明了方向。具备了强势核心竞争力的企业，就能在竞争中取得持续性的优势，把握住长期性竞争的主动权。对企业竞争本质的这一认识，要求企业把培育和提升核心竞争力作为自身重要的发展战略目标之一。

(3) 有助于企业优化资源配置，降低竞争成本。通过对企业经营结构的调整，突出主业，培育企业核心竞争力，并可以通过兼并、收购、联合，以扩展获取战略资源的最优组合。这样可以剔除非营利和没有前景的业务，通过关闭、合并、出售、合作等方式，收缩集中战略资源，形成有竞争力的主业，降低企业的竞争成本。

工 具 10

麦肯锡三层面论——企业设计战略规划实施工具

❋ 10.1 基本概念

　　麦肯锡咨询公司对世界上不同行业的40个处于高速增长的公司进行了研究，提出了增长阶梯的概念。研究表明，高速增长的公司每一段时间都会前进一步，每一步都会带来新行动和新能力。成功增长的公司强调针对近期、远期的远景和策略，真正伟大的公司是能维持增长的同时追求增长的公司。

　　由此，麦肯锡咨询公司提出了一套关于了解、准备、启动和保持企业获利性持续增长的方法——增长的三层级论，通常称之为三层面论。

　　三层面论是指把企业的业务持续发展的进程分解成三个阶段，如图10-1所示。

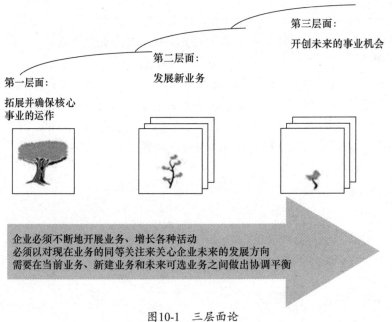

图10-1　三层面论

　　三层面论分解的三个阶段，显示了不同的水平：第一层面是守卫和拓展核心业务；第二层面是建立即将涌现增长动力的业务；第三层面是开创有生命力的未来业务。公司实现增长就必须同时管好增长三层面。

　　麦肯锡三层面论的核心是企业在确保核心业务的基础上，选择第二层面业务，使其迅速发展为第一层面，同时为未来长远的发展选择第三层面业务。

❋ 10.2 内容分析

10.2.1 主要内容

三层面论从三个层次来理解和规划企业的业务进程，每个层次代表了开创和发展业务的不同阶段，而每个阶段也分别要求不同的业务举措和管理技能与之相适应。三层面增长理论认为，所有持续健康增长的企业都要综合平衡管理企业这三个层次的业务，并且各层次的活动必须并举，而不是按时间顺序脱节地递延。

在三个层面上建立和管理好一条连续不断的企业更新管道，是企业实现持续健康增长面临的中心难题。与三层面有关的因素，如图10-2所示。

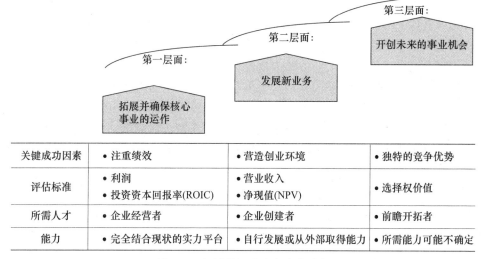

关键成功因素	• 注重绩效	• 营造创业环境	• 独特的竞争优势
评估标准	• 利润 • 投资资本回报率(ROIC)	• 营业收入 • 净现值(NPV)	• 选择权价值
所需人才	• 企业经营者	• 企业创建者	• 前瞻开拓者
能力	• 完全结合现状的实力平台	• 自行发展或从外部取得能力	• 所需能力可能不确定

图10-2 与增长三层面有关的因素

1. 第一层面

第一层面包含了处于企业心脏位置的现行核心业务，它带来大部分的利润和流动现金。在第一层面，关注的重点是利润、现金流量、投资回报率，以及运营成本和生产率等，需要实施者和行动者。

这一次层面需要思考的是核心业务是否带来足够的盈利，以支持投资？今后几年内是否有强烈的业绩指导方针，增加利润创收？成本结构是否具有竞争力？经营业绩是否稳定？销售份额是否增长或保持平稳？是否做好充分的自我保护，免受能够改变游戏规则的新竞争对手、新技术和新法规的侵犯？

第一层面的业务对企业近期业绩影响重大，但其增长潜能将逐步衰退。企业管理的重点是要维持住竞争地位，并挖掘出核心业务的所有潜力。

2. 第二层面

第二层面包括正在崛起的新兴业务，是公司持续发展的成长引擎。它与第一层面的业务有一定的联动关系，通常表现为追求收入和市场份额的增长，代表着现有业务的拓展方向和发展新领域，是企业修建的新的收入渠道。在第二层面，关注的重点是市场份额、新客户数量、收入增长，以及资本投资效率和预期净现值等，需要创业者和开拓者。

这一层面需要思考的是这些新业务在市场上是否走势看好？是否准备增加大笔投资加速其增长？投资者对这些业务的信心是否在上升？这些新业务是否吸引了其他企业？

第二层面的业务带有快速发展和创业性特质，表现为追求增加收入和市场份额，需要不断追加投资以推动其发展，并逐步替代核心业务。

3. 第三层面

第三层面包含了未来业务和远景，它是企业未来发展的方向和业务选择的种子，是公司永续经营的发展引擎。在第三层面，关注的重点是待选项目估价、转为实际业务的速度、可选项目数量，以及回报大小和成功概率等，需要非常规思考的先行者和探索者。

这一层面需要思考的是企业是否给出时间来考虑增长机遇和产业演进问题？是否已开发出振兴现有业务和创建新业务的大量待选项目清单？和一年前、三年前、五年前相比，这些待选项目是否大有不同？是否想出有效方法来把这些待选项目变成新的业务？对于这些待选项目，是否采取具体的、可以量化的最初步骤？

第三层面是对明天业务的研究、少量尝试、市场试点或联盟，失败的概率较高，但只有通过不断的尝试，才能为企业持续发展找到合适的增长点。

促进企业持续增长的关键，在于开发一套完整的方法来使当前业务、新建业务和未来业务之间保持良好协调和动态平衡。业绩不佳的各个企业的问题，并不主要在于有无增长的可能，而更多在于是否做好了应对增长挑战的准备。要想实现持续增长，各企业必须将各种业务科学化和制度化，并且能够成功地管理各个不同成熟阶段的增长项目。

10.2.2 精髓与要点

三层面论的精髓及要点，如表10-1所示。

表10-1 三层面论的精髓与要点

序 号	精 髓	要 点
1	准确诊断	研究表明，绝大多数的公司缺乏配套齐全的层级建设。只有准确诊断，才可以对症下药。弄明白企业发展中的强势和弱势、机会和风险，管理人员才能正确地将增长项目进行先后排序
2	奠定基础	获利性增长可以赋予企业活力，营造出一个振奋人心的环境
3	阶梯架构	所有用阶梯模式成功地获得增长的公司都分四个阶段：培育最初的增长选择项目；测试这一业务的模式；复制和拓展这一业务；保证获利的可能性
4	循序渐进	企业不能采取莽撞突进的行为，而是要采取一系列经过测算的步骤。每一步使企业向最终目标更接近一点，让现金流行使它们自身的权利，增强综合能力，为企业进一步的发展做准备

序　号	精　髓	要　点
5	层面管理	第一层面在于优异的管理。一个增长阶梯已成熟至进入第一层面，起初的战略远见早已被竞争对手识破，早期的定位优势也可能丧失殆尽。为了生存，增强可预见性和责任心，在经营、计划和预算制定中执行严格的纪律十分必要。第二层面的难题是抢在竞争对手前充分利用远见。时间是关键，焦点移向迅速建造阶梯和确立定位优势。节奏随风险的增大而变得飞快，需要当机立断，加大投资。第三层面的目标是寻求新的机遇，形成战略远见。只有当公司为了使未来的选择确实可靠而采取周密步骤时，才能体现这种战略远见。这没有什么规律，只有交谈、研究、沉思、与同行联络、结成联盟及小规模投资试行
6	三级统筹	三个层面的开发项目将会在不同的时间段中给企业带来回报。然而，当它们做出回报时，和当初它们需要管理层注重和投资时完全是两个样子。这将导致企业极易认为策划未来层级的事可以稍缓，这将是一个危险的错误。它把增长管理中的创建业务任务同短、中、长期计划工作混为一谈了。管理三个层级的目标是不管它们的成熟阶段如何，都要并行不悖地加以发展，三个层级必须同时开展而不是依次进行

10.2.3　三层面的增长

三层面的增长，如表10-2所示。

表10-2　三层面的增长

	第一层面	第二层面	第三层面
业务类型	核心业务是现有利润来源	新业务推动利润增长	建立未来业务的可选方案
管理要点	放松渐进型增长，当业务下降时提升管理水平	培育种子业务，集中所需要的能力，推动建立种子业务的主动性	未来增长的源选择(想法、关系、资本)和商业观点的可行性
基本点	最差的业绩和盈利能力	最快的增长和资金效率	增长潜能在多种情形下的适应性

10.2.4　不健康的增长模式

不健康的增长模式，如表10-3所示。

表10-3　不健康的增长模式

类　型	健全(√)/不健全(×)	说　明
全面受困	第一层面(×)，第二层面(×)，第三层面(×)	核心业务业绩不佳，更新通道无所作为，没有新业务来挽回颓势，受到投资者的蔑视
失去增长的权利	第一层面(×)，第二层面(√)，第三层面(√)	过量开发新业务，忽视对核心业务的维护，无法为驱动增长提供资金支持
失去未来的盈利能力	第一层面(√)，第二层面(×)，第三层面(×)	过度重视核心业务而忽视了对新兴业务的开拓，导致盈利短期化，危机即将出现

（续表）

类　型	健全(√)/不健全(×)	说　　明
试图开创新未来	第一层面(×)，第二层面(×)，第三层面(√)	虽然拥有前途广阔的第二层或第三层面业务，却没有具有生存力的核心业务，难以为业务层面的转移提供足够的财力
	第一层面(×)，第二层面(√)，第三层面(×)	
没有开发未来	第一层面(√)，第二层面(√)，第三层面(×)	在第一层面有可观的收入，并在第二层面有大有希望的业务，但没有第三层面的待开发业务，将引起未来增长的停滞
产生观念但没有新业务	第一层面(√)，第二层面(×)，第三层面(√)	虽然拥有强大的核心业务及第三层面众多待上项目，却没有将待上项目变为实在的业务，产生虚假的繁荣

10.2.5　界定三层面是否平衡的要点

由于第三层面的项目命中率较低，需要大量备选项目供挑选并培养为第二层面的业务；而第二层面的业务也需经过市场检验才能提升为核心业务；因此，三个层面的平衡布局呈现为漏斗形的开发更新通道。实现三个层面的平衡配置意味着随时可以启动一部增长的发动机，具体的平衡点应视各企业的实际情况而定，以推动企业持续成长。

1. 产业演进的步伐

在快速变化的产业中，第三层面可能就是两三年内的事情。相对于现有业绩，在更新管理中有些什么可供选择的产品更为重要。对于软件公司的价值评估，由于大部分受到未来价值的驱动，所以特别强调第二、第三层面的项目。与此对应，演变较为缓慢的基本材料行业，也许在10年内都看不到第二层面，对于这些行业而言，平衡就意味着在第二、第三层面只有数量较少的有前途的项目。

2. 不确定程度

与演进步伐有关的是产业中的不确定程度。意想不到的环境变化可能威胁到核心业务，但也为各种机遇打开大门。源于整合和新技术的不确定将使竞争态势可能更为复杂，使得拥有建立业务的机遇更少。拥有的选择机会越多，战略的灵活性就越大。

3. 管理和财务能力

如果一家公司没有足够的财力和管理时间来建立新业务，它的增长方案就可能成为一次失败的尝试。公司能够倾注在增长的财务手段越多，同时拥有的管理才能越大，在第二和第三层面上的项目就越多。所有谋求快速增长的公司都应尽量充分发展，但同时也不能让增长项目削弱第一层面的业务。

4. 股东期望值

如果一家公司的投资人愿意接受大起大落的行情，它的平衡界定就向后倾斜，并且支持在第二、第三层面上的投资。第二、第三层面的项目产不出多少利润和现金流量，二者的回报比第一层面要不确定得多。

✳ **10.3 分 析 运 用**

三个层面的业务分别在短期、中期和长期给企业带来利润回报，所以企业必须对其同时开展管理而非依次管理。即拓展和守卫目前的核心业务，同时建立即将成为中期经济增长点的第二层面业务，并物色能确保公司长期发展的新兴业务。

可以根据各企业的业务特点，选择一定的维度来划分3个层面，如以不同的市场、不同的产品、不同的目标客户甚至不同的产业作为划分标准，确定3个层面的业务内容，并配以适当比例的资源，同时管理好3个层面，确保企业的持续增长。

对于企业来说，要成功地进行3个层面的增长，一个宏伟的远景目标加上有效结合长、中、短三个时间层面的发展战略规划是企业增长的关键。要达到领先，企业必须对三个发展层面进行均衡管理，对于不同层面的业务应该采用不同的战略与管理方法。第一层面是公司当前的核心业务，这一业务实实在在地为公司带来大部分的营业收入、利润和现金流，并且公司在这一业务中所培育的经验和技能可以增长业务，这种业务已经经历了最初的经营概念和经营模式的探索，基本确立了经营概念和经营模式，并且具有高成长性，已经产生了收入或利润，而且公司也期望在不久的将来，其第二层面的业务也会像第一层面的业务那样带来赢利。第三层面是处于探索阶段的未来业务，它们不仅是领导人的一些想法，而且是具有实质性运作或投资的一些小的项目，这些项目在将来有的能发展成为第二层面的业务，甚至成为第一层面的业务。

10.3.1 运用步骤

1. 准备工作

1) 增长的资格

对于寻求发展的企业来说，要成功地启动三个层面的增长，必须首先取得增长的资格。所谓增长的资格，第一要以优良的运营业绩力图成为领先市场的强竞争力企业，这样能够为建立增长的基础提供必要的资源保证，同时使管理者能领导并有足够的财务和相关能力支持增长；第二要剥离业绩低劣、难以起死回生的业务，将关注的重心放在企业现在和企业未来的业务上；第三要使投资者确信增长举措是好的投资，这样在投资者的支持下可以确保足够的资金以实现增长。

2) 做出增长决心

企业希望增长，就必须做出增长的决心。由高层主管做出增长的承诺，统一领导层对于增长的认识，选出能够领导增长并且具有相关能力的关键管理人员。提出更高的目标对于做出增长的决心也很重要，这样可以推动员工采用新思维，也使得企业活动和投入有重点。做出增长的决心必须去除组织结构中的障碍，确保企业文化、个人偏见、管理系统和激励机制不会对启动增长产生负面影响。

3) 建立增长平台

因为持续增长是一个能力的吐旧纳新、使业务阶梯式上升的演进过程。所以，要启动增长，就一定要为增长建立起能力平台，取得增长的动力。获得成功增长的企业往往要组合所需的能力，以良好的状态战胜竞争对手。企业还应该能迅速判断在已有的能力中哪些是新的能力平台所需要的，还能用切实的、一步一步的努力和脚踏实地的工作获取尚且没有的能力，以充实能力平台。成功企业的能力平台随不同层面业务的不同而不同，并能在增长阶梯的每一步，在原有基础上进行充实，以形成竞争者难以模仿的能力。

企业三个层面的可持续发展还要求有一种独特的企业文化，要针对长、中、短三个时间层面不同的发展战略，用不同的方式对业务、人才和业绩进行系统管理。

4) 考察自由度，寻求增长机遇

(1) 在现有产业领域外是否存在机遇？

(2) 通过收购、联合来改变现有产业结构可获得多大的增长？

(3) 怎样、在何处才能扩大到新地域？

(4) 如何通过提供更好的产品与服务交付系统来扩大销售？

(5) 如何通过向新客户介绍新产品与服务实现增长？

(6) 如何向新客户出售现有产品以扩大营业额？

(7) 如何向原有客户增加现有产品的销售额？

上述七个自由度，涉及的业务范围层层拓展，把对思维的束缚逐步解开，最终跳出现有产业区域，进入崭新的经营领域，获得不断增长的机会。运用自由度的诊断方法，让企业不再仅仅盯住当前的战略，而是放眼考察各类项目与机会；通过对各自由度的横向比较，确定未来发展的重点，并制定循序渐进的战略措施。

2. 方法与操作模式

1) 成功阶梯模式

运用阶梯模式把机遇变为现实盈利，让企业循着"增长阶梯"拾级而上。成功的阶梯模式分为4个阶段，并与三层面法具有密切的联系。

第一阶段：培育增长点，选择项目。其实质是第三层面业务。它可能是一个研发项目、一个初步规划、一次试销过程、一次小型收购、一次少量投资，或是新设办事处，目的是在不明的领域中"寻求"机会。

第二阶段：测试业务的生命力。其实质是从第三层面向第二层面的挑战性转移。它以市场为基础，检验可行性、了解如何开发项目、评估可能带来的商业潜力，并明确迫切需要提高的综合能力。

第三阶段：快速复制被证明了的项目。它和第二层面业务具有相同的概念。此时的企业增长加速，需要巨额投资，并有大量收入流进。这一阶段的关键在于积累和控制最重要的综合能力，并抓住时机，占领市场的优势地位。

第四阶段：保证企业获利。它与管理好核心业务有相同的要求。其关键在于抓好实施与管理，实现优异的经营业绩。

2) 建立增长阶梯

(1) 优化阶梯操作模式。一旦确定构想,应迅速付诸行动,让业务模式在市场上进行测试或运作,并根据市场反馈,多次、及时、有针对性地加以改进,可能是根本性的变动。当业务模式被市场肯定后,应致力于实施快速拓展。此时的发展要求标准化和可预见性,业务调整应尽量减少在复制业务模式过程中,抓住由此引发的对潜在阶梯项目的创意,使企业发展跃上新台阶。

(2) 保护新增长阶梯。为了防止核心业务对新业务的不当影响,可以根据具体情况用"作茧"或隐蔽新业务的方法创造出小公司氛围,培养员工的紧迫感和责任心,发挥独立运作的优势。同时能利用企业已有资源与优势,使之可能较快转变为核心业务,创造更多的利润。由于目标的差异,新业务不应奉行第一层面的管理程序及制度,应适当变通原有规则,根据新业务的目标和需要制定相应的管理体制。

3. 后台支持

可持续发展要求有一种独特的企业文化,用不同的方式对长、中、短三个时间层面的人才、业绩及业务计划进行系统管理,运用层面管理法,重视不同层面的差异性。由于三个层面的目标和具体执行措施具有明显的差异,只有将三者的管理制度加以区分,才能避开沿用旧制度带来的增长障碍,以适应创建新阶梯的需求。

在第一层面,通过交流、研究、思考、联盟或小规模投资,不懈地探寻新机遇,形成战略远见。在第二层面,抓住时机,加大投资,迅速增长,迅速建造阶梯,确立定位优势。在第三层面,加强管理,强调执行过程的纪律性和计划性,增强预见性与责任感,保证优异的业绩。

1) 三个层面的人才管理

第一层面:建立个人近期业绩档案(职位晋升和报酬),包括由于业绩不佳的处罚,实施"不找借口"的管理风格。

第二层面:提供行动自主权,自由发出创建委任;提供通过现金奖金和入股的方式,创造个人财富的机会;提供创业机会。

第三层面:提供心理奖励,认可设想项目;给予试验和探索的自由;满足开发智能的好奇心;设立业务建立者的资金奖励。

2) 三个层面的业绩管理

第一层面:业绩考核标准应当是降低成本,提高劳动生产率,提高利润。

第二层面:应当侧重于产品和服务,吸引顾客,以及业务拓展的规模、速度及效率,其目标不是尽快赢利,而是要战胜竞争对手,占领最佳的市场位置。业绩考核标准应当是市场份额的扩大、新客户的开拓及销售额的增长。

第三层面:是一套备选项目,其价值将在未来的开发和完善过程中提高。业绩考核标准应当是备选项目的数量,获得和维持这些项目的成本,项目成功的可能性及回报的大小。

3) 三个层面的业务计划管理

第一层面:主要是业务执行问题,其重点在于如何维护和发展现有业务,使之带来更多的现金流和利润。

第二层面：侧重于业务的建立及其所需要的资源，如需要多少投资、风险有多大、需要多少人员等。

第三层面：应当邀请专家学者参加，激发创意，确定企业的前途及方向，筹集风险基金，投资新兴产品。

三个层面的系统化的业务管理模式，如表10-4所示。

表10-4　三个层面的系统化的业务管理模式

管理项目	管理重点	第一层面	第二层面	第三层面
人才管理	人才类型	营运人才	创业人才	预见未来的人才
	人才管理策略	根据短期业绩给予合理奖罚	给予自我管理、行动的自由，给予创业的机会	给予名誉、地位及事业发展的机会
业务计划	计划各侧重点	创造、提高企业现有利润	投资建立新业务(投资回报率)	判断未来的机会、想到人们还想不到的机会
	内容	年度计划经营	创业战略	投资决定
	业绩	年度财务业绩、净现金流	市场份额和资金利用效率的增长	投资成功率
业绩管理	数量标准	利润、成本、劳动生产率等	销售额增长率、市场份额增长率和新客户开发等	机会评估、项目和阶段设定目标

10.3.2　意义作用

三层面法揭示了企业在发展的某一阶段上的静态的业务格局。从动态角度看，一个健全的增长流程表现为第三层面的项目源源流入第二层面，成为增长的动力，并最终流入第一层面成为核心业务。三层面法主要有以下意义及作用：

(1) 帮助企业经理人员对企业内各级的增长前景做出评估，查出新利润源在数量和可持续性之间的差距；

(2) 迫使企业经理人员和企业组织在考虑当前经营状况的同时，也考虑未来的发展前景；

(3) 为企业投资者与员工之间沟通时提供了相互一致的说法，这种简单明了的表达方式，便于双方讨论企业发展的项目选择问题。

工 具 11

SWOT分析——战略规划和竞争情报的经典分析工具

❋ 11.1 基本概念

11.1.1 产生与发展

SWOT分析法即企业战略分析法，也称态势分析法，由美国旧金山大学国际管理和行为科学教授海因茨·韦里克(Heinz Weihrich)在20世纪80年代初提出。

SWOT分析实际上就是将企业内外部条件进行综合和概括，调查列举出密切相关的各种主要内部优势、劣势、机会和威胁等，并依照矩阵形式排列，然后动用系统分析的思想，把各种因素相互匹配起来加以分析，从中得出一系列相应的结论。运用这种方法，有利于人们对组织所处情景进行全面、系统、准确的研究，有助于管理者和决策者制订较正确的发展计划，以及与之相应的发展战略或对策。

SWOT 中的4个英文字母分别代表优势(strengths)、劣势(weaknesses)、机会(opportunities)和威胁(threats)。优势和劣势是内在要素，机会和威胁则是外在要素。从整体上看，SWOT可以分为两部分：第一部分为SW，主要用来分析内部条件；第二部分为OT，主要用来分析外部条件。

11.1.2 优势与劣势分析(SW)

优劣势分析主要是着眼于企业自身的实力及其与竞争对手的比较，它们是公司发展中自身存在的积极和消极因素，属于主动因素。

1. 优势分析

竞争优势指一个企业在市场竞争中超越其竞争对手的能力。当几个企业处于同一市场，并且它们都有能力向同一顾客群提供相同或相近的产品和服务时，如果其中一个企业有更高的赢利潜力时，就可以认为这个企业比另外一个企业更具有市场竞争优势。

优势是组织机构的内部因素，是指一个企业超越其竞争对手的能力，或者指公司所特有的，能提高公司竞争力的东西。竞争优势可以包含如下几方面。

(1) 技术技能优势。独特的生产技术，低成本生产方法，领先的革新能力，雄厚的技术实力，完善的质量控制体系，丰富的营销经验，上乘的客户服务，卓越的大规模采购技能。

(2) 有形资产优势。先进的生产流水线，现代化车间和设备，拥有丰富的自然资源储存，吸引人的不动产地点，充足的资金，完备的资料信息。

(3) 无形资产优势。优秀的品牌形象，良好的商业信用，积极进取的公司文化。

(4) 人力资源优势。关键领域拥有专长的职员，积极上进的职员，很强的组织学习能力，丰富的经验。

(5) 组织体系优势。高质量的控制体系，完善的信息管理系统，忠诚的客户群，强大的融资能力。

(6) 竞争能力优势。产品开发周期短，强大的经销商网络，与供应商良好的伙伴关系，对市场环境变化的反应灵敏，市场中的领导地位。

竞争优势可以指一个企业或其产品有别于甚至高于其竞争对手的任何优越的因素。这些因素主要包括生产规模、产品设计、质量、适用性、可靠性、企业形象，以及服务质量等。其中特别要明确企业究竟在哪一个方面具有绝对优势，只有这样，企业才可以扬长避短、避实击虚。

影响企业竞争优势的持续时间，主要包括三个基本因素：第一，这种优势的建立需要多长时间；竞争对手做出相应的优势需要多长时间；企业能够获得的优势有多大。企业只有厘清了这三个问题，才能明确自己在建立和维持这种优势中所处的地位。

2. 劣势分析

劣势也是组织机构的内部因素，指某种公司缺少或做得不好的东西，或指某种会使公司处于劣势的条件。可能导致内部劣势的因素包括如下几方面。

(1) 缺乏具有竞争意义的技能技术。

(2) 缺乏有竞争力的有形资产、无形资产、人力资源、组织资产。

(3) 关键领域里的竞争能力正在丧失。

由于企业的整体性和竞争优势来源的广泛性，在做优劣势分析时，必须在整个价值链的每个环节上，将企业与竞争对手做详细对比。例如，产品是否新颖，制造工艺是否复杂，销售渠道是否畅通，价格是否具有竞争性等。

由企业竞争的角度来看，所谓的优势与劣势，即企业与其竞争者或潜在竞争者(以某一技术、产品或服务)的比较结果，企业本身的优势就是竞争对手的劣势，而竞争对手的优势就是企业的劣势，因此优劣势互为表里。

11.1.3 机会与威胁分析(OT)

在SWOT分析法中，机会和威胁指的是外部要素，它们是外部环境对公司的发展有直接影响的有利和不利因素，属于客观因素，一方的机会就是另一方的威胁。机会和威胁分析将注意力放在外部环境的变化及对企业可能的影响上。

1. 机会分析

机会是组织机构的外部因素，市场机会是影响公司战略的重大因素。公司管理者应当确认每一个机会，评价每一个机会的成长和利润前景，选取那些可与公司财务和组织资源匹配、使公司获得竞争优势的潜力最大的最佳机会。潜在的发展机会可能包含如下几种形式。

(1) 客户群的扩大趋势或产品细分市场。

(2) 技能技术向新产品、新业务转移，为更大客户群服务。

(3) 前向或后向整合。

(4) 市场进入壁垒降低。

(5) 获得并购竞争对手的能力。

(6) 市场需求增长强劲，可快速扩张。

(7) 出现向其他地理区域扩张，扩大市场份额的机会。

2. 威胁分析

威胁也是组织机构的外部因素，在公司的外部环境中，总是存在某些对公司的盈利能力和市场地位构成威胁的因素。公司管理者应当及时确认危及公司未来利益的威胁，做出评价并采取相应的战略行动来减少它们所产生的影响。公司的外部威胁可能包含如下几种形式。

(1) 出现将进入市场的强大的新竞争对手。

(2) 替代品抢占公司销售额。

(3) 主要产品市场增长率下降。

(4) 汇率和外贸政策的不利变动。

(5) 人口特征，社会消费方式的不利变动。

(6) 客户或供应商的谈判能力提高。

(7) 市场需求减少。

(8) 容易受到经济萧条和业务周期的冲击。

企业的经营是动态的，永远处于不断的矛盾之中，企业所处的环境随时都在变化，这些变化对于一个企业来说可能是机遇，也可能是威胁。在由环境的变化所产生的机会与威胁面前，首先必须把握企业所面临的社会、政治、经济方面的一般环境。面对社会的变化，很重要的是提高能融入社会环境的亲和力，把握商品的选择标准方面的社会价值变化，以及高龄化社会到来等的人口动态构成的重要因素。

❈ 11.2 工具分析

SWOT分析量表，如表11-1所示。

表11-1 SWOT分析量表

优　　势(S)	劣　　势(W)
• 生产(本身强)	• 生产(竞争对手强)
• 销售(本身强)	• 销售(竞争对手强)
• 人力(本身强)	• 人力(竞争对手强)
• 研发+技术(本身强)	• 研发+技术(竞争对手强)
• 财务+投资+税收(本身强)	• 财务+投资+税收(竞争对手强)
• 法律(本身强)	• 法律(竞争对手强)
• 商业模式(本身强)	• 商业模式(竞争对手强)
• 政府公关(本身强)	• 政府公关(竞争对手强)

（续表）

机　　会(T)	威　　胁(O)
• 社会(有利)	• 社会(不利)
• 技术(有利)	• 技术(不利)
• 经济(有利)	• 经济(不利)
• 环境(有利)	• 环境(不利)
• 法律(有利)	• 法律(不利)
• 道德(有利)	• 道德(不利)
• 上游供货商(有利)	• 上游供货商(不利)
• 下游买家(有利)	• 下游买家(不利)

11.2.1　分析步骤

SWOT分析程序常与企业策略规划程序相结合，其步骤如下。

(1) 进行企业环境描述。

(2) 确认影响企业的所有外部因素。

(3) 预测与评估未来外部因素的变化。确认企业外部环境的变化，可以从不同的角度对环境进行分析。例如，从政治、经济、社会文化和技术等角度分析环境变化对企业产生的一些影响。

(4) 检视企业内部的强势与弱势。

(5) 根据企业资源组合情况，确认企业的关键能力和关键限制，如表11-2所示。

表11-2　企业的关键能力和关键限制

潜在资源力量	潜在资源弱点	公司潜在机会	外部潜在威胁
• 有力的战略	• 没有明确的战略导向	• 服务独特的客户群体及资格能力	• 强势竞争者的进入
• 有利的金融环境	• 陈旧的设备	• 新的地理区域	• 替代品引起的销售下降
• 有利的品牌形象和美誉度	• 超额负债	• 产品组合的扩张	• 市场增长的减缓
• 被广泛认可的市场领导地位	• 超越竞争对手的高额成本	• 核心技能向产品组合的转化	• 交换率和贸易政策的不利转换
• 专利技术	• 缺少关键技能和资格能力	• 垂直整合的战略形式	• 由新规则引起的成本增加
• 成本优势	• 利润的缺失部分	• 分享竞争对手的市场资源	• 商业周期的影响
• 强势广告	• 内在的运作困境	• 竞争对手的支持	• 客户和供应商的杠杆作用加强
• 产品创新技能	• 落后的研发能力	• 战略联盟与并购带来的超额覆盖	• 消费者购买需求下降
• 优质客户服务	• 过分狭窄的产品组合	• 新技术开发通路	• 人口与环境的变化
• 优秀产品质量	• 优质的客户服务	• 品牌形象拓展的通路	
• 战略联盟与并购	• 市场规划能力的缺乏		
	• 战略联盟与并购		

(6) 利用SWOT分析构造研拟可行策略。将调查得出的各种因素根据轻重缓急或影响程度等排序方式，构造SWOT矩阵，如表11-3所示。在此过程中，将那些对公司发展有直接的、重要的、大量的、迫切的、久远的影响因素优先排列出来，而将那些间接的、次要的、少许的、不急的、短暂的影响因素排列在后面。

表11-3　SWOT矩阵

外部因素	内部因素	
	列出内部强势(S)	列出内部弱势(W)
列出外部机会(O)	SO：最大与最大策略	WO：最小与最大策略
列出外部威胁(T)	ST：最大与最小策略	WT：最小与最小策略

可按步骤完成这个SWOT分析表：①把识别出的所有优势分成两组，以它们是与行业中潜在的机会有关还是与潜在的威胁有关为分组原则；②用同样的方法把所有劣势分成两组，一组与机会有关，另一组与威胁有关；③建构一个表格，每个占1/4；④把公司的优势和劣势、机会和威胁配对分别放在每个格子中。

利用SWOT分析架构，将企业的S、W、O、T 四项因素进行配对，即可得到2×2项策略形态：

- SO策略表示使用强势并利用机会，即为最大与最大策略；
- WO策略表示克服弱势并利用机会，即为最小与最大策略；
- ST策略表示使用强势且避免威胁，即为最大与最小策略；
- WT表示减少弱势并避免威胁，即为最小与最小策略。

(7) 将结果在SWOT分析图上定位，如图11-1所示。

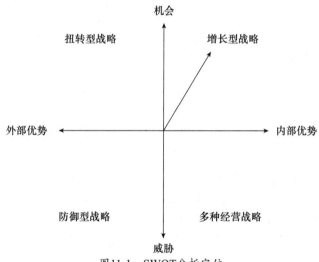

图11-1　SWOT分析定位

用SWOT分析表，将刚才的优势和劣势按照机会和威胁分别填入表格，如表11-4所示。

表11-4　优势和劣势的OS表

外部因素	内部因素		
	利用这些	改进这些	机会
	监视这些	消除这些	威胁
	优势	劣势	

(8) 进行策略选择，制订行动计划。在完成环境因素分析和SWOT矩阵的构造后，便可以制订出相应的行动计划。制订计划的基本思路是：发挥优势因素，克服劣势因素，利用机会因素，化解威胁因素；考虑过去，立足当前，着眼未来。

运用系统分析的综合分析方法，将排列与考虑的各种环境因素相互匹配起来加以组合，得出一系列公司未来发展的可选择对策。

11.2.2　组合分析

1. 投入资源加强优势能力，争取机会

投入资源加强优势能力(SO：最大与最大策略)，采用此策略是企业内外环境能密切配合，能充分利用优势资源，取得利润并扩大发展。这种情况是最理想的，企业可以采取充分利用环境机会和内部优势的大胆发展战略。

2. 投入资源加强优势能力，降低威胁

投入资源加强优势能力(ST：最大与最小策略)，此种策略是在企业面对威胁时，利用本身的强势来克服威胁。针对这种情况，企业可以采取两种态度：一种是利用现有优势在其他产品或市场上建立长期机会，实行分散化或多样化战略，这是具有其他发展机会的企业通常采取的态度；另一种就是采取与环境威胁直接正面斗争的态度，这种做法通常只有在企业优势足以战胜环境威胁时才会采用。

3. 投入资源改善弱势能力，争取机会

投入资源改善弱势能力(WO：最小与最大策略)，此种策略是指企业利用外部机会来克服本身的弱势，这就要求企业致力于改变内部劣势，有效地利用市场机会。

4. 投入资源改善弱势能力，降低威胁

投入资源改善弱势能力(WT：最小与最小策略)，此种策略是企业必须改善弱势以降低威胁，常在企业面临困境时使用。例如，必须进行合并或缩减规模等。在这种最不理想的情况下，企业最好采取减少或改变产品市场的退出性战略。

可见，WT对策是一种最为悲观的对策，是处在最困难的情况下不得不采取的对策；WO对策和ST对策是一种喜忧参半的对策，是处在一般情况下采取的对策；SO对策是一种最理想的对策，是在最为顺畅情况下十分乐于采取的对策。

11.2.3　综合分析

SWOT组合分析是依据数学元素的可分原则进行的，而实际情况是十分复杂的，机会、威胁、优势、劣势是交织在一起的，而解决问题的方法也是综合平衡的、利弊分摊的，即以(S+W)对O、以(S+W)对T、以(S+W)对(O+T)等组合方法。

❋ 11.3 SWOT矩阵分析法

SWOT矩阵分析法的类型，依经营策略或解决问题事项与需求层次的不同，主要可区分为四种基本形态。

11.3.1 单层次SWOT矩阵分析法

单层次SWOT矩阵分析法是指一个简单的问题用一种简单的想法来解决。即针对某项特定问题，使用类聚对比法的大小、强弱、优劣、长短、宽窄、深浅、轻重等，简单诊断问题的核心所在，而得以使用简单对策解决。如某项产品的品质问题，就产品本身品质的优劣势条件加以考量，并比较外面生产同样产品的竞争者的品质，是否处于机会或威胁的竞争地位，而得以简单判断并提出SO、WO、ST、WT四种应对对策。或者对其所处的象限位置加以判定，并制定其最佳的应对对策，如表11-5所示。

表11-5 单层次SWOT矩阵分析表

环　　境	内部环境优势(S)	内部环境弱势(W)
外部环境机会(O)	SO策略	WO策略
外部环境威胁(T)	ST策略	WT策略

11.3.2 双层次SWOT矩阵分析法

双层次SWOT矩阵分析法在营销管理上经常被应用于产品组合策略的分析，以确定某一产品应加强生产，而某一产品必须缩小或停产的一种产品组合策略。若对企业所生产的产品做全盘的检查，发现是本身的高强势条件，也是市场的高机会环境点，就可采用高SO策略。而高SO策略，可设定为主力产品，以创新包装提高附加价值，或以促销提高市场占有率等，如表11-6所示。

表11-6 双层次SWOT矩阵分析表

环　　境	内部高优势(S)	内部低优势(S)	内部高弱势(W)	内部低弱势(W)
外部高机会(O)	高SO策略	高O高ST策略	高WO策略	高O低W策略
外部低机会(O)	高S低O策略	低SO策略	高W低O策略	低WO策略
外部高威胁(T)	高ST策略	高T低S策略	高WT策略	高T低W策略
外部低威胁(T)	低T高S策略	低ST策略	低T高W策略	低WT策略

11.3.3 多层次SWOT矩阵分析法

多层次SWOT矩阵分析法适用于产业环境面的竞争分析，属于多种构面关系的评估方式，是对某项特定产品做定位时，会同时对差异化、顾客满意度、市场占有率等相关事项进行多类型的竞争分析。如对产品的市场定位进行评估，发现消费者的忠诚度具有不同市场区隔的差异性，就必须同时考量不同市场消费者满意度的影响情形，并采用趋利避害的方式。对于具有优势及机会的市场，思考应如何继续领先，而不只是表示满意而已；而对于处于劣势及威胁的市场，则思考应如何来开拓，而不是选择放弃。多层次SWOT矩阵分析表，如表11-7所示。

表11-7　多层次SWOT矩阵分析表

环　　境	内部高优势(S)	内部中优势(S)	内部低优势(S)	内部高弱势(W)	内部中弱势(W)	内部低弱势(W)
外部高机会(O)	高S高O策略	中S高O策略	低S高O策略	高W高O策略	中W高O策略	低W高O策略
外部中机会(O)	高S中O策略	中S中O策略	低S中O策略	高W中O策略	中W中O策略	低W中O策略
外部低机会(O)	高S低O策略	中S低O策略	低S低O策略	高W低O策略	中W低O策略	低W低O策略
外部高威胁(T)	高S高T策略	中S高T策略	低S高T策略	高W高T策略	中W高T策略	低W高T策略
外部中威胁(T)	高S中T策略	中S中T策略	低S中T策略	高W中T策略	中W中T策略	低W中T策略
外部低威胁(T)	高S低T策略	中S低T策略	低S低T策略	高W低T策略	中W低T策略	低W低T策略

11.3.4　复合层次SWOT矩阵分析法

复合层次SWOT矩阵分析法类似于多层次SWOT矩阵分析法，但除评估项目外，还纳入了问题内容的要素、影响程度的评估，以及拟定竞争策略的可行性方案。复合层次SWOT矩阵分析表，如表11-8所示。该方法是直接并迅速与竞争者展开竞争，如产品与竞争对手产品进行市场竞争。

表11-8　复合层次SWOT矩阵分析表

环　　境	重 要 内 容	影响程度评估	竞 争 策 略
内部优势(S)	• 高S：品牌忠诚度 • 中S：品牌满意度 • 低S：品牌认知度	• 在零售市场比对手产品高 • 在零售市场与对手产品相当 • 在零售市场比对手产品低	• 扩大零售市场占有率 • 提高品牌的服务 • 增加品牌的宣传
内部弱势(W)	• 高S：产品价格 • 中S：产品品质 • 低S：产品包装	• 在零售市场比对手产品高 • 在零售市场与对手产品相当 • 在零售市场比对手产品低	• 提高附加价值 • 提高品质 • 改善包装
外部机会(O)	• 高O：社会流行风尚 • 中O：进口产品品质 • 低O：进口产品价格	• 举办产品展 • 品质比进口产品略佳 • 价格比进口产品高三成	• 与百货公司策略联盟 • 提高品质 • 降低价格
外部威胁(T)	• 高T：市场供不应求 • 中T：进口产品广告 • 低T：进口产品包装	• 进口产品可能增加 • 影响产品品牌 • 比进口产品差很多	• 鼓励班组扩大规模 • 增加广告宣传 • 改善包装或创意包装

❊ 11.4 工具应用

如今，SWOT已被广泛应用于各行各业，尤其在一些发达国家，SWOT分析法甚至已深入企业和人们的日常活动中。

SWOT作为一种有效的评估方法，可以作为一种了解企业本身的优势、弱势、机会、风险的重要理论工具，并且可以根据环境的变化来调整企业的策略和资源，以实现企业的发展目标。

11.4.1 进行SWOT分析的注意事项

(1) 尽管企业的成功和获得竞争优势的理论中应该包含SWOT框架中的四个要素，但这一框架没有提供企业如何鉴定这四个要素的指导，因而限制了其应用。SWOT分析仅仅是一个框架，如果没有其他的理论和模型用于识别优劣势、机会和威胁，这一框架只不过是提供一些在企业战略制定和实施时要询问问题的工具而已。

(2) 从内容上说，SWOT分析既应该包括静态分析，也应该包括动态分析。它既要分析研究对象与其竞争对手现实的优劣势，还要探讨研究对象与其竞争对手各自的优劣势及其面临的机会和威胁发展变化的规律性，由此预测现实优劣势在未来可能发生的变化，从而分析战略目标的合理性，并设想战略措施。

(3) 在战略管理中，SWOT分析不能是孤立的，而应该是对现状产生原因的分析，特别是要与达到未来战略目标或阶段目标需要满足条件的分析相结合。

(4) 要明确在SWOT分析中，优劣势与机会、威胁的地位是不同的，外部环境因素是通过改变竞争双方的优劣势对比，从而对研究对象产生一定机会或威胁的，这是SWOT分析的基本结构。

11.4.2 成功应用SWOT分析法的简单规则

(1) 进行SWOT分析的时候必须对公司的优势与劣势有客观认识。

(2) 进行SWOT分析的时候必须区分公司的现状与前景。

(3) 进行SWOT分析的时候必须考虑全面。

(4) 进行SWOT分析的时候必须与竞争对手进行比较，比如优于或是劣于竞争对手。

(5) 保持SWOT分析法的简洁化，避免复杂化与过度分析。

(6) 实施SWOT分析法时，应考虑客观环境。

11.4.3 运用SWOT分析法常见的错误

以下两个错误，是新手在进行SWOT分析时很容易犯的，有时这样的错误会严重误导分析结果。

1. 整体目标未明确就进行SWOT分析

当整体的企业或计划案目标都尚未被确认时，主要目标可能有多个，甚至不停地改变，导致SWOT分析结果混乱，更无法落实。有时可能目标已经提出了，但每个人的理解不同，也没有经过分享与确认，从而造成误解。

2. 将SWOT分析当作可行策略

SWOT分析仅是对现状客观地陈述。也许多数人在优势、劣势与威胁这些象限中都能做到客观地陈述，但在机会这一象限时，许多人会将策略写进去，而非现象。可以试着将机会想成理想情况的描述，这会有助于推出下一步的策略。

工 具 12

GE矩阵——业务战略单元发展的分析工具

❋ 12.1 基本概念

GE矩阵又称通用电气公司法，是麦肯锡管理顾问公司在1970年接受委托参与通用电气公司战略业务单元咨询时，开发的市场吸引力竞争实力矩阵，简称GE矩阵，又称麦肯锡矩阵。

GE矩阵由两大类因素构成：一是行业吸引力，二是经营实力。行业吸引力是指由影响企业生存的一系列外部因素组成，经过判断决策，可以把行业吸引力分为高吸引力、中等程度吸引力和吸引力比较低。经营实力由影响企业生存和发展的一系列内部因素组成，经过判断决策可以敲定企业的经营实力是高、中，还是低。

GE矩阵根据各因素对市场加以定量分析、评价，划分出9种类型，针对每一种类型列出相应的发展、维持及淘汰等对策，可以调整产品结构，确定企业发展方向。GE矩阵分析为市场竞争环境分析提供了详细的结构框架，它一方面使用指示图测算了细分市场吸引力的大小，另一方面又估算了企业的竞争实力，为企业进入细分市场及制定相应的细分市场营销战略提供了依据。

❋ 12.2 工具的应用

GE矩阵的样式，如图12-1所示。

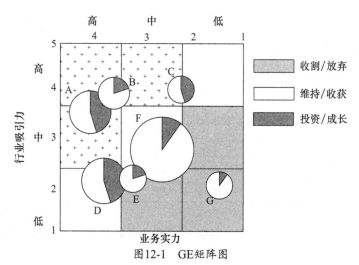

图12-1　GE矩阵图

(1) 行业吸引力作为GE矩阵的纵坐标，将其划分为高、中、低三个区域，其划分点是以"满分值"平均划分的(即如果评价时采用的满分是5分，则以5被3的平均数来划分，其余类推)。

(2) 以业务实力为矩阵的横坐标，也以满分值的平均数划分成高、中、低三个区域。

GE矩阵中的行业吸引力和业务实力两个变量各自包含了一系列的评定因素。这些因素是企业对相应的经营业务，在决定应采取何种投资战略时必须综合考虑的，由这些因素综合构成GE矩阵中的两个变量。因此，GE矩阵的两个变量实际上是一系列影响正确投资因素的综合反映。在评定每项经营业务之前，首先需要确定两个变量中所包含的每一因素的权数，以表明它们的相对重要性。对各因素所赋的权数是企业根据其重要性来确定的，如表12-1所示。

表12-1　GE矩阵中行业吸引力和业务实力所含评定因素表

	因　　素	权　　数	评 分 值	加值评分值
行业吸引力	总体市场大小	0.20	4.00	0.80
	市场增长率	0.20	5.00	1.00
	历史毛利率	0.15	2.00	0.30
	竞争密集程度	0.15	4.00	0.60
	技术要求	0.06	3.00	0.45
	能源要求	0.05	3.00	0.15
	通货膨胀	0.05	2.00	0.10
	环境影响	0.05	1.00	0.05
	社会/政治/法律必须是可以接受的			
	Σ	1.00	—	3.45
业务实力	市场份额	0.10	4.00	0.40
	份额增长	0.15	4.00	0.60
	产品质量	0.10	4.00	0.40
	品牌知名度	0.10	5.00	0.50
	分销渠道	0.05	4.00	0.20
	营销传播效果	0.05	5.00	0.25
	生产能力	0.05	2.00	0.15
	生产效率	0.05	3.00	0.10
	单位成本	0.15	5.00	0.45
	物资供应	0.05	4.00	0.25
	研发能力或实绩	0.10	4.00	0.80
	管理人员	0.05	4.00	0.20
	Σ	1.00	—	4.30

需注意的是，企业所处的行业以及某项经营业务所处的市场情况不同时，构成两个变量的具体因素，以及各因素，所应赋予的权数也不同。

(3) 将企业当前所经营的每项业务，按两个变量所包含的因素逐一进行评定，每项因素的评分值和该因素的权数相乘后，再将它们进行相加求和，得到被评定的业务的综合评分值。

(4) 以每项业务所得到两个变量的综合评分值为圆心，以该经营业务所在的市场销售总规模为圆的直径，在GE矩阵中标出该业务的位置和圆的大小，再在圆圈中以相同的比例，标示本企业该项业务的市场占有规模(图12-1中用阴影标示部分)。

(5) 根据每项业务在矩阵中的位置，确定应采取的投资战略。

GE矩阵实际上分为三个部分：从右上角到左下角为对角线，处在对角线左上部的三个象限的业务是企业最强的经营业务，宜采取"投资/发展"的策略；处在对角线上的三个象限里的业务为中等实力的业务，应采取"维持/收获"的策略；而处在对角线右下部三个象限的业务为最弱的业务，宜采取"收割/放弃"的策略。例如，业务G处于行业吸引力和业务实力均低的象限里，虽然该项业务的销售规模大，但企业在市场中所占的份额太小，说明经营该项业务对企业没有什么优势可言，应予放弃。

❄ 12.3　分析方法

GE矩阵可以用来根据业务在市场上的实力和所在市场的吸引力对这些业务进行评估，也可以表述一个公司的业务组合判断其强项和弱项。在需要对产业吸引力和业务实力做广义而灵活的定义时，可以以GE矩阵为基础进行战略规划。按市场吸引力和业务自身实力两个维度评估现有业务，每个维度分三级，分成9个格以表示两个维度上不同级别的组合。两个维度可以根据不同情况确定评价指标。

12.3.1　绘制GE矩阵

绘制GE矩阵，需要找出外部(行业吸引力)和内部(企业竞争力)因素，然后对各因素加权，得出衡量内部因素和市场吸引力外部因素的标准。当然，在开始收集资料前仔细选择那些有战略意义的业务是十分重要的。

1. 定义各因素

选择要评估业务(或产品)实力和市场吸引力所需的重要因素，在GE矩阵内部分别称之为内部因素和外部因素。然后列出经常要考虑的一些因素(可能需要根据各公司情况做出一些增减)。确定这些因素的方法可以采取头脑风暴法或名义群体法等，关键是不能遗漏重要因素，也不能将微不足道的因素纳入分析中。

2. 估测外部因素和内部因素的影响

(1) 估测外部因素，并根据每一因素的吸引力大小对其评分。在这里可以采取5级评分标准(1＝毫无吸引力，2＝没有吸引力，3＝中性影响，4＝有吸引力，5＝极有吸引力)。若一因素对所有竞争对手的影响相似，则对其影响做总体评估；若一因素对不同竞争者有不同影响，可比较它对自己业务的影响和重要竞争对手的影响。

(2) 估测内部因素，进行与外部因素类似的评定(1＝极度竞争劣势，2＝竞争劣势，3＝同竞争对手持平，4＝竞争优势，5＝极度竞争优势)。在这一部分应该选择一个总体上最强的竞争对手作为对比的对象。

(3) 内外因素综合评估。①确定内外部影响的因素，并确定其权重。②根据产业状况和企业状况定出产业吸引力因素和企业竞争力因素的级数(5级)。③用权重乘以级数，得出每个因素的加权数并汇总，得到整个产业吸引力的加权值。

下面分别用折线图和表格两种形式来表示，如图12-2所示。

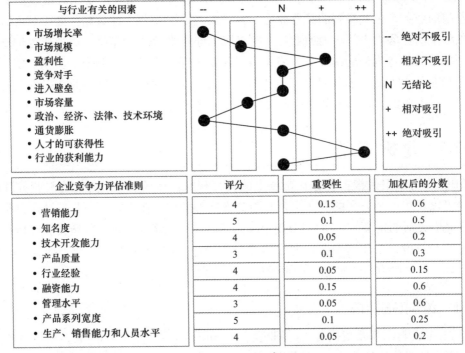

图12-2　GE矩阵

3. 衡量实力和吸引力

这里有定性和定量两种方法可以选择。

定性方法：审阅并讨论内外部因素，以在第二步中打的分数为基础，按强、中、弱三个等级来评定该战略事业单位的实力和产业吸引力如何，如图12-3所示。

定量方法：将内外部因素分列，分别对其进行加权，使所有因素的加权系数总和为1，然后用其在第二步中的得分乘以其权重系数，再分别相加，就得到所评估的战略事业单位在实力和吸引力方面的得分(介于1和5之间，1代表产业吸引力低或业务实力弱，而5代表产业吸引力高或业务实力强)。

	高	尽量扩大投资，谋求主导地位	市场细分，以追求主导地位	专门化，采取购并策略
产业吸引力	中	选择细分市场，大力投入	选择细分市场专门化	专门化，谋求小块市场份额
	低	维持地位	减少投资	集中竞争对手赢利业务，或放弃
		高	中	低

竞争力

图12-3　定性方法估测

4. 在GE矩阵上标示战略业务

矩阵坐标纵轴为产业吸引力，横轴为业务实力，每条轴上用两条线将数轴划分为三部分，这样坐标就成为网格图。两坐标轴刻度可以为高、中、低或1～5。根据战略利益关注，对其他战略业务或竞争对手也可做同样的分析。另外，在图上标出一组业务组合中位于不同市场或产业的战略业务时，可以用圆来表示，图中圆面积大小与相应单位的销售规模成正比，而扇形阴影的面积代表其市场份额。这样GE矩阵就可以提供更多的信息。

5. 对矩阵进行诠释

通过对战略业务在矩阵上的位置进行分析，公司就可以选择相应的战略举措，如图12-4所示。

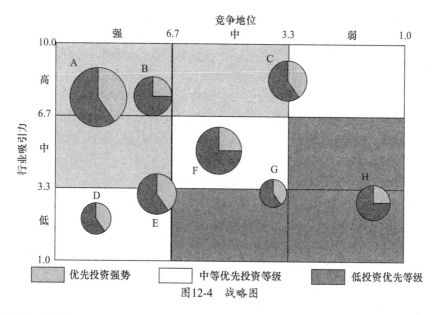

图12-4　战略图

根据这一战略图进行分析，可分为如下三种情况。

(1) 优先投资强势区域：采取增长与发展战略，应优先分配资源。

(2) 中等优先投资等级区域：采取维持或有选择发展战略，保护规模，调整发展方向。

(3) 低投资优先等级区域：采取停止、转移、撤退战略。

12.3.2 影响因素

影响市场吸引力/战略业务竞争实力的内外部因素，如表12-2所示。

表12-2　影响市场吸引力/战略业务竞争实力的内外部因素

影响市场吸引力的典型性外部因素	影响战略业务竞争实力的典型性内部因素
市场规模	业务自身实力
市场成长率	品牌/市场的相对力量
市场收益率	市场份额
定价趋势	市场份额的成长性
竞争强度	顾客忠诚度
行业投资风险	相对成本结构
进入障碍	相对利润率
产品/服务差异化机会	分销渠道结构及产品生产能力
产品/服务需求变动性	技术研发与其他创新活动记录
市场分割	产品/服务质量
市场分销渠道结构	融资能力
技术发展	管理能力

12.3.3 分析步骤

(1) 分别找出影响市场吸引力与战略业务竞争力的重要因素(根据以上所列典型因素去思考)。

(2) 依据所选定的每个因素的重要性，决定每项因素的加权比重分数。

(3) 针对所选定的每个因素分别给予评分。

(4) 替每个业务加权计算在市场吸引力与事业竞争力上所获得的分数。

(5) 依据坐标的高、中、低尺标，决定各战略事业单位所在的象限位置。

(6) 将各战略业务以派图表示，圆圈大小表示市场规模，标有百分比的派图代表该战略业务的市场份额。

(7) 箭头表示这个战略事业单位在未来发展的方向。

(8) 为每项经营业务制定战略。

12.3.4 误用情况

GE矩阵在以下情况下会被误用。

1. 静态分析

认识到GE矩阵仅给出了战略业务在某个时点的竞争情况是非常重要的，持续监控变量中的任何变化对于动态分析来说是必需的。

2. 在界定经营单位或行业时不正确

即使是微小的失误，在界定战略业务和行业的边界时，也会使战略经营单位在九格矩阵中的定位不正确，假如在界定变量时有困难，那么分析结果出现误差及产生错误战略的机会就增加了。

3. 过分简化的战略

由GE矩阵提供的三个基本的战略有可能阻止人们突破这个思维框架，深刻的分析受到这种模型的约束，特别是在新的市场中误用的可能性会更高一些，原因是准确地评估新兴行业的行业吸引力是存在困难的。

工 具 13

利益相关者分析——战略制定和战略评价分析工具

❋ 13.1 基本概念

所谓利益相关者是从股东"stakeholder"一词套用而来的概念。股东作为企业股票的持有者，是企业的所有者，因而企业的每一项活动都与股东利害相关。由此扩展，凡是与企业产生利益关系，从而与企业产生双向影响的个人和团体就是利益相关者。简单地说，利益相关者就是股东、员工、顾客、供应商、零售商、社区及政府等个人和团体。

1984年，著名管理学者爱德华·弗里曼(Edward Freeman)在他的著作《战略管理：利益相关者分析》里，第一次把利益相关者分析引进管理学中，并将利益相关者定义为"任何能影响组织目标的实现或受这种实现影响的团体和个人"。

利益相关者分析，是指通过分析利益相关者对企业经营环境的潜在影响进而决定适应对策。商业和社会关系的中心思想认为：利益相关者分析是利益相关者管理的更大概念的一个关键组成部分。

13.1.1 主要利益相关者

利益相关者是组织环境中的任何有关方面，如政府机构、员工、顾客、供应商、所在社区，以及公众利益集团，故利益相关者是环境中受组织决策和政策影响的任何相关者。大多数情况下，利益相关者的分类如表13-1所示。

表13-1 利益相关者的分类

企业利益相关者	
所有者和股东	银行和债权人
供应商	经营者
员工	管理人员
竞争者	工会
公众利益群体	政府
其他	媒体

其中，主要利益相关者除了股东之外，还包括以下几类人。

1. 经营者与企业员工

经营者也就是高层管理人员，他们实际控制着企业的经营权，能够在董事会的授权下按自己的意志进行经营活动。同时，企业很重视招募与培养高素质的员工，从这一点上可以反映出员工对企业经营与发展的重要性。管理者与员工在企业中工作，主要关心的是企业未来的前途、为个人提供的发展机会、福利及待遇等，企业应尽可能满足他们在这些方面的合理要求，提高企业的凝聚力和向心力。

2. 用户

在企业的生产经营活动中，用户扮演着极为重要的角色。企业所提供的产品或服务，必须满足用户的需求，离开了用户，企业就失去了存在的意义，更不用说企业的发展了。可以说用户是企业的"衣食父母"。从产品的研究开发至生产销售的整个过程，都要对用户的需求、偏好、购买动机等进行分析。

3. 供应商

企业作为原材料、设备等的买主，需要与供应商讨价还价。购入的价格较高，会使企业的生产成本上升，影响产品的竞争能力与企业的获利能力。因此，加强同供应商的合作，与供应商建立长期互惠互利的关系不失为一个较好的方案。

4. 债权人

负债是企业一项重要的资金来源，增强债权人对企业的信心，是获得借款的必要条件。如果企业不能获得债权人的信任或不能通过债权人的风险评估，就难以筹措到所需的资金，至少不能以合理的成本筹措到必要的资金，这会增加企业的筹资成本，不利于企业的发展。债权人将资金交给企业，其目的是到期收回本金，并获得约定的利润收入，而当企业无法按时归还利息与本金时，债权人有权向法院申请宣告企业破产，这对于希望长期经营的企业来说是一个致命的打击。

5. 竞争者

竞争者也是企业的一类不容忽视的利害关系者。企业在市场上的任何一个动作，都会对竞争对手产生影响，有时影响可能巨大。因此，企业在经营过程中要考虑竞争对手的反应并做出相应的预测；同样，企业对竞争对手的行动也要有所估计和反应。在竞争激烈的市场中，一个企业要消灭行业中所有的竞争对手几乎是不可能的，竞争与合作是市场经济条件下永恒的主题，就像有些企业家已经认识到的那样，竞争的终极不在于获得一整块蛋糕，而在于如何做出更大的蛋糕共同分享。

6. 政府

政府的宏观调控政策，对企业的发展起着至关重要的作用。政府的货币政策、财政政策和税收政策是政府宏观调控的工具，但它却能直接作用于企业。例如，提高利率，企业就会发现资本成本有所上升；提高所得税率，企业的税后利润会马上下降。另外，作为规则的制定者，政府制定的各种法规，如经济法、环保法等，都对企业产生约束力，企业必须遵照执行。

7. 其他

除了以上列举的利害关系者之外，还有包括工会、营销中介、公众与社区、合作院校及科研机构、媒体等在内的其他利害关系者，其在企业的经营过程中也不应被忽视。

13.1.2　利益相关者类别

企业不同的利益相关者对企业有着不同的期望，同时对企业施加影响的方式和力度也不同。如果能够处理好同利益相关者的关系，利益相关者就会表现为推动企业前进的力量，反之如果任何一个利益相关者对企业的期望得不到满足，其就会表现为一种破坏力，企业经营就会遇到麻烦。

依照企业利益相关者表现为合作因素或者威胁因素的可能性大小，可以把企业的利益相关者分为以下四类。

(1) 支持型的利益相关者倾向于与企业合作。

(2) 威胁型的利益相关者倾向于对企业造成威胁。

(3) 混合型的利益相关者同企业合作或者对企业造成威胁的可能性都大。

(4) 边缘型的利益相关者同企业合作或者对企业造成威胁的可能性都不大。

利益相关者能够影响组织，他们的意见一定要作为决策时考虑的因素。但是，所有利益相关者不可能对所有问题保持一致意见，其中一些群体要比另一些群体的影响力更大，这使如何平衡各方利益成为制定战略时考虑的关键问题。

13.1.3　利益相关者分析法

利益相关者分析法，就是在社会和经济活动中，首先确定所有相关的利益主体；再用定性或定量的方法分析各主体的利益分配状况；最后遵循一定的原则或价值取向，确定各利益主体的权重，从而得出该活动的综合效应。在此基础上，或事前预测活动方案的可行性和可控性，或事后评估活动的后果和影响。

使用利益相关者分析法需要注意的是：分析方法所贯彻的指导原则或价值取向是必须明确的，而且决定了人们对活动影响"好"与"坏"，以及"赞成"与"反对"的评价；该分析方法既可用于事前的效果预测，也可用于事后的影响评估；该分析方法对于分析政府政策或规定对于社会各阶层和群体的利益分配效应，企业或其他社会组织的行为活动对其他社会主体的影响方面是很有益的。

利益相关者分析法要求企业管理层在经营决策中妥善处理与不同利益相关者的关系，平衡他们正当的权责要求，抵制他们的非分要求，争取利益相关者最大限度的合作，以实现企业的战略目标。

利益相关者分析法系统地辨别那些对组织及其竞争对手施加重大影响的重要团体或个人，能够帮助管理人员确定哪些利益相关者对于公司和竞争对手的行为和经营十分重要，他们的利益是什么，何时、如何针对他们采取行动，以及如何在关键利益相关者之间分配组织资源，从而使竞争成功的可能性最大化。

13.1.4　利益相关者分析目的

利益相关者分析的目的如下：

(1) 确定基本利益相关者影响力的水平；

(2) 找出主要利益相关者的特征；

(3) 找出利益相关者可能影响干预或受干预影响的方式；

(4) 了解不同利益相关者之间的关系，包括对他们之间现存和潜在的利益冲突进行评估，并了解他们之间的预期；

(5) 评估不同利益相关者影响政策过程的能力。

13.2 工具分析

13.2.1 绘制利益相关者分析图

利益相关者分析图，即描绘谁是利益相关者，在采取新的战略时，它们代表哪些相关者的利益，他们是否可能阻碍变革，他们的力量如何，应该怎样对待他们，如图13-1所示。

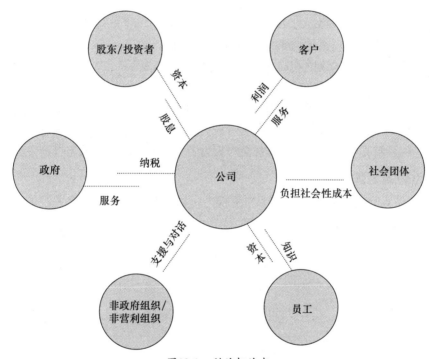

图13-1 利益相关者

绘制利益相关者分析图时，首先确定所有利益相关者，标出他们之间的重要关系，然后分析这张图中所显示的风险与机会，识别任何可能的变化对这张图的影响，以便为此做好准备。

13.2.2 确定利益相关者位置

在确定了最有影响力的利益相关者后，可制定应对他们的方法。

1. 权力/动态性矩阵

图13-2列出了一个权力/动态性矩阵，在这个矩阵上可以画出各利益相关者的位

置。利用这种方法可以很好地评估和分析出在新战略的发展过程中，哪里应该引入"权力的力量"。

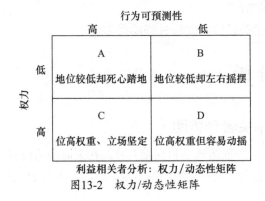

利益相关者分析：权力/动态性矩阵

图13-2　权力/动态性矩阵

(1) 最难应付的团体是处于D区内的团体，因为他们可以很好地支持或阻碍新战略，但是其观点却很难预测。其隐含的意思非常明显：在已建立一个不可改变的地位前一定要找到一种方法，来测试这些利益相关者对新战略的态度。

(2) 与D区相反，在细分市场C内的利益相关者，可能会通过管理人员的参与过程来影响战略，这些管理人员立场坚定并支持建立那些代表他们期望的战略。

(3) 虽然细分市场A和B内的利益相关者权力很小，但是这并不意味着他们不重要。事实上，这些利益相关者的积极支持本身会对权力更大的利益相关者的态度产生影响。

2. 权力/利益矩阵

权力/利益矩阵根据利益相关者手中的权力，以及他们对公司战略关注的程度对利益相关者进行分类，指出了公司应该与他们建立何种关系，如图13-3所示。

利益水平

	高	低
低 权力	A 最少努力	B 提供信息
高	C 保持满意	D 主要利益相关者

利益相关者分析：权力/利益矩阵

图13-3　权力/利益矩阵

(1) 在制定和发展新战略的过程中，应重点考虑主要角色(细分市场D)是否接受该战略。

(2) 处于细分市场C内的利益相关者总的来说是相对被动的，但要注意利益相关者影响战略的方式受特定事件的影响，即特定事件促使他们对战略产生影响。因此，全面考虑利益相关者对未来战略的可能的反应非常重要。如果低估了他们的利益，他们可能会突然重新定位于细分市场D内，并且阻止采用新战略。

(3) 要正确地对待细分市场B中利益相关者的需要——主要通过信息来满足。在影响更有权力的利益相关者的态度时，他们是非常重要的"联盟"。这种确定利益相关者位置方法的价值在于，其能分析以下问题：政治/文化状况是否可能会阻止采纳特定的战略；谁可能会是变化的主要阻止者和推进者；为了重新确定特定的利益相关者的位置，是否需要坚持战略。

(4) 需要维持活动来阻止利益相关者对他们自己重新定位。这就意味着要保持与细分市场C有关的利益相关者的满意程度，减少与细分市场B中的利益相关者保持联系的程度。

13.2.3　分析步骤

利益相关者分析总是在一个新产品、项目或者服务的开始和形成阶段进行，组织在考虑其市场产品范围、态势或目标的重大变化的任何时候，都应该做利益相关者分析。

(1) 确定组织的利益相关者。这一步需要分析者识别并列出组织战略行动的潜在利益相关者。分析者必须识别组织的一般和特定利益相关者团体。一般利益相关者包括消费者、员工、政府、利益集团，以及股东。特定的利益相关者在这些类别中与公司所面对的问题或潜在问题有物质的利益关系群体。具体来讲，利益相关者分析需要识别特定的个体，这些个体对特定的利益相关者而言是有影响力的接触点，需要建立利益相关者表加以识别。利益相关者识别表，如表13-2所示。

表13-2　利益相关者识别表

利益相关者	利益或需求	影　　响	利益相关者的重要性	利益相关者的优势	利益相关者的弱势
1					
2					
3					
4					
5					

(2) 明确利益相关者的利益关系。一旦识别出利益相关者，下一步就是确定他们与组织已计划的市场战略的利害关系的本质。这些本质有些是明显的，有些是隐藏的。分析者面对的挑战是识别某群体的利益关系的本质，以及识别群体影响哪些与问题有关的组织的力量或能力。这一步骤复杂的是，每个利益相关者可能会有多重的利益，有时候这些利益会发生内部冲突。

(3) 了解利益相关者带给企业和竞争对手的挑战及风险。这一步骤要求分析者简练地评估市场发展措施对每种利益的影响(积极、消极或未知)。与利益相关者相关的机遇和挑战是一把双刃剑，机遇包括与利益相关者构建和谐的、长期存在的、积极的且生产性的关系，挑战则通常采用变化着的期望或需求的程度的形式，并以一种要求公司对其利益相关者的相互作用进行良好管理，以避免公司在某些方面受到损害的方式表现。

(4) 确认公司处理利益相关者的挑战和机遇所能采取的最佳战略和行动。

工 具 14

平衡计分卡——具有影响力的战略绩效管理工具

❋ 14.1 基本概念

14.1.1 起源

平衡计分卡(balanced score card，BSC)是由哈佛商学院教授罗伯特·卡普兰(Robert S.Kaplan)与诺兰诺顿公司执行总裁戴维·诺顿(David Norton)共同开发的。1990年，美国的诺兰诺顿学院设立了一个为期一年的项目，是对新的绩效测评模式的开发，卡普兰和诺顿带领研究小组对苹果、杜邦、通用电气等12家公司进行了研究。这项研究的起因是这些公司越来越相信财务绩效指标对于现代企业组织而言是无效的，认为依靠财务指标的绩效测评会影响公司创造价值的能力。通过与各公司人员的讨论，卡普兰与诺顿考虑了多种可能替代的方法，最后决定采用一种囊括整个企业组织活动绩效指标的计分卡观念，即平衡计分卡。

平衡计分卡是一个系统的战略绩效管理和评价体系，其战略目标和绩效评价来源于组织的愿景和战略。平衡计分卡包括财务绩效指标和非财务绩效指标，这些指标考虑了组织的愿景和战略。它从财务、客户、内部流程、学习与成长等方面实现组织的战略目标和绩效评价，如图14-1所示。其中，财务维度反映来自股东角度的增长、利润、风险战略。客户维度反映来自客户角度的价值创造、差异性战略。内部经营流程维度反映创造客户和股东满意度的业务流程战略。学习和成长维度反映形成一种有利于组织改善和创新的风气。

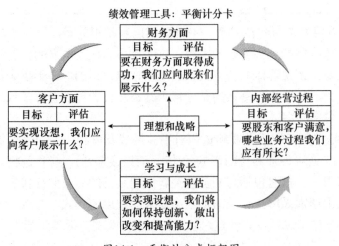

图14-1 平衡计分卡框架图

14.1.2　发展历程

平衡计分卡框架最初是作为一种绩效评价模型而提出的。1992年，卡普兰和诺顿将平衡计分卡的研究成果以论文形式发表在《哈佛商业评论》上；1996年，在卡普兰和诺顿的专著《平衡计分卡：化战略为行动》一书中，概括了平衡计分卡评价体系的发展状况，并例证了其动因，这一观念得到更详细的阐述；1997年，《哈佛商业评论》把平衡计分卡称为75年来最具影响力的战略管理工具之一；2001年，诺顿的专著《战略中心型组织》反映了这一创新模型的进一步发展。

平衡计分卡是卡普兰和诺顿提供的一种能够把增长战略转化为可操作程序的创新管理视角，它是全面的、可操作的管理理论的开端，它把组织的使命和战略转化为一系列全面的业绩指标，并提供了战略评价和管理的框架。很显然，平衡计分卡在描述、沟通、评价和管理组织战略方面都取得了重大突破，且伴随着战略地图的出现，平衡计分卡将进一步发展和完善。

❈ 14.2　内容分析

14.2.1　结构维度

平衡计分卡能够保障公司业绩管理体系的稳健性和平衡性，因为它在保留主要财务指标的同时，引入了未来财务绩效的动因，从四个不同的视角，提供了一种考察价值创造的战略方法。

1. 财务角度

从财务角度考虑，平衡计分卡的目标是解决"怎样满足股东"这一类问题，表明企业的努力是否对企业的经济收益产生了积极的作用。在平衡计分卡里，各方面的改善都必须反映在财务指标上，财务数据可以不时地提醒管理者，质量、客户满意度、生产率的提高必须转化为市场份额的扩大、收入的增加、经营费用的降低等财务成果。财务指标包括销售额、利润额、资产利用率等，由于财务数据是有效管理企业的重要因素，因此财务目标大多是管理者优先考虑的目标。

2. 顾客角度

从顾客角度来看，平衡计分卡的目标是解决"顾客如何看待我们"这一类问题。"顾客满意度的高低是企业成败的关键"，因此现代企业的活动必须以客户价值为出发点，以顾客角度从时间(交货周期)、质量、服务和成本这几方面关注市场份额，以及顾客的需求和满意程度。只有了解和不断满足顾客，产品价值才能得以实现，企业才能获得持续增长的经济源泉。客户指标包括送货准时率、客户满意度、产品退货率、新客户的获得、产品和服务的质量等。

3. 内部流程角度

从内部流程角度考虑，平衡计分卡的目标是解决"我们必须擅长什么"这一类问题。内部流程是公司改善经营业绩的重点，顾客满意、股东价值实现都需要内部流程的支持。其主要指标如下。

(1) 评价企业创新能力的指标，如新产品开发所用的时间、新产品销售额在总销售额中所占的比例、所耗开发费用与营业利润的比例等。

(2) 评价企业生产经营绩效的指标，如产品生产时间和经营周转时间、产品和服务的质量、产品和服务的成本等。

(3) 评价企业售后服务绩效的指标，如企业对产品故障的反应时间和处理时间、售后服务的一次成功率、客户付款的时间等。

4. 学习与成长角度

从学习与成长的角度来看，平衡计分卡的目标是解决"我们能否继续提高并创造价值"这一类问题。它将注意力引向企业未来成功的基础，涉及人员、信息系统和市场创新等问题，评估企业获得持续发展能力的情况。其主要指标如下。

(1) 评价员工能力的指标，如员工满意程度、员工保持率、员工工作效率、员工培训次数等。

(2) 评价企业信息能力的指标，如信息覆盖率、信息系统反应的时间、当前可能取得信息与期望所需要信息的比例等。

(3) 评价激励、授权与协作的指标，如员工所提建议的数量、所采纳建议的数量、个人和部门之间的协作程度等。根据指标彼此的"因果关系"形成相辅相成的链条，并以兼顾四个方面的"平衡"来追求组织的整体效益和健康发展。

平衡计分卡的每个层面都有一个结构化的模式，即每个层面都是由目标、指标、目标值和行动方案组成。这几个关键词是化战略为行动的关键。

尽管平衡计分卡的指标各有特定的内容，但彼此并非孤立，而是既常常冲突对立又密不可分的。这种关系的根本是投资者需要的财务角度，而投资收益有一个价值产生的过程，先有员工的创新学习，企业内部管理才有优化的可能和基础，内部管理优化后就能更好地为顾客服务，顾客认可企业的产品和服务，才进行有效消费，企业的价值才能实现，也就有了投资收益。企业发展便会产生新情况，又需要员工创新学习，开始下一个循环，由此形成一个完整、均衡的关联指标体系，如图14-2所示。

14.2.2 平衡目标

为了保障战略的有效执行，平衡计分卡在评价系统中通过因果关系链整合了财务指标和非财务战略指标，既包括结果指标也包括驱动指标，使其自身成为一个前向反馈的管理控制系统。各指标平衡时，产生良性互动；当某个指标片面偏离目标发生冲突时，协调、沟通、评价机制发挥作用，推动财务指标与非财务指标之间、领先指标与落后指标之间、长期指标与短期指标之间、外部指标与内部指标之间达到平衡。

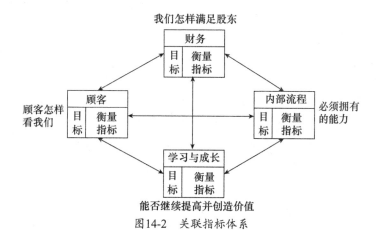

图14-2　关联指标体系

平衡计分卡能反映组织综合经营状况，使业绩评价趋于平衡和完善，利于组织长期发展。具体的平衡指标如下。

1. 财务指标和非财务指标的平衡

目前，企业考核的一般是财务指标，而对非财务指标(客户、内部流程、学习与成长)的考核很少，即使有对非财务指标的考核，也只是定性的说明，没有量化的考核，缺乏系统性和全面性。平衡计分卡是从4个维度，即财务、客户、内部流程及学习与成长，全面地考察企业。它体现了财务指标(财务)与非财务指标(客户、内部流程、学习与成长)之间的平衡。

2. 企业的长期目标和短期目标的平衡

平衡计分卡主要是一种战略管理工具，如果以系统理论的观点来考虑平衡计分卡的实施过程，战略是输入，财务是输出。由此可以看出，平衡计分卡是从企业的战略开始，也就是从企业的长期目标开始，逐步分解到企业的短期目标。在关注企业长期发展的同时，平衡计分卡也关注了企业近期目标的完成，使战略规划和年度计划很好地结合起来，解决了企业的战略规划可操作性差的问题。

3. 结果性指标与过程性指标的平衡

平衡计分卡以有效完成战略为动因，以可衡量的指标为目标绩效管理结果，寻求结果性指标与过程性指标的平衡。

4. 企业组织内部群体与外部群体的平衡

在平衡计分卡中，股东与客户为外部群体，员工和内部业务流程是内部群体，必须认识到在有效实施战略的过程中平衡这些群体间时而发生矛盾的重要性。

5. 领先指标与滞后指标的平衡

财务、客户、内部流程、学习与成长这四个方面包含了领先指标和滞后指标。财务指标就是一个滞后指标，它只能反映公司上一年度发生的情况，不能告诉企业如何改善业绩。平衡计分卡对于领先指标(客户、内部流程、学习与成长)的反映，使企业更关注经营过程，而不仅仅是事后的结果，从而达到了领先指标和滞后指标之间的平衡。

14.2.3 主要特点

平衡计分卡在保留了传统财务指标的基础上，增加了客户、内部流程、学习与成长三个非财务指标，从而达到全面评价企业绩效的目的。平衡计分卡的显著特点或者说主要特点就是将企业的愿景、使命和中长期发展战略与企业的日常绩效评价结合起来，与企业的日常管理和运行结合起来，使企业的愿景、使命和中长期发展战略变为企业日常的、具体的、可测量的评价指标，并成为全体员工的日常行动。平衡计分卡具有如下几个显著特点。

(1) 它既是一种评价体系，也是企业战略管理的重要方法；它既重视企业的眼前利益，也重视企业的长远发展；有利于提高企业的整体管理水平，实现长远发展。

(2) 它能有效地将企业的战略转化为企业各层的绩效指标和行动，并使行动一致，使企业的日常工作服务于战略目标；有利于各级员工对企业战略目标的沟通和理解；有利于员工的学习与成长，以及核心能力的培养。

(3) 它做到了财务指标和非财务指标的有机结合，不但克服了财务指标评价方法的短期行为，还能够对企业经营绩效、竞争能力和可持续发展能力进行评价。

(4) 它重视企业外部环境的改善及与外部利益的关系，如满足客户要求指标、与供应商及政府的关系等。

(5) 它能够从分析创造企业经营绩效的内、外因入手，提出企业存在的问题及真正"病因"，明确企业必须改进的方面或发展的方向。

✳ 14.3 实施应用

14.3.1 实施原则

一个结构严谨的平衡计分卡，应包含一连串联结的目标和量度，这些目标和量度不仅前后连贯，同时互相强化。

建立一个将战略作为评估标准的平衡计分卡，须遵循如下5个原则。

(1) 将战略转化成可执行的语言。平衡计分卡是一种能引导企业朝战略方向行动的战略管理工具。但战略本身是抽象的，若要平衡计分卡发挥强大的功能，须将战略转化成清晰、易于理解的可执行语言。平衡计分卡中四个维度的绩效指标就是企业战略的执行语言，它通过战略图来表示企业的战略，能被高层管理者和所有员工所理解，从而调动他们的积极性和创造性。

(2) 企业的运作与战略协同。企业通常包含了许多单位、部门。若要使企业整体战略得以实现，各个单位、部门的战略须协同起来。引入平衡计分卡，将战略作为逻辑起点和核心传递到每一个单位和部门，单位和部门就有了共同的战略目标。因此，平衡计分卡有助于消除组织间的壁垒，打破功能结构的障碍，以确保各单位和部门的综合绩效大于个别绩效的总和。

(3) 使战略成为每个员工的日常工作。员工真正努力地实施战略是战略成功实现的关键，因而需要将战略深植于每个员工心中，并成为其日常工作和行动指南。为了塑造出战略性共识，使平衡计分卡的内容真正落实到所有员工的思想和行动上，必须采取自上而下的层层战略沟通，将平衡计分卡的目标设定到个人或团队的层级，并且通过激励机制对员工实施战略产生更大的激励效果。

(4) 使战略成为一个连续的过程。战略必须是与企业组织内外部环境相适应的，因此战略的拟定和执行并非一次努力就结束，而是要根据环境的变化"与时俱进"地调整和修正。实施平衡计分卡，并根据绩效指标的执行情况持续地反馈和修正，使得战略成为一个连续的过程。

(5) 通过高层领导促进企业变革。平衡计分卡的实施是一项极为重大的变革，若欲成功，必须得到高层领导的重视和大力支持。高层领导可以对员工不断强调战略及平衡计分卡的观念和重要性，引导企业转型为以战略为核心的组织，推动企业走上可持续发展的道路。

14.3.2 实施步骤

平衡计分卡的设计需先从澄清及转化组织的愿景和战略展开，列出推行平衡计分卡方案的理由，引导管理程序，最终目的是动员组织迈向新的战略方向。其程序为澄清战略并建立共识、凝聚焦点、发展领导能力、战略沟通及协调、教育组织、设定战略性目标、校准计划和投资、建立回馈制度等。

卡普兰和诺顿认为，平衡计分卡的实施步骤，是在建立平衡计分卡之初先成立"BSC推行小组"，以汇总出企业完整的信息、近期目标及长期战略，再依下列实施步骤推行：①筹备阶段；②第一次访谈；③第一次主管讨论会；④第二次访谈；⑤第二次主管讨论会；⑥第三次主管讨论会；⑦实施阶段；⑧定期检讨。

在实际应用过程中，企业需要综合考虑所处的行业环境、自身的优势与劣势，以及所处的发展阶段、自身的规模与实力等。总结成功实施平衡计分卡的经验，一般包括如下步骤。

(1) 公司的愿景与战略的建立与倡导。公司首先要建立愿景与战略，使每一个部门可以采用一些绩效衡量指标去完成公司的愿景与战略；另外，也可以考虑建立部门级战略。同时，成立平衡计分卡小组或委员会去解释公司的愿景和战略，并建立财务、客户、内部流程、学习与成长四个方面的具体目标。

(2) 绩效指标体系的设计与建立。本阶段的主要任务是依据企业的战略目标，结合企业长短期发展的需要，为四类具体的指标找出各自具有意义的绩效衡量指标。对所设计的指标要自上而下、从内部到外部进行交流，征询各方面的意见，吸收各方面、各层次的建议。这种沟通与协调完成以后，使所设计的指标体系达到平衡，从而能全面反映和代表企业的战略目标。

(3) 加强企业内部沟通与教育。利用各种不同的沟通渠道，如定期或不定期的刊物、信件、公告栏、标语、会议等，让各层管理人员知道公司的愿景、战略、目标与绩效衡量指标。

(4) 确定每年、每季、每月的绩效衡量指标的具体数字，并与公司的计划和预算相结合。注意各类指标间的因果关系、驱动关系和连接关系。

(5) 绩效指标体系的完善与提高。首先，重点考察平衡计分卡该阶段指标体系设计得是否科学，是否能真正反映本企业的实际；其次，采用平衡计分卡后，要关注对于绩效的评价中的不全面之处，以便补充新的测评指标，从而使平衡计分卡不断完善；最后，关注已设计的指标中的不合理之处，要坚决取消或改进，只有经过这种反复认真的改进，才能使平衡计分卡更好地为企业战略目标服务。

14.3.3　适用条件

从实践经验看，平衡计分卡主要适用于具有以下特征的企业。

1. 面临竞争压力较大的企业

竞争的压力是企业谋求发展的内在动力，这正好是平衡计分卡得以实施的内在原因。但采取行动必须以竞争被企业所感知为前提条件。如果竞争压力较大，但企业尚未感知，这种竞争也是不会形成发展动力的。对于这样的企业，如果为了赶时髦而引入平衡计分卡，则无法起到应有的积极作用。

2. 以目标和战略作为导向的企业

目标是企业在未来所要实现的结果，通常意义上和战略相关的目标是指企业的长远目标，只有在找到了正确的目标后，企业才能确定前进的方向，而战略则是企业前进征途中的望远镜和指南针。唯有确认了目标与战略，企业才能沿着正确的方向前进。当企业树立了长远发展的目标后，战略的作用就是为解决"如何才能达到这个目标"的问题提供思路。平衡计分卡的成功之处，是将企业战略置于管理的中心，所以企业要应用平衡计分卡，须以战略作为企业的导向。即使企业还没有制定出有效的战略，引入平衡计分卡，也可以帮助企业重新认识和制定企业战略。

3. 具有协商式和民主式领导体制的企业

在激烈的竞争中，采用平衡计分卡要求企业必须采取"四轮驱动"(前轮是员工的积极参与，后轮是管理者的管理)模式，只有这样，才能使企业机动灵活、反应快速地运行于市场经济之中，而不会陷入经营管理失败的泥潭。平衡计分卡的应用能够充分发挥员工在企业管理中的作用，它既不同于以往"偏重对员工的控制"为主的企业战略，也不同于那种往往只停留在口头上而难以付诸行动的宣传口号。平衡计分卡必须在民主式管理风格的企业平台上运行，使员工能够充分参与企业战略的制定与实施，如果一个企业尚不是民主式管理风格，则在实施平衡计分卡的过程中，随着员工参与度的提高，可以将其转变为民主式的管理风格。从这一意义上来说，平衡计分卡不仅具有业绩评价功能，还具有改变企业文化的作用。

4. 成本管理水平较高的企业

对于企业来说，真正的利润中心在顾客那里，而在企业内部只有成本中心。是顾客造就了企业，而非企业本身。因此，平衡计分卡要求衡量出一位顾客给企业带来的利润是多少，这个要求在传统的成本管理方法下是不能实现的。只有引入新的成本管理方法——作业成本法，才能真正发现每一位顾客所能给企业带来的利润情况。卡普兰的研究结果显示，在作业成本法下，即使购买同一产品的顾客，由于其订单内的数量及订单要求不同(如交货要求)，这个顾客给企业造成的成本是不同的，因此为企业带来的利润也是不同的。而在传统成本制度中，是不能够真实报告不同市场、产品和顾客的成本和利润的。除了成本之外，企业还需要注重产品的质量及其他一些影响顾客的因素。

14.3.4　运用误区

尽管平衡计分卡有诸多益处，但如果经营者对其没有深刻的认识，使用起来可能就会走入误区，这主要体现在如下几方面。

1. 严格评价四个维度的指标

有不少企业严格按照平衡计分卡的4个维度来分解实施。那么，平衡计分卡是否一定要从这4个维度来考虑？事实上，这4个维度只是具有科学性并且能从一定的程度上衡量企业是否健康，但并非一成不变。已确定使用平衡计分卡的企业，应根据自身特点设计具体维度，以及每项维度的具体实施计划与指标，而不应拘泥于一般形式。只要能最大限度地适合企业，就是最好的。

2. 仅用于评价组织绩效而非个人绩效

有些公司认为，平衡计分卡只适用于如事业部、子公司、整个公司等一个比较完整的业务单位，却不适用于部门和个人。但是，实施平衡计分卡是要将员工的行动与企业组织战略连续起来，朝企业整体战略方向共同努力。在企业组织构建了一个平衡计分卡系统之后，下一站就是将已经设计出来的高层次平衡计分卡作为一个样板，设计出企业组织自上而下协调一致的平衡计分卡，通过一系列分级将从最基层到最高层的所有员工连接在一起。平衡计分卡实施到最后，摆在每个人面前的是一张行动计划书，因此它同样适用于个人绩效评价。

3. 仅作为衡量企业绩效的工具

很多人认为，平衡计分卡只是一个评价企业业绩的综合性评价工具。事实上，平衡计分卡不仅是一个评价系统，更是一个战略管理体系。平衡计分卡是以战略为逻辑起点，它通过一个全新的框架使企业可以表达其各种远景和战略，通过一系列绩效评价指标引导战略的有效实施。因而，平衡计分卡能够将企业的战略目标转化成阶段性、可操作的、具体的目标，使企业的战略得到有效地传达和执行。可见，平衡计分卡更是一种自上而下的企业战略目标任务的分解与管理过程，是一个有效的战略管理系统。

4. 认为指标越多越好

一些管理者认为，平衡计分卡的指标越多越好，这在某种意义上说是正确的，但也应该认识到，指标过多不仅会导致信息过载，不符合信息的成本与效益原则，更重要的是可能导致指标之间主次不分，因果关系不清。企业组织在设计绩效评价指标时，须遵循战略性、前瞻性、激励性、全面性和可持续发展性，选择那些能测量管理者和员工直接关注的因素的策略指标，从而推动企业竞争能力的突破和战略管理的成功实施，最终带来企业业绩的提升。

5. 没有正确认识成本与效益的关系

有些企业与组织试图在短时间内构建平衡计分卡系统，然而这是不可能的。实施平衡计分卡首先出现的是成本而非收益，并且效益的产生往往滞后很长时间，使投入与产出、成本与效益之间有一个时间差。那些急功近利的企业在短期内看不到经济利益就会丧失信心，导致半途而废。另外，并非任何企业采用平衡计分卡所增加的效益都会大于实施成本，如果忽视了企业自身的承受能力和发展能力，最终也会收效甚微。因此，企业在实施平衡计分卡系统时，必须考虑其实施的效益和成本。

工 具 15

KPI——企业经营绩效成果测量和战略管理工具

❋ 15.1 基本概念

KPI是关键绩效指标(key performance indicator)的简称，是指企业宏观战略目标决策经过层层分解后所产生的可操作性的战术目标，是宏观战略决策执行效果的监测指针。KPI是衡量企业战略实施效果的关键指标，其目的是建立一种机制，将企业战略转化为内部管理过程和活动，以不断增强企业的核心竞争力和可持续发展能力，使企业取得高效益。

KPI是通过对组织内部流程的输入端、输出端的关键参数进行设置、取样、计算、分析，衡量流程绩效的一种目标式量化管理指标，是把企业的战略目标分解为可操作的工作目标的工具，是企业绩效管理的基础。KPI可以使部门主管明确部门的主要责任，并以此为基础，明确部门人员的业绩衡量指标。建立明确的、切实可行的KPI体系，是做好绩效管理的关键。KPI是用于衡量工作人员工作绩效表现的量化指标，是绩效计划的重要组成部分。

KPI的理论基础是二八原理，这是由意大利经济学家维尔弗雷多·帕累托(Vilfredo Pareto)提出的经济学原理，即一个企业在价值创造过程中，每个部门和每一位员工的80%的工作任务是由20%的关键行为完成的，抓住20%的关键，就抓住了主体。二八原理为绩效考核指明了方向，即考核工作的主要精力要放在关键的结果和关键的过程上。于是，所谓的绩效考核一定要放在KPI上，考核工作一定要围绕KPI展开。

❋ 15.2 主要特点

KPI是用于衡量工作人员工作绩效表现的量化指标，是绩效计划的重要组成部分。KPI具备如下几个特点。

1. 对公司战略目标的分解

作为衡量各职位工作绩效的指标，KPI所体现的衡量内容取决于公司的战略目标。当KPI构成公司战略目标的有效组成部分或支持体系时，它所衡量的职位便以实现公司战略目标的相关部分作为自身的主要职责。如果KPI与公司战略目标脱离，则它所衡量的职位的努力方向也将与公司战略目标的实现产生分歧。

KPI来自对公司战略目标的分解，它是对公司战略目标的进一步细化和发展。公司战略目标是长期的、指导性的、概括性的，而各职位的KPI内容丰富，针对职位而设置，着眼于考核当年的工作绩效，具有可衡量性。因此，KPI是对真正驱动公司战略目标实现的具体因素的发掘，是公司战略对每个职位工作绩效要求的具体体现。

KPI随公司战略目标的发展演变而调整，当公司战略侧重点转移时，KPI必须予以修正以反映公司战略的新内容。

2. 对绩效构成中可控部分的衡量

企业经营活动的效果是内外因综合作用的结果，其内因是各职位员工可控制和影响的部分，也是KPI所衡量的部分。KPI应尽量反映员工工作的直接可控效果，剔除他人或环境造成的其他方面的影响。例如，销售量与市场份额都是衡量销售部门市场开发能力的标准，而销售量是市场总规模与市场份额相乘的结果，其中市场总规模则是不可控变量。在这种情况下，两者相比，市场份额更体现了职位绩效的核心内容，更适合作为KPI。

3. 考查重点经营活动

每个职位的工作内容都涉及不同的方面，高层管理人员的工作任务更复杂，但KPI只对公司整体战略目标影响较大，对战略目标的实现起到不可或缺作用的工作进行衡量，而不是对所有操作过程的反映。

4. 组织上下需认同

KPI不是由上级强行确定下发的，也不是由本职职位自行制定的，它的制定过程由上级与员工共同参与完成，是双方所达成的一致意见的体现。它不是以上压下的工具，而是组织中相关人员对职位工作绩效要求的共同认识。

KPI所具备的特点，决定了它在组织中举足轻重的地位。第一，作为公司战略目标的分解，KPI的制定有力地推动了公司战略在各单位、各部门得以执行；第二，KPI为上下级对职位工作职责和关键绩效要求有了清晰的共识，确保各层各类人员努力方向的一致性；第三，KPI为绩效管理提供了透明、客观、可衡量的基础；第四，作为关键经营活动绩效的反映，KPI帮助各职位员工集中精力处理对公司战略有最大驱动力的方面；第五，通过定期计算和回顾KPI执行结果，管理人员能清晰了解经营领域中的关键绩效参数，并及时诊断存在的问题，采取行动予以改进。

具体来看，KPI有助于根据组织的发展规划/目标计划来确定部门/个人的业绩指标；监测与业绩目标有关的运作过程；及时发现潜在的问题，发现需要改进的领域，并反馈给相应部门/个人。此外，KPI输出是绩效评价的基础和依据。

当公司、部门乃至职位确定了明晰的KPI体系后，便可以采取行动。例如，把个人和部门的目标与公司整体的目标联系起来；对于管理者而言，阶段性地对部门/个人的KPI输出进行评价和控制，以确定正确的发展目标；预测公司所需要的行动；定量和定性地对直接创造利润和间接创造利润的贡献做出评估。

✳ 15.3 实施运用

15.3.1 设计KPI的原则

1. 建立KPI应遵循的基本原则

(1) 目标导向。KPI需依据企业目标、部门目标、岗位目标等来确定。

(2) 注重工作质量。因为工作质量是企业竞争力的核心，但又难以衡量，因此对工作质量建立指标进行控制特别重要。

(3) 可操作性。KPI必须从技术上保证指标的可操作性，对每一指标都必须给予明确的定义，建立完善的信息收集渠道。同时，应当简单明了，容易被执行人理解和接受。

(4) 目标的平衡性。涉及相关部门配合和相互支持协助的目标，由相关部门结合流程共同协调制定。当然，有很多指标之间是相关的，或交叉的，或重叠的，或对立的，指标不在于全面，而在于聚焦、有效。

(5) 具有控制力。被考核者应对KPI的达成具有相当的控制能力。在设立目标及进行绩效考核时，应考虑该职位的任职者是否能控制该指标的结果，如果任职者不能控制，则该项指标就不能作为任职者的绩效衡量指标。

2. 设计KPI要遵循SMART原则

在设计KPI的时候，设计者一定要遵循SMART原则，具体内容如下。

(1) KPI必须是具体的(specific)。KRI应将目标细化，并可随情境进行改变，不能笼统。

(2) KPI必须是可度量的(measurable)。KPI的目标应可度量化或行为化，验证这些绩效指标的数据或者信息是可以获得的。

(3) KPI必须是可以实现的(attainable)。KPI所制定的目标不高也不低，并在适度的期限内可实现。

(4) KPI必须是现实的(realistic)。KPI的目标结果是实实在在的，可观察或证明。

(5) KPI必须是有时限的(time-bound)。KPI应注重完成绩效指标的特定期限。

15.3.2 建立KPI指标的要点

建立KPI指标的要点在于流程性、计划性和系统性。

(1) 明确企业的战略目标，并在企业会议上利用头脑风暴法和鱼骨分析法等找出企业的业务重点，也就是企业价值评估的重点。

(2) 再次使用头脑风暴法找出这些关键业务领域的KPI，即企业级KPI。接下来，各部门的主管需要依据企业级KPI建立部门级KPI，并对相应部门的KPI进行分解，确定相关的要素目标，分析绩效驱动因素(技术、组织、人)，确定实现目标的工作流程，分解出各部门级的KPI，以便确定评价指标体系。

(3) 各部门的主管和部门负责人一起再将KPI进一步细分，分解为更细的KPI及各职位的业绩衡量指标。这些业绩衡量指标就是员工考核的要素和依据。这种对KPI体系的建立和测评的过程，就是统一全体员工朝着企业战略目标努力的过程，也必将对各部门管理者的绩效管理工作起到很大的促进作用。

(4) 指标体系确立之后，还需要设定评价标准。一般来说，指标指的是从哪些方面衡量或评价工作，解决"评价什么"的问题；而标准指的是在各个指标上分别应该达到什么样的水平，解决"被评价者怎样做、做多少"的问题。

(5) 对KPI进行审核。比如，审核这样的一些问题："多个评价者对同一个绩效指标进行评价，结果是否能取得一致？""这些指标的总和是否可以解释被评估者80%以上的工作目标？""跟踪和监控这些关键绩效指标是否可以操作"等。审核主要是为了确保这些关键绩效指标能够全面、客观地反映被评价对象的绩效，而且易于操作。

每个职位都是影响某项业务流程的一个过程，或影响过程中的某个点。在设立目标及进行绩效考核时，应考虑职位的任职者是否能控制该指标的结果，如果任职者不能控制，则该项指标就不能作为任职者的业绩衡量指标。比如，跨部门的指标就不能作为基层员工的考核指标，而应作为部门主管或更高层主管的考核指标。

绩效管理是管理双方就目标及如何实现目标达成共识的过程，以及增强员工成功地达到目标的管理方法。管理者给下属设定工作目标的依据来自部门的KPI，部门的KPI来自上级部门的KPI，上级部门的KPI来自企业级的KPI。只有这样，才能保证每个职位都是按照企业要求的方向去努力。

15.3.3 KPI设计的基本思路

1. 分析法

运用分析法建立KPI体系，其主要流程如下：

(1) 确定个人/部门业务重点，确定哪些因素与公司业务相互影响。

(2) 确定业务标准，定义成功的关键要素，满足业务重点所需的策略手段。

(3) 确定KPI，判断一项业绩标准是否达到的实际因素。

(4) KPI的分解。依据公司级的KPI逐步分解到部门，再由部门分解到各个职位，依次采用层层分解，互为支持的方法，确定各部门、各职位的KPI，并用定量或定性的指标确定下来。

绩效是具有一定素质的员工围绕职位应负责任，在所达到的阶段性结果及过程中的行为表现。其中，职位应负责任的衡量就是通过职位的KPI体现出来的，这个KPI体现了员工对部门/公司贡献的大小。

2. 量化法

一些部门工作量化的确存在困难，则可以从工作要求、时间节点上进行量化。如人力资源管理者、行政事务人员、财务人员，其KPI的量化难度相对较大，若硬性地从其自身职责上进行量化，逻辑上也说不通，不对其量化，情理上同样也说不过去。实际处理中，可以从考核其工作任务或工作要求来界定；也可以通过时间来界定，实质上被时间所界定的工作任务或工作目标也是定量指标。

3. 循环法

运用循环法逐步完善和落实KPI指标，其主要流程如下：

(1) KPI由专业人员设计；

(2) 设计稿上报公司领导班子审议；

(3) 根据公司领导班子的意见进行修订；

(4) 将修订稿交各职能部门讨论；

(5) 将讨论意见集中，再次修订；

(6) 上报批准下发。

其中，第(1)～(5)项，在实际工作中可能会反复多次。

4. 支持环境

有了关键绩效考核指标体系，也不能保证这些指标就能运用于绩效考核，达到预期的效果。要想真正达到目的，还取决于企业是否有KPI考核的支持环境。建立这种支持环境，同样是KPI设计时必须考虑的。

(1) 以绩效为导向的企业文化的支持。建立绩效导向的组织氛围，通过企业文化化解绩效考核过程中的矛盾与冲突，形成追求优异绩效的核心企业文化。

(2) 各级主管人员肩负着绩效管理任务。分解与制定KPI是各级主管应该也必须承担的责任，专业人员只是起技术支撑作用。

(3) 重视绩效沟通制度建设。在KPI的分解与制定过程中，KPI建立与落实是一个自上而下、自下而上的制度化过程。没有良好的沟通制度作为保证，KPI考核就不会具有实效性和挑战性。

(4) 绩效考核结果与价值分配挂钩。实践表明，两者挂钩的程度紧密，以KPI为核心的绩效考核系统才能真正发挥作用。

15.3.4　KPI指标体系建立流程

KPI指标的提取，可以用"十字对焦，职责修正"一句话概括。但在具体的操作过程中，要做到在各层面都从纵向战略目标分解、横向结合业务流程"十"字提取，也不是一件容易的事情。KPI指标的提取过程，如图15-1所示。

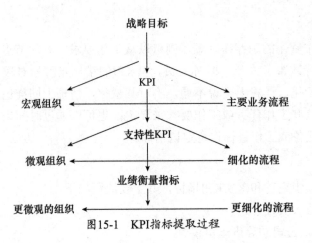

图15-1　KPI指标提取过程

1. 分解企业战略目标

企业的总体战略目标在通常情况下可以分解为几项主要的支持性子目标，而这些支持性的更为具体的子目标本身需要企业的某些主要业务流程的支持才能在一定程度上达成。因此，在本环节上需要完成以下工作：

(1) 企业高层确立公司的总体战略目标(可用鱼骨图方式，如图15-2所示)；

(2) 由企业(中)高层将战略目标分解为主要的支持性子目标(可用鱼骨图方式，如图15-2所示)；

(3) 将企业的主要业务流程与支持性子目标之间建立关联，如图15-3所示。

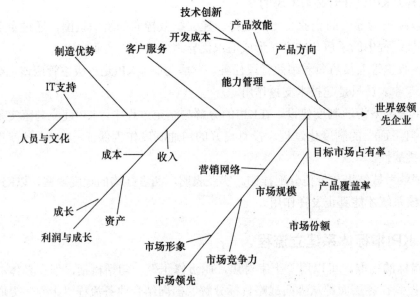

图15-2　战略目标分解鱼骨图示例

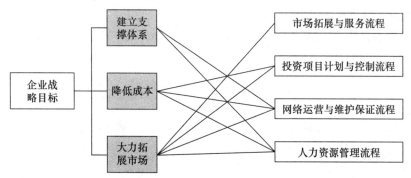

图15-3 战略目标与流程分解示例

2. 确定各支持性业务流程目标

在确认对各战略子目标的支持性业务流程后，需要进一步确认各业务流程在支持战略子目标达成的前提下本身的总目标，并运用九宫图的方式进一步确定流程总目标在不同维度上的详细分解内容，如表15-1所示。

表15-1 确定流程目标示例

流程总目标： 低成本快速满足客户对产品质量和服务的要求		组织目标要求(客户满意度高)			
		产品性能指标 (合格品)	服务质量 (满意率)	工艺质量 (合格率)	准时齐套 (发货率)
		产品设计质量	工程服务质量	生产成本	产品交付质量
客户要求	质量	产品设计好	安装能力强	质量管理	发货准确
	价格低	引进成熟技术			
	服务好		提供安装服务		
	交货周期短			生产周期短	发货及时

3. 确认各业务流程与各职能部门的联系

本环节通过九宫图的方式建立流程与工作职能之间的关联，从而在更微观的部门层面建立流程、职能与指标之间的关联，为企业总体战略目标和部门绩效指标建立联系，如表15-2所示。

表15-2 确认业务流程与职能部门联系示例

流程： 新产品开发	各职能所承担的流程中的角色				
	市场部	销售部	财务部	研究部	开发部
新产品概念 选择	市场论证	销售数据收集	—	可行性研究	技术力量评估
	—	—	—	—	—
产品概念 测试	—	市场测试	—	—	技术测试
	—	—	—	—	—
产品建议 开发	—	—	费用预算	组织预研	
	—	—	—	—	—

4. 部门级KPI指标的提取

在本环节中，将从上述环节建立起来的流程重点、部门职责之间的联系中提取部门级的KPI指标，如表15-3所示。

表15-3　部门级KPI指标提取示例

流程：	KPI维度			指　标
新产品开发	测量主体	测量对象	测量结果	
绩效变量维度 时间	效率管理部门	新产品(开发)	上市时间	新产品上市时间
成本	投资部门	生产过程	成本降低	生产成本率
质量	顾客管理部门	产品与服务	满足程度	客户满意率
数量	能力管理部门	销售过程	收入总额	销售收入

5. 目标、流程、职能、职位的统一

根据部门KPI、业务流程，以及确定的各职位职责，建立企业目标、流程、职能与职位的统一，如表15-4所示。

表15-4　KPI进一步分解到职位示例

流程：	市场部部门职责		部门内职位职责			
新产品开发			职 位 一		职 位 二	
流程步骤	指标	产出	指标	产出	指标	产出	指标
发现客户问题，确认客户需求	发现商业机会	市场分析与客户调研，制定市场策略	市场占有率	市场与客户研究成果	市场占有率	制定出市场策略，指导市场运作	市场占有率
			销售预测准确率		销售预测准确率		销售预测准确率
			市场开拓投入率，减低率		客户接受成功率，提高率		销售毛利率，增长率
			公司市场领先周期		领先对手提前期		销售收入月度增加幅度

15.3.5　实施KPI评估的过程

1. 分析并确定企业的关键绩效

在关键绩效中，企业KPI尤为重要，因为部门和岗位KPI都是依据企业KPI来确定的。企业KPI是一个总纲，具有方向性、指导性的作用，如果企业关键绩效制定得不合理，将导致后续的关键绩效可操作性差，影响整个企业的关键绩效评估。因此，进行关键绩效评估的第一步就是要经过深入的调查、分析及论证，制定出与企业现实状况和发展战略相适应的企业关键绩效。

2. 分析并确定部门的关键绩效

在确定了企业的关键绩效之后，第二步就是要分析并确定各个部门及各岗位的关键绩效。部门及岗位的关键绩效是依据企业的关键绩效制定的，是对企业关键绩效的分化和细化，具有具体性、操作性的特点。各部门的主管协同人力资源部，依据企业KPI与工作分析建立部门KPI，并对相应部门的KPI进行分解，确定相关的要素目标，分析绩效驱动因素(技术、组织、人)，确定实现目标的工作流程，分解出各部门级的KPI，以便确定评价指标体系。

3. 分析并确定岗位的关键绩效

邀请各部门的主管和人力资源人员一起再将部门的KPI进一步细分，分解为更细的KPI及各岗位的业绩衡量指标。这些业绩衡量指标就是员工考核的要素和依据。这种对KPI体系的建立和测评过程本身，就是使全体员工统一朝着企业战略目标努力的过程，也将对各部门管理者的绩效管理工作起到很大的促进作用。

4. 制定关键绩效的具体标准

在确定了KPI后，需要制定相应的标准，如表15-5所示。一般来说，指标指的是从哪些方面对工作产出进行衡量或评估；而标准指的是在各个指标上分别应该达到什么样的水平。另外，在确定关键绩效的具体标准时，最好采取全员参与的方式，让每一位员工都投入到标准的制定工作中。这样，一来使员工对关键绩效标准有更好地理解，二来可以提高员工的工作积极性。

表15-5　KPI及评估标准举例

工作产出	指标类型	KPI	评估标准
销售利润	数量	年销售额	年销售额在200万～250万元
新产品设计	质量	创新性	至少有3种产品与竞争对手不同
项目完成状况	时限	项目进度	在指定期限之前完成项目
销售费用	成本	实际费用与预算的差异	实际费用与预算相差在5%以内

当企业界定了绩效指标之后，设定绩效的评估标准成了一件比较容易的事情。对于数量化的绩效指标，设定的评估标准通常是一个范围。如果被评估者的绩效表现超出标准的上限，则说明被评估者做出了超出期望水平的卓越绩效表现；如果被评估者的绩效表现低于标准的下限，则表明被评估者存在绩效不足的问题，需要进行改进。对于非数量化的绩效指标，在设定绩效标准时往往从客户的角度出发，需要明确"客户期望被评估者做到什么程度"这样的问题。

5. 使每一位员工事先明白关键绩效的标准

采取全员参与的方式，为员工介绍关键绩效的标准，确保每一位员工认识、熟知和理解，从而更好地达到评估效果。因此，企业员工都清楚地了解关键绩效标准十分重要。

6. 定期进行关键绩效评估

制定了关键绩效指标和标准后，定期的评估当然是最重要的。在评估过程中，要注意识别评估者的工作业绩这一点，通过有关记录的数据和事实等正确有效地识别员工的工作产出，然后对照关键绩效标准进行评估。另外，评估的时间和频率数也是需要严格把握的。一般来说，每年评估1～2次为宜。

7. 及时反馈关键绩效评估的结果

及时反馈评估的结果是评估工作得以发挥作用的关键。因为绩效评估不光在于评估员工的工作业绩，借此为加薪、升职提供依据，从而达到激励员工的目的。更重要的是，绩效评估在于改进业绩方面，如果没有及时地反馈，那么关键绩效评估也就流于形式了。

❋ 15.4 常见问题与支援体系

15.4.1 引入KPI的常见问题

在许多公司中，应用KPI进行绩效考核遇到的一个实际性的问题，就是很难确定客观量化的KPI。在具体操作时，对于生产型或销售型的工作，比较容易设定量化的考核指标，也可以较为客观地进行考核。而对于某些职位来说，进行KPI的设计则比较困难。常见的问题如下。

(1) 绩效考核的结果并不是很清晰。通过智力劳动为公司做出贡献的知识型员工，他们做出的很多贡献并不是有形的产品，往往不知道工作的产出是什么，也无从知道工作是否完成得好。随着互联网的广泛运用及信息技术的快速发展，这部分员工的工作方式也与传统的工作方式不同，对其工作过程的监督与控制也变得更加困难。

(2) 在某些情况下，即使知道对工作绩效应该从什么方面进行衡量，也不知道该如何去衡量。不是所有的事情都能轻易地通过数字来衡量，当面临诸如"创造性"等考核因素时，考核者往往无所适从。

(3) 绩效指标的设计不能抓住关键绩效指标。每位员工都可能会承担很多的工作目标与任务，有的重要，有的不重要，如果企业对员工所有的方面都来进行考核，面面俱到，就会抓不住重点与关键，势必造成员工把握不住工作的重点与关键，从而也就无法实现将其工作行为导向战略。绩效考核必须从员工的绩效特征中定性出关键成功因素，然后去发现哪些指标能有效监测这些定性因素，从而确立有效量化的KPI。

(4) 对团队的绩效考核比较困难。团队是由许多个体构成的，对绩效的考核既要针对团队，又要考虑个体，这样就使考核的工作量成倍地增长，而且团队往往都是跨部门的，对其的绩效考核很有可能会与组织绩效考核体系发生冲突。因此，如何建立既支持团队绩效指标，又彼此不发生冲突的个人绩效指标是一件非常困难的事情。

(5) 不注重对KPI体系的审核，导致考核指标及其标准无法与组织目标一致，或是无法落实操作。在设计绩效考核指标时，由于设计者自身的水平有限，或因外部咨询专家对公司实际情况认识不足，都会导致指标体系的设计不合理、不科学和难以操作。在具体操作中，公司往往会忽视对KPI体系指标的审核，并且公司高层也对此缺乏足够的重视。

15.4.2 KPI考核的支援体系

关键绩效考核指标确定以后，这些指标能否运用于绩效考核，进而绩效考核能否产生预期的效果，还取决于企业是否建立了一套完善的支持体系。

第一，以绩效为导向的企业文化的支持。通过企业文化来形成追求优异绩效的价值观，通过企业文化来约束员工的行为，建立绩效导向的组织氛围，同时通过企业文化化解绩效考核过程中的矛盾与冲突。

第二，各级管理者承担起绩效管理的任务。各级管理者应该也必须承担绩效考核的责任，由管理者来分解与制定KPI，而人力资源部在这一过程中则提供专业咨询与服务的功能。

第三，保证绩效沟通的制度化。在KPI的分解与制定过程中，制度化的沟通是重要的一环，因为KPI与其说是自上而下下达的，倒不如说是自下而上承诺的，只有如此才能为KPI的顺利实施提供保障。

第四，设计对绩效考核的激励与约束体系。激励体系主要表现在绩效考核结果与价值分配挂钩，实践表明，两者挂钩的程度越紧，绩效考核的效果越明显。约束体系主要包括员工的绩效考核投诉机制，考核档次的比例控制，上级审核和主管负责的二级考核体制等。只有建立这些激励体系与约束体系并有效发挥作用，以KPI为核心的绩效考核才能真正发挥作用。

第三篇 | 人力资源管理工具

工 具 16

职位分析问卷法——流行的人员导向职务分析系统

❋ 16.1 基本概念

职位分析问卷法(position analysis questionnaire，PAQ)，是1972年由美国普渡大学的麦考密克(E.J.McCormick)等人提出的，是一种结构严密的工作分析问卷，也是目前最普遍和流行的人员导向职务分析系统。设计者的初衷在于开发一种通用的、以统计分析为基础的方法来建立某职位的能力模型，同时运用统计推理进行职位间的比较，以确定相对报酬。目前，国外已将其应用范围拓展到职业生涯规划、培训等领域，以建立企业的职位信息库。

问卷分为六大部分，共计194个问题。其中，187个问题可用来分析完成工作过程中员工的活动特征，称为工作元素；另外7个问题涉及薪酬。对每一工作元素用以下6个标准之一进行衡量：使用程度、对工作的重要程度、工作所需的时间、发生的概率、适用性、其他。对每一个标准主要采用五分刻度描述。对这六大部分的194个工作元素的定量化描述，来决定一个职务在5个方面的性质：沟通、决策、社会责任、熟练工作的绩效、体能活动及相关条件。

❋ 16.2 主要内容

16.2.1 工作元素

所有工作元素可分为工作信息来源与方式、工作中的脑力活动、工作工具及操作、与其他人员关系、工作环境、工作其他特点六个类别，职位分析问卷给出每一个项目的定义和相应的等级代码。将岗位按工作元素分析，按照问卷给出的计分标准，可确定职务在各要素上的得分。

(1) 工作信息来源与方式——怎样得到岗位所需信息。

(2) 工作中的脑力活动——推理、计划、决策等。

(3) 工作工具及操作——体力活动及所使用设备工具。

(4) 与其他人员关系——信息交流、人际关系、管理和相互协调等。

(5) 工作环境——工作条件、环境。

(6) 工作其他特点——工作时间特点、报酬方法、上岗要求、具体职责等。

16.2.2　评分标准

职位分析问卷给出了6个评分标准：信息使用度、耗费时间、适用性、对工作的重要程度、发生的可能性，以及特殊计分。将每个活动领域中6个方面的分析数据相加，每个工作都能获得5个分值，使得工作之间可以量化比较。

16.2.3　基本领域

(1) 是否负有决策/沟通/社会方面的责任。

(2) 是否执行熟练的技能性活动。

(3) 是否伴随有相应的身体活动。

(4) 是否操纵器具/设备。

(5) 是否需要对信息进行加工。

16.2.4　工作元素分类表

职位分析问卷的工作元素分类表，如表16-1所示。

表16-1　职位分析问卷的工作元素分类表

类　别	内　容	例　子	工作元素数
信息输入	员工在工作中从何处得到信息	如何获得文字和视觉信息	35
思考过程	在工作中如何推理、决策、规划，信息如何处理	解决问题的推理难度	14
工作产出	工作需要哪些体力活动，需要哪些工具与仪器设备	使用键盘式仪器、装配线	49
人际关系	工作中与哪些人员有关系	指导他人或与公众、顾客接触	36
工作环境	工作中自然环境与社会环境是什么	是否在高温环境或与内部其他人员冲突的环境下工作	19
其他特征	与工作相关的其他的活动、条件或特征是什么	工作时间安排、报酬方法、职务要求	41

16.2.5　12个总体维度

研究表明，职位分析问卷可以被划分为12个总体维度，如表16-2所示。每一种工作都能够根据这些维度给予评分，一些具有重大特殊意义的数据已经把某些工作维度上的分数与通用能力系列测试中一些辅助测试得分联系在一起。这样，只要知道了某种工作在某一工作维度上的分数，人们就能够为确定完成此种工作所需要的能力类型提供一些指导。很显然，通过这种技术所提供的关于被分析工作的信息是可以在不同的工作之间进行比较的，而不管这些工作是否相似。职位分析问卷的另外一个优点，是它不仅涵盖了工作环境，而且涵盖了投入、产出及工作过程。

表16-2　职位分析问卷的总体维度

(1) 决策、沟通是一般责任

(2) 事务性活动及其相关活动

(3) 技术性活动及其相关活动

(4) 服务性活动及其相关活动

(5) 常规性工作时间表及其他工作时间表

(6) 例行的、重复性的工作活动

(7) 环境知觉性

(8) 一般身体活动

(9) 监督、协调或其他人事活动

(10) 公共关系、顾客关系及其他接触活动

(11) 令人不悦的、伤害性的、高强度要求的环境

(12) 非典型工作时间表

❄ 16.3　工具应用

职位分析问卷的具体使用方法如下。

(1) 计分方法。在应用这种方法时，职位分析人员要依据6个计分标准对每个工作要素进行衡量，给出评分。

(2) 使用职位分析问卷时，用6个评估因素对所需要分析的职务进行一一核查。核查每项因素时，都应对照这一因素细分的各项要求，按照问卷给出的计分标准，确定职务在职务要素上的得分。具体示例，如表16-3所示。

表16-3　职位分析问卷示例

使用程度：NA：不曾使用　1：极少　2：少　3：中等　4：重要　5：不重要

资料投入

工作资料来源(请根据任职者使用的程度，审计下列项目中各种来源的资料)

工作资料的可见来源

_____书面资料(书籍、报告、文章、说明书等)

_____计量性资料(与数据有关的资料，如图表、报表、清单等)

_____图画性资料(如图形、设计图、X光片、地图、描图等)

_____模型机相关器具(如模板、钢板、模型等)

_____可见陈列物(计量表、速度计、钟表、画表工具等)

_____测量器具(尺、天平、温度计、量杯等)

_____机械器具(工具、机械、设备等)

_____使用中的物料(工作中、修理中和使用中的零件、材料和物体等)

_____尚未使用的物料(未经过处理的零件、材料和物体等)

_____大自然特色(风景、田野、地质样品、植物等)

_____人为环境特色(建筑物、水库、公路等，经过观察或检查已成为工作资料的来源)

职位分析问卷将工作按照7个基本领域进行排序并提供了一种量化的分数顺序或顺序轮廓。也就是说，对所有的工作项目，职位分析问卷根据5个基本尺度，就可以得出工作的数量性剖面的分数，职位与职位之间可相互比较和划分工作簇的等级。于是，管理者就可以运用职位分析问卷所给出的结果对工作进行对比，以确定哪一种工作更富有挑战性，然后依据这一信息来确定每一种工作的奖金或工资等级。

工 具 17

海氏工作评价系统——广泛使用的岗位评估工具

❋ 17.1 基本概念

海氏工作评价系统，又称为指导图表—形状构成法(guide chart-profile)，是由美国薪酬设计专家爱德华·海(Edward Hay)于1951年研发的，是目前国际上应用非常广泛的评价方法之一。它有效地解决了不同部门的不同岗位之间相对价值量化的难题。

海氏工作评价系统实质上是一种评分法，是将付酬因素进一步抽象为具有普遍适用性的三大因素，即技能水平、解决问题能力和风险责任，相应设计了3套标尺性评价量表，最后将所得分值加以综合，算出各个工作职位的相对价值。海氏工作评价系统的适用范围：一是管理类工作岗位；二是专业技术类工作岗位。

❋ 17.2 内容分析

17.2.1 评价因素

海氏工作评价系统确定了以下三类主要评价因素：

(1) 知识与技能；

(2) 问题解决能力；

(3) 责任。

每个因素又由2~3个子因素构成，各个子因素又分为不同等级。表17-1为付酬因素的描述，表中各子因素等级的含义依据工作内容特点进行阐释。

表17-1 海氏工作评价系统付酬因素描述

付酬因素	付酬因素释义	子因素	子因素释义
技能水平	要使工作绩效达到可接受的水平所必需的专业知识及相应的实际运作技能	专业理论知识	对该职务要求从事的职业领域的理论、实际方法与专门知识的理解。该子系统分为8个等级，从第一级(基本的)到第八级(权威专门技术的)
		管理诀窍	为达到要求绩效水平而具备的计划、组织、执行、控制、评价的能力与技巧。该子系统分为5个等级，从第一级(起码的)到第五级(全面的)
		人际技能	该职务需要沟通、协调、激励、培训、关系处理等方面主动而活跃的技巧。该子系统分为"基本的""重要的""关键的"3个等级

付酬因素	付酬因素释义	子因素	子因素释义
解决问题的能力	在工作中发现问题，分析诊断问题，权衡与评价对策，做出决策等的能力	思维环境	指定环境对职务行使者的思维的限制程度。该子因素分为8个等级，从几乎一切按既定规则办的第一级(高度常规的)到只做了含混规定的第八级(抽象规定的)
		思维难度	解决问题时对当事者创造性思维的要求。该子因素分为5个等级，从几乎无须动脑只需按老规矩办的第一级(重复性的)，到完全无先例可借鉴的第五级(无先例的)
承担的职务责任	职务行使者的行动对工作最终结果可能造成的影响及承担责任的大小	行动的自由度	职务能在多大程度对其工作进行个人性指导与控制。该子因素包含9个等级，从自由度最小的第一级(有规定的)到自由度最大的第九级(一般性无指引的)
		职务对后果形成的作用	该子因素包括四个等级：第一级是后勤性作用，即只在提供信息或偶然性服务上出力；第二级是咨询性作用，即出主意与提供建议；第三级是分摊性作用，即与本企业内外其他部门和个人合作，共同行动，责任分摊；第四级是主要作用，即由本人承担主要责任
		职务责任的影响范围	指可能造成的经济性正负性后果。该子因素包括4个等级，即微小的、少量的、中级的和大量的，每一级都有相应的金额下限，具体数额要视企业的实际情况而定

17.2.2 指导图表

利用海氏工作评价系统的标准化和用户化特征，通过对其标准指导图表的简化，形成工作指导图。

1. 技能水平

技能水平，指要使工作绩效达到可接受的水平所必需的专门业务知识，以及相应的实际运作技能的总和。它包括如下三方面的内容。

(1) 要求对从事的职业领域的理论、实际方法与专门性知识有所了解。它分为基本的、初等业务的、中等业务的、高等业务的、基本专门技术的、熟练专门技术的、精通专门技术的和权威专门技术的8个等级。

(2) 管理诀窍，是指为达到绩效水平而具备的计划、组织、执行及评价的能力。它分为起码的、相关的、多样的、广博的和全面的5个等级。

(3) 人际技能，是指该职务所需的激励沟通、关系处理等方面的技巧。它分为基本的、重要的和关键的3个等级。

表17-2为海氏工作评价指导图表——技能水平。

表17-2　海氏工作评价指导图表——技能水平

管理诀窍														
起 码 的			相 关 的			多 样 的			广 博 的			全 面 的		
基本的	重要的	关键的	基本的	重要的	关键的	基本的	重要的	关键的	基本的	重要的	关键的	基本的	重要的	关键的
50	57	66	66	76	87	87	100	115	115	132	152	152	175	200
57	66	76	76	87	100	100	115	132	132	152	175	175	200	230
66	76	87	87	100	115	115	132	152	152	175	200	200	230	264
66	76	87	87	100	115	115	132	152	152	175	200	200	230	264
76	87	100	100	115	132	132	152	175	175	200	230	230	264	304
87	100	115	115	132	152	152	175	200	200	230	264	264	304	350
87	100	115	115	132	152	152	175	200	200	230	264	264	304	350
100	115	132	132	152	175	175	200	230	230	264	304	304	350	400
115	132	152	152	175	200	200	230	264	264	304	350	350	400	460
115	132	152	152	175	200	200	230	264	264	304	350	350	400	460
132	152	175	175	200	230	230	264	304	304	350	400	400	460	528
152	175	200	200	230	264	264	304	350	350	400	460	460	528	608
152	175	200	200	230	264	264	304	350	350	400	460	460	528	608
175	200	230	230	264	304	304	350	400	400	460	528	528	608	700
200	230	264	264	304	350	350	400	460	460	528	608	608	700	800
200	230	264	264	304	350	350	400	460	460	528	608	608	700	800
230	230	304	304	350	400	400	460	528	528	608	700	700	800	920
264	304	350	350	400	460	460	528	608	608	700	800	800	920	1056
264	304	350	350	400	460	460	528	608	608	700	800	800	920	1056
304	350	400	400	460	528	528	608	700	700	800	920	920	1056	1216
350	400	460	460	528	608	608	700	800	800	920	1056	1056	1216	1400
350	400	460	460	528	608	608	700	800	800	920	1056	1056	1216	1400
400	400	528	528	608	700	700	800	920	920	1056	1216	1216	1400	1600
400	528	608	608	700	800	800	920	1056	1056	1216	1400	1400	1600	1800

2. 解决问题的能力

解决问题的能力是指考察与发现问题，分清并找出问题的主次轻重。诊断问题产生的原因，针对性地拟定出若干备选对策，在权衡与评价这些对策各自利弊的基础上做出决策，然后据此付诸实施的能力。一般来说，在组织系统中层次越低，要解决的问题越简单、越常规、越有既定的规章制度可依循，对发挥独立创造性思维的要求也越低；级别越高则反之。它包含如下两个维度。

(1) 思维环境，指特定的工作环境对岗位任职者思维的限制程度。

(2) 思维难度，指解决问题时任职者需要进行创造性思维的程度。

表17-3为海氏工作评价指导图表——解决问题的能力。

表17-3　海氏工作评价指导图表——解决问题的能力

		思维难度				
		重复性的	模式化的	中间型的	适应性的	无先例的
思维环境	高度常规性的	10%～12%	14%～16%	19%～22%	25%～29%	33%～38%
	常规性的	12%～14%	16%～19%	22%～25%	29%～33%	38%～43%
	半常规性的	14%～16%	19%～22%	25%～29%	33%～38%	43%～50%
	标准化的	16%～19%	22%～25%	29%～33%	38%～43%	50%～57%
	明确规定的	19%～22%	25%～29%	33%～38%	43%～50%	57%～66%
	广泛规定的	22%～25%	29%～33%	38%～43%	50%～57%	66%～76%
	一般规定的	25%～29%	33%～38%	43%～50%	57%～66%	76%～87%
	抽象规定的	29%～33%	38%～43%	50%～57%	66%～76%	87%～100%

3. 承担的职务责任

职务所承担的责任，指职务占有者的行动对工作最终后果可能造成的影响应承担的责任。它包括如下三方面的内容。

(1) 行动的自由度，指职务能在多大程度上对其工作进行个人性的指导与控制。

(2) 职务对后果形成所起的作用。这种影响作用可分为间接的影响、辅助的影响、分摊的影响和直接的影响。

(3) 职务责任，指可以造成的经济性正、负后果。

表17-4为海氏工作评价指导图表——承担的职务责任。

表17-4　海氏工作评价指导图表——承担的职务责任

职务责任	大小等级	微 小				少 量				中 级				大 量			
	金额范围																
职务对后果形成的作用		间接		直接		间接		直接		间接		直接		间接		直接	
		后勤	辅助	分摊	主要	后勤	辅助	分摊	主要	后勤	辅助	分摊	主要	后勤	辅助	分摊	主要
行动自由度	有规定的	10	14	19	25	14	19	25	33	19	25	33	43	25	33	43	57
		12	16	22	29	16	22	29	38	22	29	38	50	29	38	50	66
		14	19	25	33	19	25	33	43	25	33	43	57	33	43	57	76
	受控制的	16	22	29	38	22	29	38	50	29	38	50	66	38	50	66	87
		19	25	33	43	25	33	43	57	33	43	57	76	43	57	76	100
		22	29	38	50	29	38	50	66	38	50	66	87	50	66	87	115
	标准化	25	33	43	57	33	43	57	76	43	57	76	100	57	76	100	132
		29	38	50	66	38	50	66	87	50	66	87	115	66	87	115	152
		33	43	57	76	43	57	76	100	57	76	100	132	76	100	132	175
	一般性规范的	38	50	66	87	50	66	87	115	66	87	115	152	87	115	152	200
		43	57	76	100	57	76	100	132	76	100	132	175	100	132	175	230
		50	66	87	115	66	87	115	152	87	115	152	200	115	152	200	264
	有指导的	57	76	100	132	76	100	132	175	100	132	175	230	132	175	230	304
		66	87	115	152	87	115	152	200	115	152	200	264	152	200	264	350
		76	100	132	175	100	132	175	230	132	175	230	304	175	230	304	400

(续表)

职务对后果形成的作用		间接		直接		间接		直接		间接		直接		间接		直接	
		后勤	辅助	分摊	主要	后勤	辅助	分摊	主要	后勤	辅助	分摊	主要	后勤	辅助	分摊	主要
行动自由度	方向性指导的	87	115	152	200	115	152	200	264	152	200	264	350	200	264	350	460
		100	132	175	230	132	175	230	304	175	230	304	400	230	304	400	528
		115	152	200	264	152	200	264	350	200	264	350	460	264	350	460	608
	广泛性指导的	132	175	230	304	175	230	304	400	230	304	4700	528	304	400	528	700
		152	200	264	350	200	264	350	460	264	350	460	608	350	460	608	800
		175	230	304	400	230	304	400	528	304	400	528	700	400	528	700	920
	战略性指引的	200	264	350	460	264	350	460	608	350	460	608	800	460	608	800	1056
		230	304	400	528	304	400	528	700	400	528	700	920	528	700	920	1216
		264	350	460	608	350	460	608	800	460	608	800	1056	608	800	1056	1400
	一般性无指引的	304	400	528	700	400	528	700	920	528	700	920	1216	700	920	1216	160
		350	460	608	800	460	608	800	1056	608	800	1056	1400	800	1056	1400	1840
		400	528	700	920	528	700	920	1216	700	920	1216	1600	920	1216	1600	2112

上述三种付酬因素在实际操作过程中，可根据海氏指导图表分别进行量化评分。

17.2.3 理论基础

在运用上述3个海氏工作评价指导图表进行工作岗位价值大小评价时，所使用的理论主要有以下两个方面：技能水平与解决问题能力的乘积，反映一个岗位人力资本存量使用的价值，即该工作岗位员工人力资本存量实际使用后的绩效水平。而风险责任反映的是一个岗位人力资本增量所创造的新的价值，即该岗位员工利用其主观能动性进行创新活动所获得的绩效水平。计算公式一般可表示为：

$$W_i = a[f_i(专业理论知识，管理诀窍，人际技能) \times 解决问题能力] + \beta[f_i(行动自由度，行为后果，风险责任)]$$

式中，W_i 为第 i 种工作岗位的相对价值；f_i(专业理论知识，管理诀窍，人际技能) × 解决问题能力为第 i 种工作岗位人力资本存量使用性价值；f_i(行动自由度，行为后果，风险责任)为第 i 种工作岗位人力资本增量创新性价值；a、β 分别表示第 i 种工作岗位人力资本存量使用性价值和增量创新性价值的权重，$a+\beta=1$。

一般情况下，a、β 的取值大致有三种情况，如图17-1所示。

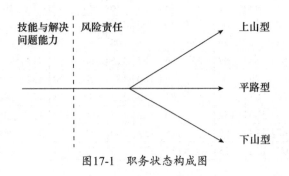

图17-1　职务状态构成图

(1) 平路型。技能水平和解决问题能力在此类岗位中与风险责任并重，$a=\beta$。例如，财务人员、技工等工作岗位。

(2) 下山型。此类岗位的风险责任不及技能水平与解决问题能力重要，$a>\beta$。例如，专业技术岗位、营销人员等工作岗位。

(3) 上山型。此类岗位的风险责任比技能水平与解决问题的能力重要，$a<\beta$。例如，经理、中高层管理人员等工作岗位。

17.2.4　评价体系

海氏评价法的评价体系包括评价因素与指导图表设计、结合工作分析进行岗位分值评价、评价结果检验分析及修正三个部分。本节主要介绍后两部分。

1. 岗位分值评价

岗位分值评价是一项复杂的工作，评价之前要做好两项准备性工作：一是对评价因素和各指导图表做全面详细的了解，充分熟悉三个因素的内涵；二是结合工作分析对各岗位的工作内容、能力要求和绩效标准进行深入了解。

评价过程：引入指导图→工作分析回顾→技能因素分析→问题解决能力因素分析→承担的职务责任因素分析→求总分值。

具体分析时，对每个指导图表，先分析纵向子因素，再分析横向子因素，最后分析内嵌子因素。各指导图中，纵向子因素各等级又有层次划分，一般用"＋""－"号区别，如A+表示大值，A-表示小值，A表示中间值。

2. 评价结果检验

海氏评价方法在工作评价中的应用不只是提供评价结果，更重要的是它提供了进行工作质量控制的方法。

(1) 职位特征概览。技能指导图与问题解决能力指导图之间有极强的联系，工作评价系统的运用应体现出这种特点：技能因素的层次越高，相应的职位就需要相对较强的问题解决能力。如果在评价结果中出现技能分值较低而问题解决能力分值较高的特例，就说明出现了偏差，需要重新进行评价。

(2) 职位权重比较。随着职位的降低，技能分值占总分值的比重越来越大，而承担的职务责任分值和问题解决能力分值所占比重则逐渐降低。这表明问题解决能力和承担责任能力随职位价值的提高而增加，而专业知识和技能因素所占比重却在降低。但是，这并不意味着高层职位的综合素质相对于低层职位来说不重要，只说明高层职位更需要有解决问题和承担责任的能力。问题解决能力分值和承担的职务责任分值占总分值的比重，与职位价值存在正相关的关系。组织内部各职位评价的结果必须反映上述规律，否则说明评价过程出现错误或因素分析不正确，需要修正。

❋ 17.3 工具应用

17.3.1 运用步骤

从应用的角度来看，采用海氏工作评价系统进行岗位测评时，应遵循以下几个步骤。

1. 选择标杆岗位

规模大的企业岗位往往比较多，如果所有的岗位参加测评，一方面会耗费大量的人力、物力，另一方面如果岗位太多，评估者往往会因为被评估的岗位过多而敷衍了事，或者因岗位较多而难以对不同岗位进行区分，这样会使评估工作出现较大的偏差。因此，在进行海氏测评前，应对所有的被测岗位进行归类，并从每类中选出标杆岗位来参加测评。

选择标杆岗位一般以三个标准来衡量：一是够用，因为过多就起不到精简的作用，过少的话，标杆的岗位测评结果就不能代表所有岗位相对价值的变化规律，有些岗位价值就不能得到应有的评价；二是好用，可以先采用岗位分类法或者定性的排序法，对不同岗位进行横向比较，从中选出岗位价值较难比较的岗位作为标杆岗位；三是适用，标杆岗位一定要能够代表所有的岗位。

2. 准备标杆岗位的岗位说明书

岗位说明书是岗位测评的基础。科学的、完善的岗位说明书能大大提高岗位测评的有效性。没有详细的岗位说明书作为基础，测评者就只能凭主观印象对岗位进行打分，测评者的主观性就会增大。

最好的方式是让所有的测评者都参与标杆岗位的工作分析或者工作分析的讨论。通过这种方式，测评者能对岗位价值做出更为客观的判断。当然，这种方式耗费的人力、物力较多，耗费的时间也会较长。

3. 成立岗位测评小组

岗位测评小组成员的素质及总体构成情况将直接影响岗位测评工作的质量。因此，岗位测评小组成员的选择非常关键。岗位测评小组成员必须符合如下要求。

(1) 客观公正的品格。企业中大多数同事认为测评人员为人正直，能一贯公正客观地处理问题。在测评时能尽可能摆脱部门利益、小团体利益和个人利益。

(2) 熟悉岗位测评的方法、流程与技巧。在岗位测评工作开始前，要对测评小组的所有成员进行培训。不参加岗位测评培训，就不能入选岗位测评小组。

(3) 在公司工作的时间较长，对公司的整个情况(特别是岗位情况)有较为全面的了解。

(4) 在群众中有一定的威信和影响力，这样才能使岗位测评结果更具权威性。

在岗位测评小组成员的构成上，不能全部由中、高层管理者组成，必须适当考虑基层员工。

4. 对岗位测评小组成员进行培训

海氏职位评估系统是一门比较复杂的测评技术，涉及很多测评技巧。在测评前，测评者一定要经过系统的培训，对海氏职位评估系统的设计原理、逻辑关系、评分过程、评分方法非常熟悉才能从事测评工作。经过培训之后，选出若干个标杆岗位进行对比打分，培训人员要详细阐述打分的过程，同时选择一名测评者进行演示，直到所有的测评者完全清楚后为止。

5. 对标杆岗位进行非正式测评

在正式测评前，可先选择部分标杆岗位进行测试，对测试结果统计分析，测试结果满意后再进行正式测评工作。如果一开始就正式展开测评工作，而测评结果因为测评者没有完全掌握测评技巧而不理想时，再进行第二轮测评时会遭到多数测评成员的质疑或反对。

6. 对标杆岗位进行正式测评打分并建立岗位等级

正式测评结束后，统计计算岗位的得分也很有技巧性。统计计算出各标杆岗位的平均分后，可算出每位评分者的评分与平均分的离差，剔除离差较大的分数。因为有些测评者为本部门的利益或对有些岗位不熟悉而导致评分有较大偏差。在统计计算最后得分时务必要通过一些技术处理手段将这种偏差降到最低限度。

各标杆岗位最后得分出来后，先按分数从高到低将标杆岗位排序，并按一定的分数差距(级差可根据划分等级的需要而定)对标杆岗位分级。然后将非标杆岗位价值与标杆岗位价值对比分析后，套入相应的岗位等级。

17.3.2 存在问题

海氏工作评价系统经过几十年的不断修改和完善，虽已成为一项较成熟的岗位测评技术，但在应用过程中也受到很多条件的制约。在没有具备这些条件的情况下运用海氏工作评价系统，就无法保证测评结果的客观性。归纳起来，在应用海氏工作评价系统的过程中主要存在以下方面的问题。

1. 岗位说明书信息不详细造成测评结果不准确

岗位说明书是运用海氏工作评价系统进行岗位测评的基础。岗位测评小组成员的测评主要依据是各个标杆岗位的岗位说明书中所描述的岗位工作职责、工作权限、工作联系、工作强度、工作环境、任职资格要求等各项内容。但是，在企业的实际应用过程中，标杆岗位的岗位说明书或是描述比较简单，或是没有涵盖所需要的工作内容信息，直接影响测评人员对被测岗位的三种付酬要素水平的全面把握。

2. 测评小组成员因不熟悉系统造成测评结果偏差

海氏工作评价系统也被称为专家测评法，对岗位测评小组成员的要求较高。测评小组人员不但要非常熟悉所有的标杆岗位，还要能很好地掌握该种方法。但在实际应用中，有些测评小组成员对一些标杆岗位并不是很熟悉，没有真正体会该岗位的实际价值，对测评结果也有较大影响。另外，测评人员对海氏工作评价系统的掌握程度将直接影响测评结果。如果测评小组成员没有真正掌握海氏工作评价系统，测评将会只凭个人的主观感觉想当然地给出各个岗位的分数，无法真正体现岗位的实际价值，测评结果也就毫无意义。

3. 测评小组成员的主观原因影响测评结果

测评小组成员对标杆岗位进行测评的过程中，在部门和个人利益的驱动下，个别测评小组成员的打分可能会违背客观事实。岗位测评原则上说是不针对部门和个人，只针对岗位。但实际上只要涉及其所在部门的岗位或有自己较亲近的人所从事的岗位，个别测评小组成员就会有意对这些岗位打出较高的分数。

4. 边缘分数岗位的等级界定影响结果的公平性

岗位测评小组对所有标杆岗位进行打分，然后对所有数据进行统计和分析，剔除一些异常数据，然后统计计算出各个标杆岗位的最后得分，该结果就是各个岗位相对价值的体现。之后，根据企业的薪酬政策，对标杆岗位的得分按一定的标准划分等级。在实践中一般采用等差法或等比法。无论按照哪种标准进行划分，都存在一些很接近等级划分边界的数据，这些岗位到底是划入高一级，还是低一级，这也直接影响测评的最终结果。

5. 评价系统抽象导致运用困难

海氏工作评价系统经过多年的实践证明是一种比较好的测评工具，有较强的理论基础。它的原理是把工作理解为一个输入和输出的转换过程。如图17-2所示。

输入——— 转换 ———输出

图17-2　海氏工作评价系统原理图

三大付酬要素中，智力水平代表输入；解决问题能力代表转换过程；最终的输出结果表现为岗位的责任大小。由此可以看出，该测评法比较抽象，较难理解，也不易掌握。因此，在运用过程中要花较长的时间对测评小组成员进行培训。

17.3.3　问题的解决策略

为了保证测评结果能真正反映岗位实际价值，确保最终的薪酬分配方案公平、公正，针对以上问题必须采取相应的解决策略。

针对岗位的说明书不详尽，没有全面体现出海氏工作评价系统所要求的信息的问题。一方面可能是由于岗位说明书的编写者没有真正意识到说明书的重要性，贪图方便，简单应付；另一方面是岗位说明书的编写者没有很好地把握编写岗位说明书的目的，没有针对性地为岗位测评提供所需的信息。要解决这方面的问题，可以从两方面入手：一是要让岗位说明书的编写者深刻理解该岗位说明书的重要性；二是要体会到岗位测评会涉及岗位任职者的切身利益。只有这样，编写者在编写的过程中才会认真对待该项工作，详细编写；必要时，还可请专业人员指导。

从理论上讲，测评时岗位测评小组成员必须对所有标杆岗位要非常熟悉，但是在实际应用过程中，并不是所有测评小组人员对所有的标杆岗位都非常了解，特别是对岗位隐性价值因素的理解。所以，在成立岗位测评小组时要选择相对熟悉所有标杆岗位的人员。有条件的话，最好是所有岗位测评小组的人员都参与工作分析的全部过程，经过亲自参与工作分析，能较深刻地理解各岗位的实际情况。倘若岗位测评小组人员无法参与工作分析的过程，岗位测评之前要对各个标杆岗位的岗位说明书进行详细了解，才能避免由于对标杆岗位的不熟悉造成的影响。

针对人为因素对测评造成的影响，可从以下方面入手解决：一是要严格按测评流程中提到的对测评人员的要求来甄选测评人员；二是适当增加岗位测评小组成员人数，从一定程度上可以降低误差；三是对测评数据进行处理，标杆岗位的测评结果是否公正、合理，结果出来后要进行检验。一种比较简单明了的方法是对各个标杆岗位的测评结果画出散点图，从散点图的趋势可以明显看出结果是否合理。

测评结果出来后对测评结果的等级划分也是非常重要的。在实际测评过程中，对分界处的测评数据没有非常好的解决办法，更多的是仔细研究岗位说明书或根据经验考察岗位的实际情况，同高层领导进行讨论后确定这些岗位应处的级别。

针对海氏职位评估系统比较抽象，不易掌握的特点，可对岗位测评小组的所有成员进行系统的培训。要选择具有丰富实践经验的专业咨询师或培训师，因为只有多次的实践才能深刻体会到测评过程中的一些细节问题，同时还需要一定的培训技巧。尽量采用一些通俗易懂的语言来解释和说明。培训之后要选出一两个岗位进行试打分，以统一打分标准，然后才进行正式打分。在正式打分阶段，最好是先测评一部分岗位，然后对测评结果进行分析看是否合理。检验后才能展开正式测评，以避免所有岗位打分后才发现问题。

工 具 18

宽带薪酬设计——新型薪酬管理系统及操作流程

❄ **18.1 基本概念**

18.1.1 基本含义

宽带薪酬，也称宽波段型薪酬结构体系，是指将组织内多个薪酬级别及其较窄的薪酬浮动范围重新加以组合，以形成薪酬等级较少，但每一薪酬级别的浮动范围较宽的新型薪酬体系。每个薪酬等级的最高值与最低值的区间变动比率要达到100%。处在同一个薪酬等级中不同员工的薪酬水平可能相差很多，上下调整的范围加大，增加了薪酬调配的灵活度。

典型的宽带薪酬可能只有不超过4个等级的薪酬级别。每个等级的最高值与最低值之间的区间变动比率则可能达到200%~300%，而传统的薪酬结构通常超过20个等级，每个等级的区间变动比率往往只有40%~50%。

宽带薪酬的最大特点是减少薪酬级别，扩大浮动范围。在这种薪酬制度中，员工不是沿着唯一的职级层次垂直攀升。相反，员工在职业生涯的大部分时间里只处于一个宽带薪酬之中，他们在企业中的流动是横向的。企业员工只要在原有的职级上不断改善自己的绩效，就能获得更高的薪酬，这样即使是在较低层次的岗位上工作，同样有机会获得较高的报酬。因此，宽带薪酬更注重的是绩效，宽带拉大，员工的薪酬更加灵活。

18.1.2 工具来源

宽带这种概念来源于广播术语，而宽带型薪酬则始于20世纪80年代末到90年代初。1990年美国经济进入衰退期后，宽带型薪酬结构作为一种与企业组织扁平化、流程再造、团队导向、能力导向等新的管理战略相配合的新型薪酬结构设计方式应运而生。宽带薪酬最大的特点是压缩级别，将原来的十几甚至二三十个级别压缩成几个级别，并将每个级别对应的薪酬范围拉大，从而形成一个新的薪酬管理系统及操作流程，以便适应当时新的竞争环境和业务发展需要。

18.1.3 基本理念

宽带薪酬体系中，决定员工在企业中的角色不是职位，而是员工创造的绩效和所拥有的技能。假设一名员工绩效突出，他可以得到相当于更高一个级别的薪酬，从而可以绕过职位等级，通过薪酬来证明自己在企业中的价值。比如，一位技术非常熟练的技术工人对企业的贡献并不亚于一位车间主任；一位顶级销售员可能比一位销售部长对企业的作用更重要等。因此，宽带薪酬理念不认为员工只有在企业内的行政级别越高，其薪酬水平才越高。在宽带体系下，员工的薪酬水平更多地取决于其在工作中的表现、承担的责任和技能水平。

18.2　分析应用

18.2.1　基本要素

在宽带薪酬设计中，首先考虑的最基本要素是市场竞争性与内部公平性。市场竞争性是指设计薪酬管理时一定要考虑行业市场、总体劳动力市场和国家经济发展状况。通常的方法是参加市场薪酬调查，并了解本企业在市场上的薪酬支付水平状况。内部公平性是指设计薪酬管理时一定要考虑公司内部级别系统是否合理和公平。通常的方法是通过进行岗位分析和岗位评价，设计合理可行的级别体系。

现在比较流行的岗位评估方法有三因素法和四因素法，通过岗位评估，计算出各岗位的点数，通过点数比较各岗位之间的大小。根据岗位评估结果形成的自然级别作为设计企业级别的基础，企业级别的形成有可能是自然级合并的结果，多级自然级合并就形成宽带薪酬级别。不同的薪酬管理方法在评估后形成自然级别的方法也不完全相同。到底哪些级别和哪些级别合并这也和企业的实际情况有关系，由企业的类型、岗位特点、岗位分布状况和数量等因素决定。

18.2.2　实施条件

创造实施宽带薪酬制度的条件，包含如下几方面。

1. 积极参与型的管理风格

各部门的经理在人力资源管理方面必须有足够的成熟度，能与人力资源部门一起做出各种关键性的决策。宽带薪酬制度的一个重要特点就是部门经理将有更大的空间参与下属员工的有关薪酬决策。如果没有一个成熟的管理队伍，在实行宽带薪酬制度的过程中就会困难重重。例如，部门经理不能对员工进行客观评价，破坏了内部平衡；部门经理不重视员工的发展等。另外，如果各部门都以自我为中心，不认同宽带薪酬制度，人力资源部就很难发挥其顾问角色的作用，而是为了内部的平衡更多地实施强制性的策略，导致宽带薪酬制度很难发挥其应有的作用。

2. 以工作表现为重要的报酬决定因素

一个企业若不重视员工的工作表现，必定会导致"大锅饭"现象，在此氛围下，员工表现的优劣并不能被公平地区别对待。在不以工作表现为重要的报酬决定因素的企业，传统型的薪酬结构将因其简便易行而在某种程度上更为决策人所欢迎。

在宽带薪酬体系下，员工薪酬在其所处宽带范围之内随其工作绩效值的大小而不断浮动变化，这就使对工作绩效的考评体系备受员工的关注，一个公平、透明的绩效考评程序是实行宽带薪酬所必不可少的。分配公平，是薪酬设计的一大原则，又可分为程序公平和结果公平。心理测验和大量实例表明，程序公平比结果公平更能激发员工的积极性和创造性，更能使他们感觉到公平感和满足感。基于上述理论，宽带薪酬这种注重绩效的浮动式薪酬结构更应强调程序的公平。而且这种程序还必须被透明化，让员工知道每一个评分细则，这不仅有助于完善公司监督体系，提高员工积极性，还有助于员工通过评分标准来了解企业的愿望，从而随时调整个人预期，使之与企业的整体价值取向保持一致。这样，员工个人发展与企业整体发展自然地联系在一起，从而最终实现员工和企业的双赢。

3. 注重沟通

引入宽带薪酬制度需要让管理层和员工做及时全面的沟通，让全体员工能清晰地理解企业的报酬决定因素以及企业发展的策略，激励员工重视个人与企业发展的一致性，并让员工看到自己将来在企业的前途。

4. 建立一支高素质的薪酬管理团队

推行宽带薪酬制度需要人力资源部薪酬管理人员与各部门进行更加密切的合作，他们在与部门经理一起给新职位定级、了解市场信息及协助制订薪酬计划方面，必须以提供优质服务的态度和以专业顾问的角色去为部门服务。因此，引入宽带薪酬制度需要企业从整体策略上以及企业文化、管理队伍的素质、人力资源的专业化等方面加以考虑和配套。

18.2.3　基础工作

宽带薪酬管理模式对企业的管理基础要求较高，尤其在人力资源管理方面。因此，宽带薪酬设计应做好以下几方面的基础工作。

1. 做好市场薪酬调查

宽带薪酬要求企业既要关注企业内部的薪酬状况，更要跟踪企业外部的市场薪酬水平，达到外部公平性的目的。为此，企业应该积极做好薪酬调查工作，调查内容主要包括：本行业的薪酬水平、本地区的薪酬水平、工资结构、发放时间、发放形式与范围，以及其他非货币性报酬等。

2. 编制岗位职责说明书

岗位职责就是指岗位的职务和责任，即在该岗位上应该做的工作和应该负的责任，责任的大小决定岗位级别的高低。企业应该根据本企业的发展战略，确定人力资源管理模式，从而确定工作岗位并对岗位职责进行描述，即编制岗位职责说明书，以之作为评价员工绩效的依据。

3. 制定科学的绩效评价体系

宽带薪酬实质就是绩效薪酬，绩效水平决定员工的薪酬水平。员工绩效的优劣需要一系列指标来衡量，包括质量化指标和数量化指标，比如工作态度、教育背景、技术水平、创新能力等。如果绩效评价不当，可能会打击优秀员工的积极性，从而违背薪酬设计公平、激励的原则。因此，宽带薪酬的实施必须有与之相配套的绩效评价体系作为基础。

18.2.4　实施步骤

1. 确定企业战略

根据企业的战略和价值观，确定企业的人力资源战略。首先，企业通过建立人力资源战略将企业战略、核心竞争优势和价值观转化为可以测量的行动计划和指标，并借助于激励性的薪酬体系强化员工的绩效行为，增强企业的战略实施能力，有力地促进企业战略目标的实现。然后，根据企业的人力资源战略、外部的法律环境及行业竞争态势来确定企业的薪酬战略与原则，确定企业的薪酬方案设计、薪酬的发放和沟通、薪酬与绩效的配合等。

2. 根据企业战略制定薪酬制度

根据企业的人力资源战略、外部的法律环境、行业竞争态势及企业的发展特点，制定适合企业的薪酬制度。如果薪酬战略的一个基本前提是把薪酬体系和企业的经营战略联系起来，那么不同的经营战略就会具体化为不同的薪酬战略及方案。表18-1列举了几种根据不同的企业经营战略设计的薪酬制度。

表18-1　不同的薪酬战略及制度比较

经营战略	薪酬制度
创新者 提高产品的复杂性 缩短产品生命周期	• 奖励对产品创新和生产过程的改革 • 薪酬以市场为基础 • 灵活的工作描述
成本控制者 注重效率	• 重视竞争对手的劳动成本 • 提高可变工资 • 重视生产力 • 重视系统控制和工作分工
关注顾客 提高顾客期望	• 以顾客满意为基础的激励工作 • 以与顾客的交往为依据评价工作和技能

在进行薪酬体系设计时，从薪酬策略的选择、薪酬计划的制订、薪酬方案的设计、薪酬的发放及沟通，均应体现对企业战略、核心竞争优势和价值导向对人力资源尤其是对激励机制的要求，否则企业的战略目标和价值观将得不到贯彻。对于符合企业战略和价值取向的行为，以及有助于提高企业核心竞争优势的行动在薪酬上予以倾斜，以强化员工的绩效行为。

企业的薪酬体系一方面体现了企业战略和价值观对人力资源，尤其是激励机制的要求；但另一方面又不能脱离企业所在行业的特点和企业的生命周期。

企业所在行业的特点主要体现为企业所在行业的技术特点和竞争态势。技术是用来使组织的投入转变为组织产出的工具、技能和行动。组织的水平技术有制造和服务两种形态，而它们对企业的薪酬体系的要求是不同的。企业竞争对手所提供的薪酬情况在很大程度上影响了企业所选择的薪酬模式和结构。

企业就像生命体一样，也要经历从出生、成长、成熟直至死亡等不同阶段。处于不同生命周期的企业具有不同的特点，因此需要不同的薪酬体系来适应其战略条件，如表18-2所示。

表18-2　不同的薪酬体系及其战略条件

发展阶段	特　点	薪酬模式
发展初期	完全倚重个人能力开展业务，希望借此迅速扩大规模	低保障、高激励阶段
公司发展到一定规模	逐渐产生品牌拉力，此时不仅看眼前销量，同时注重基础工作质量，以保障持续稳定发展	保障与激励并重阶段
规模大、稳定发展的成熟企业	品牌拉力大，专业化分工更细，更强调团队内的协作	高保障、低激励的成熟阶段

3. 确定核心的利益相关者

在工资总额一定的情况下，薪酬体系的变革意味着全体员工的利益的重新分配。因此，在建立基于宽带思想的薪酬体系时有必要分析和了解公司核心的利益相关者，且他们对何谓有效的工作绩效，以及实现这种绩效必须具备什么样的能力素质都持有重要的见解。

(1) 公司的高级主管。公司的高级主管普遍面临着持续不断地增进销售量、利润和股东收益的压力。对于什么是公司需要的工作业绩，他们的工作通常是最富有远瞻性和全局性的。因此，鉴别他们在工作中所表现出的能力和绩效必须从组织整体层面来看。

(2) 管理者、监督者和核心员工。这些人负责组织中各项活动和流程的具体运作，他们要确保公司能不断开发出新的产品和服务，保证组织高效率运转。企业要求他们不断地审视成本支出和投资的情况，以确保资产盈利率最大化。因此，他们还必须对资本、技术和人力之间配置的优化提出意见。因此，他们对本部门中什么是卓越的绩效水平，以及达到这种水平所需的技能了如指掌。

(3) 一般员工。一般员工必须完成组织分配的特定任务，实现特定的目标。作为一线人员，他们了解履行自己的职责所需的技能和技能水平；了解生产活动的不同组织方式；了解绩效的差别——这些都是建立宽带思想的薪酬体系所需的关键信息。

4. 选择适合的职务和层级

根据企业的组织结构特点及工作性质，选择适合运用宽带薪酬模式的职务或层级。等级制的薪酬模式适合传统的"塔式"组织结构，现在企业的组织机构逐渐趋于扁平，强调团队协作而不是个人贡献，而宽带薪酬这种薪酬模式就适合于扁平化的组织结构。此外，企业还可根据工作性质的不同选择适合运用宽带技术的职务或层级系列。例如，工作性质需要较强的协作和团队精神，比工作较独立、环境较轻松的工作更适合采用宽带薪酬模式。

5. 完善企业的薪酬体系

首先，企业可以根据自身的特点、行业的特点、员工的特点和岗位分布的特点来确定薪酬带的数量，在这些薪酬带之间通常有一个分界点。

其次，根据不同工作性质的不同特点及不同层级员工需求的多样性，建立设定不同的薪酬结构组合，有效激励不同层次员工的积极性和主动性。

最后，确定企业分为多少个工作带，根据岗位评估形成的排序作为薪酬体系带宽的基础，并对每个宽带的目标、能力和培训提出明确的要求。

6. 确定薪酬浮动范围

根据薪酬调查得到的客观数据和内部岗位评估结果来确定每一个"带宽"的浮动范围，设定最低和最高薪酬待遇。在每一个工资带中，应根据市场薪酬水平和岗位评估来确定不同的工作绩效对应的薪酬。

7. 宽带内横向职位轮换

同一薪酬带的部门之间存在着薪酬差异，员工无须提升职位，而通过职位转换就能提高薪酬。在同一薪酬带中鼓励不同职能部门的员工跨部门流动，这样有利于增强员工对组织的适应性，提高员工多角度思考问题的能力，进而提高员工的综合素质。

8. 做好任职资格及工资评级工作

在宽带薪酬结构下，由于经理人在决定员工工资时有更大的自由，薪酬的成本有可能大幅度上升。企业的人力资源管理人员应根据企业的实际情况，有效地控制人力成本。所以，在建立宽带薪酬管理模式的同时还必须构建相应的任职资格体系，明确工资评级标准及办法，既鼓励员工获取高薪，又通过制定惩罚性措施限制平庸员工薪酬的上涨，建立和完善绩效考核制度，对工作业绩较差的员工进行薪酬扣减，从整体上控制薪酬的无限制上涨，营造一个以绩效和能力为导向的企业文化氛围，如图18-1所示。

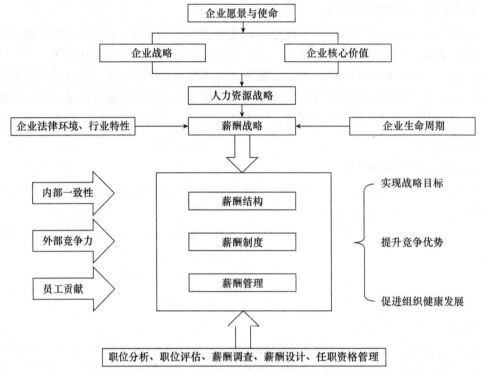

图18-1　基于宽带的薪酬体系设计模型

18.2.5　注意问题

1. 宽带薪酬并不适用于所有企业

应用宽带薪酬的企业应该具备一些基本的条件：首先，技术、创新、管理等智力因素对于企业的发展具有优势支撑作用，员工的创造性、主动性与企业绩效正相关，比如电信、IT行业等，这类企业适合运用宽带薪酬；而劳动密集型企业不宜引用这套管理模式。宽带薪酬拆掉了晋升的"独木桥"，使员工专心于企业所需的各种技能，又能充分地调动员工的积极性，发挥其创造性。其次，人力资源管理体系健全，用工制度和薪酬制度市场化程度较高；一些企业人员进出不自由，人力资源市场化没有真正实现，如果推行宽带薪酬，会带来很多问题。再次，企业管理基础工作比较扎实，具备推行宽带薪酬的技术条件。最后，宽带薪酬适用于扁平化组织，如果组织本身的特点是专业性很强的，层级很复杂，不太需要进行横向的交流，那么这种组织就不太适合采用宽带薪酬。

2. 创建学习型组织

建立员工的技能进步指标，努力营造一种知识共享的氛围。在扁平化的组织内部，组织层级的减少，要求员工能够掌握多领域的技能，目的是实现组织之间的横向交流与协作。组织应首先将员工技能进步的指标进行量化，客观评价员工所掌握的技能，员工也可以根据该指标来进行自己的个人职业规划。另外，组织也要建立轮岗机制，促使员工掌握多种技能。员工所能掌握技能的多少主要取决于组织能够提供多少学习和实践的机会。组织一方面可以制定出具体的轮岗要求和相应的轮岗安排；另一方面要注意创建学习型组织，使员工主动参加学习和培训，提高自己的知识水平，掌握多种工作技能。这样，实际上就减轻了组织进行轮岗安排的压力，两方面的结合可以使组织持续具备多技能的员工。

3. 人力资源成本上升

宽带薪酬中每一个薪酬带中所覆盖的部门职位较多，因此人力资源管理的工作量相对加大，确定基准的工作就相当困难。人力资源管理部门必须加大对市场薪酬的调查力度，才能获取有价值的资料，但这样会导致人力资源成本的增加。

4. 分阶段引进宽带薪酬

实施宽带薪酬的工作重组涉及大量的人员的重新调配，组织中某些部门如果需要招聘数量相当的新进人员才能保持现有生产力状况，最合适的方法是先让这些部门人员"按兵不动"，避免因人力资源市场中相关人员短期内"资源紧张"，使企业"补进"困难而影响企业正常经营。

员工组建成多功能的团队，其工作带的范围更广，薪酬结构也更复杂，一个工资带可能要涉及完成某项任务的团队组织中工作相关联的或不相关联的所有参与人员。因此，只有充分掌握工作人员实际能力的资料，才能确定其薪酬级别或者对其进行升级鉴定，这都需要一定的时间。可见，宽带薪酬的实施不是一蹴而就的。

5. 对员工绩效进行客观公正的评价

薪酬级别减少，变动幅度增大，大大提高了薪酬的灵活性。只有当绩效标准客观、准确，绩效考核客观公正时，这种灵活性才能得到员工的接受，如果对员工能力评估的体制方面存在缺陷，将会使员工薪酬公平性大打折扣，影响到员工积极性的发挥。所以说，绩效考核也是宽带薪酬设计的关键，只有建立公平合理的绩效考核体系，使员工的绩效与薪酬挂钩，才能真正对员工起到激励作用。

18.2.6　评估决策

宽带薪酬管理的必要性和可行性评估表，如表18-3所示。

表18-3　宽带薪酬管理必要性和可行性评估表

宽带薪酬管理必要性评估		
评 估 因 素	现 状 评 价	评 估 结 果
员工能力，绩效的提升是否在薪酬上有合理、及时的反应		
企业是否因为薪酬水平的问题出现因人设岗，机构冗余的现象		
企业是否因经营需要经常要求内部员工跨职能轮岗		

宽带薪酬管理可行性评估		
评估因素	现状评价	评估结果
企业内部由于职位层级差别造成的薪酬差异是否不够合理		
企业面临的市场竞争环境是否多变，是否需要富有弹性的薪酬政策		
企业的管理现状是否能够建立有效绩效考核机制		
企业文化基础是否能够承受宽带薪酬带来的对科层制度的冲击		
企业是否做好了足够的准备以应对薪酬总额未来可能的上涨		
企业员工对于职位本身晋升的期望值和影响范围		
评估结果汇总与结论建议		

工具 19

关键事件技术——识别工作绩效关键性因素的方法

❋ 19.1 基本概念

关键事件技术(critical incident technique，CIT)，是通过收集故事或关键事件，并根据内容分析法进行分类的一种工具。这种方法最初用来确定有效的工作业绩，目前已在许多领域得到广泛应用，尤其是在人力资源管理和心理学研究领域。CIT是通用汽车最早使用的方法，是工作分析的一种补充方法，不能独立使用，需要结合访谈法和问卷调查法，否则关键事件会失之偏颇。

关键事件技术是由约翰·弗拉纳根(John Flanagan)与其匹兹堡大学的学生于1954年在对空军研究的基础上提出的。弗拉纳根认为，关键是指"对整个活动目的而言，发挥了重大作用，不论是消极或积极"，事件是"任何可见的人类活动，自身能够充分完成并允许行为人做出推断和预测"。显然，关键事件技术关注的是曾经导致任何成功或失败的事件，其理论基础是每种工作中都有一些关键事件，业绩好的员工在这些事件上表现出色，而业绩差的员工则正好相反。关键事件技术是一种识别人力绩效关键性因素的手段，它通过从熟悉某项工作的人那里收集一些关键性的事件，来形成绩效评估的内容条目。这些事件通常以描绘成功和不成功的工作行为的故事、轶事的形式被收集起来，再被浓缩成一个单一的能抓住故事本质的行为陈述。

❋ 19.2 分析应用

19.2.1 操作步骤

关键事件技术集中于描述工作行为，既保证了可观察性和可测量性，又使岗位分析结果同时包含工作的静态维度和动态特征。其操作步骤如下：

(1) 要求对某工作十分熟悉的人向岗位分析人员描述近6～12个月中最能代表有效和无效工作行为的关键工作事件。

(2) 让任职者写下5个在该工作中他们最擅长的事件或描述一个在该工作中表现最出色的人的工作行为。

(3) 让任职者描述这些事件或行为的起因、后果，以及是否在他的控制之下等信息。

(4) 在发生次数多少、重要性和操作需要的能力范围三方面评定每一个关键事件。

(5) 按性质划分关键事件，先由3～4名任职者任意归类，再由岗位分析员综合、命名并定义。

(6) 让另外3名任职者对岗位分析员的归类进行检核，如定义是否简明，事件归类是否清晰、准确。

(7) 创建关键事件类目与频率表。

关键事件技术在收集有关工作关键事件并进行描述和归类时非常耗时，并且难以体现平均绩效的工作行为，因此比较适合于进行胜任特征的分析和诊断。

19.2.2　信息收集

1. 问卷开发

关键事件的收集需要借助开放式的、半结构化的问卷。在问卷的开发上需要注意以下几个关键问题：①问卷在用于实际收集数据之前，要经过焦点小组访谈、预调查等程序，一方面让研究者了解问卷填答者是否准确理解所要填答的问题，另一方面也使研究者了解问卷中所设计的问题是否围绕着研究所关注的关键事件，这些步骤对问卷的修正及关键事件的有效收集是必不可少的。②通常问卷中的第一个问题是要填写问卷的人回想最近一次(通常指6个月之内)引发某种行为、心理等的关键事件。这一问题的设计主要为达成以下目的：一是允许填答者自己选择相关事件；二是让填答者回想最近一次相关事件可以防止其只描述富有戏剧性或印象深刻的事件；三是最近的事件能够被很好地记忆；四是能够让填答者整理思绪并清晰地回忆相关事件；五是问卷的主体部分的一系列探求性问题，要求问卷填答者尽可能以描述性语言客观地、详细地讲述整个事件的过程，不需要加以主观的分析和评论。

2. 数据收集

关键事件技术可以通过访谈或问卷的方式收集信息。访谈方式与问卷方式相比，能够获取更加丰满和详细的信息，但在时间、精力等方面的成本比较高。而且访谈方式的有效性取决于访谈员的水平和能力，缺乏经验的访谈员可能会对访谈对象的回答产生影响和偏差，从而影响信息的可靠性和真实性。所以，利用访谈方式进行数据收集需要对访谈人员进行相应的训练以克服上述问题。最好的方式是被访人员在访问人员面前，当面将一些关键事件记录在一张标准化的表格上。这样做的好处是可以保留单独访问的一些优势：私人接触、解释、随时可以解答问题等，也可以避免多人访谈的劣势，如访问人员之间的偏见、记录和聆听时的选择性，以及记录编辑时的偏差等。当然，具体选择何种数据收集方式，需要在保证信息可靠、客观与翔实的基础上，进行时间、成本、人员等方面的权衡。

19.2.3　应用要求

关键事件技术对关键事件的选取有以下四方面的要求：

(1) 关键事件必须包括问题情景、工作目标、实际行为和工作结果四个关键要素。

(2) 关键事件必须是绩效关联事件，能区分有效绩效和无效绩效。

(3) 关键事件包含一个或若干个工作胜任力单元，能激活、诱发胜任力。

(4) 关键事件是工作和组织情景中的复杂性、两难性或多难性事件，既可是结构化事件，也可是非结构化事件。

19.2.4　应用程序

(1) 从主管、员工或其他熟悉职位的人那里收集一系列职位行为的事件。

(2) 描述"特别好"或"特别坏"的职位绩效。

(3) 在大量收集关键事件的基础上，对数据资料分类，归纳总结出该职位的主要特征和具体要求。

19.2.5　应用范围

关键事件技术主要应用在绩效评估程序上，在这方面积累大量的关于从事特定工作的人员工作成败的关键性事件资料，可以作为了解与工作成效有关的人员品质和特性的基础。

关键事件技术实例(关于打字员工作的准确、整洁的能力)，如表19-1所示。

表19-1　关键事件技术实例

职务：打字员
维度：工作准确、整洁的能力
关键事件： 1. 查出信件、报告中显得不正确的地方，检查出来并改正 2. 书写每一侧都是对齐的稿件，看起来如印刷版 3. 检查并纠正在给顾客邮寄的资料中的错误地址 4. 当怀疑有不适的做法时，不使用秘书手册 5. 按常规将图表、信件错误地归档 6. 由于粗心颠倒次序打出大小、位置及其他数据等关键信息 7. 某个字可能有误时，因为嫌麻烦经常不去查字典 8. 产生打字错误和弯曲的边，以至于必须重新打字50～100页

19.2.6　注意事项

(1) 调查的期限不宜过短。

(2) 关键事件的数量应足够说明问题，事件条目不能太少。

(3) 正反两方面的事件要兼顾，不得偏颇一方。

工 具 20

360度绩效考核——推进员工行为改变的有效工具

❋ 20.1 基本概念

360度绩效考核，又称"360度绩效反馈""多源绩效考核""全方位评估"。360度绩效考核法是指从与被考核者发生工作关系的多方主体那里获得被考核者的信息，以此对被考核者进行全方位、多维度的绩效评估的过程，如图20-1所示。这些信息的来源包括来自上级监督者的自上而下的反馈(上级)，来自下属的自下而上的反馈(下属)，来自平级同事的反馈(同事)，来自企业内部的支持部门和供应部门的反馈(支持者)，来自公司内部和外部的客户的反馈(服务对象)，以及来自本人的反馈。

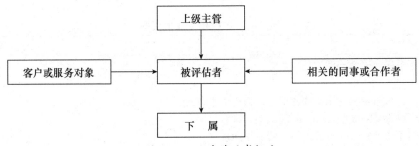

图20-1　360度绩效考核法

这种绩效考核过程与传统的绩效考核和评价方法最大的不同，是它不是把上级的评价作为员工绩效信息的唯一来源，而是将组织内部和外部与员工有关的多方主体作为提供反馈的信息来源。

360度绩效考核之所以如此盛行，就在于它有以下优点：综合性强；可以提高考核的全面性和公正性；可以推动和谐企业的创建；会让员工的能力得到更客观的评价；可以增强员工的自我发展意识。

❋ 20.2 主要内容

20.2.1 自我评价

自我评价是指让员工针对自己在工作期间的绩效表现，或根据绩效表现评估自身能力，并且据此设定未来的目标。当员工进行自我评估时，通常会降低自己的防卫意识，从而了解自己的不足，进而愿意加强、补充自己尚待开发或不足之处。

一般来说，员工自我评估的结果通常会与上级主管的评价有出入。与上级主管或同事的评价相比较，员工常会给予自己较高的分数。因此，使用自我评估时应该特别小心。而上级在要求部属自我评估时，也应知道员工的自我评价与自己可能会有差异，而且可能形成双方立场的僵化，这也是使用自评时应特别注意的事项。

20.2.2　同事的评价

同事的评价，是指以由同事互评绩效的方式来达到绩效评估的目的。对一些工作而言，有时上级与下属相处的时间与沟通机会反而没有下属彼此之间多。在这种上级与下属接触的时间不多，彼此之间的沟通也非常少的情况下，上级要对部属进行绩效评估也就非常困难。但相反地，下属彼此间在一起工作的时间很长，他们相互间的了解反而会比上级与部属更多，此时他们之间的互评反而能比较客观。而且，部属之间的互评，可以让彼此知道自己在人际沟通方面的能力。

这种考评方式在评估准确度上，并不会比上级主管的考评效果差，而且同级评价的方式还可以补足上司对下属评估的缺陷。同时，评估的结果亦可让员工了解在同事眼中，自己在团队合作、人际关系上的表现如何。

20.2.3　下属的评价

由部属来评价上司，这个观念对于传统的人力资源管理方式而言似乎有点不可思议。但随着知识经济的发展，有越来越多的公司让员工评估其上级主管的绩效，此过程称为向上反馈。而这种绩效评估的方式对上级主管发展潜能上的开发特别有价值，管理者可以通过下属的反馈，清楚地知道自己的管理能力有什么地方需要加强。若自己对自己的了解与部属的评价之间有太大的落差，则主管亦可针对这个落差，深入了解其中的原因。因此，一些人力资源管理专家认为，下属对上级主管的评估，会对其管理才能的发展有很大的裨益。

20.2.4　客户的评价

客户的评价对从事服务业、销售业的人员特别重要，因为唯有客户最清楚员工在客户服务关系、营销技巧等方面的表现与态度如何。所以，在类似的行业中，在绩效评估的制度上经常会将客户的评价列入评估系统之中。

事实上，目前国内一些服务业(如金融业、餐饮业等)就常常使用这种绩效评估方式(如评选最佳服务人员)，因为服务人员的服务品质、服务态度只有顾客最清楚。国内很多知名公司的客户服务部门，就会定期以抽样的方式，请顾客评估该公司客户服务人员的服务成绩。

20.2.5　主管的评价

主管的评价是绩效评估中最常见的方式，即绩效评估的工作是由主管来执行。因此，主管必须熟悉评估方法，并善用绩效评估的结果作为指导部属、发展部属潜能的重要武器。

20.2.6 矩阵式评价

随着一些企业规模的扩大，常常会推动一些跨部门的合作方案，因此一些员工可能同时会与很多主管一起共事。那么，在绩效评估的系统建设上，企业亦可将多主管、矩阵式的绩效评估方式纳入系统之中。

例如，在专案结束之后，每位项目主管需对部属的绩效做出评估。又如，目前国内很多企业在各大城市都设有分部或办事处，一些员工的工作经常是两地(或多地点)同时进行，这时公司就会要求所有的主管，都要对该员工的绩效表现进行评估。

通过多主管的多角度评估，会让员工的能力得到更客观的评价。

"360度绩效评估"的实施不仅对经理人本身有很大的帮助，通过适当的资料收集，还可确认所经营团队的长处和不足。这样，企业一则可使团体成员更有效地共事，二则可据此设定企业的学习中心，并作为规划企业发展方向的重要依据。

❋ 20.3 实施应用

20.3.1 实施程序

第一阶段：过程设计

在评估启动阶段，为保证整个活动的顺利展开和最终成功，要对过程进行设计。首先要争取领导支持，领导可来自高级管理层，也可以是组织内部的改革代表，领导小组最好吸收几个不同部门的人员参加。其次在得到领导的支持后，就要开始着手做反馈考评的准备工作。由领导小组挑选7～15人组成设计小组，对准备工作进行审评，如审评通过，则由设计小组确定过程的各项目标。最后由领导编写方案计划，向员工通报方案的相关情况。

过程设计包括选择一种应用方法，并开展以能力为依据的调查，应用方法的选择是根据机构的目标进行的。通常机构的领导人希望这一过程为企业提供优质的设计战略或者绩效的应用方法，采用的调查手段应能确定员工和组织的能力。

第二阶段：过程实施

根据政策，以及可靠性、可信性等原则选出由7人左右成员组成的评估小组并进行一级培训；对于向他人提供反馈意见给予指导；收集所需要的信息；利用内部和外部的评分方法对结果进行评分和汇报。利用管理软件可加快过程实施的进度，它可为分段报告评分进行二级培训，对经理和员工如何接受反馈给予指导，制订行动计划，突出个人的改进、优点和发展。行动计划还可包括职业生涯、终身学习和专业发展。

第三阶段：过程评估

评估阶段包括分析保障措施和进行用户评估。保障措施分析涉及对调查手段进行计算机统计分析，对成功的项目进行分析，进而对项目的可靠性和反应类型给予评价。然后，采用用户满意度调查的方法进行评估。这一步骤收集的信息可用来进一步优化整个过程。

20.3.2　基本流程

要在企业内部成功地开展360度绩效评估工作，必须做好以下3个阶段的工作。

1. 准备阶段

准备工作相当重要，它影响着评估过程的顺利进行和评估结果的有效性。准备阶段的主要目的是使所有相关人员，包括所有评估者与受评者，以及所有可能接触或利用评估结果的管理人员，正确理解企业实施360度评估的目的和作用，进而建立起对该评估方法的信任。

2. 评估阶段

首先，组建360度绩效评估队伍。为避免评估结果受到评估者主观因素的影响，企业在执行360度评估反馈方法时需要对评估者进行培训，使他们熟悉并能正确使用该技术。此外，理想情况下，企业最好能根据本公司的情况建立自己的能力模型要求，并在此基础上设计360度反馈问卷。注意评估要征得受评者的同意，这样才能保证受评者对最终结果的认同和接受。

其次，实施360度评估反馈。分别由上级、同级、下级、相关客户和本人按各个维度标准进行评估。评估过程中，除了上级对下级的评估无法实现保密之外，其他几种类型的评估最好是采取匿名的方式，必须严格维护填表人的匿名权及对评估结果报告的保密性。大量研究表明，在匿名评估的方式下，人们往往愿意提供更为真实的信息。

最后，统计并报告结果。在提供360度评估报告时要注意对评估者匿名权利的保护，还要确保其科学性。例如，报告中列出各类评估人数一般以3～5人为下限；如果某类评估者(如下级)少于3人的话，则必须归入其他类，而不得单独以下级评估的方式呈现评估结果。企业管理部门针对反馈的问题制定相应措施。

3. 反馈和辅导阶段

向受评者提供反馈和辅导是一个非常重要的环节。通过来自各方的反馈(包括上级、同事、下级、自己以及客户等)，可以让受评者更加全面地了解自己的长处和短处，更清楚地认识到公司和上级对自己的期望及目前存在的差距。在第一次实施360度评估和反馈项目时，最好请专家或顾问开展一对一的反馈辅导谈话，以指导受评者如何去阅读、解释，以及充分利用360评估和反馈报告。另外，请外部专家或顾问也容易使受评者产生一种安全感，即不用担心是否会受惩罚等，有利于与受评者深入交流。

20.3.3　实施原则

具体从管理工作来讲，运用360度绩效评估法，提高绩效评估管理工作的有效性需要注意以下原则。

1. 准确评估和预测原则

管理工作所涉及的部门较多，工作程序复杂且绩效不容易考核，随着组织中人员数量的不断变更，这种情况有加强的趋势。当组织感受到管理工作需要进行重要的变革时，首先要有针对性地选择并确定特定的工作绩效评估目标，然后根据不同岗位的工作性质，设计和选择合理的考评制度。评估工作要经过详细深入的调查，任何过快、过于迫切和匆忙的变革都会给管理工作带来极大的风险，因此在落实"360度绩效管理方法"并在实施前必须充分评估和预测方法变革及改进所带来的风险。也就是说，新方法实施前需要对管理工作进行任务的详细分解，确定任务的复杂度和饱满度，做好充分的评价和预测工作，发现其潜在的不确定影响因素，检验其可行性、有效性之后，才能保证该计划实施的成功，大大降低变革所带来的震荡和风险。

2. 关键人员参与原则

必要时可以单位人事主管领导为主组成绩效考核工作小组，负责360度评估体系的设计和实施，因为他们知道重要的决策和决策的合理性，并能够参与决策和提供建议与帮助。这些关键性人员知道反馈信息既可能提高他们的名誉，又可能损害他们的名誉，所以会对决策持支持或反对态度。这种体系承担的责任和共享的信息越多，主要人员参与的重要性就越大，且这些人参与能够确保评估有一个公平、客观、积极的反馈环境，从而有利于360度反馈体系的顺利推广与实施。

3. 客观原则

360度绩效考评的结果能否最终达到改善被评价者业绩的目的，在很大程度上取决于评价结果的反馈。结果应当体现客观、公正，应杜绝平均主义和个人偏见。要使考评方案取得成效，还必须客观认真地分析评估数据，要针对不同方面考虑不同数据来源的权重，并使那些受过专门评估培训的直线管理人员直接参与到方案实施中来，在综合各考评表得分的基础上，得出考评结论，并对考评结论的主要内容进行分析，特别是要检查考评中有无不符合事实或不负责任的评价，检验考评结论的有效程度。另外，上级主管可以与被考评对象直接单独面谈，共同讨论绩效评价的结果，这种面谈应该被看作一次解决问题而不仅仅是发现错误的一个良机。及时通报考评结论，可以使本人知道组织对自己能力的评价及对所做贡献的承认程度，认识到组织的期望目标和自己的不足之处，从而确定今后需要改进的方向。

4. 信息畅通原则

为保证绩效反馈渠道的畅通有效，必须编制一套完整的"360度反馈评价问卷"。这要求人事工作者能认真分析拟评价对象的工作，抽取出典型的工作行为，编制评价问卷，对评价结果进行统计处理，并向被评价者和评价者提供反馈。采用这种方法所编制的问卷，要能确保所评价的内容与组织发展的总体思路及发展目标相一致，另外要充分考虑具体岗位的工作情景，使得评价结果能更利于后期工作的开展。

协调与管理对于保证360度反馈渠道的畅通有效是十分重要的，特别是在如何分配、实施研究工具和如何将信息有效地反馈给当事人，并且做出明确的决策和清晰的交流等方面是非常重要的。当然，应该向员工明确指出所收集和反馈信息数据的保密性，因为许多敏感的话题可能会影响到考评结果的严肃性。

最后要说明的是，360度绩效评估法并非组织管理者用来确定和沟通绩效的目标或引导绩效达到目标的唯一方案。也就是说，不能认为实施了360度反馈法可以完全替代所有的绩效管理工作。实际运用过程中还必须结合本单位的实际，进一步提高其可行性和协调性，以使绩效考核管理工作自始至终能够得到良好地贯彻和应用，最终提升这种方法的有效性。

20.3.4 实施难点

1. 考评对象

根据企业实施360度反馈考评的3个阶段可以看出，对企业所有员工都用360度反馈考评，不仅有些考评维度难以确定，如一般员工的下级、客户就不好选取，而且工作量太大，效果并不一定好。实践经验证明，360度反馈考评的对象比较适合于企业各级主管。

2. 考评目的

根据360度反馈考评的特点可以看出，当考评的目的主要是对被考评者的思想品德、专业知识、工作技能、管理能力、岗位胜任程度等素质和能力方面进行评价时，或者说当考评的目的主要是服务于被考评者的岗位适应性、职业发展规划时，采用360度反馈考评比较合适。而当考评的目的主要是对考评对象进行人事管理时，如薪酬增减、职位升降等，则不宜采用360度反馈考评方法。因为前者主要是对被考评者的能力与素质进行考评，涉及的利益不明确、不具体，考评者比较容易做出客观、公正的评价；而后者涉及每位员工(考评者和被考评者)的切身利益，考评者往往会因为考虑个人的利益得失而对被考评者做出不客观、不公正的评价，使考评结果失真，而且被考评者也会怀疑这种考评结果的准确性和公正性。

3. 问卷设计

目前关于360度反馈考评的问卷有很多形式，这里以企业的各级主管作为360度反馈考评的对象为例，说明在设计问卷时应充分考虑的几个具体问题。

(1) 体现考评点的个性化特点。由于企业各级主管的工作岗位、业务内容、技能特点、职责权限、影响范围等各不相同，因此各级主管在上述各方面的要求与标准也有较大差别。这就要求在设计调查问卷时，不同维度的考评指标要充分体现这些差别。例如，对企业上层管理者来说，决策能力、驾驭全局的能力、号召力、系统运筹能力、用人和培养人的能力等应是关键考评点；而对于基层主管来讲，计划能力、操作技能、业务推进力度、现场管理能力等是主要考评点。因此，考评点要反映企业对被考评者的工作要求特征，使之具有个性化。

(2) 区分考评点的重要性。对于同一被考评者的各项考评点的重要性要给予区别，必要时可增加权数以量化指标，表示企业管理层对被考评者某一素质或能力的特殊要求。例如，对企业市场区域总经理来说，企业管理层要求他在市场策划与开拓能力、人际交往与公关能力，以及谈判、沟通与协调能力等方面必须做到出色的程度，因此设计问卷时就可将这几项的等级分值制定得高一些，以示重要。

(3) 考虑不同考评维度的侧重点。对同一被考评者来说，不同考评维度的考评者会因信息层面、认知角度、接触频率等因素的不同对其做出不同的评价。例如，以区域市场总经理为例，上级考评者主要考评他的指挥统率能力、市场开发能力、营销管理能力等；同级考评者主要考评他的协作精神、全局观念、责任意识、坚持原则等；下级考评者主要考评他的领导能力、业务水平、以身作则、处事公正、知人善任等；客户考评者主要考评他的服务意识与水平、人际关系、敬业精神、沟通协调能力等。

(4) 使考评点具有可评价(衡量)性。由于360度反馈考评用于对各级管理者综合素质和能力的考评，考评点多数是定性指标，因此各项指标的内容要界定清楚，可以评价，能够衡量。例如，在考评中层管理者的管理能力时，"知识管理能力"这一指标就太笼统了，考评者难以掌握，不好评价。但是，如果把它转化为"学习能力、创新能力、指导与培养下属的能力"等考评点，考评者就容易做出评价。另外，每项考评点在不同等级分值范围内的考评标准必须给予具体描述，以使考评者在考评时容易理解，便于掌握。

4. 结果应用

360度反馈考评的考评结果为被考评者提供了一份很好的工作评价与工作改进建议书，从中可以清楚地看出被考评者的优点与不足。它不仅对企业各级主管的素质、能力和工作表现进行了一次综合检阅，而且对他们的职业发展规划提供了非常有价值的参考意见。建议企业的有关部门与领导应认真对待考评结果，并采用正确的处理办法，具体可参考如下几种方法。

(1) 积极反馈，用于工作改进。一般来讲，由被考评者的上级领导或人力资源部负责考评工作的专业人员来担任反馈人。考评结果的反馈是一个双向的沟通过程，一方面，反馈人要向被考评者简要介绍考评过程，以说明考评结果的准确性、公正性，并指出考评结果所反映的问题及其优缺点所在；另一方面，反馈人应听取被考评者对考评结果的看法，如果被考评者对考评结果确实存在异议，可以由人力资源部有关专业人员通过集体座谈或个别访谈的形式进一步了解相关情况，然后再根据调查结果向被考评者当面反馈。其目的就是帮助被考评者找准不足，分析原因，以便在日后的工作中改进与提高，满足工作的需要。

(2) 找到短处，用于学习培训。通过考评可以发现被考评者在哪些方面存在明显的缺点与不足，这不仅为人力资源部安排员工培训提供了依据，还提供了有针对性的培训学习内容，以帮助员工增长知识、提升能力。

(3) 发挥优势，用于岗位轮换。企业经常会遇到这种情况：在某一工作岗位表现出缺点或不足的被考评者，如果把他调换一个工作岗位，可能恰好发挥他的优点或长处。因此，从"岗得其人、人适其岗、人尽其才、才尽其用"的原则出发，对这样的被考评者，人力资源部可以采用岗位轮换的方式，把他调整到更能发挥其特长的工作岗位，为企业创造更大的价值。

20.3.5　实施条件

首先，要获得高层领导的支持。360度绩效考核涉及组织中各个层面的人，甚至还包括组织外部的人员，因此实施360度考核只有得到高层领导的全力支持，才有可能真正顺利地开展起来，开展过程中出现的问题也能及时地得以解决。

其次，通过培训提升全员考评技能，消除考核中的人为因素。

再次，根据先易后难的程度逐步推广360度考核。每家企业员工及干部的素质是不一样的，若要一步到位地实施360度考核效果可能适得其反。笔者建议根据先易后难的程度逐步推广，即先从中高层推行360度考核，待逐步被中高层接受并不断完善后再在员工中推行。

最后，建立企业内部的业绩考核价值观，使每位员工了解企业对员工的考核价值观，了解企业对员工的短期、中期、长期工作绩效的期盼，从而不断根据企业整体目标规范自身，这样才能使360度绩效考核法在企业的人力资源管理中更加规范，同时对企业总体目标的实现发挥更加有效的作用。

20.3.6　适用范围

并不是所有企业以及处于不同发展阶段的企业都适用360度绩效考评，具体要通过以下几个层面进行分析。

(1) 从企业生命周期层面。360度绩效考评有一个前提条件就是企业的战略相对稳定、组织架构相对稳定、人员相对稳定。处于成长期的企业所面临的最大挑战是生存问题，企业内外部的情况变化都非常快，造成了企业的战略变化很快，组织架构经常调整，人员更像走马灯一样地换来换去，无法实现360度考评法。处于成熟期的企业，由于其战略、组织架构及人员已经相对稳定，可以应用360度绩效考评。

(2) 从企业性质层面。生产型和销售型企业由于指标比较清晰，没有必要采用360度绩效考评。行政人员或研发人员占多数的企业就比较适合360度绩效考评。

(3) 从被考核对象层面。由于360度绩效考评是对被考核者全方位的考核，要求被考核者既要有上级和服务对象，又要有下级和同级(或供应商)，加之考核成本较高，所以只适合对公司的中高层进行考核。

(4) 从企业规模层面。由于被考核的多是公司的中高层，200人以下规模的企业中层并不多，如果采用360度考核就显得有些奢侈，因为360度考评需要大量的经验与时间。360度考评一般适合那些500人以上的大公司，对200～500人的公司采取何种考核方式则应依据企业的具体情况而定。

(5) 从考评目的层面。360度绩效考评可以服务于员工的发展，也可以用于对员工的提升、基本工资确定或绩效考核等。实践证明，目的不同，同一个评价者对同一个被评价者的评价会不一样。反过来，同样的被评价者对于同样的评价结果也会有不同的反应。

20.3.7　注意问题

1. 评估人员及人数

一般来说，企业进行360度绩效考核，需要评估者5～10人。如果评估人数少于5人，对员工的评估可能不够全面，具有局限性；而如果评估人数超过10人，则会使评估工作变得过于复杂和费时。对评估者的选择是根据其对被评估者接触和了解的程度而定的，有些公司选择评估者是由被评估者和其上级共同来确定的。在选择自己的客户作为评估者时一定要慎重，不要给客户带来麻烦，毕竟评估并不是其业务范围；如果可能，可以从侧面了解客户的满意程度及用其他方法来代替。

2. 评估时需设定的内容

评估内容的设定既不能太多也不能太少。360度评估一般需要5～10名评估者，评估内容太多，需要耗费大量的人力和物力，而评估内容过少又不能反映被评估者的实际情况。一般来说，所设计的评估表为1页或2页，有5～15个项目，需要10～30分钟完成。

3. 评估结果的反馈形式

评估结果的反馈形式有匿名和公开两种。匿名形式是对评估者意见进行保密，使员工能更坦率和诚实地表述意见，不会产生抵触情绪。但匿名形式也有缺点，如被评估者会私下猜想是谁对他进行了不利的评估，而管理者要将评估的结果明确、具体地反馈给被评估者而不说明信息来源，有时也是很困难的。对于这个问题的解决，有些公司采取由评估者来决定的办法，如果评估者觉得无所谓，就可以对他的意见进行公开，如果评估者不愿意公开，则公司需要对评估信息来源提供保密措施。如果对评估者的意见采取公开的形式，有些评估者会因为害怕报复而提供一些不真实的或模棱两可的意见。专家认为，在企业中建立公开的360度绩效评估制度还需要一段时间，在员工之间建立充分的理解和信任关系之前，实施保密措施是必要的。

4. 评估所需时间

由于360度绩效考核评估方法比较费时，而员工做出成绩并被企业中其他人察觉更需要时间。因而，许多公司通常一年进行一次正式的评估，有些公司也会半年进行一次非正式的评估，让员工了解反馈信息，对其工作进行适当调整或改变其工作目标。

5. 选择评估者的标准

如何选择评估者，主要从4方面考虑：评估者了解被评估者时间的长短；评估者与被评估者接触时间的长短；评估者对被评估者的工作性质的认识有多少；既要选择一些与被评估者工作相处融洽的人，又要选择一些关系不那么融洽的人。

6. 提高评估效度的方法

传统的评估方法应用心理试验来测试一些直接观察不到的东西，如价值观、工作态度、办事风格、个人特性等。360度评估法主要评估一些具体的、可观察的行为。而评估方法的选择对于评估结果的效度影响很大。为了提高评估效度，需要注意以下问题：

(1) 为评估而设定的各种问题的含义是否清晰？

(2) 每个评估者对于问题做出的解释是否一致？

(3) 这些问题是否与被评估者的工作有关系？

(4) 主要内容是否经过讲解？

值得注意的是，在其他公司有效的绩效评估，在本公司不一定有效。因而，需要制定一个绩效评估平台，随着时间的推移、情况的变化而不断地调整评估内容。

7. 不适合进行评估的情况

在出现以下几种情况时，企业员工不适合进行360度评估：

(1) 员工在其工作岗位上时间不长，没有产生明显的绩效。

(2) 在评估者中没有足够的人了解员工的全部职责范围。

(3) 企业的组织结构刚经历过或正在经历重大人事变动。

(4) 企业内部环境有很高的相互不信任气氛。

工 具 21

霍兰德职业兴趣理论——通用的职业兴趣测验工具

❋ 21.1 基本概念

21.1.1 基本含义

　　霍兰德职业兴趣理论是由美国著名心理学家、职业指导专家约翰·霍兰德(John Holland)提出的，具有广泛社会影响的职业兴趣理论。他认为人的人格类型、兴趣与职业密切相关，兴趣是人们活动的巨大动力，凡是具有职业兴趣的职业，都可以提高人们的积极性，促使人们积极地、愉快地从事该职业，且职业兴趣与人格之间存在很高的相关性。霍兰德将人格分为实际型、研究型、艺术型、社会型、企业型和传统型6种类型。

　　霍兰德先是编制了一个职业偏好量表，后来又将其修订完善成"自我导向搜索测验量表"。经过几十年的发展，霍兰德职业兴趣理论已经成为众多职业指导理论中应用最为广泛的一种。

21.1.2 理论来源

　　兴趣测验的研究可以追溯到20世纪初，1912年，美国教育心理学家爱德华·桑代克(Edward Thorndike)对兴趣和能力的关系进行了探讨。1915年，詹姆斯·迈纳(James Miner)发展了一个关于兴趣的问卷，标志着兴趣测验系统研究的开始。1927年，斯特朗(E.K.Strong)编制了斯特朗职业兴趣调查表，是最早的职业兴趣测验。库德(G.L.Kuder)又在1939年发表了库德爱好调查表。

　　不难看出，在霍兰德职业兴趣理论提出之前，关于职业兴趣测试和个体分析是孤立的，霍兰德将二者有机结合起来。1953年，霍兰德编制了职业偏好量表，并在此基础上发展了自我指导探索(1969年)，据此提出了"人格特质与工作环境相匹配"的理论(1970年)。

　　霍兰德职业兴趣理论是在帕森斯特质因素论的基础上发展起来的。帕森斯强调个人的特质与职业选择的匹配关系，帕森斯的理论内涵即在清楚认识、了解个人的主观条件和社会职业岗位需求条件的基础上，将主客观条件与社会职业岗位(对自己有一定可能性的)相对照、相匹配，最后选择一种职业需求与个人特长匹配相当的职业。这种理论为人们的职业选择提供了最基本的指导原则——人职相匹配的原则。他认为，只有这样，人才能适应工作，并且使个人和社会同时得益。霍兰德在帕森斯观点的基础上，提出人格类型理论，其理论源于：①人格心理学概念，认为职业生涯的选择为个人人格的反应与延伸，企图以职业的选择及过程来表达自己、说明个人的兴趣和价值。事实上，霍兰德认为兴趣就是人格，兴趣量表的结果也可以代表一个人的人格特质。②霍兰德本身的职业咨询经验及研究所形成的职业辅导模式，即由职业与人格类型的分析，协助个人选择适合自己的职业。该理论简单易懂，应用相当广泛。

❋ 21.2 主要内容

21.2.1 六大类型

霍兰德的职业理论其核心假设是人可以分为六大类，即实际型、研究型、艺术型、社会型、企业型和传统型。每一种类型构想均有相应的操作定义和内容。

实际型(realistic)：基本的人格倾向是喜欢有规则的具体劳动和需要基本操作技能的工作，但缺乏社交能力，不善于交际，不喜欢从事和人打交道的活动，不适应社会性质的职业。这种类型人格的人，适合的典型职业包括技能性职业(如一般劳工、技工、修理工等)和技术性职业(如摄影师、机械装配工等)。

研究型(investigative)：基本的人格倾向是具有聪明、理性、精确、批评等人格特征，喜欢抽象的、分析的、独立的定向任务这类研究性质的职业，但缺乏领导才能。其适合的典型职业包括科学研究人员、工程师、电脑编程人员、医生、系统分析员等。

艺术型(artistic)：基本的人格倾向是具有想象、冲动、直觉、理想化、有创意、不切实际等人格特征，不善于事务工作。其适合的典型职业包括艺术方面(如演员、导演、艺术设计师、雕刻家、建筑师、摄影家、广告制作人)、音乐方面(如歌唱家、作曲家、乐队指挥)、文学方面(如小说家、诗人、剧作家)。

社会型(social)：基本的人格倾向是具有合作、友善、善社交、善言谈、洞察力强等人格特征，喜欢社会交往，关心社会问题，有教导别人的能力。其适合的典型职业包括教育工作者与社会工作者。

企业型(enterprising)：基本的人格倾向是具有冒险精神，有野心、独断、乐观、自信、精力充沛等人格特征，喜欢从事领导及企业性质的职业。其适合的典型职业包括项目经理、销售人员、营销管理人员、政府官员、企业领导等。

传统型(conventional)：基本的人格倾向是具有顺从、谨慎、保守、实际、稳重等人格特征，喜欢有系统、有条理的工作任务。其典型的职业包括办公室人员、秘书、会计、出纳、打字员、行政助理、图书馆管理员等。

人格与职业环境的匹配是形成职业满意度、成就感的基础。各个类型的特点及适宜的典型职业，如表21-1所示。

表21-1　劳动者类型与职业类型对应表

类　型	劳动者	职　业
实际型(R)	① 愿意使用工具从事操作性工作 ② 动手能力强，做事手脚灵活，动作协调 ③ 不善言辞，不善交际	各类工程技术工作和农业工作，通常需要一定体力，需要运用工具或操作机器 主要职业：工程师、技术员；机械操作员、维修员、安装工人、矿工、木工、电工、鞋匠等；司机、测绘员、描图员；农民、牧民、渔民等
研究型(I)	① 抽象思维能力强，求知欲强，肯动脑筋，善思考，不愿动手 ② 喜欢独立的和富有创造性的工作 ③ 知识渊博，有学识才能，不善领导的人	科学研究和科学实验工作 主要职业：自然科学和社会科学方面的研究人员、专家；化学、冶金、电子、无线电、电视、飞机等方面的工程师、技术人员；飞机驾驶员、计算机操作员等
艺术型(A)	① 喜欢以各种艺术形式的创作来表现自己的才能，实现自身的价值 ② 具有特殊艺术才能和个性 ③ 乐于创造新颖的、与众不同的艺术成果，渴望表现自己的个性	各类艺术创作工作 主要职业：音乐、舞蹈、戏剧等方面的演员；艺术家编导、教师；文学、艺术方面的评论员；广播节目的主持人、编辑、作者；绘画、书法、摄影家；艺术、家具、珠宝、房屋装饰等行业的设计师等
社会型(S)	① 喜欢从事为他人服务和教育他人的工作 ② 喜欢参与解决人民共同关心的社会问题，渴望发挥自己的社会作用 ③ 比较看重社会义务和社会道德	各种直接为他人服务的工作，如医疗服务、教育服务、生活服务等 主要职业：教师、保育员、行政人员；医护人员；衣、食、住、行服务行业的经理、管理人员和服务人员；福利人员等
企业型(E)	① 精力充沛、自信、善交际、具有领导才能 ② 喜欢竞争，敢冒风险 ③ 喜爱权力、地位和物质财富	组织与影响他人共同完成目标工作 主要职业：项目经理、企业领导、政府官员、销售人员、单位领导者和管理者
传统型(C)	① 喜欢按计划办事，习惯接受他人指挥和领导，自己不谋求领导职务 ② 不喜欢冒险与竞争 ③ 工作踏实，忠诚可靠，遵守纪律	各类与文件档案、图书资料、统计报表相关的各类科室工作 主要职业：会计、出纳、统计人员、审计人员；打字员；办公室人员；秘书与文书；图书管理员；旅游、外贸职员、保管员、邮递员、人事职员等

21.2.2　内在关系

霍兰德所划分的六大类型，并非并列的、有着明晰的边界的关系。他以六边形标示出六大类型的关系，如图21-1所示。

图中的6个角分别代表6种职业性向类型。6种类型的劳动者与6种类型的职业相关联。每一种类型与其他类型之间存在不同程度的关系。大体可描述为如下3类。

(1) 相邻关系。如RI、IR、IA、AI、AS、SA、SE、ES、EC、CE、RC及CR。属于这种关系的两种类型的个体之间共同点较多，比如实际型(R)和研究型(I)的人都不太偏好人际交往，这两种职业环境中也都较少机会与人接触。

(2) 相隔关系。如RA、RE、IC、IS、AR、AE、SI、SC、EA、ER、CI及CS，属于这种关系的两种类型个体之间共同点较相邻关系少。

(3) 相对关系。在六边形上处于对角位置的类型之间即为相对关系，如RS、IE、AC、SR、EI及CA，相对关系的人格类型共同点少。因此，一个人同时对处于相对关系的两种职业环境都有浓厚兴趣的情况较为少见。

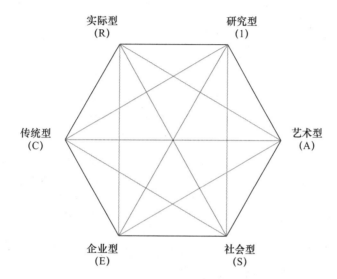

图21-1　职业性向的六大类型

霍兰德认为，同一类型的人与同一类型的职业互相结合，才能达到适应状态，劳动者的才能与积极性才会得以很好地发挥。一般地，相关程度较高的职业性向是相邻关系，其次是相隔关系，那些极不相关的则是位于六角形中对角线位置的相对关系。比如，实际型、传统型和研究型相关性较强，而与社会型相关性很弱。两种类型的人职业相关系数越大，适应程度就越高。如果统一在一个点上，表明劳动者类型与职业类型高度相关，即同一类型的劳动者从事了相应类型的职业，此种情况下，人员配置最适宜，是最好的职业选择。

大多数人实际上都并非只有一种性向，如果一个人具有的两种职业性向是紧挨着的，那么他将会很容易选定这种职业。然而，如果此人的职业性向是相互对立的，那么他在进行职业选择时将会面临较多犹豫不决的情况，这是因为多种兴趣将驱使其在多种不同的职业之间进行选择。这些性向越相似，则一个人在选择职业时所面临的内在冲突和犹豫就会越少。

在现实生活的职业选择中，个体并非一定要选择与自己兴趣完全对应的职业环境。一则因为个体本身常是多种兴趣类型的综合体，单一类型显著突出的情况不多，因此，评价个体的兴趣类型时，也时常以其在六大类型中得分居前三位的类型组合而成。组合时根据分数的高低依次排列字母，构成其兴趣组型，如RCA、AIS等。二则因为影响职业选择的因素是多方面的，不完全依据兴趣类型，还要参照社会的职业需求来获得职业的现实可能性。因此，个体在职业选择时会不断妥协，寻求相邻职业环境甚至相隔职业环境，在这种环境中，个体需要逐渐适应工作环境。但如果个体寻找的是相对的职业环境，意味着所进入的是与自我兴趣完全不同的职业环境，工作起来可能难以适应，或者难以做到工作时觉得很快乐，甚至每天会觉得工作很痛苦。

21.2.3 职业偏好量表

霍兰德的基本思想是先测量个人的职业兴趣，然后根据自己的职业兴趣特点查找适合自己的职业。要做到这一点，首先要进行的就是职业兴趣测量。为此，霍兰德编制了职业偏好量表和自我导向搜索测验量表。

霍兰德以职业理论为依据，首先编制了职业偏好量表(VPI)，并修订过多次。职业偏好量表包括7个部分：第一部分是"您心目中的理想职业"；第二部分是"您所感兴趣的活动"；第三部分是"您所擅长或胜任的活动"；第四部分是"您所喜欢的职业"(第二、第三、第四部分，每一部分都划分为6种职业类型，每种类型10道题)；第五部分是"您的能力类型简评"；第六部分是"统计"；第七部分是"您的职业价值观"。职业偏好量表的具体内容，参见表21-2。

表21-2 霍兰德职业倾向测验量表

姓名：_____ 性别：_____ 年龄：_____ 学历：_____ 日期：_____

本测验量表将帮助您发现并确定自己的职业兴趣和能力特长，从而更好地做出求职择业或专业选择的决策。

本测验共七个部分，每部分测验都没有时间限制，但请您尽快按要求完成。

第一部分 您心目中的理想职业(专业)

对于未来的职业(或升学进修的专业)，您的考虑，它可能很抽象、很朦胧，也可能很具体、很清晰。不论是哪种情况，现在都请您把自己最想干的3种工作或想读的3种专业按顺序写下来，并说明理由。请在所填职业/专业的右侧按其在你心目中的清晰程度或具体程度，按从很朦胧/抽象到很清晰/具体分别用1、2、3、4、5来表示，如5分表示它在您心中的印象非常清晰。

一、职业/专业：_____ 清晰/具体程度：_____

理由：_____

二、职业/专业：_____ 清晰/具体程度：_____

理由：_____

三、职业/专业：_____ 清晰/具体程度：_____

理由：_____

四、以下第二、第三、第四部分每个类别下的每个小项皆为是否选择题，请选出比较适合您的，与您的情况相符的项目，并按有一项适合的计1分的规则统计分值，将相应分值填写在第六部分的统计项目中。

第二部分　您所感兴趣的活动

下面列举了若干种活动，请就这些活动判断您的好恶。喜欢的，计1分，不喜欢的不计分。

R：实际型活动	A：艺术型活动
1. 装配修理电器或玩具	1. 素描/制图或绘画
2. 修理自行车	2. 参加话剧/戏剧表演
3. 用木头做东西	3. 设计家具/布置室内
4. 开汽车或摩托车	4. 练习乐器/参加乐队
5. 用机器做东西	5. 欣赏音乐或戏剧
6. 参加木工技术学习班	6. 看小说/读剧本
7. 参加制图描图学习班	7. 从事摄影创作
8. 驾驶卡车或拖拉机	8. 写诗或吟诗
9. 参加机械和电气学习班	9. 进艺术(美术/音乐)培训班
10. 装配修理机器	10. 练习书法
I：研究型活动	S：社会型活动
1. 读科技图书或杂志	1. 参加单位组织的正式活动
2. 在实验室工作	2. 参加某个社会团体或俱乐部活动
3. 改良水果品种，培育新的水果	3. 帮助别人解决困难
4. 调查了解土和金属等物质的成分	4. 照顾儿童
5. 研究自己选择的特殊问题	5. 出席晚会、联欢会、茶话会
6. 解算术或数字游戏	6. 和大家一起出去郊游
7. 物理课	7. 想获得关于心理方面的知识
8. 化学课	8. 参加讲座会或辩论会
9. 几何课	9. 观看或参加体育比赛和运动会
10. 生物课	10. 结交新朋友
E：企业型活动	C：传统型(常规型)活动
1. 鼓动他人	1. 整理好桌面与房间
2. 卖东西	2. 抄写文件和信件
3. 谈论政治	3. 为领导写报告或公务信函
4. 制订计划、参加会议	4. 检查个人收支情况
5. 以自己的意志影响别人的行为	5. 打字培训班
6. 在社会团体中担任职务	6. 参加算盘、文秘等实务培训
7. 检查与评价别人的工作	7. 参加商业会计培训班
8. 结交名流	8. 参加情报处理培训班
9. 指导有某种目标的团体	9. 整理信件、报告、记录等
10. 参与政治活动	10. 写商业贸易信

第三部分　您所擅长或胜任的活动

下面列举若干种活动，请选择你能做或大概能做的事。

R：实际型能力	A：艺术型能力
1. 能使用电锯、电钻和锉刀等木工工具	1. 能演奏乐器
2. 知道万用电表的使用方法	2. 能参加二部或四部合唱
3. 能够修理自行车或其他机械	3. 独唱或独奏
4. 能够使用电钻、磨床或缝纫机	4. 扮演剧中角色
5. 能给家具和木制品刷漆	5. 能创作简单的乐曲
6. 能看建筑设计图	6. 会跳舞
7. 能够修理简单的电器用品	7. 能绘画、素描或书法
8. 能修理家具	8. 能雕刻、剪纸或泥塑
9. 能修理收录机	9. 能设计板报、服装或家具
10. 能简单地修理水管	10. 能写一手好文章
I：研究型能力	**S：社会型能力**
1. 懂得真空管或晶体管的作用	1. 有向各种人说明解释的能力
2. 能够列举3种蛋白质多的食品	2. 常参加社会福利活动
3. 理解铀的裂变	3. 能和大家一起友好相处地工作
4. 能用计算尺、计算器、对数表	4. 善于与年长者相处
5. 会使用显微镜	5. 会邀请人、招待人
6. 能找到3个星座	6. 能简单易懂地教育儿童
7. 能独立进行调查研究	7. 能安排会议等活动顺序
8. 能解释简单的化学	8. 善于体察人心和帮助他人
9. 能理解人造卫星为什么不落地	9. 帮助护理病人和伤员
10. 经常参加学术会议	10. 安排社团组织的各种事务
E：企业型能力	**C：传统型(常规型)能力**
1. 担任过学生干部并且干得不错	1. 会熟练地打印中文
2. 工作上能指导和监督他人	2. 会用外文打字机或复印机
3. 做事充满活力和热情	3. 能快速记笔记和抄写文章
4. 有效利用自身的做法调动他人	4. 善于整理保管文件和资料
5. 销售能力强	5. 善于从事事务性的工作
6. 曾作为俱乐部或社团的负责人	6. 会用算盘
7. 向领导提出建议或反映意见	7. 能在短时间内分类和处理大量文件
8. 有开创事业的能力	8. 能使用计算机
9. 知道怎样做能成为一个优秀的领导者	9. 能收集数据
10. 健谈善辩	10. 能为自己或集体做财务预算表

第四部分　你所喜欢的职业

下面列举了多种职业，请选择您有兴趣的工作，有一项计1分，不太喜欢或不关心的工作不选，不计分。

R：实际型职业	S：社会型职业
1. 飞机机械师	1. 街道、工会或妇联干部
2. 野生动物专家	2. 小学、中学教师
3. 汽车维修工	3. 精神病医生
4. 木匠	4. 婚姻介绍所工作人员
5. 测量工程师	5. 体育教练
6. 无线电报务员	6. 福利机构负责人
7. 园艺师	7. 心理咨询员
8. 长途公共汽车司机	8. 共青团干部
9. 电工	9. 导游
10. 火车司机	10. 国家机关工作人员
I：研究型职业	**E：企业型职业**
1. 气象学或天文学者	1. 厂长
2. 生物学者	2. 电视片编制人
3. 医学实验室技术人员	3. 公司经理
4. 人类学者	4. 销售员
5. 动物学者	5. 不动产推销员
6. 化学者	6. 广告部长
7. 教学者	7. 体育活动主办者
8. 科学杂志的编辑或作家	8. 销售部长
9. 地质学者	9. 个体工商业者
10. 物理学者	10. 企业管理咨询人员
A：艺术型职业	**C：传统型(常规型)职业**
1. 乐队指挥	1. 会计师
2. 演奏家	2. 银行出纳员
3. 作家	3. 税收管理员
4. 摄影家	4. 计算机操作员
5. 记者	5. 簿记人员
6. 画家、书法家	6. 成本核算员
7. 歌唱家	7. 文书档案管理员
8. 作曲家	8. 打字员
9. 电影电视演员	9. 法庭书记员
10. 电视节目主持人	10. 人员普查登记员

第五部分　您的能力类型简评

下面两张表是您在6个职业能力方面的自我评定表。您可先与同龄人比较出自己在每一方面的能力，斟酌后对自己的能力进行评估。请在表中适当的数字上画圈，数值越大表明您的能力越强。

注意：请勿画同样的数字，因为人的每项能力是不会完全一样的。

表A

R型	I型	A型	S型	E型	C型
机械操作能力	科学研究能力	艺术创作能力	解释表达能力	商业洽谈能力	事务执行能力
7	7	7	7	7	7
6	6	6	6	6	6
5	5	5	5	5	5
4	4	4	4	4	4
3	3	3	3	3	3
2	2	2	2	2	2
1	1	1	1	1	1

表B

R型	I型	A型	S型	E型	C型
体育技能	数学技能	音乐技能	交际技能	领导技能	办公技能
7	7	7	7	7	7
6	6	6	6	6	6
5	5	5	5	5	5
4	4	4	4	4	4
3	3	3	3	3	3
2	2	2	2	2	2
1	1	1	1	1	1

第六部分　统计

测试内容		R型 实际型	I型 研究型	A型 艺术型	S型 社会型	E型 企业型	C型 传统型
第二部分	兴趣						
第三部分	擅长						
第四部分	喜欢						
第五部分A	能力						
第五部分B	技能						
总分							

第七部分　您的职业价值观

这一部分测验列出了人们在选择工作时通常会考虑的9种因素(见所附工作价值标准)。现在请您在其中选出最重要的两项因素，并将其填入下面相应空格中。

最重要：_____　次重要：_____　最不重要：_____　次不重要：_____

附：工作价值标准

1. 工资高、福利好；2. 工作环境(物质方面)舒适；3. 人际关系良好；4. 工作稳定有保障；5. 能提供较好的受教育机会；6. 有较高的社会地位；7. 工作不太紧张、外部压力小；8. 能充分发挥自己的能力特长；9. 社会需要与社会贡献大。

21.2.4　自我导向搜索测验量表

自我导向搜索测验量表(SDS)是在职业偏好量表的基础上发展而成的，SDS测验由活动(activities)、能力(competence)、职业(occupation)、自我评定(self-estimation)4个部分构成。活动部分主要列出了一系列典型而常见的生活或工作活动，要求被调查者对这些活动做出"喜欢"和"不喜欢"的判断；能力部分则列出了很多一般性的工作或任务，要求被调查者判断自己是否能够完成这些任务或工作；职业部分则罗列了一系列的职业名称，要求被调查者对这些职业做出"喜欢"或"不喜欢"的选择；自我评价则是要求被调查者以同伴为参照对象，对自己在所列各项能力上的水平做出等级评定。在每一个部分，所设计的活动、工作、职业或能力都按R、I、A、S、E、C6种类型的顺序排列。与其他标准化的心理测验不同的是，SDS不需要按人群制定常模，它首先计算出个体内部R、I、A、S、E、C在4个部分的得分，然后将4个部分的得分相加得出R、I、A、S、E、C各自的总分，再按照从高到低的顺序将其排列。排列在第一位的字母表示该被调查者具有相应类别的典型职业兴趣特征，排列在前三位的字母组成一种职业码(如RCI)。根据职业码可以查找到相应的职业群，这个职业群中的职业即为最适合该被调查者的职业，如RAI为画家，IAR为物理学家等。

✳ 21.3　工具应用

21.3.1　在人力资源管理中的应用

根据霍兰德职业兴趣理论，每个人最大的成长空间在于其人格与兴趣最能发挥作用的领域。人们倾向于寻找和选择那种有利于他们技术及能力的发挥，能充分表达他们的态度，实现他们的价值并使自己能扮演满意角色的环境。人力资源管理者可以抓住这一点，将其贯穿于选人、用人、培训、升迁等各方面。比如：

选人的标准首先是人格与兴趣，其次才是知识和技能。因为人格与兴趣是不可改变的，而知识和技能是可以通过培训、学习获得的。

在绩效管理上，不能强求每个人都用同一种方法或同一个程序。

企业应该把培训的时间和经费主要用于帮助员工了解自己的兴趣和强化其兴趣，而不是花大量时间来克服其弱点。

对员工的提拔和使用应该根据其人格与兴趣及其价值观，来安排不同的升迁阶梯，而不是一味地提拔到管理岗位。

此外，人力资源管理者在选拔和安置人员时还应坚持两个原则：第一，依照员工在六大类型中得分居前三位的类型组合来安排工作；第二，虽然影响职业选择的因素是多方面的，不完全依据兴趣类型，但仍应坚持不安排员工进入与自我兴趣完全相反的职业环境，也就是测评得分最低的职业类型。

21.3.2 价值分析

1. 霍兰德职业兴趣理论应用发展的价值分析

霍兰德的职业兴趣理论主要从兴趣的角度出发来探索职业指导的问题。他明确提出了职业兴趣的人格观，使人们对职业兴趣的认识有了质的变化。霍兰德的职业兴趣理论反映了他长期专注于职业指导的实践经历，他把对职业环境的研究与对职业兴趣个体差异的研究有机地结合起来，而在霍兰德的职业兴趣类型理论提出之前，二者的研究是相对独立进行的。霍兰德以职业兴趣理论为基础，先后编制了职业偏好量表和自我导向搜寻表两种职业兴趣量表，作为职业兴趣的测查工具。霍兰德力求为每种职业兴趣找出两种相匹配的职业能力。兴趣测试和能力测试的结合，在职业指导和职业咨询的实际操作中起到了促进作用。

霍兰德将其职业人格类型理论运用于美国劳工部制定的职业条目词典，增加其中职业分析的有关内容，将其中12 099种职业赋予霍兰德人格类型代码，编纂了"霍兰德职业代码词典"，为各类人员按照自己的职业兴趣类型搜寻合适的职业提供了广泛的应用前景。

霍兰德的职业兴趣理论还提出，兴趣是描述人格的另一种方法，是职业选择中一个更为普遍的概念。在霍兰德的理论中，人格被看作兴趣、价值、需求、技巧、信仰、态度和学习个性的综合体。就职业选择而言，兴趣是个体和职业匹配的过程中最重要的因素，直至目前，霍兰德职业兴趣理论依然是最具影响力的职业发展理论和职业分类体系。

2. 霍兰德职业兴趣理论对于企业招募人才的价值分析

职业兴趣作为一种特殊的心理特点，由职业的多样性和复杂性反映出来。职业兴趣上的个体差异是相当大的，也是十分明显的。一方面，现代社会职业划分越来越细，社会活动的要求和规范越来越复杂，各种职业间的差异也越来越明显，所以对个体的吸引力和要求也就迥然不同；另一方面，个体自身的生理、心理、教育、社会经济地位、环境背景不同，所乐于选择的职业类型、所倾向于从事的活动类型和方式也就十分不同。

不同职业的社会责任、满意度、工作特点、工作风格、考评机制各不相同。同时，这种差异决定着不同职业对于员工的职业兴趣有着特殊的要求。现代人力资源管理的基本原则是将合适的人放在合适的岗位上。人与职位的匹配应该包括两个方面的内容：一是人的知识、能力、技能与岗位要求相匹配；更重要的是人的性格、兴趣与岗位相适应。因此，企业在招募新员工时，就非常有必要对申请在本企业工作的人员进行职业兴趣的测评，了解申请者的职业兴趣人格类型。二是通过测试，企业可以得知它所能提供的职业环境是否与申请者的职业兴趣类型相匹配。换句话说，企业可以考察到申请者是否适合在本企业的职业环境中工作。因此，企业在招募人才的过程中，如果能够坚持以霍兰德的职业兴趣理论为指导，不仅可以招募到适合本企业的人才，还可以在招聘工作中减少盲目性。通过职业兴趣的测试，企业还可以给予新员工最适合的工作环境，以期最大限度地在工作中发挥他们的聪明才干。

霍兰德职业兴趣理论是对于职业选择和职业成功的价值分析。职业兴趣是职业选择中最重要的因素，是一种强大的精神力量。职业兴趣测验可以帮助个体明确自己的主观性向，从而能得到最适宜的活动情境并给予最大的能力投入。根据霍兰德的理论，个体的职业兴趣可以影响其对职业的满意程度。当个体所从事的职业和他的职业兴趣类型匹配时，个体的潜在能力可以得到彻底发挥，工作业绩也更加显著。在职业兴趣测试的帮助下，个体可以清晰地了解自己的职业兴趣类型和在职业选择中的主观倾向，从而在纷繁的职业机会中找寻到最适合自己的职业，避免职业选择中的盲目行为。尤其是对于大学生和缺乏职业经验的人，霍兰德的职业兴趣理论可以帮助他们做好职业选择和职业设计，成功地进行职业调整，从整体上认识和发展自己的职业能力。

工 具 22

能力素质模型——实用的人岗匹配操作工具

❋ 22.1 概念含义

能力素质模型(competence model)又称胜任力模型,是从组织战略发展的需要出发,以强化竞争力,提高实际业绩为目标的一种独特的人力资源管理的思维方式、工作方法、操作流程。著名心理学家,哈佛大学教授戴维·麦克里兰(David C.McClelland)博士是国际上公认的能力素质模型方法的创始人。

能力素质模型的应用起源于20世纪50年代初。当时,美国国务院感到以智力因素为基础选拔外交官的效果不理想。许多表面上很优秀的人才,在实际工作中的表现却令人非常失望。在这种情况下,麦克里兰博士应邀帮助美国国务院设计一种能够有效地预测实际工作业绩的人员选拔方法。在项目过程中,麦克里兰博士应用了奠定能力素质模型方法基础的一些关键性的理论和技术。例如,抛弃对人才条件的预设前提,从第一手材料出发,通过对工作表现优秀与一般的外交官的具体行为特征的比较分析,识别能够真正区分工作业绩的个人条件。

1973年,麦克里兰博士在《美国心理学家》杂志上发表文章,文章中他引用大量的研究成果,说明滥用智力测验来判断个人能力的不合理性,并进一步说明人们主观上认为能够决定工作成绩的一些人格、智力、价值观等方面的因素,在现实中并没有表现出预期的效果。因此,他强调离开被实践证明无法成立的理论假设和主观判断,回归现实,从第一手材料入手,直接发掘那些能真正影响工作业绩的个人条件和行为特征,为提高组织效率和促进个人事业成功做出实质性的贡献。他把这些直接影响工作业绩的个人条件和行为特征称为能力素质模型(competency)。这篇文章的发表,标志着能力素质模型运用的开端。

能力素质模型方法的应用是一项系统性的工作,它涉及人力资源管理的各个方面。许多著名企业的使用结果表明,这种方法可以显著提高人力资源的质量,强化组织的竞争力,促进企业发展目标的实现。

岗位胜任特征是指根据岗位的工作要求,确保该岗位的人员能够顺利完成该岗位工作的个人特征结构,它可以是动机、特质、自我形象、态度或价值观、某领域知识、认知或行为技能,且能显著区分优秀与一般绩效的个体特征的综合表现。

❋ 22.2 主要内容

员工个体所具有的胜任特征很多,但企业所需要的不一定是员工所有的胜任特征。企业会根据岗位的要求及组织的环境,明确能够保证员工胜任该岗位工作、确保其发挥最大潜能的胜任特征,并以此为标准对员工进行挑选。这就要运用胜任特征模型分析法(见图22-1)提炼出能够对员工的工作有较强预测性的胜任特征,即员工最佳胜任特征能力。

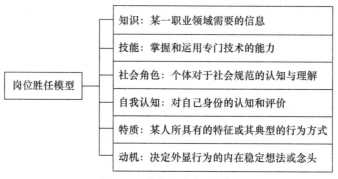

图22-1　岗位能力素质模型

在个人能力素质模型中,个人的胜任力是指个人能做什么和为什么这么做;岗位工作要求是指个人在工作中被期望做什么;组织环境是指个人在组织管理中可以做什么。这三项的交集部分是员工最有效的工作行为或潜能发挥的最佳领域,如图22-2所示。

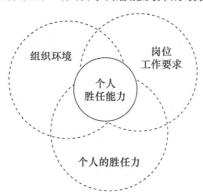

图22-2　个人能力素质模型

当员工的胜任能力大于或等于这3个圆的交集时,才有可能胜任该岗位的工作。企业人力资源管理所要发掘的能力素质模型就是个人胜任能力与另外两个圆的交集部分,即能够保证员工有效完成工作的胜任特征模型。

胜任特征模型构建的基本原理是辨别优秀员工与一般员工在知识、技能、社会角色、自我认知、特质、动机等方面的差异,通过收集和分析数据,并对数据进行科学的整合,从而建立某岗位工作胜任特征模型构架,并产生相应可操作性的人力资源管理体系。

能力素质模型是指为了达成组织整体绩效目标并针对特定的工作岗位所要求的与高绩效相关的一系列不同胜任能力要素,及其可测量的等级差异的组合。它是对员工核心能力进行不同层次的定义及相应层次的行为描述,确定关键能力和完成特定工作所需要的熟练程度,如图22-3所示。

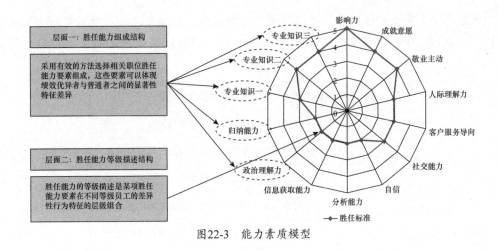

图22-3　能力素质模型

22.3　工具应用

在设计组织的能力素质模型之前，应该先审视组织的使命、愿景及战略目标，确认其整体需求，进而以企业战略导出的人力资源战略和组织架构和职责为基础，设计能力素质模型。这样才能确保员工具备的能力素质与组织的核心竞争力相一致，能为企业的战略目标服务，确保所培养的员工是满足企业真正长期需要的，而不只是为了填补某个岗位的空缺。

22.3.1　能力素质模型的作用

能力素质模型在人力资源管理活动中起着基础性的、决定性的作用，如图22-4所示。它分别为企业的工作分析、人员招聘、人员考核、人员培训，以及人员激励提供了强有力的依据，是现代人力资源管理的新基点。

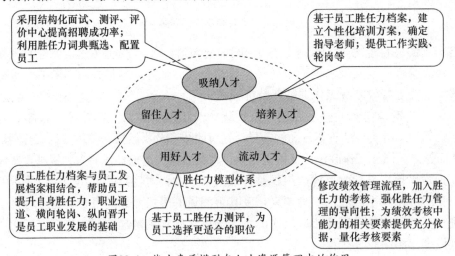

图22-4　能力素质模型在人力资源管理中的作用

1. 工作分析

传统的工作岗位分析较为注重工作的组成要素，而基于胜任特征的分析，则研究工作绩效优异的员工，突出与优异表现相关联的特征及行为，结合这些人的特征和行为，定义这一工作岗位的职责内容。它具有更强的工作绩效预测性，能够更有效地选拔、培训员工，以及为员工的职业生涯规划、奖励、薪酬设计提供参考标准。

2. 人员选拔

基于胜任特征的选拔有助于企业找到具有核心动机和特质的员工(见图22-5)，既避免了由于人员挑选失误所带来的不良影响，也减少了企业的培训支出。尤其是为工作要求较为复杂的岗位挑选候选人时，如挑选高层技术人员或高层管理人员，在应聘者基本条件相似的情况下，能力素质模型在预测优秀绩效方面的重要性远比与任务相关的技能、智力或学业等级分数等更为重要。

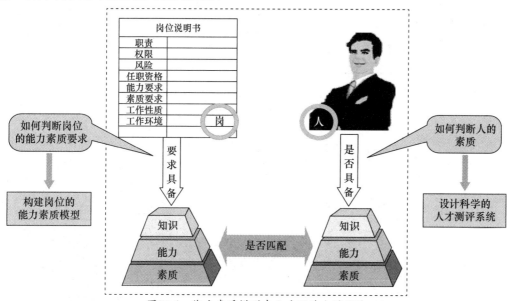

图22-5　能力素质模型在人才甄选上的用途

3. 绩效考核

能力素质模型的前提就是找到区分优秀与普通的指标，以此为基础而确立的绩效考核指标，是经过科学论证并且系统化的考核体系，体现了绩效考核的精髓，真实地反映了员工的综合工作表现(见图22-6)。让工作表现好的员工及时得到回报，提高员工的工作积极性；对于工作绩效不够理想的员工，根据考核标准及能力素质模型，可通过培训或其他方式帮助员工改善工作绩效，达到企业对员工的期望。

4. 员工培训

培训的目的与要求就是帮助员工弥补不足，从而达到岗位的要求(见图22-7)。培训所遵循的原则是投入最小化、收益最大化。

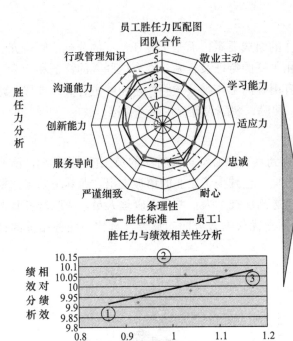

胜任力分析

绩效管理工作改进方向

- 明确在公司的位置
- 明确通过哪些能力的提升来改进绩效
- 绩效考核指标能否反映职位的要求，绩效考核是否客观
- 绩效考核是否客观，哪些因素阻碍了员工的能力发挥。绩效管理的目标是保证绩效考核客观，同时保证高能力员工能取得高绩效，避免能力浪费
- ……

图22-6　能力素质模型在绩效考核中的运用

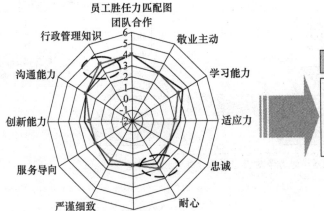

为员工量身定做培训计划

基于胜任力分析，针对岗位要求结合现有人员的能力素质状况，为员工量身定做培训计划，帮助员工弥补自身"短板"和不足，有的放矢地突出培训重点

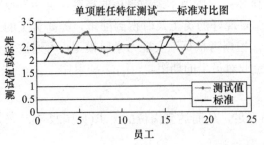

提高公司培训的效果

通过对单项能力素质的分析，找出公司员工能力素质普遍的短板，有针对性地制订培训计划，省去分析培训需求的烦琐步骤，杜绝不合理的培训开支，提高培训的效用

图22-7　能力素质模型在培训中的应用

5. 员工激励

通过建立能力素质模型能够帮助企业全面掌握员工的需求，有针对性地采取员工激励措施(见图22-8)。从管理者的角度来说，能力素质模型能够为管理者提供管理并激励员工努力工作的依据；从企业激励管理者的角度来说，依据能力素质模型可以找到激励管理层员工的有效途径与方法，提升企业整体的竞争实力。

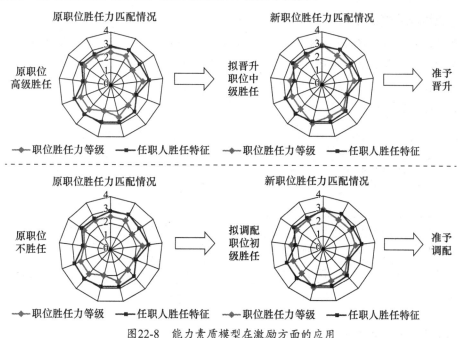

图22-8　能力素质模型在激励方面的应用

当然我们也要看到，能力素质模型在人力资源管理方面的应用只是刚刚起步，还存在许多需要进一步完善的地方，特别是在构建出能力素质模型以后，开发测量各项胜任特征的量表和工具是值得进一步探讨的问题，量表设计的准确与否将直接影响企业在进行人员招聘时的参照标准。而且企业选择胜任特征分析时一定要从自身的需求、财力、物力等各方面综合考虑，最好选择企业生产经营活动价值链中的重要岗位进行胜任特征分析，从而降低因关键岗位用人不当而给企业带来的巨大损失和危险。

22.3.2　能力素质模型的运用条件

企业的战略是什么？制订并且实施战略计划的关键环节有哪些？因为企业试图建立的素质模型必定源于企业的战略，并且是能够支撑战略有效实施的那些核心素质，因此这一步骤在建立员工素质之前非常重要。

例如，在某公司的战略实施计划之中，A部门是关键部门，那么我们因此可以断定的是，一方面公司的发展依靠的是它能够为A部门吸引、培养，以及维持具有管理者素质的经理人员的能力；另一方面，挖掘A部门具备的素质特征，并在企业范围内全面有效推广与复制这些素质特征才是素质模型建立的真正意义所在，因此在选定目标职位方面也就有了判断与决策的依据。

与实施战略计划的关键环节相关的核心职位有哪些？通常这些核心职位指的是那些由对公司业务的成败具有核心作用的人掌握的，承担实施战略的主要责任，控制关键资源(人、资金、技术、市场、客户等)，可以产生价值增值的职位。对于企业而言，对这些关键价值增值的职位集中进行素质模型研究，开展人力资源管理活动都是非常有价值的。

1. 组织战略的指导

能力素质模型是在组织使命、目标明确的条件下，进行探索、设计和运用的，如图22-9所示。这就要求企业在确定某一职位的能力素质模型时，必须从上往下进行分解，并根据特定职位需要的能力素质模型，招聘、选拔符合职位要求的人员，确定该职位人员的绩效考核内容、培训主题、职业生涯发展等。

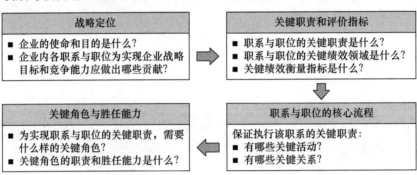

图22-9　战略定位与胜任能力之间的匹配

2. 组织文化的包容性

市场经济环境快速变化，同一岗位对人的能力素质模型要求也随之变化，即一方面构成职位能力素质模型的要素变化了，另一方面构成能力素质模型的内涵也将发生变化。在企业实践中，很多能力素质模型特征往往都具有一定的矛盾，每个人也往往都是一种矛盾的结合体。心理学研究表明，很多心理特征因素之间存在负向联系，如协调说服能力与诚实踏实、坚持能力和工作效率、敢于迎接挑战和组织忠诚度之间等，如何取舍取决于公司的文化导向。如果组织文化没有适度的包容性，能力素质模型就难以真正实施。

3. 组织结构与管理方式的转变

在人才主权时代，尊重知识型员工的个性、对员工进行适当授权、采取自我管理式团队的组织结构、使组织成为学习型组织、形成创新授权机制是能力素质模型充分发挥作用的前提。高绩效的团队发展强调使群体目标与成员责任匹配，强化团队目标导向行为，增强群体的凝聚力，提高工作绩效。因此，要求组织结构由金字塔的命令传递模式转变为团队的自主管理模式。

4. 组织高层领导的支持

从理想的角度来说，高层领导的支持应该能让大家有目共睹。比如，把能力素质模型管理的反馈工具用在自己和直接下属身上，在管理风格上采用新的、核心的行为，拥护推广能力素质模型管理计划的活动等。如果没有高层领导的参与支持，能力素质模型推广将会遇到极大的阻力，也很难取得良好的效果。

5. 高素质人力资源管理人员的实施

能力素质模型的开发应用需要人力资源管理者对企业管理基础理论与方法，尤其是战略管理与实施、人力资源管理等基础理论和方法有较为深入的掌握和了解，还需要对企业业务与技术特征具有深入的了解，并对心理学尤其是心理测量等学科能有效掌握。能力素质模型所用到的行为事件访谈(BEI)、信息编码、建模等方法，其使用成效还在很大程度上依赖于操作者本身的能力素质模型与经验，技术门槛较高。

6. 组织薪酬体系的重新设计

在能力素质模型导向的人力资源管理体系下，团队的成员彼此之间没有很清晰的职责划分，大家共同协作，共同对团队绩效负责。"无边界工作""无边界组织"成为组织追求的目标，工作说明书由原来细致地规范岗位任务和职责，转变为只规定岗位的工作性质、任务，以及任职者的能力素质模型和技术。相应地，要求薪酬体系也转变为以能力素质模型为基础的"宽带薪酬"，具有不同能力素质模型的公司员工应设计不同的薪酬结构。例如，对于从事结构化工作，能力素质模型结构较为稳定的员工，应以固定报酬为主；对于从事非结构化工作，能力素质模型结构不稳定，潜在能力素质模型较大的员工，则应以非固定报酬为主，将其报酬与其能力素质模型发挥情况联系起来。

7. 组织培训和职业指导的配合

在人员培训与发展方面，根据各岗位的能力素质模型特征要求建立不同层次和不同部门的培训大纲，并依此细化为具体岗位的培训专题和内容，提高培训的针对性。同时，要建立岗位发展路线和人员职业发展计划。所谓岗位发展路线，是指预先为员工发展铺设通道；而人员发展路线，是基于岗位发展通道和个人兴趣，考察从当前岗位到目标岗位的能力素质模型特征要求的差异，根据能力素质模型要求的差异设置相应的培训课程、配备绩效指标。

8. 时间和资源要求

能力素质模型的建立是企业的一项"基础工程"，而一项基础工程的建设往往需要付出较大的代价。因此，建立组织能力素质模型要花费大量的时间和不菲的资源，对此组织高层必须有充分的心理准备。为保证能力素质模型建设工作按科学的方法操作，要对访谈人员、编码人员和数据分析人员进行专业训练；为保证形成可靠的、有效的评估，必须进行大量的评估资料搜集；为保证模型和评估紧跟形势需要，要经常性地对能力素质模型进行检查、修正；为保证能力素质模型深入人心，需要对组织人员进行思想观念与技能培训，所有这些都需要时间和财力支持。

9. 适当样本量的要求

适当样本量是建立能力素质模型的必要条件。中小企业不适合建立这样的模型，因为样本量太小，所以中小企业建立能力素质模型在方法技术上可以借鉴咨询公司的数据库，或向外部专家请教。而大企业比较有条件，但也要根据企业发展的需要建立核心部门的能力素质模型。

10. 参照效标的选择

参照效标也是影响能力素质模型建立的重要因素。对于有些岗位，优秀员工、一般员工和较差员工很容易区分出来，参照效标容易获取，准确性也较高。而对另一些岗位，优秀员工、一般员工和较差员工很难准确地区分和衡量，参照效标获取困难，选择出来的标杆岗位的"标杆"不能有效地"测量"企业战略目标的实现能力，达不到理想效果。

22.3.3 胜任力之"冰山模型"

美国著名心理学家麦克里兰于1973年提出了一个著名的素质冰山模型，如图22-10所示。所谓"冰山模型"，就是将人员个体素质的不同表现形式划分为表面的"冰山以上部分"和深藏的"冰山以下部分"。

其中，"冰山以上部分"包括基本知识、基本技能，是外在表现，是容易了解与测量的部分，相对而言也比较容易通过培训来改变和发展。

而"冰山以下部分"包括社会角色、自我形象、特质和动机，是人内在的、难以测量的部分。它们不太容易通过外界的影响而得到改变，但却对人员的行为与表现起着关键性的作用。

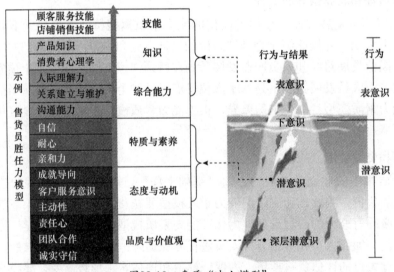

图22-10　素质"冰山模型"

1. 人的素质的6个层面

(1) 技能：指结构化地运用知识完成某项具体工作的能力。

(2) 知识：指个人在某一特定领域拥有的事实型与经验型信息。

(3) 社会角色：指个人基于态度和价值观的行为方式与风格。

(4) 自我概念：指个人的态度、价值观和自我印象。

(5) 特质：指个性、身体特征对环境和各种信息所表现出来的持续反应。品质与动机可以预测个人在长期无人监督下的工作状态。

(6) 动机：指在一个特定领域的自然而持续的想法和偏好(如成就、亲和力、影响力)，将驱动、引导和决定一个人的外在行动。

其中，前两项大部分与工作所要求的直接资质相关，能够在比较短的时间使用一定的手段进行测量。可以通过考察资质证书、考试、面谈、简历等具体形式来测量，也可以通过培训、锻炼等办法来提高这些素质。

后4项往往很难度量和准确表述，又很少与工作内容直接关联。只有其主观能动性变化影响到工作时，其对工作的影响才会体现出来。考察这些方面的东西，每个管理者有自己独特的思维方式和理念，但往往因其偏好而有所局限。管理学界及心理学界有着一些测量手段，但往往复杂不易采用或效果不够准确。

2. "冰山模型"的素质层级

招聘人才时，不能仅局限于对技能和知识的考察，而应从应聘者的求职动机、个人品质、价值观、自我认知和角色定位等方面进行综合考虑。如果没有良好的求职动机、品质、价值观等相关素质的支撑，能力越强、知识越全面，对企业的负面影响将越大。根据"冰山模型"，素质可以概括为以下6个层级，如表22-1所示。

表22-1 "冰山模型"素质层级

素质层级	定 义	内 容
技能	一个人能完成某项工作或任务所具备的能力	表达能力、决策能力、组织能力、学习能力等
知识	一个人对某特定领域的了解	管理知识、财务知识等
社会角色	一个人对职业的预期，即想要做什么事情	管理者、专家、教师等
自我概念	一个人对自己的认识和看法	自信心、乐观精神等
特质	一个人持续而稳定的行为特性	正直、诚实、责任心等
动机	一个人内在的自然而持续的想法和偏好、驱动、引导和决定个人行动	成就需要、人际交往需求等

3. "冰山模型"的实施步骤

"冰山模型"的有效运用，需要遵循一定的实施步骤。

首先，不同类型的工作，素质要求是不一样的，需要确定哪些素质是该类工作岗位所需要的能力素质模型。确定能力素质模型主要有两条基本原则：①有效性。判断一项能力素质模型的唯一标准是能否显著区分出工作业绩，这就意味着，所确认的能力素质模型必须在优秀员工和一般员工之间有明显的、可以衡量的差别。②客观性。判断一项能力素质模型能否区分工作业绩，必须以客观数据为依据。

其次，在确定能力素质模型后，组织要建立能衡量个人能力素质模型水平的测评系统。这个测评系统也要经过客观数据的检验，并且要能区分工作业绩。

最后，在准确测量的基础上，设计能力素质模型测评结果在各种人力资源管理工作中的具体应用办法。

冰山模型为人力资源管理的实践提供了一个全新的视角和一种更为有利的工具，不仅能够满足现代人力资源管理的要求，构建了某种岗位的能力素质模型，对于担任某项工作所应具备的胜任特征进行了明确的说明，而且成为进行人员素质测评的重要依据，为人力资源管理的发展提供了科学的前提。

22.4 能力素质模型工具

22.4.1 行为事件访谈法

行为事件访谈法(behavioral event interview，BEI)是建立能力素质模型的核心技术，是关键事件法和主题统觉测验相结合的产物。它采用开放式的行为回顾式探查技术，通过被访谈者描述工作中最成功和最不成功的3件事，发现其背后的关键胜任特征。访谈注重真实的行为与结果，而非假设性、抽象性的观点。访谈内容包括：

(1) 情境的描述；

(2) 有哪些人参与；

(3) 实际采取了哪些行为；

(4) 个人有何感觉；

(5) 结果如何，即受试者必须回忆并陈述一个完整的故事。

在具体访谈过程中，需要被访谈者列出他们在管理工作中遇到的关键情境，包括正面结果和负面结果各3项。访谈约需3个小时，需收集3～6个行为事件的完整、详细的信息。因此，访谈者必须经过严格的培训，一般不少于10个工作日。

这种方法是目前在构建素质模型过程中使用得最为普遍的一种。它主要以目标岗位的任职者为访谈对象，通过对访谈对象的深入访谈，收集访谈对象在任职期间所做的成功和不成功的事件描述，挖掘出影响目标岗位绩效的非常细节的行为。之后对收集到的具体事件和行为进行汇总、分析、编码，然后在不同的被访谈群体(绩效优秀群体和绩效普通群体)之间进行对比，就可以找出目标岗位的核心素质。

行为事件访谈法对访谈者的要求非常高，只有经过专业培训的访谈者才能在访谈过程中通过不断地有效追问，获得与目标岗位相关的具体事件。在国内一般的企业当中，目前尚不具备独立使用这种方法来构建素质模型的条件，主要有以下原因：一是过去的考核体系不是很完善，很难区分出绩效优秀群体和绩效普通群体。这在选取正确的访谈对象及在不同群体间进行比较等方面难以保证客观性、准确性。二是需要大量的被访谈者，牵涉面比较广，中小型企业无法取得足够的访谈样本，即使部分企业有足够的访谈样本，也需要大量的人力、财力和物力去支持，这从企业投入与回报的评估角度来说可能不令人满意。在实际应用当中，行为事件访谈法更多地使用其简化模式，并与其他方法相结合。简化模式主要保留行为事件访谈的信息收集方法，用于确定素质模型的操作定义和行为描述。

不论是复杂的行为事件访谈还是简化的行为事件访谈，对其结果的要求都是必须能够直接应用于人才选拔、考核或培训，所以在成果上要有能够直接观察的行为指标作为依据。这样在实施关键行为事件访谈来考察任职者时，就可以直接看他是否表现出素质模型所描述的行为和事件，并以此来判断他是否与目标岗位的素质模型相符。

22.4.2　建模研发中心

作为能力素质模型建模的重要工作形式，研发中心是按照岗位类别而划分的多个专业工作组，由企业内部人员、外部专家、咨询师等组成。研发中心的主要工作有：研讨序列综合胜任要素，进行修订；研发岗位专业知识和技能，完成要素选取和定义；进行胜任要素的最终优选，评议各要素的等级要求和权重；完成建模并进行校验与优化，如图22-11所示。

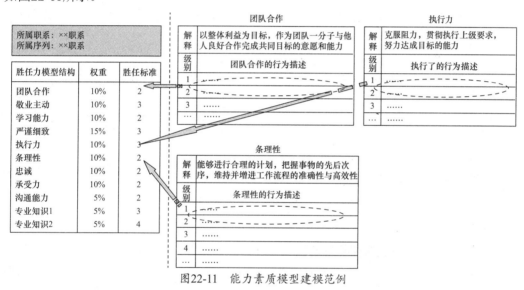

图22-11　能力素质模型建模范例

❈ 22.5　建立能力素质模型的步骤

能力素质模型的构建对一个企业来讲具有非常重要的意义，人力资源部门在操作时应严格按照能力素质模型的操作步骤进行(见图22-12)，这样才能更为有效、系统地进行能力素质测评。

1.定义绩效标准

绩效标准(销售量、利润、管理风格、客户满意度)一般采用工作分析和专家小组讨论的办法来确定，即采用工作分析的各种工具与方法明确工作的具体要求，提炼出鉴别工作优秀的员工与工作一般的员工的标准。专家小组讨论则是由优秀的领导者、人力资源管理层和研究人员组成的专家小组，就此岗位的任务、责任和绩效标准，以及期望优秀领导表现的胜任特征行为和特点进行讨论，得出最终的结论。如果客观绩效指标不容易获得或经费不允许，一个简单的方法就是采用"上级提名"。这种由上级领导直接给出的工作绩效标准的方法虽然较为主观，但对于优秀的领导层也是一种简便可行的方法。企业应根据自身的规模、目标、资源等条件选择合适的绩效标准定义方法。

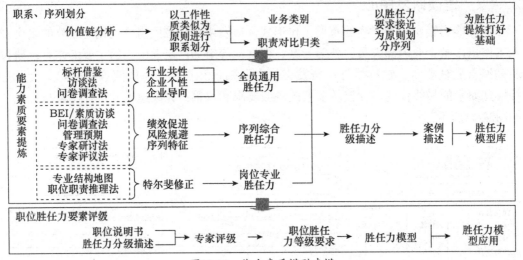

图22-12　能力素质模型建模

2. 选取分析效标样本

根据岗位要求，在从事该岗位工作的员工中，分别从绩效优秀和绩效普通的员工中随机抽取一定数量的员工进行调查。

3. 获取效标样本有关胜任特征的数据资料

可以采用行为事件访谈法、专家小组法、问卷调查法、全方位评价法、专家系统数据库和观察法等获取效标样本有关胜任特征的数据，但一般以行为事件访谈法为主。

行为事件访谈一般采用问卷和面谈相结合的方式。访谈者会有一个提问的提纲，以此把握面谈的方向与节奏，并且访谈者事先不知道访谈对象属于优秀组或一般组，避免造成先入为主的误差。访谈者在访谈时应尽量让访谈对象用自己的话详尽描述其成功或失败的工作经历，以及如何做、有何感想等。由于访谈的时间较长，一般需要1~3小时，因此访谈者在征得被访者同意后应采用录音设备把内容记录下来，以便整理出详尽的有统一格式的访谈报告。

4. 建立能力素质模型

在分析数据信息(访谈结果编码、调查问卷分析)的基础上建立胜任特征模型，通过行为访谈报告提炼胜任特征，对行为事件访谈报告进行内容分析，记录各种胜任特征在报告中出现的频次。对优秀组和普通组的要素指标发生频次和相关的程度统计指标进行比较，找出两组的共性与差异特征。根据不同的主题进行特征归类，并根据频次的集中程度，估计各类特征组的大致权重。

5. 验证能力素质模型

验证能力素质模型可以采用回归法或其他相关的验证方法，采用已有的优秀与一般的有关标准或数据进行检验，关键在于企业选取什么样的绩效标准来做验证。

❋ 22.6 应用建议

在人力资源管理实务中，针对具体职位的胜任素质模型还需要进一步开发，模型的应用也需要进一步完善，现有的研究方法、测评手段、统计技术和研究结论等都是值得进一步探讨的问题。同时，这种人力资源管理新模式的效能，也有赖于企业各方面资源的重新配置、工作职责再定义，以及先进的组织文化、管理模式的有效配合。所以，要在企业中成功地建立和应用胜任素质模型，还需要做一些管理上的改进。

1. 建立新的人力资源管理的理念和思想

能力模型和传统的能力素质要求有很多相似的地方，能力模型强调将企业战略目标、核心能力、员工业绩水平、员工能力素质特征、行为特征结合起来，利用标杆分析，挖掘其中存在的内在联系，而传统的能力素质往往并不严格要求按照这种模式去建立。

2. 建立素质模型要重点突破

建立素质模型不可遍地开花，而是要重点突破。确定企业中能够带来效益、提供可持续发展的核心人力资源，确定企业的关键职位，建立模型，不必对所有职位建立模型。

3. 建立素质模型不可照抄照搬

公司战略文化导向的分析是影响能力素质要求的重要因素，在实践中这种分析往往不够，甚至有些企业的文化导向根本就没有明确。在这种情况下，盲目设计能力指标就会面临很大的风险，这是导致能力模型失效的重要原因之一。盲目照搬国外的或是国内已经成熟的能力素质模型是很难达到预期效果的。

4. 建立模型后也并非一劳永逸

模型如果不符合实际，就需要进行修正，根据不断变化的现实调整。随着时代的变化，一方面构成职位素质模型的要素变化了；另一方面构成胜任特征的内涵也将变化。

5. 人力资源管理者素质水平必须达到专业级别

能力模型的开发应用需要人力资源管理者对企业管理基础理论与方法，尤其是战略管理与实施、人力资源管理等基础理论和方法较为深入地掌握和了解，还需要对企业业务与技术特征非常熟悉。虽然对人力资源管理者的要求不一定像职业咨询师那样严格，但必要的技术培训是必不可少的。

工 具 23

职业锚——有效的职业测评工具

❋ **23.1 基本概念**

23.1.1 概念与来源

所谓职业锚，又称职业系留点。锚，是使船只停泊定位用的铁制器具。职业锚，实际就是人们选择和发展自己的职业时所围绕的中心，是指当一个人不得不做出选择的时候，他无论如何都不会放弃的职业中的那种至关重要的东西或价值观，是自我意向的一个习得部分。个人进入早期工作情境后，由习得的实际工作经验所决定，与在经验中自省的动机、价值观、才干相符合，达到自我满足和补偿的一种稳定的职业定位。职业锚强调个人能力、动机和价值观3方面的相互作用与整合。职业锚是个人同工作环境互动作用的产物，在实际工作中是不断调整的。

职业锚的概念是美国著名的职业指导专家埃德加•H.施恩(Edgar H. Schein)教授领导的专门研究小组，对该学院毕业生的职业生涯研究中演绎成的。1961—1963年斯隆商学院的44名MBA毕业生，自愿形成一个小组接受施恩教授长达12年的职业生涯研究，并且在1973年返回麻省理工学院，就他们演变中的职业与生活接受面谈和调查。施恩在对他们的跟踪调查和对许多公司、个人团队的调查中，形成了自己的一些看法，并提出了职业锚的概念。施恩说："设计这个概念是为了解释，当我们在更多的生活经验的基础上发展了更深入的自我洞察时，我们的生命中成长得更加稳定的部分。"施恩在其1978年出版的《职业动力论》一书中率先从职业发展观出发，勾勒出个人与组织相互作用的基本图式。

23.1.2 特征与发展

施恩教授最初提出的职业锚理论有5种类型：自主型职业锚、创业型职业锚、管理能力型职业锚、技术职能型职业锚和安全型职业锚。

随后，大量的学者及研究机构加入了职业锚的研究行列，同时越来越多的证据表明职业锚的存在及其价值。在研究的同时，人们又发现了三种类型的职业锚：安全稳定型职业锚、生活型职业锚和服务型职业锚。

在20世纪90年代，施恩将职业锚改为8种类型，并推出了职业锚测试量表。进一步的研究发现，8种类型的职业锚可以概括所有的职业锚类型。

为了更好地理解职业锚的概念，进一步分析其特征如下。

(1) 职业锚产生于职业生涯早期阶段或职业生涯的转型初期，以个人所得的工作经验为基础。个人在面临各种各样的实际工作生活情景之前，不可能真正地了解自己的能力、动机和价值观之间将如何相互作用，以及在多大程度上适合所做的职业选择。只有在取得一定的工作经验之后，人们方能选定自己稳定的长期职业贡献区。因此，个人的工作经验产生、演变和发展了职业锚。在某种程度上讲，职业锚是由个人实际工作经验所决定的，而不是完全取决于其才干和动机。

(2) 职业锚强调个人能力、动机和价值观三方面的相互作用与整合，而不是只重视其中的某一方面。在实际工作中，人们不断重新审视自我，逐步明确自身的需要与价值观，明确自己的擅长所在及今后发展的重点，并且针对符合个人需要与价值观的工作，自觉地改善、增强和发展自身的才干，经过这种整合，寻找到自己长期稳定的职业定位，达到自我满足和补偿。

(3) 职业锚是不可能根据各种测试提前进行预测的。职业锚是个人同工作环境相互作用的产物。由于实际工作的偶然性，职业锚是不可能根据各种测试出来的能力、才干、价值观等进行预测的，只有在工作实践中，依据自身的和已被证明的才干、动机、需要和价值观，经过多次确认和强化以后，才能找到自己的职业定位。

(4) 职业锚不是固定不变的。虽然职业锚是个人稳定的职业贡献区和成长区，但这并不意味着个人的职业锚是固定不变的。这是因为随着职业工作的进一步发展，以及个人生物生命周期、社会生命周期和家庭生命周期的成长与变化，职业锚本身也可能发生变化。个人在职业生涯中、后期可能根据变化了的情况，重新选定自己的职业锚。因此，一个人的职业锚是不断发生变化的，是一个不断探索过程中所产生的动态结果。

职业锚作为一种有助于员工职业发展、职业生涯规划的必选工具，国外许多大公司已经将职业锚作为员工职业发展、职业生涯规划的主要参考。它的优点是个人天资和能力、工作动机和需要、人生态度和价值观的融合而成；缺点是不适合没有工作经验、不了解具体的工作，或职业锚并没有形成或者并不清晰的员工。

❊ 23.2 主要内容

常用职业锚的类型主要包括如下8种。

1. 技术/职能型职业锚

以技术职能能力为锚位的员工，其成长主要是在技术职能能力区的技能不断提高，他们的成功更多取决于该区域专家的肯定和认可，以及承担该能力区日益增多的富有挑战性的作业。同时，他们力求向上发展，但只坚持在能力区内的提升，并不要求在区域外谋求发展。技术/职能型的人可能出现在许多领域，如某些金融分析师专注于解决复杂的投资问题，一个工程师发现他非常擅长设计，一个销售员发现自身独特的销售才能。具有这类锚位的员工一般具备特有的工作追求、需要和价值观，主要体现在以下几个方面。

(1) 注重个人专业技能发展。

(2) 一般不喜欢全面管理工作，他们往往具有强烈抵制进入全面管理的念头。

(3) 不拒绝对某方面的职能管理。

2. 管理型职业锚

管理型职业锚员工追逐的目标是愿意担负单纯管理责任且责任越大越好。他们的特征体现在以下几方面。

(1) 倾心于全面管理，掌握更大的权力。

(2) 具有强有力的升迁动机和价值观，以提升、等级和收入作为衡量成功的标准。

(3) 具有将分析能力、人际关系能力和感情能力合成的技能。

(4) 具有对组织的依赖性，要依赖组织为他们提供工作岗位，获得大的责任，展示高水平的管理能力。

(5) 与组织命运紧紧相连，因为他们所具有的认同感和成功感来自其所在组织，从某种意义上讲，这些人就是高水平的组织人。

3. 自主/独立型职业锚

自主之所以成为锚，是因为具有这类锚位的员工在选择职业时绝不放弃它，而且是以自主为第一需要。他们希望能够最大限度地摆脱组织约束，随心所欲地安排自己的工作方式、工作习惯和生活方式，追求能施展个人职业能力的工作环境，这些表现在以下几方面。

(1) 在工作中显得很愉快，享有自身的自由，有职业认同感，把工作成果与自己的努力相连接。

(2) 宁愿放弃提升或工作扩展机会，也不愿意放弃自由与独立。

值得一提的是，自主型职业锚与其他职业锚有交叉，只是表现出来的自主的需要较技术职能能力展示、安全稳定或管理需要、创造需要等方面更为强烈。

4. 安全/稳定型职业锚

这一类型的员工追求职业的稳定和安全。这种安全取向主要为两类，一种是追求职业安全，另一种是注重情感的安全稳定。对稳定和安全的追求体现在以下几方面。

(1) 根据企业对他们提出的要求行事，以维持工作安全、体面的收入、有效的退休方案、津贴等。

(2) 较其他人更容易接受组织。

(3) 一般不愿意离开一个给定的组织，不论他们相信自己具有什么样的个人抱负和能力，都仰赖组织来识别他们的需要和能力，相信组织会根据他们的情况做出可能的最佳安排。

5. 创造型职业锚

创造型职业锚在某种程度上与其他类型职业锚有重叠，是一个很独特的职业锚。这个类型的员工要求有自主权、管理能力，并能施展自己的才干。但他们的主要动机和价值观是创造，而不是他们的自主权、主价值观。他们工作的强大驱动力是发明创造、奠基立业，建立或创造完全属于自己的杰作。他们总是力图以坚韧不拔、百折不挠的精神和行动，赢得创造需要的实现。

6. 服务型职业锚

服务型的人一直追寻机会帮助他人，改善人们的安全，通过新的产品消除疾病，这些就是他们一直追求的核心价值，即使变换公司，他们也不会接受不允许实现这种价值的工作变换或工作提升。

7. 纯挑战型职业锚

纯挑战型的人参加工作或职业的原因是工作允许他们去战胜各种不可能，新奇、变化和困难是他们的终极目标。他们喜欢解决看上去无法解决的问题，战胜强硬的对手，克服无法克服的困难障碍等。对他们而言，非常容易的事情会让他们马上变得非常厌烦。

8. 生活型职业锚

这个类型的员工喜欢允许他们平衡并结合个人的需要、家庭的需要和职业的需要的工作环境。他们将成功定义得比职业成功更广泛，希望将生活的各个主要方面整合为一个整体。因此，他们需要一个能够提供足够的弹性让他们实现这一目标的职业环境，他们甚至可以牺牲职业的一些方面，如提升带来的职业转换。

职业锚理论使工作价值观、工作动机的概念更加具体、明确，强调了能力、动机和价值观的互动作用。对个人职业发展和组织管理均有重要作用。不过，这8种锚类型不一定能涵盖所有职业类型，而且在职业早期以外的人员中也没有显示出完全的可分性，因此还不够成熟和完善。但它提供了一个独特的视角，对职业规划和管理实践提供了新的理论基础。

✳ 23.3　工 具 应 用

23.3.1　职业锚的功能

职业锚在员工的工作生命周期中，在组织的事业发展过程中，发挥着重要的功能作用。

1. 使组织获得正确的反馈

职业锚是员工经过搜索，所确定的长期职业贡献区或职业定位。这一搜索定位过程，依循着员工的需要、动机和价值观进行。所以，职业锚清楚地反映出员工的职业追求与抱负。

2. 为员工设置可行有效的职业渠道

职业锚准确地反映员工职业需要及其所追求的职业工作环境，以及员工的价值观和抱负。透过职业锚，组织获得员工正确信息的反馈，这样组织才可能有针对性地对员工职业发展设置可行的、有效的、顺畅的职业渠道。

3. 增长员工工作经验

职业锚是员工职业工作的定位，不但能使员工在长期从事某项职业中增长工作经验，同时，员工职业技能也能不断增强，直接产生提高工作效率或劳动生产率的明显效益。

4. 为员工奠定中后期工作的基础

之所以说职业锚是中后期职业工作的基础，是因为职业锚是员工在通过工作经验的积累后产生的，它反映了该员工价值观和被发现的才干。当员工抛锚于某一种职业工作过程，就是自我认知过程，是把职业工作与自我观相结合的过程，开始决定成年期的主要生活和职业选择。

23.3.2　职业锚的开发步骤

组织在员工个人职业锚的开发与实现中所发挥的作用举足轻重。虽然职业锚是员工个人的职业定位，然而员工能否实现自己所渴望的锚位，不但取决于个人，还需要依靠组织能否提供其职业发展和定位的顺畅通道。开发职业锚有以下3个步骤。

1. 提供建立职业锚的机会

对于刚进入企业的新员工来说，组织同样需对其表现出充分的信任，并能大胆使用，敢于分配其富于挑战性的工作。挑战性的工作提供了员工展现自己的机会，同时还提供了员工真正审视、了解和评价自我的机会，以及组织较为全面真实地考察和评定员工的机会。初次工作的挑战性，容易使员工对自己的职业产生兴趣，有利于其职业锚的选定。

所谓的"挑战性工作"，是指独立完成某一具体工作任务；主持某项工作，成为该项工作小组的临时负责人；担当比较重要的、关键性的工作任务，或者某项要求高、时间又紧迫的工作任务；承担某项技术性较强的工作。

2. 为员工寻觅适合的职位

员工的职业发展和职业锚选定最终还是取决于员工本人，组织的任务就是能否适时为员工提供帮助和指导。如何帮助员工寻找职业锚可以分为两个过程：首先，帮助员工从实际工作经验中正确了解、认识和评价自我。其次，将员工自我评级结果用于员工职业指导。在第一过程自我评价完成以后，组织如各部门经理人员开始找其下属谈话，了解员工职业愿望与要求，了解他们欲抛锚的职业目标；根据员工自我评价的结果，帮助他们分析适宜于哪种类型和哪一种职业工作；将员工职业锚目标、适宜的工作记录下来，以作为组织为其开辟职业渠道的信息资料与依据。

如何帮助员工正确了解、认识和评价自我？具体可分为3个步骤。

(1) 收集个体的具体资料。以下6种方法可供参考。

① 写自传。这些是分析其他问题和情况的基础资料。员工提供个人有关背景情况、生活情况，谈论个人未来的打算等。

② 考察志趣。请员工填写有关志趣、爱好的调查问卷。

③ 研究价值观。请员工从不同事物中，选出若干项自认为最有价值的事物，以研究和判断员工在各方面的价值观。

④ 24小时日记。记录一个工作日中的活动，以及一个非工作日中的活动。这种日常活动记录可证实某些相关信息。

⑤ 与别人面谈。将员工和朋友、同事、亲戚、配偶等面谈的内容、谈话记录下来。

⑥ 生活方式描述。员工可以各种表现形式，向人们描述自己的生活方式。

(2) 组织从收集的具体资料中，归纳出一般结论。这是一种归纳推理法，是由特殊到一般归纳的过程。

(3) 通过对信息资料的研究分析，对自己的价值观、职业愿望、个人能力、个人生活方式与追求诸多方面分别做出结论，得到一个较为全面、客观、真实的自我评价。从而帮助员工从自己所提供的大量信息资料中逐渐认识自己的形象。

3. 为员工提供建立职业锚的渠道

组织必须做好相关工作，为员工建立职业锚设置渠道。这些工作包含如下5项。

(1) 切实对每位员工个人职业综合把握。通过对员工工作实践、个人评价结果的信息、职业追求、愿望、价值观和抛锚职业目标、职业工作能力、人际关系能力等诸多要求来建立职业锚设置渠道。

(2) 组织职业岗位的梳理和广泛的工作分析研究，确定职业需求。分析、研究工作，根据工作情况，特别是制定需求的具体标准和条件，以及工作要求规范确定职业需求。

(3) 员工个人目标与组织需求相匹配。在上述职业岗位确定的基础上，即对员工个人职业工作综合掌握的前提下，使二者相匹配，帮助员工对号入座。

(4) 为每个员工设置职业锚渠道，并制订实施计划。为员工实现职业抛锚制订切实可行的计划和实施方案。

(5) 实施计划方案。应当依照制订的计划方案落实兑现，或者使员工尽快达到职业锚目标岗位，或者委以重任，或者适时升迁等，以使员工顺畅地建立起自己职业工作的长期贡献区。

23.3.3　职业锚的激励重点

管理者可以根据以下8个职业锚的内涵，来分析每个员工的职业锚分别是哪种类型，从而对他们进行有效的激励，为企业创造更多的效益，如表23-1所示。

表23-1　8种职业锚的特点和激励方式

类　　型	特　　征	工作类型	激励方式
技术/职能型职业锚	对某一特定工作有专长或强烈的兴趣。注重工作的专业化，对总经理式的工作内容兴趣不大	工作应对个人具有挑战性，通过该项工作可以体现个人的工作能力和技巧。典型的工作，如技术主管和职能部门经理	希望按照个人的技能水平(如教育程度、工作经验)来获得报酬，更注重绝对工资，偏好"自助餐式福利"；希望走技术路线式的晋升，不一定重视头衔，但重视报酬的公平性；偏好具体的认可而不是泛泛的奖奖；偏好进一步学习和在专业上自我发展的机会，偏好得到专家的肯定和相关的奖励

类　型	特　征	工作类型	激励方式
管理型职业锚	不愿意将自己局限于某一专业方向上，往往在以下方面表现超人：分析能力（尤其在信息模糊下的决策能力），人际关系和组织能力。具有强壮的神经和充沛的精力，尤其在强大的工作压力和困难下仍能客观处理问题	渴望承担更大的责任，希望充满挑战性，变化丰富的工作；领导他人的机会	以收入水平判断自己是否成功，偏好高的退休福利，重视靠结果和绩效来获得晋升，以"结果导向"为主，最大的组织认同是晋升高位。偏好物质奖励：加薪、红利、奖金和股票期权等。偏好头衔和身份象征（如大办公室和公车）
创造型职业锚	有通过发展新产品或服务来创造自己生意的强烈愿望，把赚钱作为成功的衡量标准。这种愿望往往在职业生涯的早期就付诸行动，以自我为中心，在传统组织中不会待太久	着迷于创新性的工作，不喜欢墨守成规。适合成为企业家，在自己的企业中会不断地开发新产品和服务，否则会失去工作的兴趣	需要拥有自己的企业，保持对企业股权的控制，例如开发新产品，会希望自己拥有专利。需要自己积累财富，不看重福利。需要权力和自由来支配自己的企业，满足自己的需要。建立财富和大规模企业是此类个体获得认可的重要途径，常常会在产品和公司名称中见到他们的名字
安全/稳定型职业锚	注重职业的安全和稳定，喜好可预测的未来，在某一职业阶段，经济上的安全成为主要的关注。典型工作，如银行职员和政府公务员	喜好稳定、可测的工作性质。对工作内容的兴趣胜过工作本身的性质。喜好的组织特征：提供长期职位，很少裁员，有好的退休计划和福利项目	提高薪酬、工作条件和福利对他们起的作用比工作丰富化、挑战性的工作和其他内激励的方式大。喜好年工序列工资制和基于年资的晋升系统；希望组织认可忠诚和稳定的绩效，相信忠诚对组织有显著的功效
自主/独立型职业锚	不愿意被条条框框限制，喜好以自我的方式、节奏和标准做事。往往从事一些自主性较高的工作，如咨询师和教师，或大型组织中的研发工作	喜好有明确时限，又能发挥个人专长的工作，偏好做项目类的工作，厌恶监视式的管理。能接受组织交给的目标，目标一旦设定，希望按自己的方式工作	偏好绩效工资、奖金、红利及"自助餐"式的福利，晋升必须意味着更大的自主权、奖章、奖金，仪式比晋升和头衔更重要，需要往往和组织传统的物质激励制度不一致

类　型	特　征	工作类型	激励方式
纯挑战型职业锚	有征服人和事的意向，对成功的定义是克服非常困难的障碍，解决难以解决的问题或征服难以征服的对手。不在乎工作的专业领域。典型职业：高级管理顾问	工作领域、组织类型、薪酬、晋升方式和认同形式都必须服从于在工作中是否能够不断提供挑战自我的机会，缺少这样的机会使个人感到厌烦和无趣	自我激励意识强，对能够提供给他们挑战型工作的组织忠诚。与周围同事相比，可能会曲高和寡，不易被理解
服务型职业锚	希望以某种方式改善自己周围的环境，选择帮助别人为主的职业，如医师、护士、社会工作者。希望与他人合作、服务人类精神在工作中得到体现	喜欢从事符合自己价值观的工作，可以影响所服务的组织或社会政策。在缺少他人支持的情况下，会转向有更大自由度的职业	希望根据自己的贡献得到公平的回报，将此类个体晋升到有更大影响力和工作自由度的职位是比金钱更大的激励，需要来自上司和同事的赞扬和支持，需要感到价值被高层管理者认可
生活型职业锚	强调工作必须和整体生活相结合。不仅仅是在个人和职业生活之间形成一种平衡，还是个人、家庭和职业需要的融合	需要灵活的工作时间安排，如弹性工作制，需要更多的休息日、哺乳假、在家办公等	反映了社会变动的大趋势，可能受夫妻两方面职业发展的影响，需要经理人员的理解，灵活的政策和职业发展系统

1. 技术/职能型职业锚员工的特点与激励重点

技术/职能型的人追求在技术/职能领域的成长和技能的不断提高，以及应用这种技术/职能的机会。他们对自己的认可来自于他们的专业水平，喜欢面对专业领域的挑战，通常不喜欢从事一般的管理工作，因为这意味着他们不得不放弃在技术/职能领域的成就。

激励的重点：加大工作范围，给予更多的资源和更大的责任，更多的经费、技术或下属的支持，或通过委员会或专家组的方式参与高层决策，提供更多的培训机会、组织赞助的休假、鼓励参与专业性会议、提供购买资料和设备的经费等。在薪资方面，要使他们觉得可以反映技术、专业水平的高低；工作晋升上，着重技术或专业等级，而非职位的晋升；要把他们当成专家，要有来自本专业领域专家的肯定和认可以及专业地位的提高。

2. 管理型职业锚员工的特点与激励重点

管理型的人追求并致力于工作晋升，倾心于全面管理，独立负责一个部分，可以跨部门整合其他人的努力成果。他们想去承担整体的责任，并将公司的成功与否看成自己的工作。具体的技术/职能工作仅仅被看作通向更高、更全面管理层的必经之路。

激励的重点：他们的核心价值与动机是承担更大的责任，获得更多的领导机会，为组织的成功做出贡献并带来高的收入。因此，对他们最有价值的激励就是给予更大的管理责任的职位，并得到上司的认可，如地位象征的高头衔、大的办公室、轿车或公司中的特权等非常有用。他们对金钱形式的奖励非常在意，如加薪、奖金和股票期权等。

3. 创造型职业锚员工的特点与激励重点

创造型的人希望用自己的能力去创建属于自己的公司或创建完全属于自己的产品(或服务)，而且愿意去冒风险，并克服面临的障碍。他们想向世界证明公司是他们靠自己的努力创建的。他们可能正在别人的公司工作，但同时他们在学习并寻找机会。一旦时机成熟了，他们便会走出去创立自己的事业。

激励的重点：他们希望得到金钱，但不是出于爱财的缘故，而是因为把金钱当作他们完成某件大事业的有形标志。如果企业给不了他们金钱，可以对他们进行公开表彰，并且把他们最渴望得到的奖励——不断打造属于自己的事业的机会给予他们。工作上鼓励创新，相信他是天才，证明他有创造力，而且需要不断赋予他新的挑战。另外，创造机会与同事分享成功经验、获得自我认可和公众认可也是对创造型人才激励的方式之一。

4. 安全/稳定型职业锚员工的特点与激励重点

安全/稳定型的人追求工作中的安全与稳定感。他们因为能够预测到稳定的将来而感到放松，关心财务安全，如退休金和退休计划。稳定感包括诚实、忠诚及完成老板交代的工作。尽管有时他们可以达到一个高的职位，但他们并不关心具体的职位工作内容。

激励的重点：安排安全、稳定、有保障的工作职位；工作环境、工作挑战性等内在的激励方式不如直接加薪、改善收益状况对他们更有效，因为基于稳定的考虑，安全/稳定型职业锚的人希望薪水可以基于工作年限、预测的稳定增长。所以对这样的人，要提供基于工作年限的、稳定的薪水增加，并且提供保险与养老金的薪酬方案；承诺如果忠诚企业并且有较好的稳定绩效就可以获得稳定而连续的雇佣，会对这种类型的人起到积极的激励作用。

5. 自主/独立型职业锚员工的特点与激励重点

自主/独立型的人希望随心所欲安排自己的工作方式、工作习惯和生活方式，追求能施展个人能力的工作环境，最大限度地摆脱组织的限制和制约。他们宁愿放弃提升或工作发展机会，也不愿意放弃自由与独立。

激励的重点：自主/独立型职业锚的人最喜欢直接的表扬与认可，对他们来说，勋章、证明书、推荐信、奖品、证书等奖励方式比晋升、获得头衔甚至是金钱更具有吸引力。

6. 纯挑战型职业锚员工的特点与激励重点

纯挑战型的人喜欢解决看上去无法解决的问题，战胜强硬的对手，克服无法克服的困难、障碍等。对他们而言，参加工作或职业的原因是工作允许他们去战胜各种不可能。

激励的重点：分配更有挑战性的任务，工作上给予强硬的挑战。要有高目标，设置竞争，并晋升到有更大挑战性的工作岗位上去，因为他们愿意解决那些看上去无法解决的问题，竞争并战胜别人是职业中最令其兴奋的事情；制定与工作难度、挑战性和完成情况相匹配的薪酬体系，也是奖励的一种很好的方式。

7. 服务型职业锚员工的特点与激励重点

服务型的人一直追求他们认可的核心价值，如帮助他人，改善人们的安全，通过新的产品消除疾病等。他们一直追寻这种机会，这意味着即使变换公司，他们也不会接受不允许他们实现这种价值的变动或工作提升。

激励的重点：通过给他们提供为心中的理想打拼的机会，以满足他们服务的愿望。钱不是他们追求的根本，他们对组织的忠诚，希望得到基于贡献的、公平的、方式简单的薪酬；要尤其认可他们的贡献，给予更多的权力和自由来体现他们的价值；上级与同事的认可与支持也是奖励的一种很好的方式。

8. 生活型职业锚员工的特点与激励重点

生活型的人希望将生活的各个主要方面整合为一个整体，喜欢平衡个人的、家庭的和职业的需要，因此，生活型的人需要一个能够提供足够弹性的工作环境来实现这一目标。他们甚至可以牺牲职业的一些方面，如放弃职位的提升来换取三者的平衡。他们将成功定义得比职业成功更广泛。相对于具体的工作环境、工作内容，生活型的人更关注自己如何生活、在哪里居住、如何处理家庭事务及怎样自我提升等。

激励的重点：一张弹性的工作安排表是最有效的奖励。工作上提供相对充裕的闲暇时间，使得他们能够平衡个人的、家庭的、职业的需要；提供更弹性的工作空间，尊重他们的平衡需要。在他们表现出色、工作高效的时候，给他们一个最大化非工作时间的机会。让他们把精力集中在工作任务的完成上，而不是上班时间的消磨上，然后奖励他们自行支配余下的非工作时间。

总之，辨识员工的职业锚的目的是为不同职业锚的人疏通实现其职业目标的渠道，对员工进行不同职业性质的激励，使他们更有满足感，从而愉快高效地工作，同时也可以进一步提升整个团队的工作效率，为企业创造更多的财富。

23.3.4 如何开发和管理职业锚

从职业锚的含义可知，开发职业锚最好的方法是让每位员工通过各种测试来预测和明确自己的职业锚，但是很显然这样做很困难。首先，人们对自己的认识是在不断地工作实践中逐渐明确的，对于某些人来说这个时间可能会很长；其次，外界不断变化的环境会改变员工的需求状态；最后，由于影响员工需求的变量很多，因此测定方法的科学性不容易掌握。

既然从员工个人角度无法确定员工自身的职业锚，那么可以考虑从企业角度出发，由企业提供机会和条件来帮助员工明确自己的职业锚，即由企业来开发和管理员工的职业锚，具体方法如下。

1. 注重培育积极优秀的企业文化

企业文化的结构可以分为精神层、制度层和物质层3个层面，其核心是精神层面。它包括企业最高目标、企业宗旨、企业精神等方面的内容。优秀的企业文化具有较强的导向、凝聚、约束等功能，这些功能可以有效地将员工的个人行为规范到组织行为中，可以将员工的个人目标纳入组织的目标中，这就是企业文化力的体现。员工在建立职业锚时必然受到这种文化力的影响，优秀企业文化的培育为员工职业锚的确立创造了良好的氛围，会引导员工职业锚的建立朝着健康的方向发展。而不良的企业文化会使得员工的职业锚的建立背离企业的发展方向，企业的管理者必须注重培育优秀的企业文化。

企业文化的培育虽不是人力资源管理部门的主要职能，但是一个企业文化的培育离不开各部门的活动，更离不开人力资源管理部门的活动。人力资源管理部门在工作中要注重这一方面的工作。

2. 建立岗位说明书

在企业中，员工尝试做不同工作的机会是比较少的，而缺乏尝试的机会显然对员工寻找自己的职业锚非常不利。虽然有的企业有工作轮换的做法，但此做法多是从减少员工的工作单调性出发，而不是从员工的发展角度出发，由于目的的不同，工作轮换对生产效率的提高虽有一定作用，但对员工的职业锚建立缺乏明显作用。鉴于以上原因，企业可以通过建立岗位说明书的方式为员工提供不同工作、不同岗位方面的信息。

岗位说明书主要从岗位职责，所需知识结构、能力结构和相关知识等方面进行说明，这样做可以使员工充分了解自身岗位之外其他岗位的详细情况，使员工了解自己的发展机会及所必须具备的条件，从而方便员工尽快找到自己的职业锚。

需要注意的是，现代企业组织结构在向柔性化方向发展，岗位说明书中岗位职责和工作内容部分有时会比较难以确定。为了解决这个问题，在岗位说明书中加入岗位负责人和岗位起始日期，通过这两个内容保证岗位说明书的效果。

工具 24

3S绩效考核——经过验证的合伙人制度设计与考核体系

✳ 24.1 基本含义

3S绩效考核是"3S绩效管理体系"的简称，又称"3S绩效考核体系"。该体系主张企业应针对合伙人的文化行为、工作结果和工作过程这3个方向，与合伙人一道协商，建立起适用于每一位合伙人的绩效考核标准，并倡导和要求每一位合伙人自觉自愿地基于各自的考核标准，来实现有效的自我管理。"3"是指"文化""结果"和"过程"这3个评估方向，"S"是得分(score)这一英文单词的首字母，所以合在一起称为"3S"。

与传统绩效考核相比，3S绩效考核与人们所熟知的传统的绩效管理标准，看似并无明显区别，但实际上是有着本质区别的。传统的绩效管理标准，是管理理论和实践界由来已久的"互利性绩效管理思想"的产物，它关注的焦点是，企业如何促使员工们为雇主创造更大的利益，以及企业应如何基于员工的业绩表现，来决定员工的利益——奖励和处罚；"3S绩效考核"则是因应新时代管理环境变迁的"共利性绩效管理思想"的产物，它关注的焦点是，持有公司股份的合伙人，应在绩效管理方向上进行有效的自我管理，并以此为抓手，来促使每一位合伙人最大化地创造和公平地分享多样化的合伙事业成果。

✳ 24.2 3S绩效考核的理论来源

3S绩效考核体系是奇榕咨询公司创始人张诗信和王学敏创立的一套合伙人制度落地实施的考核体系。他们经过大量的研究发现，员工管理问题的症结主要是由时代的发展变化所导致，也在相当程度上跟企业的人才管理思想和行为没有与时共进有关。该体系的创立者清楚地看到，员工难于管理的现实问题，通常跟企业未能帮助员工们正确认识到他们"想要什么及如何得到"有极大的关系。

沿着这一思路，该体系的创立者进一步意识到，企业只有与时共进地建立起"合伙人制度"，才可能长效地解决上述"员工难于管理"的现实问题。它具有两层含义：其一，企业只要授予特定的人才以股份，就既能够有效解决人才对工作回报的关切问题，又能够有效解决企业支付能力不足的现实问题；其二，企业在授予特定的人才以股份的同时，就可以对人才的职业价值观、岗位胜任能力和适应变化能力提出更为严格的要求。

然而，在研究"合伙人制度建设"相关课题时，该体系的创立者却又碰到了一系列新的理论和实践问题，主要有以下5点。

(1) 如果企业缺少有效的事业梦想和业务逻辑，它将无法吸引到和保留住优秀人才。

(2) 企业不能指望一实行股权激励计划或合伙人制度，员工就会自动转变为优秀人才。

(3) 在确定了股权激励的对象以后，应该如何设计股权激励政策？

(4) 实行股权激励计划或合伙人制度以后，如果缺少一套有效的管理手段和政策机制，其后果将非常严重。

(5) 企业实行股权激励计划或合伙人制度以后，如果人才的工作意愿和能力并没有发生变化，那么企业的业绩也就不会发生变化。

针对以上问题，他们最终提出了一个名叫"合伙人制度1+4模型"的解决方案，并在《合伙人制度顶层设计》一书中正式公布了这一方案。

"1+4模型"提示企业，在实行股权激励计划或合伙人制度时，要从"顶层"来进行系统规划和精心设计。"1"是指，企业要实行合伙人制度，首先必须有事业梦想和业务逻辑。"4"是指，在有了梦想和逻辑这一前提条件之后，企业还需要建立4套递进式方案：①要选对合伙对象并对合伙人进行分层分级；②要设计出持续有效的股权激励政策；③要设计出与股权激励政策相配套的决定合伙人股份相关利益"升降进退"的绩效管理标准；④要有确保合伙人持续有效成长的策略与方法。

而在这一模型中，"3S绩效考核"就是用来决定合伙人股份相关利益"升降进退"的思想和方法体系。它是"1+4模型"中至关重要的内容，将直接关系到股权激励计划或合伙人制度的成败。

后来，在帮助广泛的企业导入和实施3S绩效考核体系的过程中，该体系的创立者进一步发现，这一体系不仅可以用来"牵一发而动全身"地管理所有企业的合伙人的绩效，而且可以用以取代所有传统的绩效管理思想与方法。

❊ 24.3 3S绩效考核的3个评估方向和5项功能

24.3.1 3S绩效考核的3个评估方向

3S绩效考核体系主张，企业应定期考核所有合伙人在文化、结果和过程3个方向(见图24-1)上的贡献。

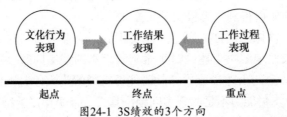

图24-1 3S绩效的3个方向

"文化"是员工实现良好业绩的起点。员工只有遵守公司的文化准则和规章制度，才可能进而有良好的工作过程表现和工作结果表现；不遵守公司的文化准则和规章制度的员工，不可能产生良好的绩效(如果一位员工不遵守公司的文化准则和规章制度，却又能产生良好的绩效，那一定只是碰巧，将不可能持续)。

"结果"是员工要达到的终点，也是企业最为关切的内容。考核员工工作结果的重要性还在于，如果缺乏工作结果目标的牵引，员工在其他两个考核方向上的行为表现，便很有可能偏离正确的方向。

"过程"是员工要取得良好结果的重点。只有确保工作过程有效，才能取得良好的工作结果。如果工作过程有效也不能达成工作结果目标，那意味着工作结果目标定得过高；如果无须管理工作过程，也能达成工作结果目标，那意味着工作结果目标定得过低。

从以上说明中可以看出，文化、结果和过程这3个考核方向是彼此加强和相互修正的关系。加强文化行为表现和过程行为表现的考核，可以促进员工更好地完成工作结果目标，也可以用以修正工作结果目标定义时可能出现的偏差；加强工作结果目标的考核，可以促进员工文化行为和工作过程行为的有效性，也可以用于修正文化和工作过程管理中可能出现的偏差。

24.3.2　3S绩效考核的5项功能

3S绩效考核体系同时具备以下5项功能。

(1) 促进企业各部门、层级和岗位间的沟通与协作。这一功能体现在，任何一位工作者的工作目标与计划，都是在上级和相关岗位人员的参与下制订出来的；在制订工作目标与计划的过程中，就可以解决大量的跨岗位、跨部门沟通协作问题。

(2) 促进合伙人和员工的学习与成长。将这一功能作为3S绩效考核体系的重要目的，所基于的理由有三点：其一，任何一位合伙人，只有提升了工作能力，才有可能创造出更好的工作业绩；其二，3S绩效考核体系本身具有促使合伙人能力提升的功能；其三，3S绩效考核体系还具有发现合伙人能力短板的功能。

(3) 促使更好地达成企业/部门/岗位的业绩目标。当每一位合伙人因能力提升而创造出了更佳的业绩时，企业的业绩目标也就能够最大化地得以实现。此外，3S绩效考核体系本身就是一套确保每一位合伙人实现最佳业绩的方案。

(4) 推动或促进企业管理的持续优化或改善。在运用3S绩效考核体系管理合伙人的绩效时，合伙人将面临许多直接和间接的现实问题或困难。在这种情况下，企业或上级领导只有设法来分析和解决问题或困难，相关合伙人才能形成工作承诺；而在解决相关问题或困难时，企业的管理也就得到了相应改善。

(5) 确保合伙人和员工获得更大的可持续的工作回报。这是3S绩效考核体系的最终目的，也是前述4项功能得以实现的前提性功能。当一位合伙人的3S考核结果连续获得优秀评分时，他便可以在股份行权、利润分红和后期股份增持等方面占有更大优势，也极有可能获得更多的升职和加薪机会。

❋ 24.4　3S绩效考核的内容框架与方法

24.4.1　3S绩效考核的通用模板

3S绩效考核体系是一个相对封闭的考核系统，通用模板如表24-1所示。它的封闭性体现在两个方面：一是只考核合伙人在文化、结果和过程3个方向上的贡献，不涉及其他维度的考核；二是只考核合伙人在前述3个方向上的行为和结果表现，不涉及工作意愿和能力的考核。

表24-1　3S绩效考核的通用模板

评估指标		目标设置	评分标准(细则)	数据来源	评估得分		权重设置	最终得分
评估方向	细分指标				自评	他评		
文化贡献(CS)								
结果贡献(RS)								
过程贡献(PS)								

24.4.2　3S绩效细分考核指标设置

1. 文化贡献方向的指标设置

3S绩效考核体系中的文化贡献，是指一位合伙人遵守公司既定文化(价值观)准则和规章制度的行为表现。考核合伙人文化贡献的目的在于，合伙人只有遵守公司既定的文化准则和规章制度，才能维持和确保组织的凝聚力、向心力、协同力和战斗力，进而公司才可能创造出较好的经营和管理业绩。

对于文化贡献方向的考核，该体系的创立者建议设置以下3项指标(各企业也可以根据自身的管理要求，以及各岗位的具体情况，选择文化贡献方向考核指标的多少和具体的指标内容)：

(1) 遵守《合伙人文化守则》的行为表现；

(2) 遵守公司目标与计划管理、工作汇报与会议管理要求的行为表现；

(3) 跨部门沟通与内外部协作的行为表现。

2. 结果贡献方向的指标设置

一般来说，结果贡献方向的考核指标相对是比较容易确定的，但在设置时仍然会面临一个难点：销售和生产部门人员的结果项指标相对容易设置，非销售和生产部门人员的结果项指标不容易设置。

针对销售和生产岗位的结果项考核，涉及3个以上的可选择指标时，在3S绩效考核体系中，通常只选取其中被各相关方人员认为最重要的2～4项指标，其他指标不予考核。

针对非销售和生产岗位人员结果项考核指标的设置，3S绩效考核体系的创立者认为，首先要解决好非销售和生产岗位人员的工作结果内容分类的问题。所谓"分类"，是指如何将一个岗位工作结果的内容分解成不同的考核指标。

针对这一问题，3S绩效考核体系主张，所有工作岗位的工作结果一定集中于5个维度：效率、质量、成本、创新和安全(这5个维度也是企业管理工作永恒的五大主题)；换言之，不同的企业在针对不同的岗位设置结果项考核指标时，无非是在这5个维度上做出选择。不过，不同岗位在上述5个维度的优先顺序是不一样的。比如，对于财务人员和飞机驾驶员等岗位来说，安全指标应该是排在第一位的；而对于其他众多岗位的人员而言，效率指标则可能排在第一位。

3. 过程贡献方向的指标设置

在过程贡献方向上，3S绩效考核体系的创立者建议，可以设置以下3项细分指标：

(1) 周期内关键工作事项计划完成率；

(2) 周期内关键工作事项计划完成的质量或效果；

(3) 周期内计划外工作事项完成情况。

上述建议的核心内容是考核周期内的关键工作事项计划。企业中的许多工作岗位，尤其是管理岗位，在考核周期内无一例外地会涉及大量的、具体的关键性工作；他们只有关注到那些影响工作结果的关键性工作事项，并解决好这些关键工作事项所涉及的问题，才能确保在考核周期内最终创造出良好的工作结果。

之所以又要考核"计划外工作事项完成情况"，是因为许多岗位工作人员，在按照事前确定的计划进行工作时，可能会有一些事前没有估计到的计划外工作，冲击到他们的既定计划。

4. 指标权重设置

3S绩效考核体系主张，针对合伙人的贡献考核，文化、结果和过程3个方向的权重设置分别如下。

(1) 文化贡献：20%。

(2) 结果贡献：40%～70%。

(3) 过程贡献：10%～40%。

以上权重分配中，在结果贡献和过程贡献考核方向之所以存在选择区间，是因为不同岗位人员的工作结果有的好衡量，有的则不好衡量。根据3S绩效考核体系的设计思想，针对结果贡献好衡量的岗位，其结果贡献方向的考核权重要高，反之则要低。

此外，3S绩效考核体系主张，最好采取设置"修正系数"的办法，来设置每一考核方向下各细分考核指标的权重。具体是指，把每一考核方向下的第一项细分指标作为"核心指标"，并采取百分制(最高可得120分)；把每一考核方向下的第二至第n项指标作为"修正指标"，并且也采取百分制计分法(最高可得120分)，但需要将单项得分除以100，转换成修正系数；最后以核心指标项的得分乘以所有修正系数相加后的平均值，得出该考核方向的最终得分。

5. 目标值设置

大多数企业在设置员工的绩效目标时，有一个共同的倾向，就是尽可能地设置"进取性目标"。3S绩效考核体系则主张，在设置考核目标时应采取"相对保守策略"，即只要员工做出了一般性的努力，便能达成绩效目标。但这并不意味着，企业应该放弃取得更好业绩的愿望，而是在员工取得更好业绩时给员工以奖励，通过奖励来激励员工争取最大化的业绩。

与上述主张相适应，3S应用专家在辅导企业制定针对每一位合伙人的绩效考核目标时，一般会建议企业：采取80～120分制的计分方式来评定每一位合伙人的贡献。在这一建议下，合伙人达到一般水平得100分，低于一般水平相应减分，高于一般水平相应加分。

这一考核思想的核心是：企业应以正面激励或奖励合伙人为主。这一建议的理由是：以奖励为核心内容的贡献考核思想，比传统的以处罚为核心内容的绩效考核思想，在实践中所展现的实际绩效管理效果会更好，特别是对于新生代员工来说。

6. 评分标准

(1) 文化贡献方向的评分。在这一方向上，3S绩效考核体系一般建议采取"极端事件法"来进行评分，也就是看被考核对象有无特别好的行为表现或特别差的行为表现。即给大多数没有特别好或差的行为表现的人100分，只给极少数的有良好行为表现的人加分，并只给极少数的有较差行为表现的人减分，且加分和减分时都说明事实依据。这样一来，就不会存在偏差，也不会引起争议。

上述做法隐含着3S绩效考核体系特有的一种管理思想：企业没有必要在所有细节问题上计较员工的所有行为表现。如果是事无巨细地追究当事人满足管理标准所要求的所有细节，便必然会存在偏差、引起争议。也就是说，过分"精细"的考核是得不偿失的。

采取这种识别极端行为的评分方法，其最大好处有3个：一是减轻评估者的评估负担；二是评估结果一般不会有争议和分歧；三是可以真正地起到奖优罚劣的作用。

(2) 结果贡献方向的评分。这一方向的评分标准比较好制定。总体原则就是"让数据说话"，即按照完成情况同比例给分，而且是以统计部门提供的数据为依据来进行打分。

在具体评估时，企业一般会采取"同比例给分"原则，而且通常都会有一个最低得分和最高得分限制。3S绩效考核体系的一般建议是，给分区间为80～120分(现实中，也有企业采取的是60～140分的打分区间，还有企业采取的是"上不封顶、下不保底"的原则)。究竟应该采取什么样的给分区间或原则，各企业可以根据自己的价值观来进行取舍。

（3）过程贡献方向的评分。在这一方向上，3S绩效考核体系的一般主张是采取"相对模糊"的方式进行评分。如果被评估对象完成了承诺的关键工作事项且质量或效果很好，就给他打110分或120分；如果被评估对象大致完成了承诺的关键工作事项且质量一般，或者虽然并没有完成承诺的关键事项或者完成的质量效果并不十分好，但有可以谅解的原因，就给他打100分；如果被评估对象没有完成所承诺的关键工作事项，或者虽然完成了，但完成的质量效果很差，就给他打80分或90分。

在实际操作中，一般是由被评估对象先给自己打分，然后再由被评估对象的直接上级为其打分；如果经过沟通不能达成一致时，则以直接上级的评估得分作为该评估项的最终得分。

24.4.3　3S绩效考核的适用范围

第一适用方向

3S绩效考核体系可以适用于已经实行了股权激励计划或合伙人制度的企业中的合伙人群体，但前提是该企业的股权激励计划或合伙人制度能够与3S绩效考核结果高度地挂起钩来。

"能够高度地挂起钩来"的基本标志是，合伙人3S绩效考核的结果，可以应用于合伙人股份利益相关的4个方向：能够用来决定合伙人是否可以行权及行权比例；能够用来决定合伙人的实际股份分红；能够用来决定合伙人身份的升降进退；能够用来动态地决定合伙人股份的增减持。

要想同时与合伙人的上述4个方向的股份相关利益高度挂钩，就要求企业的股权激励计划或合伙人制度中有相关政策性安排或约定；如果此前没有相关安排或约定，则应对其已有的股权激励计划或合伙人制进行必要修正。

第二适用方向

3S绩效考核体系也可有条件地适用于已经实行股权激励计划或合伙人制度的企业中的非合伙人群体。也就是说，企业可以将3S绩效考核体系覆盖到所有员工，用以取代原有的员工绩效管理标准。

这一做法有3点好处：其一，会使企业从此拥有共同的绩效管理语言及思维；其二，会一次性解决企业绩效管理中面临的各种理论性、结构性和技术性问题；其三，可以让非合伙人员工意识到，按照3S绩效考核体系的要求来实施自我管理，其在不久的将来也有可能成为公司的合伙人。

第三适用方向

3S绩效考核体系还可以在不考虑实行股权激励计划或合伙人制度的情况下，应用于一家企业的员工绩效管理实践——用以取代原有的绩效管理标准。

这一应用方向有3个前提条件：其一，该企业虽然暂时尚未实行股权激励计划或合伙人制度，但已有此计划或打算，因而员工们有理由接纳3S绩效考核的思想和方法；其二，该企业是新兴的创业型企业；其三，该企业必须有一位看好3S绩效考核体系的领导人。

✳ 24.5 3S绩效考核体系的设计

24.5.1 导入3S绩效考核体系的4个条件

1. 企业要有梦想和逻辑

3S绩效考核体系主张：梦想和逻辑是企业建设合伙人制度的起点，也必须是企业针对合伙人群体推行3S绩效考核体系的起点。

"梦想"是指企业希望做成一家什么样的公司；要实现的愿景是什么，要承担什么样的社会使命；"逻辑"是指企业实现自身梦想的依据，也是企业用以说服员工相信企业能够实现梦想的依据。强调企业梦想和逻辑的意义在于，有梦想和逻辑的企业更能吸引和保留优秀人才，并能强化员工的工作意愿。

2. 企业要有相应的激励制度

在具备了上述梦想和逻辑的前提条件下，企业还需要具备相应的激励制度，才有可能更为成功地导入3S绩效考核体系。

这里所谓的"激励"，具体有两层含义：①企业只有愿意并有能力向员工支付较高的薪酬，并将较大比例的薪酬与员工的绩效考核结果挂钩，才能使他们对包括3S绩效考核体系在内的绩效管理方案有足够的兴趣和重视度；②企业只有将3S绩效考核的结果与所有合伙人的股份相关利益高度挂钩，才能迫使或促使所有合伙人自觉自愿地应用3S绩效考核体系来进行自我管理。

3. 老板要有坚定的意愿、意志和有效的行为导向

(1) 老板要意识到绩效管理是一个战略问题，而不是一个技术问题，要坚定地相信，3S绩效考核体系是不二选择。

(2) 老板要意识到：要做，就一定要做好；在导入的过程中碰到任何困难、问题或挑战，都要继续下去，直到成功。

(3) 老板一定要亲自主持或参加相关会议。特别是在项目启动阶段和制定中高层人员的3S绩效考核标准时，老板一定要亲自参与，甚至亲自主持会议。

4. 要有真正的专家参与项目指导

这里所说的专家，不是指一定要聘请外部咨询公司的专家来做项目服务，也可以是经过严格的3S绩效考核体系培训的内部管理人员，还可以是由其他公司加盟过来的经历过3S绩效考核体系从制定到落地执行全过程的资深管理人员或内部顾问。专家的作用在于，可以确保企业制定出来的3S绩效考核体系既符合其应有的思想、逻辑和原则，又符合企业的实情，同时还能有效地在企业落地执行。

24.5.2　3S绩效考核体系设计步骤

步骤1：高层达成共识

导入3S绩效考核体系是"一把手工程"。老板不仅要率先意识到应该导入3S，而且还应设法让公司的管理高层与自己在想法和意志上达成一致。

步骤2：培训宣导

在高层就导入3S绩效考核体系达成共识之后，企业很有必要对3S绩效考核体系将要覆盖到的所有人员进行一次正式的培训宣导。培训既可以由外聘专家来完成，也可以由内部专家来完成，还可以由老板或某位高管亲自完成。

步骤3：输出文化守则

这一环节要完成两个方面的任务：一是重新梳理公司的事业梦想和业务逻辑；二是制定出公司的《文化守则》。

步骤4：逐一制定标准

在完成上一步骤的工作之后，便可以着手逐一为每一位合伙人/员工制定3S绩效考核标准了。针对任何一个岗位人员制定3S标准时，都必须基于3S绩效考核体系的标准模板，按照定义每一考核方向的细分考核指标、定义目标值来源、定义评分标准、设置考核指标权重的步骤进行制定。

步骤5：审议定稿

在所有人员的3S标准制定完毕后，企业还需要专门安排时间，组织相关人员逐一审议、修订和确认每一位人员的3S绩效管理标准，最终才能形成执行性管理文件。

✳ 24.6　3S绩效考核体系的执行要点

1. 对老板的要求

3S绩效考核体系设计完成以后，这一体系能否在企业落地执行，并取得良好的效果，在极大程度上取决于老板的意志、能力和行为。

2. 选对主体责任人

所谓"主体责任人"，是指对3S的导入和落地执行结果负责任的那个人。对此，3S绩效考核体系的创立者基于大量的咨询服务实践，提出了可供企业参考的三大经验性观点：选择"纯HR"要慎而又慎；必要时老板亲自挂帅；业务出身的人更可信。

3. 评估周期和会前工作

3S绩效考核要求企业定期召开3S管理例会，通过公开的会议机制来评价每一位合伙人/关键岗位员工在上一考核周期内的绩效表现，并评议、修订和完善每一位合伙人/关键岗位人才在下一考核周期内的工作目标与计划。

(1) 评估周期。3S绩效考核体系的创立者原则上建议，企业应每月召开一次3S管理例会。这是因为，这一周期安排可以跟企业中许多工作的周期性安排保持一致，考核周期更为科学、合理和有实际作用，而且对管理者会产生心理暗示和行为牵引。

但是，对于一些大公司和超大型公司来说，针对管理高层的3S管理例会可以每季度或每半年召开一次；对于中小型公司来说，针对中层以上岗位人员/合伙人的3S管理例会，最好是每月召开一次；对于所有公司来说，针对基层岗位人员的3S管理例会，则可以每周召开一次。

(2) 会前工作。会议组织者应提前3～4天通知3S管理例会具体召开的时间和地点，要求所有参会人员提前完成个人在上一周期的3S绩效评估和下一周期的关键工作事项计划，并与自己的直接上级进行沟通和确认。同时，会议组织者还应从有关部门收集相关统计数据、管理信息等，以供会议中随时调用。

所有管理岗位的参会人员，在接到3S管理例会组织者的通知后，应根据3S表格的填写规范，要求其下属参会者在规定时间、以规定方式填写并提交他们的3S表格文件。管理者在收到下属员工的3S表格文件以后，可以通过一对一或团队小型会议的方式，与每一位需要参会的下属就其上一月度的3S绩效表现进行评估打分，并通过充分沟通，帮助参会下属完善其下一周期的关键工作事项计划。

在3S管理例会召开之前，会议主持人应同公司领导进行一次沟通，目的是对本次3S管理例会提前定目标、定基调和定策略。

4. 会议基调和议程

(1) 会议基调。任何一次3S管理例会的中心思想，都应该是让参会的每一位合伙人/关键岗位人才都能够基于既定的3S框架和原则，并在团队的见证和参与下，实现有效的自我管理，以此来促使他们持续快速地成长，最终使其能够从职场上获得更多的物质、精神和机会回报。

基于这一中心思想，每一次3S管理例会，都不应该以"指令定位"为基调来进行，而必须以"沟通定位"为基调。

(2) 会议议程。3S管理例会的标准步骤如下。

步骤1：过程贡献评估。

步骤2：文化贡献评估。

步骤3：结果贡献评估。

步骤4：计算3S综合得分。

步骤5：汇报下一考核周期的关键工作事项计划。

5. 必要的奖罚措施

(1) 应将所有相关人员遵循3S管理规范的行为表现纳入文化贡献方向的考核。当某一位合伙人/关键岗位人才呈报的3S表格堪称大家学习的标杆，或在会议汇报的过程中有特别良好的表现时，应当给其文化贡献方向的相关细分指标予以加分；反之，则应当予以减分。此外，还应给其直接上级的3S文化贡献对应加分或减分。

(2) 在召开3S管理例会的过程中，对于那些态度积极、敢于坦诚直言、勇于承担责任的参会者，会议主持人或公司领导应在会议结束时公开提出表扬；而对那些在会议过程中态度消极、不愿意坦诚直言、不敢承担责任者，应在会议结束时公开提出批评，或者在会后单独将其留下来与之谈话，指出问题，提出批评，并要求其下次改正。

6. 管理改善的相关问题

企业在导入3S绩效考核体系及召开3S管理例会的过程中，会发现公司里存在一些管理问题。发现了问题就要设法解决，不解决的话，工作便没法有效推进，或者无法对有关人员的工作绩效进行有效评估。这也正是3S所具有的促进管理持续改善的功能。

7. 潜在价值挖掘与利用

3S绩效考核体系对组织效能的优化功能，主要体现在3个层面。

(1) 在3S绩效考核体系的导入阶段，为了给特定合伙人/关键岗位人才设置绩效考核指标，企业会发现其既有的组织设计、管理体系和工作设计中可能存在某些问题。企业针对所发现的问题而采取新的管理措施时，事实上就是在借助3S绩效考核体系优化组织的管理效能。

(2) 在3S绩效考核体系的落地执行过程中，为了使合伙人/关键岗位人才的工作更为高效高质，以及更加公正有效地评价他们的贡献，同时也为了促进他们的学习与成长，企业可以通过定期举行的3S管理例会机制，来发现工作中存在的各种问题。当企业努力解决被发现的管理问题时，也意味着是在借助3S绩效考核体系优化组织的管理效能。

(3) 当企业试图利用3S绩效考核体系来定期、全面地诊断其管理问题，并基于诊断结论，采取系统化的措施来改善管理时，同样也意味着企业是在借助3S绩效考核体系优化组织的管理效能。

第四篇 │ 财务管理工具

工具 25
杜邦分析法——企业业绩评价体系中的有效工具

🌼 25.1　基本概念

杜邦分析法(DuPont analysis)，也称杜邦财务分析体系，又称杜邦系统，是美国杜邦公司率先采用的用以分析企业财务状况的一种财务分析方法。它是利用财务指标间的内在关系来分析评价企业综合经营管理水平及经济效益的好坏。它一经问世便风靡世界，为通用、松下等众多大型企业组织所采用，并在其后的几十年中成为企业业绩评价体系中最为有效的工具之一。

在分析过程中，由于企业经营的最终目标是企业财富最大化，而权益净利率是实现该财务管理目标的关键，因此该方法从权益净利率出发，将其分解为若干财务指标，计算出相关主要财务指标的高低及其增减变化，进而再对主要财务指标进行层层剖析，细分至各资产负债表及利润表项目，在对比中找到引起各项指标变化的原因，从而能有针对性地寻求最佳的管理决策方案。由于杜邦财务分析体系首次系统地揭示了财务比率之间的内在联系，因此在财务分析中占据重要位置，被广泛运用于业绩评价领域。

🌼 25.2　主要内容

25.2.1　杜邦分析图

杜邦分析法可以绘制成杜邦分析图，其对财务报表的分析，如图25-1所示。

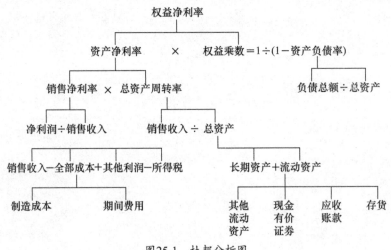

图25-1　杜邦分析图

杜邦分析图是从两个角度来分析财务的：一是进行内部管理因素分析；二是进行资本结构和风险分析，提供主要指标关系的信息。

25.2.2 对杜邦图的分析

1. 基本关系式

$$权益净利率＝资产净利率×权益乘数$$
$$权益乘数＝1÷(1－资产负债率)$$
$$资产净利率＝销售净利率×总资产周转率$$
$$销售净利率＝净利润÷销售收入$$
$$总资产周转率＝销售收入÷总资产$$
$$资产负债率＝负债总额÷总资产$$

由上面的基本关系式可以看出，杜邦分析法是从权益净利率这个综合性指标出发，将其逐层分解为若干财务指标，以此揭示企业获取收益的内在因素及其相互关系。通过逐层分解可以发现，最终企业权益净利率的因素有：收入、成本、费用、资产状况，以及资本结构等因素。

2. 指标分析

(1) 权益净利率是一个综合性最强的财务比率，是杜邦分析系统的核心。它反映所有者投入资本的获利能力，并且是企业经营成果的重要衡量指标，同时反映企业筹资、投资、资产运营等活动的效率。决定权益净利率高低的因素有三方面——权益乘数、销售净利率和总资产周转率。这3个比率分别反映了企业的负债比率、盈利能力比率和资产管理比率。

(2) 权益乘数主要受资产负债率影响。负债比率越大，权益乘数越高，说明企业有较高的负债程度，给企业带来较多的杠杆利益，同时也给企业带来较多的风险。资产净利率是一个综合性的指标，同时受到销售净利率和资产周转率的影响。

(3) 销售净利率高低的分析，需要从销售额和销售成本两方面进行。这方面的分析是有关盈利能力的分析。这个指标可以分解为销售成本率、销售其他利润率和销售税金率。销售成本率还可进一步分解为毛利率和销售期间费用率。深入的指标分解可以将销售利润率变动的原因定量地揭示出来，如售价太低，成本过高，还是费用过大。总资产周转率是反映运用资产以产生销售收入能力的指标。对总资产周转率的分析，则需对影响资金周转的各因素进行分析。除了对资产的各构成部分从占用量上是否合理进行分析外，还可以通过对流动资产周转率、存货周转率、应收账款周转率等有关资产组成部分使用效率的分析，判明影响资金周转的问题出在哪里。

(4) 资产周转率是反映企业运营效率的比率，企业资产的营运能力，既关系到企业的获利能力，又关系到企业的偿债能力。

杜邦财务分析体系的作用是解释指标变动的原因和变动的趋势，为采取措施指明方向。从杜邦分析图中可以看出，权益利润率与企业的销售规模、成本水平、资产营运、资本结构等有着密切的联系。只有把这个系统内各个因素的关系安排好、协调好，才能使权益利润率达到最大，才能实现股东财富最大化的理财目标。

❋ 25.3 应用分析

25.3.1 分析步骤

(1) 从权益报酬率开始，根据会计资料(主要是资产负债表和利润表)逐步分解计算各指标。

(2) 将计算出的指标填入杜邦分析图。

(3) 逐步进行前后期对比分析，也可以进一步进行企业间的横向对比分析。

25.3.2 应用注意要点

好的方法必须应用得当才能体现出它的优势和特征。因此，在具体应用杜邦分析法时必须注意以下几点。

首先，要充分理解杜邦分析法的结构特点，分析者可自上而下，从整体到局部层层究因，并从左到右，逐个部分分析，通过寻找指标体系中的异常点，查找症结所在，从而发现经营管理中存在的问题，比如影响权益净利率高低的因素，可从资产净利率和权益乘数或者从销售净利率、资产周转率和权益乘数中查找原因，如果原因是在销售净利率上，那么分析者还可以在这一部分做更深层次的分析，继续分析指标，如销售额和营业成本等，看一看哪部分成本费用增长过快，销售方面是否存在问题，以此来找出引起销售利润率降低的直接原因。但杜邦分析法是一个系统性的综合分析方法，因此分析者还必须从整体、全局的角度出发，各层次、各部分联系起来做全面考虑。

其次，做好杜邦分析法与其他方法的兼容结合。杜邦分析法毕竟是财务分析方法的一种，作为一种综合分析方法，并不排斥其他财务分析方法。相反与其他分析方法结合，不仅可以弥补自身的缺陷和不足，而且弥补了其他方法的缺点，使得分析结果更完整、更科学。比如，以杜邦分析为基础，结合专项分析，进行一些后续分析，对有关问题做更深、更细致的分析了解；也可结合比较分析法和趋势分析法，将不同时期的杜邦分析结果进行对比趋势化，从而形成动态分析，找出财务变化的规律，为预测、决策提供依据；或者与一些企业财务风险分析方法结合，进行必要的风险分析，也为管理者提供依据。这种结合，实质也是杜邦分析自身发展的需要。

最后，还要注意与其他企业或同行业同期水平进行比较，这种横向比较可以更及时、更准确地找出差距，发现症结所在。

25.3.3 应用改进

1. 引入经济增加值和现金流的杜邦分析图

新系统可以建立以下改进的杜邦分析图，如图25-2所示。

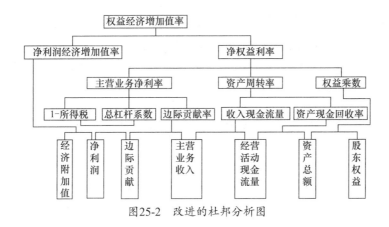

图25-2 改进的杜邦分析图

首先，引入权益经济增加值率作为杜邦分析体系的核心指标，以满足分析企业资金增值能力的需要；其次，将核心指标合理分解，引入总杠杆系数、边际贡献率、资产现金回收率等指标，以满足企业经营者、投资者及其他利益相关者分析企业风险大小、成本性态结构及产品贡献能力、现金流量状况等的需要。

改进后的杜邦分析体系是以权益经济增加值率作为核心指标，逐层展开进行综合分析的。权益经济增加值率是指企业一定时期所实现的经济增加值占股东权益平均总额的百分比，这是一个综合性极强、极具代表性的财务指标。

经济增加值是公司经过调整的营业净利润减去该公司现有资产经济价值的机会成本后的余额。

改进的杜邦分析图中，引入了现金流量这一因素。这样，杜邦分析系统的数据来源于企业必须编制的3张报表，使得财务分析更加全面、综合。分析现金流量，有助于投资者了解和评价企业获取现金和现金等价物的能力，并据以预测企业未来现金流量，正确评估企业价值。对债权人来说，分析企业现金流量有助于评价企业的支付能力、偿债能力和周转能力。由于负债和利息都必须用现金支付，用现金流量分析企业的偿债能力比以利润为基础的财务指标在理论上更科学。对资本市场投资者来说，对现金流量分析则是洞察企业盈余操纵、分析企业收益质量和企业成长性的重要手段。

2. 引入股利支付率和每股收益的杜邦体系

对于上市公司来说，另一种改进模式就是在杜邦分析体系中引入每股收益，亦是改进的一个重要手段。在发展后的杜邦财务分析体系中，"股利支付率"也是影响企业可持续增长率的一个重要因素，而"股利支付率"是反映企业利润分配有关情况的一个重要方面。对于企业的投资者而言，他们将自己的资金投资到自己看好的某只股票，总是指望它能产生比其他有价证券投资更具有吸引力的收益率，而股票投资的收益率则由股利收入和资本收益两部分组成。对于股利支付率的多少，不同的投资者各持不同的观点。在企业利润一定的情况下，股利支付越高，则留在企业的内部积累就越少；反之亦然。在对此指标进行分析时，也可引入"每股收益"与"每股费用"这两个财务指标，与股利支付率一起作为财务报表分析者考虑的因素。其中，每股收益反映的是上市企业当年实现的利润中，平均每份股份享有的收益份额。至于决策的选择，就要看报表决策者如何进行深层次的分析及自身承受风险的态度。

利用改进的杜邦财务分析体系对企业进行财务分析，有利于充分利用企业的资产负债表、利润表及现金流量表中的会计信息，更能全面地反映企业的经营情况、偿债能力、资产营运能力、盈利能力、发展能力，以及企业的经营风险、财务风险，从而有利于企业发现主要矛盾，最大限度地解决问题。

工 具 26

比率分析法——财务分析的基本工具

❄ 26.1 基本概念

比率可以表明一个数字与另一个数字之间的关系。比率分析法就是通过对财务报表中两个以上的数据所反映的财务关系进行研究，揭示被分析企业的财务状况、经营成果和现金流动情况，进而总结经验、发现问题、改进决策，从而提高企业经济收益的一种财务管理活动，是财务分析最基本的工具。

❄ 26.2 主要内容

由于进行财务分析的目的不同，各种分析者包括债权人、管理当局、政府机构等所采取的侧重点也不同。比率分析法中常用的指标有如下三大类。

第一类是用于反映企业偿债能力的比率指标。这类指标主要包括流动比率、速动比率、经营活动净现金流量与负债的比率、资产负债率、负债与股东权益比率和利息保障倍数等。

第二类是用于反映企业盈利能力的比率指标。这类指标主要包括资产报酬率、净资产收益率、毛利率、销售收入利润、成本费用利润、每股收益和市盈率等。

第三类是用于反映企业投资和资产利用能力的比率指标。这类指标主要包括应收账款周转率、存货周转率、营运资金周转率、固定资产周转率和总资产周转率等。

上述3类指标之间有着密切的联系，一般地，良好的投资及其对资产的有效利用是企业盈利的基础，企业持续盈利是其偿还所欠债务的保障。因此，正确的投资及其对投资所形成资产的恰当运作是企业长期生存与发展的基石。

26.2.1 偿债能力分析

企业偿债能力是反映企业财务状况和经营能力的重要标志，是企业偿还到期债务的承受能力或保证程度，包括偿还短期和中长期债务的能力。一般而言，企业债务偿付的压力主要有如下两方面：一是一般性债务本息的偿还，如各种长期借款、应付债券、长期应付款和各种短期结算债务等；二是具有刚性的各种应付税款，企业必须偿付。偿债能力是债权人最关心的，鉴于对企业安全性的考虑，也越来越受到股东和投资者的普遍关注。企业偿债能力低，不仅说明企业资金周转不灵，难以偿还到期应付的债务，甚至面临破产危险。

反映短期偿债能力，即将公司资产转变为现金用以偿还短期债务能力的比率。其主要包含流动比率、速动比率，以及流动资产构成比率等。

反映中长期偿债能力，即公司偿还长期债务能力的比率。其主要包含股东权益对负债比率、负债比率、举债经营比率、产权比率、固定资产对长期负债比率等。

1. 流动比率

流动比率是企业流动资产与流动负债的比率。其公式为

$$流动比率＝流动资产/流动负债×100\%$$

流动比率用于衡量企业是否有足够的渠道把流动资产变成现金来偿付流动负债。一般认为，流动比率为2∶1对于大部分企业来说是比较合适的比率，流动比率小于1.0是一个警示信号。不同行业的流动比率的一般水平差别很大，要视企业的具体情况而定。流动比率在很大程度上是一个不精确的指标，因未考虑企业将非现金流动资产转化为现金以偿还流动负债的速度，也没有考虑短期债务的偿付期限。所以，孤立地看它的作用很小，应将它与其他能说明这个比率所忽略因素的指标结合起来使用。

2. 速动比率

速动比率又称酸性测验比率。速动比率是流动比率的一种变形，是衡量企业短期偿债能力的更为严格的测试比率，它是从流动资产中扣除存货部分再除以流动负债的比值。一般认为，1∶1的速动比率被认为是合理的，如果速动比率偏高，说明企业有足够的能力偿还短期债务，同时也表示企业有较多的不能盈利的现款和应收账款，企业就失去了收益的机会。如果速动比率偏低，则企业将依赖出售存货或举新债来偿还到期的债务，这就可能造成急需出售存货带来的削价损失或举新债形成的利息负担。但这仅是一般的看法，因为行业不同，速动比率会有很大差别。

3. 现金到期债务比

流动比率和速动比率都是从静态上分析企业的偿债能力，虽然能够在一定程度上揭示公司的偿债能力，但有很大的局限性，这主要是因为流动资产中绝大部分并不能很快转变为可偿债的现金，真正能用于偿还债务的是现金流量。现金流量和债务的比较可以更好地反映企业偿还债务的能力。

$$现金流动债务比＝经营现金净流量/流动负债×100\%$$

现金流动债务比反映企业实际的短期偿债能力。因为债务最终是以现金偿还，所以该比率越高说明企业偿还短期债务的能力越强，反之则表示企业短期偿债能力越差。在分析时注意与同行业相比。

$$现金债务总额比＝经营现金净流量/债务总额×100\%$$

现金债务总额比反映企业用每年经营现金流量偿还全部债务的能力，指标越高，偿债能力越大，可反映企业的最大付息能力，企业只要能够按时付息，就能借新债还旧债，维持债务规模。若低于银行同期贷款利率，说明该公司营业现金流量不足，举债能力差。

4. 资产负债率

资产负债率是负债总额除以资产总额的百分比，反映在总资产中有多大比例是通过借债筹资的，也可以衡量企业在清算时保护债权人利益的程度。这个指标也被称为举债经营比率。从股东的立场看，在全部资本利润率高于借款利息率时，负债比例越大越好，否则相反。

5. 产权比率

这个指标是负债总额与股东权益总额之比，也称为债务股权比率。该指标是衡量长期偿债能力的指标之一，反映由债权人提供的资本与股东提供的资本及其相对关系，以及企业的基本财务结构是否稳定。一般来说，股东资本大于借入资本较好，但也不能一概而论。从股东来看，在通货膨胀加剧时期企业多借可以把损失和风险转嫁给债权人。经济繁荣时期，企业多借债可以获取额外的利润；经济萎缩时期，少借债可以减少利息和财务风险。产权比率高是高风险高报酬的财务结构；产权比率低是低风险低报酬的财务结构。该指标同时也表明债权人投入的资本受到股东权益保障的程度，或者说是企业清算时对债权人利益的保障程度。

6. 利息保障倍数

利息保障倍数的计算公式为

$$利息保障倍数＝(利息费用＋税前盈利)/利息费用$$

这一比率可用于测试公司偿付利息的能力。利息保障倍数越高，说明债权人每期可收到的利息越有安全保障；反之则不然。

26.2.2　企业获利能力分析

企业必须能够获利才有存在的价值，盈利不但体现了企业的出发点和归宿，而且可以概括其他目标的实现程度，并有助于其他目标的实现。

获利能力是企业营销能力、收取现金能力、降低成本的能力，以及回避风险等能力的综合体现。反映企业盈利能力的指标很多，通常从生产经营业务获利能力、资产获利能力进行分析。

1. 营业毛利率

营业毛利率是营业毛利额与营业净收入之间的比率。其计算公式为

$$营业毛利率＝营业毛利额/营业净收入×100\%$$

这个指标主要是反映构成主营业务的商品生产、经营的获利能力。毛利是公司利润形成的基础。单位收入的毛利越高，抵补各项支出的能力越强；相反，获利能力越低。一般来说与同行相比，毛利率偏低，则成本偏高。

2. 营业利润率

营业利润率是指营业利润与全部业务收入的比率。作为考核公司获利能力的指标，

营业利润率比营业毛利率更趋于全面，公司的全部业务收入只有抵扣了营业成本和全部期间费用后，所剩余的部分才能构成公司稳定、可靠的获利能力。比平均水平高些的营业利润率通常是企业良好管理的标志，但不正常的过高营业利润率则可能意味着企业在未来会面临竞争。

3. 总资产报酬率

总资产报酬率是利润总额和利息支出总额与平均资产总额的比率，用于衡量公司运用全部资产获利的能力。其计算公式为

$$总资产报酬率 = (利润总额 + 利息支出)/平均资产总额 \times 100\%$$

高于同期银行借款利率和社会平均利润率，则说明公司总资产获利能力较强。

4. 资本金利润率

资本金利润率是利润总额与资本金的比率。其计算公式为

$$资本金利润率 = 利润总额/资本金总额 \times 100\%$$

这项比率是衡量企业资本金获利能力的指标。资本金利润率提高，所有者的投资收益和国家所得税就增加。利用基准资本金利润率作为衡量资本收益率的基本标准。基准利润率应根据有关条件测定，一般包括两部分内容：一是相当于同期市场贷款利率，这是最低的投资回报；二是风险费用率。若实际资本利润率低于基准利润率，就是危险的信号，表明获利能力严重不足。

5. 经营指数

经营指数反映经营活动净现金流量与净利润的关系。其计算公式为

$$经营指数 = 经营现金流量/净利润$$

该指标直接反映企业收益的质量，说明公司每1元净利润中有多少实际收到了现金。一般情况下，比率越大，企业盈利质量越高。如果比率小于1，说明本期净利润中存在尚未实现现金的收入。在这种情况下，即使企业盈利，也可能发生现金短缺，严重时会导致企业的破产。

6. 主营业务收入收现比率

主营业务收入收现比率反映企业销售商品和提供劳务所得到的现金与其主营业务收入的比值。用公式表示为

$$主营业务收入收现比率 = 销售商品提供劳务收到的现金/主营业务收入$$

这个指标表明每1元主营业务收入中，实际收到现金的多少。若该比率大于1，表明企业经营情况良好，应收账款管理也很到位；若该比率小于1，可能是由于企业应收账款管理不善造成的。

26.2.3 资产管理能力分析

资产管理能力分析是分析公司经营效应的指标，其包括应收账款周转率、存货周转

率、营运资金周转率、固定资产周转率和总资产周转率等。

1. 应收账款周转率

应收账款周转率的计算公式为

应收账款周转率＝销售收入/(期初应收账款＋期末应收账款)×2＝销售收入/平均应收账款

由于应收账款是指未取得现金的销售收入，所以用这一比率可以衡量公司应收账款金额是否合理及收款效率高低。

这一比率是应收账款每年的周转次数，如果用一年的天数即365天除以应收账款周转率，便求出应收账款每周转一次需多少天，即应收账款转为现金平均所需要的时间。其计算公式为

应收账款变现平均所需时间＝一年天数/应收账款年周转次数

应收账款周转率越高，每周转一次所需天数越短，表明公司收账越快，应收账款中包含旧账及无价的账项越小。反之，周转率太小，每周转一次所需天数太长，则表明公司应收账款的变现过于缓慢，以及应收账款的管理缺乏效率。

2. 存货周转率

存货周转率计算公式为

存货周转率＝销售成本/(期初存货＋期末存货)×2＝销售成本/平均商品存货

存货的目的在于销售并实现利润，因而公司的存货与销货之间必须保持合理的比率。存货周转率正是衡量公司销货能力强弱和存货是否过多或短缺的指标。其比率越高，说明存货周转速度越快，公司控制存货的能力越强，则利润率越大，营运资金投资于存货上的金额越小。反之，则表明存货过多，不仅使资金积压，影响资产的流动性，还增加仓储费用。

3. 固定资产周转率

固定资产周转率计算公式为

固定资产周转率＝销售收入/平均固定资产金额

这一比率表示固定资产全年的周转次数，用以测知公司固定资产的利用效率。其比率越高，表明固定资产周转速度越快，固定资产的闲置越少；反之则不然。当然，这一比率也不是越高越好，太高则表明固定资产过分投资，会缩短固定资产的使用寿命。

4. 资本周转率

资本周转率又称净值周转率，其计算公式为

资本周转率＝销售收入/股东权益平均金额

运用这一比率，可以分析相对于销售营业额而言，股东所投入的资金是否得到充分利用。资本周转率越高，表明资本周转速度越快，运用效率越高，但如果比率过高，则表示公司过分依赖举债经营，即自有资本少；资本周转率越低，则表明公司的资本运用效率越差。

5. 资产周转率

资产周转率计算公式如下

$$资产周转率＝销售收入/资产总额$$

这一比率是衡量公司总资产是否得到充分利用的指标。总资产周转速度的快慢，意味着总资产利用效率的高低。

❄ 26.3　工具应用

26.3.1　比率分析法的局限性

比率分析法的局限性，主要表现在以下几方面。

(1) 财务报告的真实性影响比率分析结果的可靠性。比率分析中的数字直接来自财务报告，因此比率分析结果的可靠性直接受财务报告如实表述程度的影响。程度越高，其可靠性也越高。但事实上，一方面财务报表即使按会计准则编制，合乎规范，也不一定就能反映企业的客观实际情况，如报表中资产数据一般按历史成本列示反映，未按通货膨胀或物价水平调整，与其现行价值必然存在差异。另一方面，企业在会计报表中披露的信息不仅受《会计准则》的制约，而且受企业会计人员素质、企业领导者的法律意识等影响，如果一个企业出于各种目的，有意人为地操纵某些会计事项的发生，甚至提供虚假的会计报表，那么据此计算的各种比率的可靠性就会大打折扣，甚至会严重歪曲事实真相。

(2) 会计信息的可比性影响比率分析指标的可比性。同一会计事项，如有关存货和销售成本的计价、折旧提取的方法、对外投资收益的核算，以及所得税费用的确认等方面的账务处理，会计准则允许使用几种不同的规则或程序。企业也可以自行选择，不同企业甚至同一企业在前后时期对同一事项选择的方法可能有所差异，这样根据会计报表提供的数据计算出企业不同时期或不同企业的比率进行分析，就可能得出不同的结论，这就为运用比率分析法进行分析、比较带来一定的困难。虽然企业在财务报表的文字说明中对企业的主要政策有一定的表述，对重大会计事项有所揭示，但报表使用者不一定能完成建立可比性的调整工作，因而仍很难使比率分析指标达到理想的可比程度。

(3) 会计信息的时效性影响比率分析指标的有效性。会计报表中所反映的数据，是企业过去会计事项影响的结果，即使这些资料如实、客观地反映了企业的实际情况，也只能说明企业过去的财务状况和经营成果。历史不能代替未来，只能预示未来的可能趋向，因此根据历史资料计算得到的财务比率能否完全有效地作为预测、决策的信息，显然值得思考。况且，企业的财务状况和经营成果直接受管理者如何取得并运用经济资源的影响，这些情况是无法用比率指标分析得出的。

26.3.2　应用策略

(1) 做好比率分析的基础工作，尽可能多地掌握一些被分析企业非财务性质的背景资料，争取在进行财务比率分析之前就对被分析企业有一个概貌性的了解，以便减少和控制财务比率分析中的误判行为。具体地，财务分析人员应先明确分析目标，评价企业经营者的诚信度及其综合素质，了解企业人力资源的状况及其企业的文化理念，评估企业的经营环境和资源状况，弄清企业的发展阶段，收集和阅读企业的发展战略，熟悉企业的管理制度和遵循情况等，为全面实施财务报表的比率分析做好充分准备。

(2) 在进行比率分析的过程中，应树立透过财务比率的表面形式解读企业经营决策和经营活动的理念，避免分析中看中表象、轻率定论现象的发生。由此可见，企业的经营决策和经营活动是"本"，财务比率所反映的企业状况是"末"，在对财务报表进行比率分析时，要善于解读决定企业财务状况好坏的根本性问题，切不可本末倒置，否则就会抓不住问题的要害。

(3) 在比率分析中要确立面向市场、面向未来，解读财务报表及其财务比率的理念，避免财务比率内形成的账面性、历史性和过去性等特点所带来的缺陷。在市场经济条件下，企业的决策要经得起市场的检验，企业财务状况的好坏最终要由市场、投资者决定。如果分析人员缺乏面向未来解读财务比率的理念，财务报表比率分析的结论可能就会误导决策。因此，市场观和未来观指导报表的比率分析过程非常重要。

(4) 将各种财务比率有机地结合起来进行综合分析。比率分析涉及企业经营管理的各个方面，各项比率可以从不同的角度反映企业的财务状况或经营成果。会计信息使用者应根据自己的需要，选择适合自己决策目标的比率进行分析。同时，由于各项比率相互联系、错综复杂，因此不能简单、孤立地看待任何一个比率，而应该将有关比率联系起来进行全面分析，以得出正确的结论。

(5) 加强财务报表分析人员的培训与培养，提高分析人员的综合素质，提高他们对比率指标解读与判断的能力，可以极大地减少和控制比率分析法中存在的问题。在充满不确定性的市场经济环境中，无论采用哪种财务报表的分析方法，分析人员的恰当判断都是最重要的，在比率分析过程中，分析人员的判断力对得出正确的分析结论尤为重要。财务报表分析人员的判断力很大程度上又取决于他们的综合素质，所以加强对分析人员的培训，使他们同时具备会计、财务、市场营销、战略管理和企业经营等方面的知识，熟练掌握现代化的分析方法和分析工具，在实践中树立正确的财务分析理念，逐步培养和提高分析问题的能力，可以较大程度地弥补财务报表比率分析法自身存在的局限性。

26.3.3　应注意的问题

(1) 全面、完整地分析各种信息。运用比率分析法对财务报告进行分析时，首先必须全面、完整地掌握与分析各种会计信息，包括企业财务报告资料，即主要会计报表、附表、会计报表附注，以及财务情况说明书等，特别要注意披露的会计政策和重大会计事件的揭示。其次要分析国内外经济环境、政治气候、国家宏观政策等方面的信息。只有详细掌握和分析会计信息及其他信息以后，才能对计算的财务比率有一个正确的评价。

(2) 根据分析目的，正确选择用以计算比率的绝对数金额。比率分析旨在使所选择的绝对数金额通过比率的计算，能更好地表达有关财务状况或经营成果的相对关系。因此，运用比率分析法应根据决策的需要，正确选择计算比率的绝对数金额。比如，将坏账费用与赊销金额对比计算的比率，较之将坏账费用与销售收入(包括现销、赊销金额)对比计算的比率就更有意义。

(3) 注意比率计算口径的一致性。在计算比率前，应剔除非常因素，如非主营业务产生的巨额损益、重大事故或法律更改等特别因素的影响，然后再计算比率并进行比较、分析，从而保证各期比率具有一定的可比性。

(4) 将各种财务比率有机地结合起来进行综合分析。比率分析涉及企业经营管理的各个方面，各项比率可以从不同的角度反映企业的财务状况或经营成果。会计信息使用者应根据自己的需要，选择适合自己决策目标的比率进行分析，同时由于各项比率相互联系、错综复杂，因此不能简单、孤立地看待任何一个比率，而应该将有关比率联系起来进行全面分析，以得出正确的结论。

(5) 比率分析法应与趋势分析法结合运用。这两种方法各有其优点，结合起来运用，可以相互补充，使财务报告分析更加完善。

工 具 27

财务分析雷达图——企业经济效益综合分析工具

❋ 27.1 基本概念

雷达图分析法又称综合财务比率分析图法，也称蜘蛛网图。它是日本企业界为了能对企业的综合实力进行评估而采用的一种财务状况综合评价方法。它是将主要财务分析指标进行分类汇总，绘制成一个直观的财务分析雷达图，从而达到综合反映企业总体财务状况目的的一种方法。

雷达图能够直观地显示企业经营的特长和薄弱环节，为改善企业经营指出方向。因此，如果说一个企业是一艘大轮船，那么雷达图就像装在船上的雷达，为轮船导航。

财务分析雷达图是企业经济效益综合分析工具，是将主要财务分析指标进行分类汇总，绘制成一个直观的图形，从而达到综合反映企业总体财务状况目的的一种方法，如图27-1所示(图中线条长短为举例，各企业不一样)。它是以企业收益性、成长性、流动性、安全性及生产性来分析(五性分析)结果的直观体现。

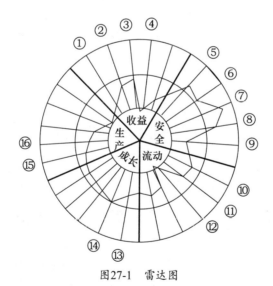

图27-1 雷达图

在对企业经营成果的五性分析中，当掌握了各种数据以后，可以用财务分析雷达图的形式进行分析。这种形式，把企业经营成果和财政状态集中在一起，一目了然，容易进行比较。

❋ 27.2 具体内容

27.2.1 收益性指标

分析收益性指标，目的在于观察客户一定时期的收益及获利能力。收益性指标中主要指标的含义及计算公式，如表27-1所示。

表27-1 收益性指标

收益性比率	基础含义	收算公式
资产报酬率	反映企业总资产的利用效果	(净收益＋利息费用＋所得税)/平均资产总额
所有者权益报酬率	反映所有者权益的回报	税后净利润/所有者权益
普通股权益报酬率	反映股东权益的报酬	(净利润－优先股股利)/平均普通股权益
普通股每股收益额		(净利润－优先股股利)/普通股股数
股利发放率		每股股利/每股利润
市盈率		普通股每股市场价格/普通股每股利润
销售利税率	反映企业销售收入的收益水平	利税总额/净销售收入
毛利率		销售毛利/净销售收入
净利润率		净利润/净销售收入
成本费用利润率	反映企业为取得利润所付的代价	(净收益＋利息费用＋所得税)/成本费用总额

27.2.2 安全性指标

安全性是指企业经营的安全程度，也可以说是资金调动的安全性。企业安全性指标分析的目的在于观察企业在一定时期内的偿债能力状况。一般来说，企业收益性好，安全性也高，但有些情况下，收益性高，资金调度却不顺利。安全性指标中主要指标的含义及计算公式，如表27-2所示。

表27-2 安全性指标

安全性比率	基本含义	计算公式
流动比率	反映企业短期偿债能力和信用状况	流动资产/流动负债
速动比率	反映企业立刻偿付流动负债的能力	速动资产/流动负债
资产负债率	反映企业总资产中有多少是负债	负债总额/资产总额
所有者权益比率	反映企业总资产中有多少是所有者权益	所有者权益/资产总额
利息保障倍数	反映企业经营所得偿付借债利息的能力	(税前利润－利息费用)/利息费用

其中，流动负债说明每1元负债有多少流动资金作为保证，该比率越高，说明流动负债得到偿还的保障就越大。但比率过高，则反映企业滞留在流动资产上的资金过多，未能有效利用，可能会影响企业的获利能力。经验认为，流动比率在2：1左右比较合适。

所谓速动资产，通俗地讲就是可以立即变现的资产，主要包括流动资产中的现金、有价证券、应收票据、应收账款等，而存货的变现能力则较差。因此，从流动资产中扣除存货后则为"速动资产"。经验认为，速动比率在1：1左右较为合适。

资产负债率越高，企业借债资金在全部资金中所占比重越大，在负债所支付的利息率低于资产报酬率的条件下，股东的投资收益率就越高，对股东有利，说明经营有方，善用借债。但是，比率越高，借债越多，偿债能力就越差，财务风险就越大。而负债比率越低，说明企业在偿债时存在着资金缓冲。因此，资产负债率也要保持适当水平，一般来说，低于50%的资产负债率比较好。

所有者(股东)权益比率与资产负债率之和等于1，所有者(股东)权益比率越大，资产负债比率越小，财务风险就越小。

利息保障倍数如果比率低于1，说明企业经营所得还不足以偿付借债利息，因此该比率至少应大于1。比率越高，说明按时、按量支付利息就越有保障。

27.2.3　流动性指标

企业流动性分析的目的在于观察企业在一定时期内资金的周转状况，是对企业资金活动的效率分析，为此要计算出各种资产的周转率和周转期，分别讨论其运用效率。流动性指标中主要指标的含义及计算公式，如表27-3所示。

表27-3　流动性指标

流动性比率	基 本 含 义	计 算 公 式
总资产周转率	反映全部资产的使用效率	销售收入/平均资产总额
固定资产周转率	反映固定资产的使用效率	销售收入/平均固定资产总额
流动资产周转率	反映流动资产的使用效率	销售收入/平均流动资产总额
应收账款周转率	反映年度内应收账款的变现速度	销售收入/平均应收账款
存货周转率	反映存货的变现速度	销售成本/平均存货

总资产周转率、固定资产周转率、流动资产周转率分别反映全部资产、固定资产和流动资产的使用效率，比率越高，说明资产利用率越高，获利能力强；应收账款周转率反映年度内应收账款转为现金的平均次数，比率越高，说明企业催收账款的速度越快，坏账损失的可能性越小；存货周转率越高，说明投入存货至销售收回的平均期间就越短，资金回收越快，效率越高。

27.2.4　成长性指标

分析成长性指标，目的在于观察客户在一定时期内经营能力的发展变化趋势。例如，一个企业即使收益性高，但成长并不好，也就表明其未来盈利能力下降。成长性就是从量和质的角度评价企业发展情况，即将来的发展趋势。其指标是将前期目标做分母，本期指标做分子，求得增长率。计算这类指标比较简单，如表27-4所示。

表27-4　成长性指标

成长性比率	基 本 含 义	计 算 公 式
销售收入增长率	反映销售收入变化趋势	本期销售收入/前期销售收入
税前利润增长率	反映税前利润变化趋势	本期税前利润/前期税前利润
固定资产增长率	反映固定资产变化趋势	本期固定资产/前期固定资产
人员增长率	反映人员变化趋势	本期职工人数/前期职工人数
产品成本降低率	反映产品成本变化趋势	本期产品成本/前期产品成本

27.2.5 生产性指标

企业的生产性指标分析的目的在于要查明企业在一定时期内的人均生产经营能力、生产经营水平和生产成果的分配问题。生产性指标中主要指标的含义及计算公式，如表27-5所示。

表27-5 生产性指标

成长性比率	基本含义	计算公式
人均销售收入	反映企业人均销售能力	销售收入/平均职工人数
人均净利润	反映企业经营管理水平	净利润/平均职工人数
人均资产总额	反映企业生产经营能力	资产总额/平均职工人数
人均工资	反映企业成果分配状况	工资总额/平均职工人数

✳ 27.3 工具应用

27.3.1 编制方法

第一步：画出3个同心圆，同心圆的最小圆代表同行业平均水平的1/2值(或最坏情况)；中间的圆代表同行业的平均水平，称为标准区(线)；最大的圆代表同行业平均水平的1.5倍(或同行业中的最好状态)。

第二步：把3个圆的360°分成5个区域，分别代表效益性、生产性、成长性、安全性和流动性。

第三步：在5个区内从圆心开始以放射线的形式分别画出相应的经营比率线，比率线的比例尺及同心圆的大小由该经营比率的数量及同行业的水平来决定。

第四步：在经营雷达图上，把该企业一个财务结算期的经营比率都标出来，相互连接，形成一个多边形。

27.3.2 分析方法

雷达图的分析方法是：如果本企业的比率值位于标准线(区)以内，就表明企业比率值低于同行业的平均水平，应该认真分析产生弱点的原因，提出改进的方向；如果接近或低于最小的环，那就处于十分危险的境地，急需扭转局面；假若本企业的比率值超越了中间环即标准线(区)，甚至接近最大的环，说明这是本企业的优势所在，应予以巩固和发扬。

27.3.3 具体步骤

第一步：确定分析指标。

第二步：数据采集。根据企业具体财务状况，采集最近2～3年相关的财务数据，计算出各个指标的具体数值；同时，选择3～5家在规模、等级和业务等方面具有相似性的企业作为比较对象，收集相关数据，计算出同行业相关指标的平均值。

第三步：绘制雷达图。

第四步：指标方向同一化处理。将所有指标进行分类，包括数值越大越好的指标、数值越小越好的指标和数值为某一合理值为好的指标3类。

将数值越大越好的指标除以同行业相应指标，得出指标的相对值，并将其描绘在雷达图相对应的射线上。相对值越大，表示此项指标越好，反映在图中的点越靠外。

将数值越小越好的指标除以同行业相应指标后，将其所得数值取倒数，然后将其倒数数值描绘在雷达图相对应的射线上。这样，实际的数值越小，其倒数越大，表示此项指标越好，反映在图中的点也是越靠外越好。

将数值为某一适中值为最好的指标，首先确定最优值为W，假设同行业平均值为N，自身值为M，则用$K=|N-W|/|M-W|$表示该指标在雷达图上的点。因为经过技术处理后，K越大，表明企业该指标的数值越接近于最优点，反映在雷达图中的点也是越靠外越好。经过方向同一化处理后，评价指标值反映在雷达图上的点均表示越靠外越好，以便于分析者在雷达图上进行直观分析和判断。

第五步：进行横向和纵向比较。横向比较是将每年各指标在雷达图上反映的点连接起来，得到一个封闭的环，可以通过这个环与雷达图大小的比较判断企业自身与同行业的差距。如果企业优于同行业平均水平，则这个封闭的环就会位于雷达图半径以外；如果与同行业平均水平相当，这个封闭的环就会位于雷达图半径上；如果劣于同行业平均水平，这个封闭的环就会位于雷达图半径以内，这样十分便于分析者直观判断。纵向比较，即将两年或两年以上的数据同时反映在同一张雷达图上，根据各年图形是扩张还是萎缩就可以判断企业自身的财务状况是进步还是退步。

27.3.4 注意事项

(1) 指标数不要太少，否则就失去了雷达图的优越性。

(2) 使用雷达图应有相应的数据表，以便作图和核对。

27.3.5 雷达图经营分析

在企业经营分析中，雷达图显示的企业一定时期的经营姿态固然有参考作用，但更重要的是考察经营姿态的推移情况。为此，要把企业过去几期(至少3期)的经营比率全部用雷达图表示出来，分析其发展趋势。

企业的经营姿态，可以分为以下8种。

1. 稳定理想型

五性指标较为均匀地分布在标准区内，称为稳定理想型，如图27-2所示。对一个企业来说，经营状态处于稳定理想型，当然是很完美的。如果企业处于这个状态，可以根据社会需要，进行设备投资，扩大企业规模，并采取多种经营积极发展企业的政策，还可以积极进行研究开发、广告宣传等先行投资。理想的经营状态变化规律是稳定理想型—成长型—理想稳定型。当然，处于这种状态的企业是少数，而且在发展过程中，经营状态还会发生变化。

2. 保守型

如果企业的收益性、流动性和安全性比率指标位于标准区，而生产性、成长性比率指标低于标准区，称为保守型，如图27-3所示。这种类型的企业，一般是经营多年的老企业。这类企业应当注意市场调查研究，开拓新的生产门路，进行设备投资，探讨销售战略等。理想的经营状态变化是保守型—理想稳定型，从而进入良性循环。注意避免保守型—消极安全型的变化趋势。保守型企业如果能够发挥优势，可以争取向稳定型发展。如果有向消极安全型发展的趋势，那就要注意了。

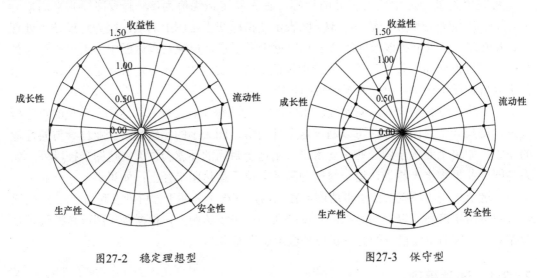

图27-2　稳定理想型　　　　　　　　　　图27-3　保守型

3. 成长型

如果企业的收益性、流动性和成长性比率指标位于标准区，而安全性、生产性比率指标低于标准区，称为成长型，如图27-4所示。说明该企业正处于业绩上升的恢复期，而财政没能适应急速发展的情况。这时应注意资金调度，争取筹措更多资金，向成长型—稳定理想型的方向发展。

4. 特殊型

如果企业的收益性和流动性比率指标大大高于同行业平均水平，生产性比率指标也位于标准区，但是安全性和成长性指标大大低于标准区，说明其是具有特殊技术的企业，如图27-5所示。这时应注意增加销售，积累资金，争取向特殊型—稳定理想型—成长型的方向发展，注意避免特殊型—均衡缩小型的趋势。

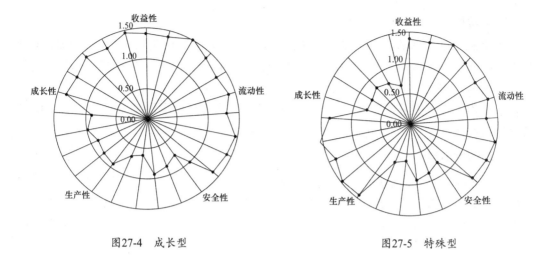

图27-4　成长型　　　　　　　　　　　图27-5　特殊型

5. 积极扩大型

如果企业的安全性、成长性和生产性比率指标均位于标准区，但是流动性、收益性比率指标却低于同行业平均水平，这属于积极扩大型，如图27-6所示。以增加数量为主要手段扩大经营的企业通常会出现这种情况。这时企业的关键是制订精确的利润计划，根据市场需求尽量投产高利润产品，同时还应注意节约经费，争取出现积极扩大型—稳定理想型趋势，避免出现积极扩大型—活动型—均衡缩小型的趋势。

6. 消极安全型

如果企业的安全性比率指标大大高于同行业平均水平，而生产性、成长性、收益性和流动性指标均低于标准区，表示该企业属于消极安全型，如图27-7所示。当企业维持消极经营时，容易陷入这种情况。这时应充分利用财政余力提高成长性，努力开发新产品，使经营活跃起来，扩大经营范围和内容，提高企业的成长性，争取向消极安全型—积极扩大型—稳定理想型趋势发展，而要注意避免出现消极安全型—均衡缩小型的发展趋势。

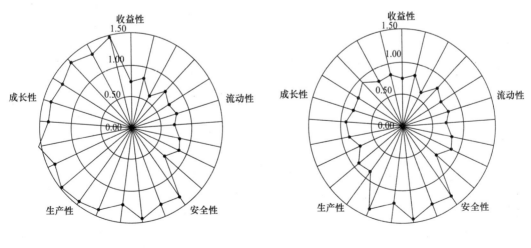

图27-6　积极扩大型　　　　　　　　　图27-7　消极安全型

7. 活动型

如果企业的成长性、生产性比率指标均位于标准区，但是收益性、流动性和安全性指标低于标准区，则属于活动型，如图27-8所示。当企业处于销售积极增长，业绩回升期时，常处于这种状态。这时应积极采取增加资金的措施，制订长期的利润计划，从根本上提高企业的素质、流动性和收益性，促使其出现活动型—成长型—稳定理想型的趋势。

8. 均衡缩小型

如果企业的所有比率指标都低于标准区，称为均衡缩小型，如图27-9所示。这说明该企业处于各方面难以改善的困境。这时应从经营环境、产品前途、经营方针及技术设备等方面进行全面的评价，争取通过均衡缩小型—活动型—成长型—稳定理想型的步骤起死回生。

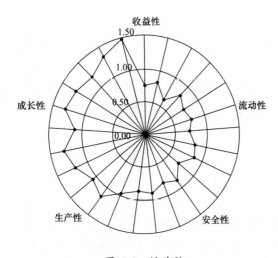

图27-8　活动型

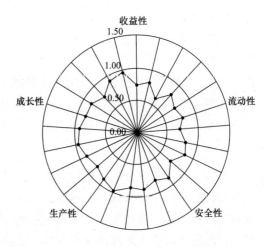

图27-9　均衡缩小型

工 具 28

净现值法——企业投资决策中的常用方法

ent value，PV)是指按照货币时间价值的原理，对投资项目在未来的现金流量按 贴现率贴现后的价值。

法是一种考虑到货币时间价值的评估法则，主要找出计划的预期现金流量，

适当的折现率(资金成本)求其现值，计算出投资方案的净现值(net present)，并利用NPV的大小评价投资方案的一种投资决策方法。

项目期初一次性投资(即原始投资均于建设期投入，经营期内不再追加投资)，现值表述为项目投产后各年报酬(不含流动资金投资的ncf)的现值合计与原始投 的差值。

.2 净现值的计算

.1 计算步骤

1. 计算投资项目的每年净现金流量

在项目投资决策中，现金流量是指某个投资项目在整个投资周期内引起的企业现金 量和现金流出量的数额。投资决策中的现金流量一般由以下几部分构成。

(1) 现金流入量。现金流入量是指投资项目所引起的企业现金流入的增加额。它通 括营业收入(指项目投资后每年实现的全部销售收入或业务收入，它是经营期主要的 流入项目)，以及固定资产变价收入、回收流动资金及其他现金流入量。

(2) 现金流出量。现金流出量是指由投资项目引起的企业现金支出的增加额。它通 括建设投资(含更改投资，是在建设期内按一定生产经营规模和建设内容进行的固定 投资，包括固定资产的购置成本或建设费、运输成本、安装成本等，以及无形资产 和开办费用，它是建设期发生的主要现金流出量)，以及垫支的流动资金、经营成 各项税款、其他现金流出量。

(3) 现金净流量。现金净流量是指一定期间现金流入量与现金流出量的差额。现金 流入量大于现金流出量时，现金净流量为正值；相反，现金净流量为负值。营业现金净 流量是指一定期间的营业收入和经营成本支出的差额。在经营成本中除折旧费外，一般 都是以现金支付。此外，营业现金流量可按下面的公式计算

营业现金净流量＝营业收入－经营成本＝营业收入－付现成本－所得税＝净利润＋折旧

2. 计算未来报酬的总现值

将各年的现金净流量折算成现值。如果每年的现金净流量相等时，则按年金现值进行贴现；如果每年的现金净流量不相等时，则先对每年的净现金流量按复利现值进行贴现，然后将其加以汇总；如果在寿命期后有固定资产残值和垫支的营运资金及其他费用，那就应该把这些按复利现值贴现，最后形成总现值。

3. 将投资额折算成现值

如果投资最初一次投入，其初始投资额就是现值；如果是多次投入的，就需要将初始投资以外的各次投资额，按复利现值贴现，再加上初始投资额，从而求得投资额现值。

4. 计算净现值

净现值可按下面的公式计算

$$净现值＝未来报酬的总现值－初始投资额现值$$

28.2.2 基本公式

净现值NPV的计算公式为

$$\text{NPV} = \sum_{t=0}^{n} \text{NCF}_t \cdot (P/F, i, t)$$

式中，i为该项目的行业基准折现率；$(P/F, i, t)$为第t年、折现率为i的复利现值系数。

28.2.3 计算方法

由于项目各年的净现金流量$\text{NCF}_t(t=0, 1, \cdots, n)$属于系列款项，所以当项目的全部投资均于建设期投入，经营期不再追加投资，投产后的经营净现金流量表现为普通年金或递延年金的形式时，就可视以下不同情况分别按不同的公式计算净现值指标。

(1) 当全部投资在建设起点一次投入，建设期为0，投产后1~n年每年净现金流量相等时，投产后的净现金流量表现为普通年金形式。简化公式为

$$净现值＝原始投资额＋投产后每年相等的净现金流量×年金现值系数$$

或

$$\text{NPV} = \text{NCF}_0 + \text{NCF}_{1\sim n} \cdot (P/A, i, t)$$

式中，$(P/A, i, n)$为第n年、折现率为i的年金现值系数。

(2) 若建设期为s，全部投资在建设期起点一次投入，投产后$(s+1)\sim n$年每年净现金流量相等，则后者具有递延年金的形式，其现值之和可按递延年金现值求得。公式为

$$\text{NPV} = \text{NCF}_0 + \text{NCF}_{(s+1)\sim n} \cdot (P/A, i, n-s) \cdot (P/F, i, s)$$

28.3 折现率的确定

在项目评价中,正确地选择折现率至关重要,因为它直接影响项目评价的结论。如果选择的折现率过低,则会导致一些经济效益较差的项目得以通过,从而浪费了有限的社会资源;如果选择的折现率过高,则会导致一些经济效益较好的项目不能通过评估,从而使有限的社会资源不能充分发挥作用。

一般根据以下几种方法确定项目的折现率。

(1) 以投资项目的资金成本作为折现率。

(2) 以投资的机会成本作为折现率。

(3) 在不同阶段采用不同的折现率。在计算项目建设期净现金流量现值时,以贷款的实际利率作为折现率;在计算项目经营期现金净流量时,以全社会资金平均收益率作为折现率。

(4) 以行业平均资金收益率作为项目折现率。

28.4 决策标准

净现值指标是折现的绝对值正指标。投资决策评价标准如下。

(1) 如果投资方案的净现值大于或等于零,即NPV≥0,则该方案可行;

(2) 如果投资方案的净现值小于零,即NPV<0,则该方案不可行;

(3) 对于互斥投资方案,在多个方案比较选择时,如果没有资金方面的限制,且净现值均大于零,则净现值最大的方案最优。

其公式为:

$$NPV = \sum_{t=1}^{n} \frac{F_t}{(1+r)t} - F_0$$

其中:F_t为第t年现金净流量(现金流入量与现金流出量之差);F_0为初始投资额;r为预定的折现率;n为项目从投资到终结的年数。

28.5 方法运用

28.5.1 运用前提条件

运用净现值指标必须有3个前提条件:

(1) 已知各年净收益;

(2) 已知投资方案寿命期(经济期);

(3) 已知折现率,一般为行业基准收益率(最低希望收益率),通常要高于筹资发生的资本成本率。

28.5.2　运用注意的问题

(1) 折现率的确定。净现值法虽考虑了资金的时间价值，可以说明投资方案高于或低于某一特定的投资的报酬率，但没有揭示方案本身可以达到的具体报酬率是多少。折现率的确定直接影响项目的选择。

(2) 用净现值法评价一个项目的多个投资机会，虽反映了投资效果，但只适用于年限相等的互斥方案的评价。

(3) 净现值法是假定前后各期净现金流量均按最低报酬率(基准报酬率)取得的。

(4) 若投资项目存在不同阶段有不同风险，那么最好分阶段采用不同折现率进行折现。

28.5.3　应用难点

对一般企业而言，净现值法的应用难点在于以下3方面。

(1) 要对企业未来一定时期(通常是5年)每年的现金流做出预估，除公用事业公司外，最有经验的分析员也无法直接准确估计企业未来几年的现金流。

(2) 折现率的确定没有很令人信服的方式，而且风险是每年变化的，投资者主观上对未来每年风险的预期也是逐年变化的。

(3) 由于企业未来几年的经营状况可能发生动态变化，应用净现值法评估决策时可能出现失效情况，因此需要以灵活的弹性决策技术来加以补充。

工 具 29

本量利分析——实施目标成本管理的重要工具

❋ 29.1 基本概念

本量利分析的全称是成本—业务量—利润分析，又叫盈亏临界点或保本点分析。它是企业在市场经济体制下进行利润决策时常用的方法之一，也是实施目标成本管理的一个重要工具。本量利分析是在变动成本计算模式的基础上，以数学化的会计模型与图文来揭示固定成本、变动成本、销售量、单价、销售额、利润等变量之间的内在规律性的联系，为会计预测决策和规划提供必要的财务信息的一种定量分析方法。它着重研究销售数量、价格、成本和利润之间的数量关系，所提供的原理、方法在管理会计中有着广泛的用途，同时它又是企业进行决策、计划和控制的重要工具。

29.1.1 产生与发展

本量利分析(cost-volume-profit analysis)，即CVP分析。其保本图的文字记载最早是在1904年英国出版的《会计百科全书》中出现的；1922年美国哥伦比亚大学的一位会计教授提出了完整的保本分析理论；进入20世纪50年代以后，CVP分析技术在西方会计实践中得到了广泛应用，其理论更臻完善，成为现代管理会计学的重要组成部分。20世纪80年代初，我国引进了本量利分析理论，它作为加强企业内部管理的一项有效措施，可以为企业的预测和决策提供十分有用的资料。

借助于这种方法，企业可以预测只有销售多少数量的产品才能保本，或者预测在一定的销售数量下能获得多少利润，或者要获得一定的利润，必须销售多少产品才行，以及为了扩大销售数量，必须把产品的单价降为多少等。其主要有两部分内容：盈亏平衡分析和实现目标利润分析。本量利分析打破了传统会计对成本、业务量、利润三者间关系的认识，开辟了一条崭新的分析本量利关系的思路，因而受到广大经营管理人员的青睐。目前，无论在西方还是我国，本量利分析的应用都十分广泛。

29.1.2 基本假设

本量利分析所建立和使用的数学模型与有关图形，是建立在一定假设基础上的。利用本量利分析方法进行决策时，必须满足以下假定条件。

一是成本形态假设。假定企业的全部成本都必须被划分为固定成本和变动成本两部分，并且建立了成本形态模型。

二是相关范围与线性假设。假定在一定时期和一定业务量范围内，成本水平保持不变，即在相关范围内，固定成本总额和单位变动成本保持不变。成本和销售收入在相关范围内均表现为直线关系。

三是目标利润假设。假定所分析的利润为"税前利润"。

四是变动成本法假设。假定企业的各销售数量的成本，是按变动成本法计算的。

五是产销平衡和品种结构稳定假设。

29.1.3 主要公式

1. 基本公式

本量利分析的基本公式为

营业利润＝销售收入－销售成本＝销售收入－固定成本＋变动成本

    ＝单价销售量－单位变动成本销售量－固定成本

    ＝单价－单位变动成本销售量－固定成本

即

$$P = (p - b) \cdot x - a$$

式中，P指目标利润，为利润(profit)的首字母；P指单价，为价格(price)的首字母。

上述基本公式还包含以下关系：

营业利润＝贡献边际－固定成本

销售收入＝变动成本＋固定成本＋营业利润

    ＝变动成本＋贡献边际

2. 贡献边际及相关计算公式

在本量利分析的基本公式中，特别要注意贡献边际的概念。

(1) 贡献边际的含义。贡献边际，是销售收入与相应的变动成本之间的差额，也称贡献、贡献毛益、边际利润。它是一个表示能为企业营业利润做多大贡献的指标，只有贡献边际在补偿固定成本后还有剩余，企业才会有营业利润。

(2) 贡献边际的表现形式：①贡献边际总额(TCM)，即销售收入总额与相应的变动成本总额之间的差额。②单位贡献边际(CM)，即单位产品销售收入(单价)与单位变动成本之间的差额。③贡献边际率(CMR)，即贡献边际占销售收入的百分比。

上述3种形式的关系可从以下等式中得到反映：

贡献边际总额＝单位贡献边际×销售量

$$单位贡献边际 = \frac{贡献边际总额}{销售量}$$

$$贡献边际率 = \frac{贡献边际总额}{销售收入} = \frac{单位贡献边际×销售量}{单价×销售量} = \frac{单位贡献边际}{单价}$$

(3) 变动成本率及其与贡献边际率的关系。变动成本率是指变动成本占销售收入的百分比。贡献边际率与变动成本率之间有着密切的联系，属于互补性质，变动成本率越高，贡献边际率越低、盈利能力越小；反之，变动成本率越低，贡献边际率越高，盈利能力越强。

贡献边际率与变动成本率的关系，可以公式表示为

$$贡献边际率＋变动成本率＝1$$

❋ 29.2 前提与关键

29.2.1 成本习性：本量利分析的前提

成本习性指的是探讨成本变动与业务量变动之间的依存关系。就工业企业而言，标志业务量大小的最重要指标就是产销量，即生产和销售产品的数量。也就是说，查明成本总额大小与产销量多少之间客观存在的依存性就是成本习性。它有助于从数量上具体掌握成本与产销量之间的规律性联系，同时为改善企业的生产经营和进行最优管理决策提供重要的信息。

按照成本习性对企业成本进行分类，具体如下。

(1) 变动成本：凡成本总额与业务量总额成正比例增减变动关系的称为变动成本。但就单位产品中的变动成本而言，则是固定不变的。在我国的工业企业中，变动成本指直接用于产品制造的原材料、辅助材料、燃料及动力、加工费、计件工资形式下的生产工人工资，以及工艺过程中不可避免的损失等。

(2) 固定成本：凡成本总额在一定时期和一定业务范围内不受业务量增减变动影响而固定不变的成本称为固定成本。就单位产品中的固定成本而言，则与业务量的增减成反比例变动。在我国的工业企业中，固定成本指办公费、差旅费、折旧费、管理人员工资、租赁费等。

(3) 混合成本：有些成本虽然也是随业务量的变动而变动，但不成同比例变动，不能简单地归入变动成本或固定成本，这类成本称为混合成本。

29.2.2 确定盈亏临界点：本量利分析的关键

确定盈亏临界点，是进行本量利分析的关键。

所谓盈亏临界点，就是指使得贡献毛益与固定成本恰好相等时的销售量。此时，企业处于不盈不亏的状态。

盈亏临界点可以采用下列两种方法进行计算。

(1) 按实物单位计算。其公式为

$$盈亏临界点的销售量（实物单位）＝\frac{固定成本}{单位产品贡献毛益}$$

其中

$$单位产品贡献毛益＝单位产品销售收入－单位产品变动成本$$

(2) 按金额综合计算。其公式为

$$盈亏临界点的销售量(金额单位) = \frac{固定成本}{贡献毛益率}$$

其中

$$贡献毛益率 = \frac{销售收入 - 变动成本}{销售收入}$$

29.3 基本内容

29.3.1 单一品种的保本分析

1. 保本分析的基本概念

所谓保本，就是指企业在一定时期内的收支相等、不盈不亏、损益平衡、利润为零的术语。企业在运营过程中处于这一特殊情况时的状态，称为保本状态。保本分析就是研究企业在运营过程中恰好处于保本状态时，本量利关系的一种定量分析方法，是本量利的基本内容，也是确定企业运营安全程度和进行保利分析的基础。保本分析的关键是确定保本点。

2. 保本点的含义及其确定

保本点又称盈亏临界点、收支平衡点，指企业恰好达到保本状态的销售量或业务收入总额。即企业业务收入扣除变动成本后所得的边际贡献，恰好抵偿固定成本，使企业处于不盈不亏时的销售量或业务收入。当销售量超过保本点时，企业就能结余，低于这一点时，企业就会亏损。

保本点的表现形式有两种，一种是用数量表示的销售量，另一种是以货币金额表示的业务收入量。

保本点的计算方法如下。

(1) 基本等式法。在单一销售品种条件下，根据本量利关系的基本等式计算出保本额。其计算公式为

$$保本量 = \frac{固定成本}{单位贡献边际} = \frac{固定成本}{单价 - 单位变动成本}$$

$$保本额 = 单价 \times 保本量$$

(2) 边际贡献法。边际贡献法是根据边际贡献与业务量、利润之间的关系直接计算保本量和保本额的一种方法。根据保本点的定义，边际贡献正好等于固定成本时，企业才会不盈不亏，达到保本点。其计算公式为

$$边际贡献 = 固定成本$$

那么

$$贡献边际 = 保本额 \times 贡献边际率 = 固定成本$$

$$保本额 = \frac{固定成本}{贡献边际率} = \frac{固定成本}{1 - 变动成本率}$$

3. 企业经营安全程度评价

(1) 安全边际的概念及计算。

安全边际，是指企业经营盈亏临界点以上的销售量。它反映企业在一定条件下的运营水平与其保本点的业务量或业务收入额之间的距离，也反映了企业运营的安全程度。它的数额越大，说明企业运营的安全程度越高，发生亏损的可能性越小。

安全边际有两种表现形式：一种是以数量表示的安全边际量；另一种是以货币金额表示的安全边际额。

$$安全边际量＝实际或预计销售量－保本量$$
$$安全边际额＝实际或预计销售量－保本额$$
$$安全边际率＝\frac{安全边际量}{实际或预计销售量}×100\%$$
$$＝\frac{安全边际额}{实际或预计销售额}×100\%$$
$$安全边际额＝安全边际量×单价$$

企业经营安全性评价标准，如表29-1所示。

表29-1 企业经营安全性评价标准

安全边际率	10%以下	10%～20%	20%～30%	30%～40%	40%以上
安全程度	危险	值得注意	较安全	安全	很安全

(2) 安全边际与利润的关系。

根据安全边际的概念可以发现，利润是由安全边际提供的，即只有超过保本点的销售量，才能为企业提供利润。保本点销售创造的边际贡献恰好补偿全部固定成本，以超过保本点的安全边际量所提供的边际贡献就是企业的利润。安全边际越大，企业的利润越多；安全边际为零时，企业则处于保本状态；安全边际为负数时，企业的利润也为负数，即处于亏损状态。故而企业的收支结余率受安全边际率和边际贡献率两个因素的影响。其计算公式为

$$利润＝安全边际量×单位边际贡献$$
$$＝安全边际额×边际贡献率$$
$$利润率＝安全边际率×边际贡献率$$

29.3.2 单一品种的保利分析

1. 保利分析的基本概念

所谓保利，就是指企业在预算期内实现的目标利润。保利分析就是研究企业为实现既定的目标利润的一种本量利分析方法。企业要生存、要发展，不能只停留在保本状态，必须不断扩大企业的规模范围，提高业务的质量和水平，确保既定的目标利润的实现。

2. 保利点的含义及其确定

(1) 保利点的含义。

保利点是指企业在价格和成本水平既定的情况下，为确保预先制定的目标利润的实现，而应达到的销售量和销售额的总称。保利点的模型是保本点模型的扩展，就是在保本量公式的分子上加了目标结余部分。

(2) 保利点的计算方法。

保利点的计算方法包含两种：一种是用数量表示的业务量；另一种是以货币金额表示的业务收入额。

$$保利量 = \frac{固定成本 + 目标利润}{单位贡献边际} = \frac{固定成本 + 目标利润}{单价 - 单位变动成本}$$

$$保利额 = 单价 \times 保利量 = \frac{固定成本 + 目标利润}{贡献边际率}$$

(3) 保净利分析。

保净利点就是实现目标净利润(税后利润)的业务量，具体形式包括保净利量和保净利额两种形式。在计算过程中，只需将目标净利润(税后利润)换算成目标利润(营业利润)就行了。对保利分析的公式进行适当变形，就可得到如下计算公式。

$$净利润 = 税前利润(营业利润) \times (1 - 所得税率)$$

$$保净利量 = \frac{固定成本 + \dfrac{目标净利润}{1 - 所得税率}}{单位贡献边际} = \frac{固定成本 + \dfrac{目标净利润}{1 - 所得税率}}{单价 - 单位变动成本}$$

$$保净利额 = 单价 \times 保利量 = \frac{固定成本 + \dfrac{目标净利润}{1 - 所得税率}}{贡献边际率}$$

29.3.3 多品种条件下的本量利分析

多品种条件下的本量利分析，就是在企业运营过程中对两个或两个以上的销售品种所进行的成本、销售量和利润三者之间的分析。企业的销售品种非常多，往往多个销售品种相互联系、同时发生。因此，对多个品种条件下的本量利关系进行分析更具现实意义。在多个品种同时发生的条件下，由于各品种的价格、单位变动成本等不同，不能将各品种的销售量简单相加，只宜用货币金额形式来反映保本点。

多项目条件下保本点的计算方法主要有加权平均法和顺序法。

1. 加权平均法

加权平均法，是指在多个产品边际贡献的基础上，以多个产品的预计收入额占总收入额的比重为权数，确定企业的加权平均边际贡献率，然后进行多产品条件下本量利分析的一种方法。该方法不要求分配固定成本，而是将所创造的边际贡献作为补偿企业全部固定成本的来源。

加权平均法的步骤如下。

第一步：计算各销售产品的边际贡献率。

第二步：计算各销售产品的收入比重，即各销售产品的销售额占总销售额的百分比。

第三步：计算综合边际贡献率。

$$综合边际贡献率＝\sum[某种产品的边际贡献率×该产品的销售额比重]$$

第四步：计算多品种保本额。

$$多品种保本额＝\frac{固定成本}{综合贡献边际率}$$

第五步：计算各品种保本额。

$$某品种保本额＝多品种保本额×该品种的销售额比重$$

第六步：计算多品种保利额。

$$多品种保利额＝\frac{固定成本＋目标利润}{综合贡献边际率}$$

第七步：计算各品种的保利额。

$$某品种的保利额＝多品种保利额×该服务项目的销售额比重$$

2. 顺序法

顺序法，是指企业在运营过程中按照事先规定的销售品种顺序，依次用各品种的边际贡献来补偿全部固定成本，然后再进行本量利分析的一种方法。这种方法要求各品种的边际贡献率由大到小按顺序排列，然后再把边际贡献与固定成本进行比较来求得保本额。

❋ 29.4 本量利分析图

本量利分析图，是指在平面直角坐标系上反映企业不同业务量水平条件下的盈亏状况的图形，也称为盈亏平衡图。本量利分析图通常有标准本量利图、边际贡献式本量利图和利润—业务量式本量利图等几种形式，它们都能够直观地从动态角度揭示本量利之间的相互依存关系。

29.4.1 标准本量利图

标准本量利图在管理会计中运用得最广泛，且能反映最基本的本量利关系。它所反映的总成本是以固定成本为基础，能清晰地反映固定成本总额不变的特点，同时能揭示盈亏平衡点、安全边际、盈利区与亏损区的关系，如图29-1所示。

绘制标准本量利图的方法如下。

第一步：选定直角坐标系，以横轴表示销售量，纵轴表示成本和销售收入的金额。

第二步：在纵轴上找出固定成本数值，以此点(固定成本值)为起点，绘制一条与横轴平行的固定成本线。

第三步：以固定成本值为起点，以单位变动成本为斜率，绘制总成本线。

第四步：以坐标原点0(0，0)为起点，以单价为斜率，绘制销售收入线。

第五步：确定盈亏平衡点。

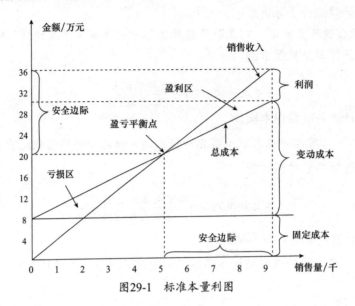

图29-1　标准本量利图

通过观察标准本量利图，可以掌握本量利之间的如下规律。

(1) 在盈亏平衡点不变的情况下，销售量超过盈亏平衡点一个单位，即可获得一个单位边际贡献的盈利。销售量越大，实现的盈利就越多。反之，销售量低于盈亏平衡点一个单位，就产生一个单位边际贡献的亏损。销售量越小，亏损额就越大。

(2) 在销售量不变的情况下，盈亏平衡点越低，盈利区的面积就会扩大，亏损区的面积就会缩小。它反映了产品的盈利性有所提高，即能实现更多的盈利或产生更少的亏损。反之，盈亏平衡点越高，盈利区的面积就会缩小，亏损区的面积就会扩大。它反映了产品的盈利性有所降低，即能实现的盈利越少或产生的亏损越大。

(3) 在销售收入既定的情况下，盈亏平衡点的高低取决于单位变动成本和固定成本总额的大小。单位变动成本或固定成本总额越小，盈亏平衡点就越低；反之，盈亏平衡点就越高。

标准本量利图在实际工作中得到广泛应用，原因在于它比数字计算更加直观地反映企业相关范围内不同业务量对利润的影响，方便管理人员规划企业的产品生产和销售。

29.4.2　边际贡献式本量利图

标准本量利图虽然反映了本量利之间的基本关系，却无法反映出边际贡献的形成和作用，实际工作中还会用到边际贡献式本量利图。边际贡献式本量利图将固定成本置于变动成本线之上，总成本线是一条平行于变动成本线的直线，因而能直观地反映出边际贡献的形成及其与利润之间的关系，如图29-2所示。

边际贡献式的本量利图绘制的步骤，是先画变动成本线，然后在此基础上以固定成本值为起点画一条与变动成本线平行的总成本线。其他部分的绘制方法与标准本量利图相同。

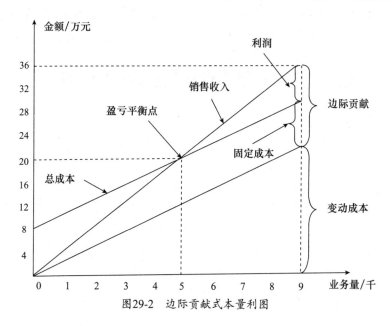

图29-2　边际贡献式本量利图

29.4.3　利润—业务量式本量利图

　　上述两种本量利图揭示了本量利之间的关系，但对利润与业务量间的直接关系未能予以直接揭示。利润—业务量式本量利图是上述两种本量利图的一种变化形式，它以利润线代替销售收入线和总成本线，因此是简化了的本量利图。该图突出了利润与业务量之间的关系，提供的利润信息比上述两种更加直截了当，因而又简称为利量图，如图29-3所示。

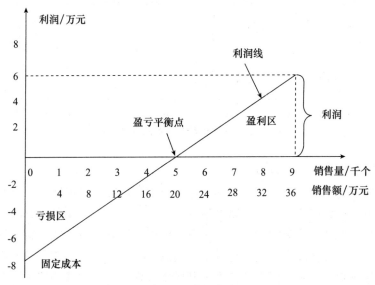

图29-3　利润—业务量式本量利图

在利润—业务量图上，利润线的起点在与固定成本总额相等的亏损额上，即当销售量为零时，纵轴上亏损额等于固定成本总额。利润线的另一点可根据计划销售量的相应利润来确定。连接上述两点就是利润线。利润线与横轴的交点就是盈亏平衡点。

❄ 29.5　有关因素变动对保本点和利润的影响分析

1. 销售价格变动的影响

产品销售价格的变动是影响盈亏平衡点的一个重要因素。销售价格的变动会引起单位边际贡献和边际贡献率向相同方向变动，从而会改变盈亏平衡点，如图29-4所示。如果其他因素不变，则当产品销售价格上升时，会增大单位边际贡献和边际贡献率，在本量利图中表现为销售收入线的斜率提高，导致盈亏平衡点降低，同时在一定销售量下实现的利润将会增加，或亏损额会减少；当产品销售价格下降时，会减少单位边际贡献和边际贡献率，在本量利图中表现为销售收入线的斜率降低，导致盈亏平衡点上升，同时在一定销售量下实现的利润额会减少，或亏损将会增加。

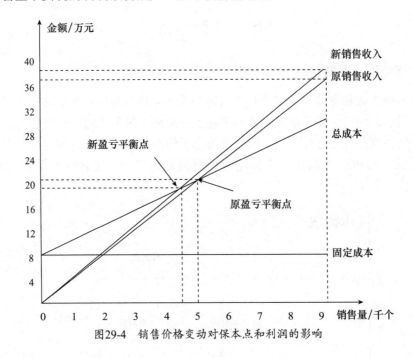

图29-4　销售价格变动对保本点和利润的影响

2. 单位变动成本变动的影响

产品单位变动成本的变动会引起单位边际贡献和边际贡献率向相反方向变动，从而改变盈亏平衡点，如图29-5所示。如果其他因素不变，则当产品单位变动成本上升时，会减少单位边际贡献和边际贡献率，在本量利图中表现为总成本线的斜率提高，导致盈亏平衡点上升，同时会减少一定销售量下实现的利润；当产品单位变动成本下降时，会增大单位边际贡献和边际贡献率，在本量利图中表现为总成本线的斜率降低，导致盈亏平衡点下降，同时会增加一定销售量下实现的利润。

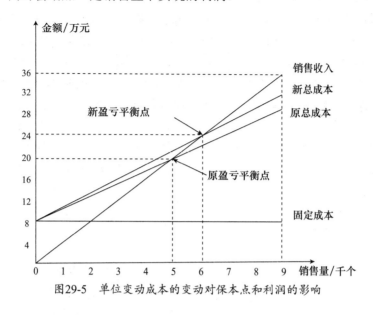

图29-5　单位变动成本的变动对保本点和利润的影响

3. 固定成本变动的影响

　　固定成本的大小与企业经营规模直接相关，企业的经营规模越大，固定成本就越高，其盈亏平衡点销售量也就越大，如图29-6所示。如果其他因素不变，则当固定成本总额上升时，在本量利图中会抬高总成本线的位置，导致盈亏平衡点上升，同时会减少一定销售量下实现的利润；当固定成本总额下降时，在本量利图中会降低总成本线的位置，导致盈亏平衡点下降，同时会增加一定销售量下实现的利润。

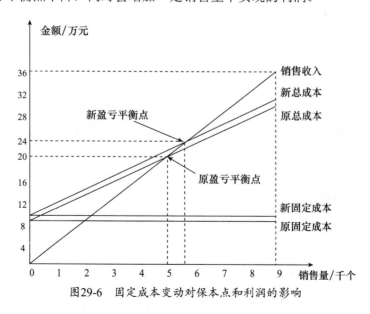

图29-6　固定成本变动对保本点和利润的影响

4.产品品种结构变动的影响

企业在生产和销售多种产品的情况下，由于不同产品的盈利能力各不相同，因而不同产品的边际贡献率也不同。因此，不同产品的销售收入占总销售收入的比重将直接影响加权平均边际贡献率。也就是说，当所销售产品的品种结构(销售品种组合)发生变动时，会导致加权平均边际贡献率发生变化，从而影响盈亏平衡点综合销售额，如图29-7所示。具体来说，当边际贡献率较低的产品的销售额占全部产品总销售额的比重上升时，企业的加权平均边际贡献率会下降，从而导致盈亏平衡点综合销售额的上升，在同样的销售收入总额情况下，企业的利润就会下降；反之，当边际贡献率较高的产品的销售额占全部产品总销售额的比重提高时，企业的加权平均边际贡献率会上升，从而导致盈亏平衡点综合销售额的下降，在同样的销售收入总额情况下，企业的利润就会上升。

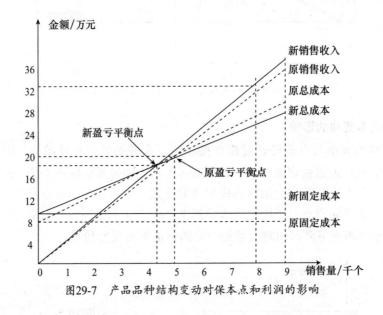

图29-7　产品品种结构变动对保本点和利润的影响

5.多因素同时变动的影响

上述分析都是以假定某一因素变动时其他因素不变为前提条件的，而在实际工作中，企业可能会通过采取多种措施同时改变多个因素来调整盈亏平衡点，以达到增加利润的目的。

🌟29.6　利润敏感性分析

所谓敏感性分析就是研究与某一变量相关的因素发生变动时对该变量的影响程度，也称为"如果……就怎么"分析。在现实经济环境中，就企业内部来说，影响利润的因素主要包括销售价格、单位变动成本、销售量和固定成本。这些因素经常会发生变动，因而导致利润也随之发生相应变动。即使这些因素的变动方向和变动幅度完全一样，对利润所产生的影响也将大不相同。有些因素增长会导致利润相应增加，而有些因素的增长却会导致利润相应下降。有些因素只要略有变动就会导致利润发生较大幅度的变动，这些因素称为强敏感性因素；有些因素即使变动幅度较大，也可能仅对利润产生较小的影响，这些因素称为弱敏感性因素。因此，利润敏感性分析就是研究利润对各项因素变动的敏感程度的一种定量分析方法。

测定某因素变动的利润敏感程度的指标称为敏感系数。其理论上的计算公式为

$$敏感系统 = \frac{利润变动百分比}{因素变动百分比}$$

利润敏感性分析就是通过计算有关因素的敏感系数，揭示利润与因素之间的相应关系，使企业管理人员清楚地知道影响利润的各因素中，其敏感程度哪个强哪个弱，从而分清主次，为利润预测和决策打下坚实的基础。

❄ 29.7 工具应用

29.7.1 应用范围

(1) 用来测定企业的产销量达到多大或产销额达到多少时才能保本，即做到不盈不亏。

(2) 用来测定产销量达到多大或产销额达到多少时，企业才能实现利润规划中的目标利润或者确保完成企业的利润计划。

(3) 用来测定当企业的固定成本总额发生增减变化时，对成本和利润所带来的影响。

(4) 用来测定当产品的单位售价发生变化时，对成本和利润所带来的影响。

(5) 用来测定当产品的单位售价发生变化时，对销售量、销售额和利润所带来的影响。

(6) 用来测定当产品的品种构成发生变化时，对企业利润的数额和水平所带来的影响。

(7) 用来测定在国家规定的范围内，降低销售价格，扩大销售数量，或者提高价格，减少销售数量对盈利的影响，帮助有关部门和领导做出正确决策，使企业获得更好的经济效益等。

29.7.2 注意事项

(1) 应结合企业生产经营实际，严格按照成本习性划分为变动成本和固定成本的范围，这是管理会计规划和控制企业经营活动的前提。做好此项工作是提高财务预测准确性的关键。

(2) 实际工作中，某些成本项目有时兼有固定成本和变动成本性质，它虽然也随产量的变动而变动，但不成正比例。不能简单地将之归入固定成本或变动成本，而应采用数学分解法最终将之分解为固定成本和变动成本两个项目，以提高预测的准确性。

(3) 对期间费用(管理费用、财务费用及销售费用)中剔除固定成本后的变动成本部分，如银行贷款利息、产品包装费等，应以产品制造成本为权数，合理分摊到该产品成本中，将产品的制造成本转换为产品的工厂成本(全部成本)。

29.7.3　在经营决策中的应用

在经营决策分析中，首先要考虑的是哪种方案能为企业提供更多的贡献毛益，如何更好地补偿为维持现有生产能力所需支付的固定成本，使企业能获得更多的利润。因此，能满足这一要求的本量利分析得以广泛地应用于企业的经营决策之中。

1. 不同生产方法的选择

不同的生产方法虽然可以使其产出的产品在质量和价格方面保持一致，但在成本方面往往表现出差异性。为了充分利用不同生产方法的优越性，可借助本量利分析的原理进行选择。具体操作方法如下。

第一步：根据提供的数据，在盈亏临界图上分别画出总收入线、代表现行生产方法的固定成本线、销售总成本线和盈亏临界点。

第二步：画出代表新生产方法的固定成本线、销售总成本线和盈亏临界点。

第三步：对两个盈亏临界点进行比较，如果新方法的盈亏临界点低于现行方法的盈亏临界点，则说明在企业生产能力得到充分发挥，产品又有销路时，新方法比现行方法能获得更大的利润。

2. 购置某项生产设备的选择

通过本量利分析，可以做出购置某项生产设备的选择。具体操作方法如下。

第一步：计算出新设备购置前有关单位变动成本、单位产品贡献毛益、盈亏临界点的销售量、安全边际和可实现的利润等数字。

第二步：计算购置新设备后变动成本的减少数、每年折旧费用的增加数，以及新设备投入使用后盈亏临界点的销售量。

第三步：比较新设备投入使用后可实现的利润，如果利润增加了，购置就合算，否则就不合算。

工 具 30

经济附加值——当今热门的财务创意

❋ 30.1 基本概念

30.1.1 产生与发展

针对以传统会计利润为考核指标的缺陷，1982年，美国思腾思特咨询公司(Stem Stewart & Co.)提出经济附加值(EVA)的概念。经济附加值被誉为"当今热门的财务创意""总要素生产力"。其理论源于诺贝尔经济学家默顿·米勒和弗兰科·莫迪利亚尼1958—1961年关于公司价值的经济模型的一系列论文(简称为MM理论)。

经济附加值概念最初出现时并没有引起人们太大的注意。一直到1993年9月，美国《财富》杂志发表了一篇题为"EVA：创造财富的关键"的文章。在这篇文章中，经济附加值的内容得到了完整表述，由此引起了企业界广泛注意。经济附加值这一方法从此迅速在发达国家的很多企业得到广泛应用，并取得极大的成功，现已成为资本市场和企业富有竞争力的资本运作绩效评价指标。

经济附加值是基于税后营业净利润和产生这些利润所需资本投入总成本的一种企业绩效财务评价方法。公司每年创造的经济附加值等于税后净营业利润与全部资本成本之间的差额。其中，资本成本包括债务资本的成本，也包括股本资本的成本。目前，以可口可乐为代表的一些世界著名跨国公司大都使用经济附加值指标评价企业。

30.1.2 概念内涵

经济附加值简单地说是息前税后经营利润减去债务和扣除投资的资金总成本(包括债务资本和股权资本)之后的余额，是所有成本被扣除后的剩余收入。经济附加值是对真正"经济"利润的评价，或者说，是表示净营运利润与投资者用同样资本投资其他风险相近的有价证券的最低回报相比，超出或低于后者的量值。

经济附加值理论的核心思想，是一个公司要想获得投资的超额报酬，其赚取的收入除了要完全补偿经营的全部成本费用外，还要充分补偿投资者投入资本的全部成本(包括债务资本和股权资本)。

❋ 30.2 计算方法

30.2.1 计算公式

经济附加值是扣除了资本成本(既包括债务资本成本，又包括股权资本成本)后的资

本收益。用公式表示为

$$经济附加值＝投资资本 \times (投资资本回报率－加权平均的资本成本)$$
$$＝税后营业利润－资本费用$$
$$＝税后营业利润－投资资本额 \times 加权平均的资本成本$$

通常利用期初测定的投资资本，或者是期初和期末的资本平均数计算。从技术上讲，为了使经济附加值价值评估正好等于现金流量折现，必须使用期初资本。但如果使用平均资本，差异通常很小。经济附加值计算表格，如表30-1所示。

表30-1   经济附加值计算表格

项目	2012年度	2013年度	2014年度
ROIC(年初)	0.0440	0.1027	0.0885
WACC	0.0984	0.0984	0.984
差额	−0.0544	0.0043	−0.0099
IC(年初)	228 814.71	222 274.99	26 970.04
EVA	−12 436.85	973.63	−2598.27
NOPLAT	10 078.51	23 170.21	23 179.58
资本费用	22 515.37	22 196.58	25 777.85

30.2.2   三个基本输入变量

从上一节的公式中可看出，计算经济附加值需要3个基本输入变量：税后营业利润、资本投入额和加权资本成本率，以下对它们分别加以考察。

1. 税后营业利润

税后营业利润要由资产负债表和损益表调整得到，班尼特·斯图亚特(Bennett Stewart)提出160多种可能需要调整的项目，如存货成本、折旧、坏账确认、重组费用和商誉的摊销等，其精确的计量比较困难。由于经济附加值的根本目的并不在于得到完全真实的原始利润值，因而进行所有160多项调整并不都是必要的。在某些情况下，进行某项调整对最后结果影响很小，可以忽略不计。另外，有些调整项目会过多地增加工作负担，这也是对资源的一种耗费。根据经验，大多数公司实际需要的调整项目有5～15个会计科目。

2. 资本投入额

资本投入额为股权资本投入额和债权资本投入额之和，它与通常使用的总资产和净资产概念稍有不同。具体的计算也需要对资产负债表和损益表进行相应的调整，较难得到准确的投资资本总额。解决办法之一就是使用公司的市场价值，可是市场价值中不但包括现有资产价值，更包括对未来成长的预期。经济附加值中需要评价的是现有资产的盈利能力，由于难以取得现有资产市场价值，许多分析人员常使用账面价值作为替代。但是，账面价值受到历史上折旧、存货估价及并购交易等会计方法的影响，而会计处理对投资中营业费用和资本费用的分类进一步扭曲了经济现实，必须调整账面价值以得到投资资本的较准确估计。

3. 加权资本成本率

加权资本成本率的计算公式为

加权资本成本率＝股权资本比例×加权资本成本率＋债权资本比例×

加权资本成本率×(1－所得税率)

其中，比较难的是股权资本比例的测算，通常用无风险收益加上企业投资的风险补偿来代表。但是，资本成本是否通过反复测算，本身是否精确实际并不重要，关键是管理者必须明确意识到资本存在成本，红利取决于利润超过成本后公司得到的经济附加值，并依据这一原则行事。

另外，以经济附加值为基础，在指标评价体系中还可引入单位经济附加值、单位股权经济附加值等指标。单位经济附加值是单位资本投入产生的经济附加值，它衡量了企业资本运作效率的高低。实际上，它等于企业实际投入资本回报率与加权资本成本率之差，即反映了企业的"超额"回报。单位股权经济附加值是股东投入单位资本产生的经济附加值，它是站在股东的角度来看公司价值的增长情况，在一定意义上反映了股东的投资回报率。

如果经济附加值为正，则表明公司获得的收益高于为获得此项收益而失去其他收益的机会成本和经营成本，即公司为投资者实现了真正的盈利；相反，如果值为负，则表明投资者的财富没有增加，反而在减少，公司在耗费资本。

✳ 30.3 经济附加值体系

经济附加值体系，即管理体系、激励制度、评价指标，以及理念体系。

1. 管理体系

由于以税后利润核算为中心的效益指标没有完整核算企业的资本成本，导致管理者淡化和无视股本融资成本，将股本资本看作一种无成本的资本。缺乏对股本成本核算的模式导致其管理行为异化，表现在以下3方面。

(1) 不计成本地扩大股权融资规模，盲目筹资，盲目投资。

(2) 企业内部人员利益分配往往只与利润目标关联，激励管理者以扩大股本投资方式去追求利润目标，而单位资金效益普遍低下。

(3) 以较少的经营利润形式，掩盖实质上的经营亏损。在现有的效益会计核算体系中，没有一个完整的成本概念，由于没有核算投资人的机会投资成本，缺乏这一部分成本的约束，在微观上损害了投资人的利益，宏观上有可能会表现为表面盈利，公司资本总量却实质性缩水。

经济附加值概念对于国有企业的管理和投资上市公司的股东特别具有价值。应用经济附加值指标对企业经营效益进行评价，国有企业的经营者就不会一味追求资产的规模和无限制地投入，上市公司的经营者就不会一味追求扩大股本，增发流通股票圈钱。在经济附加值体系下，企业管理的所有方面全都囊括在内，包括战略企划、资本分配、并购或撤资的估价、制订年度计划甚至包括每天的运作计划，从而促进公司树立完整的成本观念，促使企业树立以长期发展为本的经营战略。企业管理人员明白增加价值只有3条基本途径：一是可以通过更有效的方式经营现有的业务和资本，必须考虑库存、应收账款和所使用资产的成本；二是投资那些回报超过资本成本的项目；三是可以通过出售对别人更有价值的资产或通过提高资本运用效率，如加快流动资金的运转，加速资本回流，从而解放资本沉淀。

2. 激励制度

用经济附加值进行评价时，经营者不仅要注意他们创造的实际收益的大小，还要考虑他们所应用的资产量的大小及使用该资本的成本大小。这样，经营者的激励指标就与投资者(即股东)的动机(即使其财产增值)联系起来，可以使所有者和经营者的利益取向趋于一致，促使经营者同所有者一样思考和行动；还可以在很大程度上缓解因委托—代理关系而产生的道德风险和逆向选择，最终降低全社会的管理成本。作为激励制度安排，一般奖励给经营者的奖金是经济附加值的一部分。

期权激励同经济附加值激励都具有长期激励作用，都能克服短期行为。但是经济附加值的优点在于：第一，期权激励难以体现奖励与绩效挂钩。一般情况下，在没有为股东真正创造财富之前就对经营者进行期权奖励；经济附加值激励则是奖励与真正的业绩挂钩，奖励实现之日也是股东已获新创财富之时，不会出现如期权激励那样的扭曲现象。第二，期权的价格受市场价格影响较大，奖励的获得受外在因素影响，奖励对经营者经营的好坏不是正相关；而经济附加值激励不受市场价格影响，基本上由经营的好坏决定奖励。第三，期权奖励容易导致经营者片面追求股价上升而产生的短期行为，与企业发展的长期目标相悖，并造成股东的成本负担；经济附加值奖励则不会出现这种弊端。

3. 评价指标

企业经营的评价指标，通常用权益报酬率、总资产报酬率、销售净利率、每股收益等指标反映。但是，这些指标没有考虑资本成本因素，不能反映资本净收益的状况和资本运营的增值效益，企业盈利并不意味着企业资产得到保值增值。为了考核企业全部投入资本的净收益状况，要在资本收益中扣除资本成本。而经济附加值作为衡量业绩最准确的尺度，对无论处于何种时间段的公司业绩，都可以做出最准确恰当的评价。

4. 理念体系

经济附加值以一种理念和能够正确度量业绩的目标，凝聚着股东、经理和员工，并形成一种框架指导公司的每一个决策。在利益一致的激励下，用团队精神大力开发企业潜能，最大限度地调动各种力量，形成一种奋斗气势。人人关心经济附加值，共同努力提高效率，降低成本，减少浪费，提高资本运营能力。这种企业文化的作用力对我国企业来说具有非常重要的意义。

30.4　工具应用

30.4.1　计算指标的方法

由于根据会计准则编制的会计报表对公司真实情况的反映存在部分失真，因此在计算经济附加值指标时，先要对会计报表项目的处理方法进行调整。

1. 对报表项目进行调整

需要说明的是，在计算经济附加值指标时，对会计报表部分项目做一些必要的调整，是基于内部价值管理的需要，并非要改变会计准则。

(1) 研究发展费用和市场开拓费用的调整。

根据稳健性原则规定，公司必须在研究发展费用和市场开拓费用发生的当年列入期间费用一次性予以核销。这种处理方法实际上否认了两种费用对企业未来成长所起的关键作用，而把它与一般的期间费用等同起来。这种处理方法的一个重要缺点就是可能会诱使管理层减少对这两项费用的投入，这在效益不好的年份和管理人员即将退休的前几年尤为明显。在股东和管理层看来，研究发展费用是公司的一项长期投资，有利于公司在未来提高劳动生产率和经营业绩，因此应该与其他有形资产投资一样列入公司的资产项目。同样，市场开拓费用，如大型广告费用会对公司未来的市场份额产生深远影响，从性质上讲也应该属于长期性资产。而长期性资产项目应该根据该资产的受益年限分期摊销。这是因为将研究发展费用和市场开拓费用一次性计入费用进行当年核销，从而会减少公司的短期利润。减少这两项费用则会使短期盈利情况得到改观，从而使管理人员的业绩上升，收入提高。美国的有关研究表明，当管理人员临近退休之际，研究发展费用的增长幅度确实有所降低。

计算经济附加值时所做的调整就是将研究发展费用和市场开拓费用资本化，即将当期发生的研究发展费用和市场开拓费用作为企业的一项长期投资加入资产中，资本总额也增加相同数量。然后根据具体情况在几年之中进行摊销，摊销值列入当期费用抵减利润。推销期根据公司的性质和投入的预期效果而定。

(2) 商誉。

根据我国《企业会计准则》的规定，商誉作为无形资产的一种列示在资产负债表上，在一定的期间内摊销。这种处理方法的缺陷在于：其一，商誉之所以产生，主要是与被收购公司的产品品牌、声誉、市场地位等有关，这些都是近似永久性的无形资产，不宜分期摊销。其二，商誉摊销作为期间费用会抵减当期的利润，影响经营者的短期业绩。这种情况，在收购高科技公司时尤为明显，因为这类公司的市场价值一般远高于净资产。但实际上经营者并没有出现经营失误，利润的降低只是由于会计处理的问题而造成的。其结果就会驱使管理者在评估购并项目时，首先考虑购并后对会计净利润的影响，而不是首先考虑此购并行为是否会创造高于资本成本的收益，为股东创造价值。

计算经济附加值时所做的调整就是不对商誉进行摊销。具体而言，由于财务报表中已经对商誉进行摊销，在调整时就将以往的累计摊销金额加入资本总额中，同时把本期摊销额加回到税后净营业利润的计算中。

(3) 递延税项。

递延税项的最大来源是折旧。例如，许多公司在计算会计利润时采用直线折旧法，而在计算应纳税所得时则采用加速折旧法，从而导致折旧费用的确认出现时间性差异。正常情况下，其结果是应纳税所得小于会计报表体现的所得，形成递延税项负债，公司的纳税义务向后推延，这对公司是明显有利的。

计算经济附加值时对递延税项的调整是将递延税项的贷方余额加入资本总额中，如果是借方余额则从资本总额中扣除。同时，将当期递延税项的变化加回到税后净营业利润中。

(4) 各种准备。

各种准备包括坏账准备，存款跌价准备，长、短期投资的跌价或减值准备等。根据我国企业会计制度的规定，公司要为将来可能发生的损失预先提取准备金，准备金余额抵减对应的资产项目，余额的变化计入当期费用冲减利润。其目的也是出于稳健性原则，使公司的不良资产得以适时披露，以避免公众过高估计公司利润而进行不当投资。作为对投资者披露的信息，这种处理方法是非常必要的，但对于公司的管理者而言，这些准备金并不是公司当期资产的实际减少，准备金余额的变化也不是当期费用的现金支出。提取准备金的做法一方面低估了公司实际投入经营的资本总额，另一方面低估了公司的现金利润，因此不利于反映公司的真实现金赢利能力，同时公司管理人员还有可能利用这些准备金账户操纵账面利润。

因此，计算经济附加值时应将准备金账户的余额加入资本总额之中，同时将准备金余额的当期变化加入税后净营业利润。

2. 计算经济附加值指标

步骤一：资产负债表调整，计算资本总额。

起始：普通股权益

加：少数股东权益

递延税项贷方余额(借方余额则为负值)

累计商誉摊销

各种准备金(坏账准备、存货跌价准备等)

研究发展费用的资本化金额

加：短期借款

长期借款

长期借款中短期内到期的部分

等于：资本总额

步骤二：损益表调整，计算税后净营业利润。

起始：税后净利润

　　加：利息费用

　　　　少数股东损益

　　加：本年商誉摊销

　　　　递延税项贷方余额的增加

　　　　其他准备金余额的增加

　　　　资本化研究发展费用

　　减：资本化研究发展费用在本年的摊销

　等于：税后净营业利润

　步骤三：计算加权平均资本成本。

(1) 单位股本资本成本。

(2) 单位债务资本成本。

(3) 加权平均资本成本。

　步骤四：计算经济附加值指标。

经济附加值(EVA)＝税后净营业利润－资本总额×加权平均资本成本

30.4.2　提高经济附加值的有效途径

1. 提高现有投入资本的回报水平，即提高企业的税后净营业利润

　　经济附加值系统的主要思想是要求计算企业所掌握的全部经济资源的成本，包括股本成本、债务成本，并据此来计算所有资金的必要回报率，从而正确计算企业的经济附加值。因此，在实际工作中，通过缩减生产成本，减少运营费用支出，可以在不增加资本数量的前提下提高税后利润，运用更有效率的管理使资本赚取更高的资本报酬。

2. 通过改善企业的筹资结构，尽可能降低企业的加权平均资本成本

　　由于经济附加值系统更注重企业全部资产成本，以及在完整计算全部资金成本后能产生给股东的回报，企业的贴现现金流量、净现值和经济信息的完整性及财务成果的真实性，所以有利于提高企业内部财务管理水平，防范企业经济风险，促进企业健康发展。

　　因此，经济附加值系统提出贴现现金流量作为一个流程，净现值作为一个指标，反映出企业真实的资本运作情况和不同时期的现金流量状况。同时，在评价财务决策和投资决策中，对不同时间的现金收支赋予不同的价值，即货币时间价值。另外，净现值使用一种特殊的利率来评价货币时间价值，即资金成本(风险回报率)。

3. 投资于那些长期来看能够使税后净营业利润高于加权平均资本成本的项目

　　企业管理层往往会更偏好那些高投入、见效快的项目，摒弃周期长、见效慢的项目，以此获得任期内暂时的企业效益。那些能为企业创造更长久价值和为社会造福的项目，可能会因此受到冷遇，从而制约企业的长远发展。若仅仅通过考核传统的会计利润等考核评价指标，不可能得出客观、公正的评价。但是，利用经济附加值指标可以测算出该项目对企业真实的贡献程度。对于并不能为企业创造价值，损害股东利益的项目，则不应继续投入，直至停产。对于确实能为企业带来长远效益，提高经济附加值水平的项目，则应坚持投入。

4. 通过提高资金的使用效率，加快资金的周转速度，把沉淀的资金解放出来

资金的周转速度不同，直接影响企业的资金成本。资金周转速度快，则相应地资金成本会降低，用少量资金可以带动项目运转，能带来更多的税后净营业利润。尽可能地加速资金周转速度，提高资金使用效率，无疑能有效地提高经济附加值。

5. 从那些毁损价值的项目中抽回资本，减少投入资本

从经济附加值的基本公式可以看出，经济附加值追求的是价值目标，这一目标考虑了全部资本成本。因此，经济附加值的整体视角是真正的价值增量及自有现金流。在投资决策中，只要投资计划能使税后净营业利润的增加超过资本成本的增加金额，计划即可执行。

30.4.3　应注意的问题

首先，经济附加值指标有其自身的不足。经济附加值属于短期(通常为年度)财务指标，当采用这一指标作为衡量企业管理者经营好坏及其取得报酬的依据时，可能会出现这样一种情况：企业管理者为了自身的利益，只关心他们任期内各年的经济附加值。然而，股东财富最大化依赖于未来各期企业创造的经济附加值。若仅仅以实现的经济附加值作为业绩评定指标，企业管理者从自身利益出发，会对保持或扩大市场份额、降低单位产品成本，以及进行必要的研发项目投资缺乏积极性，因为这些举措一般会影响到短期内创造更多的经济附加值，但这些举措正是保证企业未来经济附加值持续增长的关键因素。从这个角度看，市场份额、单位产品成本及研发项目投资是企业的价值驱动因素，是衡量企业业绩的"超前"指标。因此，在评价企业管理者经营业绩及确定他们的报酬时，不但要考虑当前的经济附加值指标，还要考虑这些超前指标，这样才能激励管理者将自己的决策行为与股东的利益保持一致性。同样，当利用经济附加值进行证券投资分析时，也要充分考虑影响该企业未来经济附加值增长势头的这些超前指标，从而尽可能准确地评估出股票的投资价值。

其次，股权资本成本率的确定问题，是计算经济附加值的关键。由于我国证券市场的发展时间不长，各年的指数收益率又相差较大，因此目前还无法按照这一方法计算股权资本成本率。笔者建议以下面的方式确定：以证券市场上同行业可比公司资产收益率历史数据的平均值作为该行业的预期回报率，然后根据被估值公司在该行业中的位置及其发展势头对该数值做适当调整，以此取得该公司的预期回报率。

30.4.4　应用领域

(1) 投资决策。经济附加值的出现是作为一种管理工具，但逐渐被引入到投资领域，被一些金融机构用来分析和评价股票。

(2) 绩效评价。传统财务指标未扣除资本成本，跟经济利润不相符，因此无法真正衡量企业资本经营的效益和公司价值的增加，而经济附加值正好弥补了这一缺陷，反映了公司真正创造的价值。

(3) 激励机制。作为一个业绩评价指标，经济附加值可以引入到激励合同中，股东可以根据经济附加值来决定经理人的薪酬。引入经济附加值会在一定程度上对股东和经理人的博弈关系产生积极影响，并在减少代理成本方面发挥作用。

(4) 企业价值评估。经济附加值理论认为公司的价值等于公司最初的资本投入加上所创造的经济价值的增量。如果公司的价值正好等于最初的投资额，那么公司就没有增加价值，只有公司的利润多于其加权平均资本成本时，公司才创造了价值。否则，就是在毁灭价值。经济附加值评估体系能全面真实地反映公司的实际经营情况和经营能力，可以成为公司价值评估的核心指标，才能真正揭示企业价值。

(5) 财务预警。如果从公布的经济附加值的一些数据分析中，可以看出公司发生亏损，那么即使公司的每股收益和资产收益率都保持在较高水平，也说明公司利润可能会出现负值或亏损。因此，企业可以通过经济附加值来进行财务预警。

第五篇 | 生产管理工具

工 具 31

PDCA循环——有效控制管理过程和工作质量的工具

🔆 31.1 基本概念

PDCA循环作为科学的工作程序,最早是由美国贝尔实验室的沃特·休哈特(Walter A.Shewhart)博士于20世纪30年代提出,后经爱德华兹·戴明(Edwards Deming)博士在日本推广应用,故又称为"戴明环"。PDCA循环——改善提升,本是产品质量控制的一个原则,但是它不仅仅能控制产品质量管理的过程,同样可以有效控制工作质量和管理质量。

所谓PDCA,即计划(plan)、执行(do)、检查(check)、行动(action)的首字母组合。

- P(plan)——计划:确定方针和目标,确定活动计划。
- D(do)——执行:实地去做,实现计划中的内容。
- C(check)——检查:总结执行计划的结果,注意效果,找出问题。
- A(action)——行动:对总结检查的结果进行处理,成功的经验加以肯定并适当推广、标准化;失败的教训加以总结,以免重现,未解决的问题放到下一个PDCA循环。

PDCA循环实际上是有效进行任何一项工作的合乎逻辑的工作程序。在质量管理中,PDCA循环得到了广泛的应用,并取得了很好的效果,因此有人称PDCA循环是质量管理的基本方法。之所以将其称为PDCA循环,是因为这4个过程不是运行一次就完结,而是要周而复始地进行。一个循环完了,解决了一部分问题,可能还有其他问题尚未解决,或者又出现了新的问题,再进行下一次循环。PDCA的基本模型,如图31-1所示。

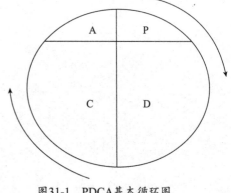

图31-1 PDCA基本循环图

🔆 31.2 应用分析

一个完整的PDCA循环包括4个阶段、八大步骤。

31.2.1 四个阶段

第一阶段:计划。该阶段主要是制定质量目标、活动计划、管理项目和措施方案。工作内容包括:①分析现状,找出存在的质量问题;②分析产生质量问题的各种原因和影响因素；③从各种原因中找出影响质量的主要原因；④针对影响质量的主要原因，制定技术组织措施方案，提出措施执行计划和预计效果，并具体落实到执行者、时间进度、地点、部门和完成方法等方面。

第二阶段：执行。该阶段是将制定的计划和措施，具体组织实施和执行。

第三阶段：检查。该阶段是把执行的结果与预定的目标对比，检查计划执行的情况是否达到预期的效果，哪些做对了，哪些做错了，成功的经验是什么，失败的教训是什么，原因在哪里。

第四阶段：行动。它包括两个内容：①总结经验教训，巩固成绩，处理差错。肯定成功的经验并定成标准，以便后面参考；失败的教训也要加以总结整理，记录在案，作为借鉴，防止以后再度发生。②把没有解决的遗留问题，转入下一个管理循环，作为下一阶段的计划目标。

PDCA的4个阶段，如图31-2所示。

以上阶段不是运行一次就结束，而是周而复始地进行，一个循环完了，解决了一些问题，未解决的问题进入下一个循环，这样阶梯式上升。PCDA循环实际上是有效进行任何一项工作的合乎逻辑的工作程序。在质量管理中，有人称其为质量管理的基本方法。无论哪一项工作都离不开PDCA的循环，每一项工作都需要经过计划、执行计划、检查计划、对计划进行调整并不断改善这样4个阶段。

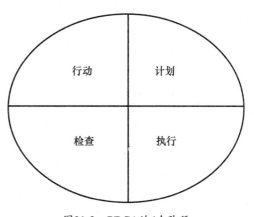

图31-2　PDCA的4个阶段

31.2.2　八大步骤

PDCA循环的八大步骤，如图31-3所示。

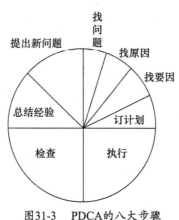

图31-3　PDCA的八大步骤

1. 分析现状，找出问题

目标：强调对现状的把握和发现问题的意识、能力。发现问题是解决问题的第一步，是分析问题的前提。

要点：调查内容。其包括4个要点：时间、地点、类型和症状。调查的对象应是广泛和随机的，以保证调查的客观性。

2. 分析各种问题的因素或原因

目标：找准问题后分析产生问题的原因至关重要，运用头脑风暴法等多种集思广益的科学方法，把导致问题产生的所有原因统统找出来。

要点：原因分析必须做到集思广益和科学验证，缺一不可。常用的分析工具有线状图、排列图、直方图、正态概率图、散布图、控制图等。不论采用什么工具，重要的是分析过程是否正确。

3. 要因确认

目标：区分主因和次因是最有效解决问题的关键。

要点：最终确认的主要问题，其数量越少越好，但关键是要准确确认。

4. 拟定措施、制订计划

目标：措施和计划是执行力的基础，尽可能使其具有可操作性。

要点：所制定的对策要形成一个计划书。计划书应包括改进的必要性、应实现的目标、采取的措施、执行部门及人员、执行地点、完成日期等内容。

5. 执行措施和计划

目标：高效的执行力是组织完成目标的重要一环。

要点：实施阶段并不是简单地执行，应包括执行、控制、调整3个部分的内容。调整是对工作计划进行调整，不是调整预定目标值。调整后的计划要经过审批。

6. 检查验证，评估效果

目标：检查计划的执行情况，评估实施后的效果。

要点：检查阶段要把所有的相关效果不论大小都罗列出来，运用统计技术，用大量可靠的数据说明问题。

7. 标准化，固定成绩

目标：标准化是维持企业管理现状不下滑，积累、沉淀经验的最好方法，也是企业管理水平不断提升的基础。可以这样说，标准化是企业管理系统的动力，没有标准化，企业就不会进步，甚至使业绩下滑。

要点：将有效的措施纳入正式文件，实现标准化管理，组织相关人员培训，并建立责任制，保证措施的有效实施。

8. 处理遗留问题

目标：所有问题不可能在一个PDCA循环中全部解决，遗留的问题会自动转入下一个PDCA循环，如此周而复始，螺旋上升。

要点：对解决问题的本身进行反射性思考，总结前面的工作，寻找遗留问题。

31.2.3　应用注意问题

(1) 应用PDCA循环，首先必须制定好目标、标准、法规、程序。一般来说，PDCA循环就是工商企业按照产品或劳务的质量要求，沿着特定的制造或服务程序，为达到某一时期的目标，而周而复始地循环的管理过程。可见，PDCA循环像链条一样把企业的目标、标准、法规、程序连在一起，从而增强了企业的凝聚力，使企业的管理工作得到提高和发展。

(2) PDCA循环要有针对性。这就是要把影响质量的根本性问题作为解决的对象，选准目标，有的放矢，才能收到较明显的效果。

(3) PDCA循环具有期限要求，无论在哪个层次的PDCA循环都要有明确的期限。没有时间约束的循环，是不会有实际效果的。对于不同的管理层次，循环时间的长短也是不同的。一般来说，层次越高，循环周期越长；层次越低，循环周期越短。有了时间约束，管理工作的效率也会随之提高。

(4) PDCA循环应做好奖惩兑现和原始记录。一个循环结束后，如果不搞好奖惩兑现，就不利于调动积极性，也不利于下一循环的顺利进行。做好原始记录，可以为以后的管理工作提供信息，还可以为奖惩兑现提供可靠依据。此外，还可以为领导决策提供依据，为转入下一循环提供原始资料。

总之，运用PDCA循环，可以使各项管理工作更加条理化、规范化、系统化、科学化，从而使企业经营管理工作不断提高到新的水平。可以这样说，PDCA程序的转动过程，就是质量管理活动(或其他各项工作)开展和提高的过程。

❋ 31.3　工具特点

PDCA循环管理工具有如下4个特点。

(1) 周而复始。PDCA循环的4个过程不是运行一次就完结，而是周而复始地进行。一个循环结束了，解决了一部分问题，可能还有问题没有解决，或者又出现了新的问题，再进行下一个PDCA循环，依次类推。

(2) 大环带动小环。如果把整个企业的工作作为一个大的PDCA循环，那么各部门、小组还有各自小的PDCA循环就像一个行星轮系一样，大环带动小环，一级带动一级，有机地构成一个运转的体系。如图31-4所示。

(3) 阶梯式上升。PDCA循环不是在同一水平上循环，每循环一次就解决一部分问题，取得一部分成果，工作就前进一步，水平就提高一步。到了下一次循环，又有了新的目标和内容，更上一层楼。阶梯式上升过程，如图31-5所示。

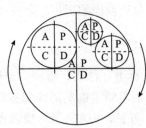

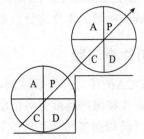

| 图31-4 | 大环带动小环运转图 | 图31-5 | 阶梯式上升过程图 |

(4) 科学管理方法的综合应用。PDCA循环应用以7种工具(直方图、控制图、因果图、排列图、相关图、分层法和统计分析表)为主的统计处理方法，以及工业工程中工作研究的方法，作为进行工作和发现、解决问题的工具。

工 具 32

JIT生产方式——使生产有效进行的新型生产方式

❈ 32.1 基本概念

32.1.1 内涵与理念

准时制生产方式(just in time，JIT)是指在精确测定生产各工艺环节作业效率的前提下按订单准确地计划、以消除一切无效作业与浪费为目标的一种管理模式，又称为零库存生产。简单地说，就是在合适的时间，将合适的原材料和零部件，以合适的数量，送往合适的地点。JIT技术改变了传统的思路。在生产系统中，任何两个相邻工序(即上下工序)之间都是供需关系，由需方起主导作用，需方决定供应物料的品种、数量、到达时间和地点，供方只能按需方的指令(一般用看板)供应物料，送到的物料必须保证质量、无次品。这种思想就是以需定供，可以大大提高工作效率与经济效益。

准时制生产方式是起源于日本丰田汽车公司的一种生产管理方法。它的基本思想可用现在已广为流传的一句话来概括，即"只在需要的时候，按需要的量生产所需的产品"，这也就是JIT所要表达的本来含义。也就是追求一种无库存，或库存达到最小的生产系统。JIT的基本思想是生产的计划、控制和库存的管理。JIT生产方式以准时生产为出发点，首先暴露出生产过量和其他方面的浪费，然后对设备、人员等进行淘汰、调整，达到降低成本、简化计划和提高控制的目的。在生产现场控制技术方面，JIT的基本原则是在正确的时间，生产正确数量的零件或产品，即准时生产。它将传统生产过程中前道工序向后道工序送货，改为后道工序向前道工序取货。

32.1.2 产生与发展

准时制生产方式，最早由美国人提出，后传播到日本，是日本丰田汽车公司在20世纪60年代实行的一种生产方式。由曾任丰田汽车公司副总经理的大野耐一，历经15年的实践、摸索、创造出来的。JIT生产方式基于杜绝浪费、降低成本的思想观念，追求最合理的制造方式以取得竞争优势(高质量、低成本)，谋求在经济低速发展中增加利润的一套完整的生产过程和库存管理制度体系，是日本汽车工业适应"多品种、小批量"的市场需求的产物。由于该生产方式对丰田公司渡过20世纪70年代的第一次能源危机起到了突出作用，1973年秋季后开始引起人们的注意，并迅速在日本其他企业、行业普及开来，渐渐成为备受国际瞩目的具有典型日本特色的"JIT生产制"，并逐渐在世界各国的企业中推行开来。作为一种彻底追求生产过程合理性、高效性和灵活性的生产管理技术，JIT生产方式已被广泛应用于世界各国的许多行业和众多企业之中。

✳ 32.2　主要内容

32.2.1　基本原理

JIT生产方式的基本原理来源于超级市场以需定供的管理方式，即供方依据订货传票(看板)的要求，在规定的时间将货品配送到需要的地点。将这一思想运用到制造业中，也就是"在需要的时候，按需要的量生产需要的产品"，也就是说，通过生产计划、控制及库存管理，追求一种无库存或库存达到最小的生产系统。

根据对丰田公司JIT生产方式的研究，以下技术、手段和方法是整个丰田JIT生产方式综合技术体系的重要支撑，对丰田公司的成功具有举足轻重的作用。

1. "倒过来"的生产方式

和传统的"推进式"生产方式不同，JIT生产方式是一种倒拉式管理方式，即逆着生产工序，从顾客需求开始。流程可简单归纳为订单→成品→组件→配件→零件和原材料→供应商。整个生产过程动态变化，生产方式一环扣一环，同步衔接，逐个向前逼近，上道工序正好提供下道工序需要的产品，而且在时间和数量上正好满足，从根本上有效地遏制了盲目过量生产，大幅度减少了生产过程中的在制品数量，提高了生产率和生产系统的柔性。

2. 杜绝一切形式的浪费

JIT生产方式的核心是追求一种无库存或使库存最小的生产系统，也就是将必要的零件以必要的数量在必要的时间送到生产线，并且只将所需要的零件，只以所需要的数量和只在所需要的时间送到生产线。因此，JIT生产方式的基本原则就是"杜绝一切形式的浪费"。丰田公司的生产方式和管理方法始终把"杜绝一切形式的浪费、彻底降低成本"作为基本原则和追求目标，并以此作为获得利润的源泉。

JIT定义了7种浪费的类型。

(1) 过量生产的浪费。制造过量的产品会因之增加工位器具和堆放场地造成的浪费。

(2) 搬运的浪费。由于工序相互分离发生搬运和临时堆放等的浪费。

(3) 库存的浪费。为保管库存产品需要库房，工位器具和操作人员等而造成的浪费。

(4) 等待的浪费。在设备自动加工时或工作量不足时的等工浪费(最容易判断的浪费)。

(5) 过程的浪费。附加值不高的工序造成的浪费。

(6) 动作的浪费。零部件、工具定置不合理造成动作的浪费。

(7) 产品缺陷的浪费。不良品本身的浪费，以及筛选、退修的浪费。

JIT认为过量生产是一切问题的根源，它不仅造成浪费，也增加了库存压力，掩盖了许多管理不善问题，使问题得不到及时解决，就像水掩盖了水中的石头一样。减少库存可以使问题暴露在明处。与传统管理相反，JIT欢迎问题出现，把问题看作一种机会，认为只有不断地发现问题、解决问题，才能不断地进行改善，生产成本也会不断下降。

过量生产会造成电力、压缩空气、油料等的浪费，以及工位器具、搬运车、保管面积、操作人员、管理人员等的浪费。造成过量生产的主要原因：为消除机械故障、不良品、缺勤等造成的影响；负荷量不均衡；认为不能停止生产线；人员过多等。

3. 尊重人性，调动人的积极性

企业的一切活动都离不开人的参与，JIT生产方式的成功更是如此。如果缺少人员之间的相互配合、协调，JIT生产方式就根本无法展开。丰田公司就是通过教育培养有知识、有能力、有干劲、有敬业精神的人来消除汽车生产经营过程中的种种难以预料的不利因素的影响，从而实现准时生产和生产系统的柔性，做到以不变应万变。

4. 良好的外部协作关系

在专业化分工高度发达的现代工业社会里，分工协作所产生的社会生产力对提高劳动生产率有着重要的作用。在一个由成百上千家企业共同合作才能完成的产品生产过程中，企业之间良好、协调的合作非常关键，特别是丰田JIT生产方式所特有的"倒过来"生产组织方式，只有得到协作企业的理解和配合，并在协作企业群体内部的成员企业中得到大家的共同完善，才能发挥应有的效力。因此，良好的外部协作关系是准时制生产方式的又一个重要支撑。

JIT是一种理想的生产模式：一是因为它设置了一个最高标准，就是零库存。实际生产可以无限地接近这个极限，但却永远不可能达到零库存。有了这个极限，才使得改进永无止境。二是因为它提供了一个不断改进的途径，即降低库存→暴露问题→解决问题→降低库存……这是一个无限循环的过程。

单纯降低在制品库存，不改进生产过程，不消除在制品居高不下的根源，对企业来说无疑是一种灾难。因此，改进的顺序，不一定非得从"降低库存"开始。如果现存问题很多，又不去解决它，还要降低库存，那就会使问题成灾。"降低库存"要循序渐进，逐步深入。但有些问题往往隐藏得很深，不太容易发现，在这种情况下通过降低库存来暴露问题仍是必要的。

32.2.2 实现目标

JIT生产方式将"获取最大利润"作为企业经营的最终目标，将"降低成本"作为基本目标。简单地说，JIT生产方式就是力图通过"彻底消除浪费"来达到这一目标。丰田公司认为"只使成本增加的生产诸因素"均为浪费。也就是说，不会带来任何附加价值的因素都是浪费，任何活动，只要对产出没有直接效益就被视为浪费，其中最主要的因素包括生产过剩(即库存)所引起的浪费；搬运的动作、机器准备、存货、不良品的重新加工等都被看作浪费。

具体来说，JIT的生产目标可分为如下几方面。

(1) 质量目标——废品量最低。JIT要求消除各种引起不合理的因素，在加工过程中每一工序都要求达到最高水平。

(2) 生产目标——库存量最低。JIT认为，库存是生产系统设计不合理、生产过程不协调、生产操作不良的证明。因此，应减少零件搬运，如果能使零件和装配件运送量减少，搬运次数减少，可以节约装配时间，减少装配中可能出现的问题。

(3) 时间目标——准备时间最短。准备时间长短与批量选择相联系，如果准备时间趋于零，准备成本也趋于零，就有可能采用极小批量，使生产提前期达到最短。

32.2.3　3个原则

JIT的基本思想简单，容易理解，但实现JIT却不容易。因为JIT生产不仅仅是一种生产技术，更重要的是，它是一种全新的管理模式。JIT涉及产品的设计、生产计划的编制、设备的改进、设备的重新布置、工序的同期化、设备的预防维修、生产组织的调整等各方面，任何一个环节不改进，JIT就推行不下去。

原则1：工序流水线化

所谓工序流水线化，是指产品在工序内、工序间不停滞，采用流水线生产。从工序内考虑就是按照加工顺序布置工序，使之能一个个地加工、组装产品，这个称为"单品流水线"。

原则2：以必要产品数量确定节拍

为达到生产必要的产品的目的，产品的生产速度不仅仅是由设备和人的能力决定，还必须由必要产品数量来确定。生产一个必要零件或者一台必要产品的时间被称为节拍。

节拍＝每天劳动时间/每天必要产品数量

围绕节拍以人的有效劳动为中心，在没有浪费的顺序中有效率的生产方法称为"标准作业法"。每当生产节拍改变，都要调整工人的数量，使每个工人都有较满的工作负荷。调整工人数比改变机床数要容易得多，也迅速得多，这使得制造单元具有更大的柔性。由于工人具有一岗多能，一个制造单元富裕的工人可以安排到其他任务重的单元去工作，从而使劳动力得到充分的利用。

原则3：后工序拉动前工序生产

所谓后工序拉动前工序生产是指后工序在必要的时候，从前工序领取必要的产品的必要数量，然后前工序仅生产被领取部分的产品数量。设置在本工序的，在领取前工序产品时使用的看板称为领取看板。在前工序中指示生产领取部分数量的看板称为指示看板。这种生产方式也被称为后补充生产线。

32.2.4　8个管理项目

为了能够在激烈的市场竞争中生存下去，必须构筑持续改善的强有力体制，彻底消除浪费。JIT的8个管理项目就是要发现现场的不良环节，对发现的问题通过全员参加来进行改善。JIT的8个管理项目不但能消除明显的浪费，而且能消除隐藏的浪费。JIT的8个管理项目为：生产实绩管理表、改善计划表、标准作业表、异常显示看板、生产进度看板、在库量控制、设备利用率表和工时管理曲线表。

1. 生产实绩管理表

生产实绩管理表是记录各工序、生产线每个时间段的计划数量与实际制造数量的差异及异常内容。通过把握每个时间段的计划与实绩的差异，使异常表面化，使操作人员了解异常内容，问题点共有化，促进问题的改善。管理人员要花精力进行调查、分析并制订改善计划。

2. 改善计划表

对改善活动的具体改善项目明确具体的责任人和完成日期，建立可追溯性的台账。并制订能有效推进改善的、明确有效的计划。该计划表展示在现场，现场人员可以随时记录问题点，提出改进方案。改善计划表与生产实绩管理表配套使用。

3. 标准作业表

标准作业表对操作人员的操作顺序和每道工序的标准作业时间做出明确的规定，体现现场管理人员的意志。标准作业表可以使作业规则明确化，以节拍来分配作业内容。标准作业以人的有效劳动为中心，在没有浪费的顺序中稳定、有效地生产优质产品。

4. 异常显示看板

所谓异常显示看板是指在工作现场当异常发生时首先显示该工序的异常状况，接着进一步显示生产进度的过快或过慢，对作业进行指示。该看板设置的目的是通过点灯显示异常来通知相关人员，从而达到快速反应。

5. 生产进度看板

生产进度分成正常、过快和过慢3类，根据存放区的库存量来判断生产进度状况。在实施过程中首先要制定判断正常和异常的规范，如生产顺序、生产批量等，达到随时能判断的程度，从而使问题暴露出来，使管理人员可以时刻把握生产进度。

6. 在库量控制

设置好库存期量后，对库存进行控制。在实施过程中，要设定库存的堆放方式，库存期量和运作方式，使之能明确区分正常和异常。对库房要实施先进先出和产品分类管理的举措。当发生异常时能及时找到发生原因，寻求对策。

7. 设备利用率表

以曲线方式记录设备利用率的情况，调查、分析设备利用率低的原因，进行改善，从而提高生产性。

8. 工时管理曲线表

工时管理是指以基准月的工时为依据对当月(当日)的实际发生的工时进行比较、评价，把握每天的实绩情况，达到降低工时的目的。该表可以与生产实绩管理表、标准作业表等配套使用。

❋ 32.3 应用实施

32.3.1 准备工作

准备工作，是适时生产的重要基础工作，如表32-1所示。

表32-1 适时生产的准备工作

项 目	内 容
团队工作	激励团队寻求改进创新的精神，重视为此建立的物质奖励措施，强调JIT在理论方式和技巧方面的培训
产品质量	注重产品的质量环节，采用防御性措施来确保产品质量。一旦发现质量问题，一定要及时阻止，找出问题的根源所在。JIT方法不允许低劣的产品质量存在
维护保养	使用专业技术人员和维护专家，制订减少意外情况和执行维护预防的明确计划。在这里统计管理是基本要素
需求把握	致力于发展稳定的、可预期性的需求。与顾客建立良好的信任关系，鼓励定期少量订货，时刻考虑如何应对"争先抢购"的特殊情况
确定重点	确定产品、财力和竞争的优势，集中发展这些优势
小型设备	建议使用多台功能齐全的小型机械设备，而不是单一的大型机械，以便给生产领域提供更多的灵活性
厂房分析	必须考虑厂房设备方面的最小损耗性和灵活性，厂房储备至关重要
缩短转产时间	减少转产和投产的时间，仔细分析产品的实用性和完善性，目的是尽量减少重新投产的次数，确保降低产品的批量积压

32.3.2 实施基础条件

JIT生产方式具有很丰富的内涵：在品种配置上，保证品种有效性，拒绝不需要的品种；在数量配置上，保证数量有效性，拒绝多余的数量；在时间配置上，保证所需时间，拒绝不按时的供应；在质量配置上，保证产品质量，拒绝次品和废品。实施JIT生产方式的重要工具是"看板"管理，但是看板只有在工序一体化、生产均衡化、生产同步的前提下才有可能发挥作用。如果不对现有的生产管理做任何变动就盲目引进"看板"管理的话，很难实施真正意义上的JIT生产方式。JIT生产方式不仅仅是一套技术，而是一种系统的思维方式，是一个系统工程。

32.3.3 实施手段

1. 基本手段

为了达到降低成本这一基本目标，对应上述基本目标的3个子目标，JIT生产方式的基本手段也可以概括为下述3方面。

(1) 适时适量生产。对于企业来说，各种产品的产量必须能够灵活地适应市场需要量的变化，否则的话，由于生产过剩会引起人员、设备、库存费用等一系列的浪费。而避免这些浪费的手段就是实施适时适量生产，只在市场需要的时候生产市场需要的产品。

(2) 弹性配置。作业人数在劳动费用越来越高的今天，降低劳动费用是降低成本的一个重要方面。达到这一目的的方法是"少人化"。所谓少人化是指根据生产量的变动，弹性地增减各生产线的作业人数，以及尽量用较少的人力完成较多的生产。这里的关键在于能否将生产量减少了的生产线上的作业人员数减下来。这种"少人化"技术一反历来的生产系统中的"定员制"，是一种全新人员配置方法。实现这种少人化的具体方法是实施独特的设备布置，以便能够在需求减少时，将作业所减少的工时集中起来，以整顿削减人员。但从作业人员的角度来看，意味着标准作业中的作业内容、范围、作业组合，以及作业顺序等的一系列变更。因此，为了适应这种变更，作业人员必须是具有多种技能的"多面手"。

(3) 质量保证。通常质量与成本之间是一种负相关关系，即要提高质量，就得花人力、物力来加以保证。但在JIT生产方式中，却一反这一常态，通过将质量管理贯穿于每一工序之中来实现提高质量与降低成本的一致性，具体方法是"自动化"。这里所讲的"自动化"是指融入生产组织中的两种机制：第一，使设备或生产线能够自动检测不良产品，一旦发现异常或不良产品可以自动停止设备运行的机制。为此，在设备上开发、安装了各种自动停止装置和加工状态检测装置。第二，生产第一线的设备操作工人发现产品或设备的问题时，有权自行停止生产的管理机制。依靠这样的机制，不良产品一出现马上就会被发现，防止了不良产品的重复出现或累积出现，从而避免了由此可能造成的大量浪费。而且，一旦发生异常，生产线或设备就立即停止运行，比较容易找到发生异常的原因，从而能够有针对性地采取措施，防止类似异常情况的再发生，杜绝类似不良产品的再生产。这里值得一提的是，通常的质量管理方法是在最后一道工序对产品进行检验，尽量不让生产线或加工中途停止。但在JIT生产方式中，却认为这恰恰是使不良产品大量或重复出现的"元凶"。因为发现问题后不立即停止生产的话，问题得不到暴露，以后难免还会出现类似的问题，同时还会出现"缺陷"的叠加现象，增加最后检验的难度。而一旦发现问题就使其停止，并立即对其进行分析、改善，久而久之，生产中存在的问题就会越来越少，企业的生产素质就会逐渐增强。

在这个体系中包括JIT生产方式的基本目标，以及实施这些目标的诸手段和方法，也包括这些目标与各种手段方法之间的相互内在联系，如图32-1所示。

2. 实现适时适量生产的具体手段

(1) 生产同步化。为了实现适时适量生产，首先需要致力于生产的同步化，即工序间不设置仓库，前一工序的加工结束后，使其立即转到下一工序去，装配线与机械加工几乎平行进行。在铸造、锻造、冲压等必须成批生产的工序，则通过尽量缩短作业更换时间来尽量缩小生产批量。生产的同步化通过"后工序领取"的方法来实现，即"后工序只在需要的时间到前工序领取所需的加工品；前工序中按照被领取的数量和品种进行生产"。这样，制造工序的最后一道即总装配线成为生产的出发点，生产计划只下达给总装配线，以装配为起点，在需要的时候，向前工序领取必要的加工品，而前工序提供该加工品后，为了补充生产被领走的量，必须向更前道工序领取物料，这样把各个工序都连接起来，实现同步化生产。这样的同步化生产还需要通过采取相应的设备配置方法，以及人员配置方法来实现，即不能采取通常的按照车、铣、刨等工业专业化的组织形式，而是按照产品加工顺序来布置设备，这样也带来人员配置上的不同做法。

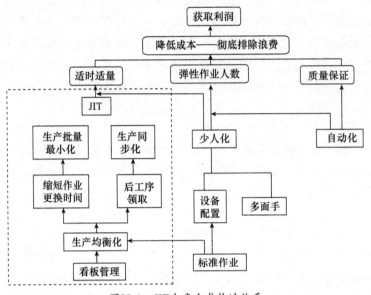

图32-1　JIT生产方式构造体系

　　(2) 生产均衡化。生产均衡化是实现适时适量生产的前提条件。所谓生产均衡化，是指总装配线在向前工序领取零部件时应均衡地使用各种零部件，生产各种产品。为此，在制订生产计划时就必须加以考虑，然后将其体现于产品生产顺序计划之中。在制造阶段，均衡化通过专用设备通用化和制定标准作业来实现。所谓专用设备通用化，是指通过在专用设备上增加一些工具的方法使之能够加工多种不同的产品。标准作业是指将作业节拍内一个作业人员所应担当的一系列作业内容标准化。

3. 实现适时适量生产的管理工具——看板

　　在实现适时适量生产中，具有极为重要意义的是作为其管理工具的看板。看板管理也可以说是JIT生产方式中最独特的部分，因此也有人将JIT生产方式称为"看板方式"。但是严格地讲，这种概念也不正确。因为如前所述，JIT生产方式的本质，是一种生产管理技术，而看板只不过是一种管理工具。

　　看板的主要机能是传递生产和运送的指令。在JIT生产方式中，生产的月度计划是集中制订的，同时传达到各个工厂及协作企业。而与此相应的日生产指令只下达到最后一道工序或总装配线，对其他工序的生产指令通过看板来实现，即后工序"在需要的时候"用看板向前工序去领取"所需的量"时，同时就等于向前工序发出生产指令。由于生产是不可能100%完全照计划进行，月生产量的不均衡及日生产计划的修改都通过看板来进行微调。看板就相当于工序之间、部门之间，以及物流之间的联络神经而发挥作用。

　　看板除了以上的生产管理机能以外，还有改善机能。通过看板，可以发现生产中存在的问题，使其暴露，从而立即采取改善对策。

4. 实现JIT生产的重要手段——看板管理

看板方式作为一种进行生产管理的方式,在生产管理史上是非常独特的,看板方式也可以说是JIT生产方式最显著的特点,但绝不能把JIT生产方式与看板方式等同起来。看板只有在工序一体化、生产均衡化、生产同步化的前提下才有可能运用。如果错误地认为JIT生产方式就是看板方式,不对现有的生产管理方法做任何变动就单纯地引进看板方式的话,是不会起到任何作用的。所以,在引进JIT生产方式及看板方式时,最重要的是对现存的生产系统进行全面改组。

(1) 看板的机能。

① 生产以及运送的工作指令。看板中记载着生产量、时间、方法、顺序,以及运送量、运送时间、运送目的地、放置场所、搬运工具等信息,从装配工序逐次向前工序追溯,在装配线将所使用的零部件上所带的看板取下,以此再去前工序领取。"后工序领取"以及"适时适量生产"就是这样通过看板来实现的。

② 防止过量生产和过量运送。看板必须按照既定的运用规则来使用。其中一条规则是,"没有看板不能生产,也不能运送"。根据这一规则,看板数量减少,则生产量也相应减少。由于看板所表示的只是必要的量,因此通过看板的运用能够做到自动防止过量生产以及适量运送。

③ 进行"目视管理"的工具。看板的另一条运用规则是,"看板必须在实物上存放""前工序按照看板取下的顺序进行生产"。根据这一规则,作业现场的管理人员对生产的优先顺序能够一目了然,易于管理。并且只要一看看板,就可知道后工序的作业进展情况、库存情况等。

④ 改善的工具。在JIT生产方式中,通过不断减少看板数量来减少在制品的中间储存。在一般情况下,如果在制品库存较高,即使设备出现故障、不良品数目增加,也不会影响后道工序的生产,因此易把这些问题掩盖起来。而且,即使有人员过剩,也不易察觉。根据看板的运用规则之一"不能把不良品送往后工序",后工序所需得不到满足就会造成全线停工,由此可立即使问题暴露,从而必须立即采取改善措施来解决问题。这样,通过改善活动不仅使问题得到了解决,也使生产线的"体质"不断增强,带来了生产率的提高。JIT生产方式的目标是要最终实现无储存生产系统,而看板提供了一个朝着这个方向迈进的工具。

(2) 看板的种类。

在制品看板:①工序内看板;②信号看板。

领取看板:①工序间看板;②对外订货看板;③临时看板。

32.3.4 实施程序

JIT生产制的有效实施程序,可分为以下6个步骤。

1. 确定目标

在企业的领导者有决心和全局观念的前提下,确定改革的具体目标或前景,目标宜小不宜大,并确保受最高领导(机构)批准。

2. 制定改革规划

在开展研究(包括实地访查、与员工面谈、收取有关信息资料)的基础上预测前景，开展顾客需求调查，制定改革的战略方案，包括制定引进的中长期规划和年度实施计划。

3. 建立有效的工作组织

可成立一个由单位领导和最高层管理人员组成的指导委员会，制定有关章程包括选定试点的内容、范围和时间、员工对象、实施方案、任务说明书、评估标准、经验教训共享等方面，并为试点提供支持和保障。

4. 制定确保试点成功的实施方案

(1) 选择试点。试点只许成功不许失败，一般以具有典型意义的相对独立且范围较小、人数较少的工区或生产线为宜。

(2) 选择试点小组。选择试点小组(员工对象)，一般是与试点有关的全部人员。

(3) 明确试点范围。试点范围如生产线，应该是从该生产线的"投料入口端到完工产品的出口端"整个区域。

(4) 制订实施计划。实施计划包括任务说明，即本试点要为单位完成的总体目标，试点的组织、内容、范围及时间，主要目标，评估标准和阶段目标等。

(5) 开展教育或培训。培训的主要内容是试点介绍、"JIT生产制"有效的工作方式和5S(整理、整顿、清扫、清洁、素养)教育。可以聘请专家进行培训。

(6) 试点小组制定具体的实施工作程序。程序包括编排日程、改变机器布局、U字形生产线编排、引进标准作业、改善作业转换方式、多能工序操作和看板管理。

(7) 实施和推广。实施计划以后，应定期汇报和测评，并进行一次集中评估，以确定试点的进展情况并规划以后的工作，收集有关资料，分析总结试点效果，积累经验，制订推广计划，从下游工序往上游工序溯流而上进行推广实施。

5. 全面开展教育或培训

聘请专家进行全员培训，让所有的员工都知道"JIT生产制"是什么，与自己有什么关系，有什么好处，有什么要求，如何进行协调工作等内容，并都参与到各有关的改革实施工作中。

6. 制定条例

编写有关的条例来改变全体员工赖以工作的各种系统和准则，从而使"JIT生产制"这一管理哲学或管理理念成为企业文化一个不可分割的部分，并让其做出更大的效益和贡献。

工具 33

6σ——先进的质量管理方法

❋33.1 基本概念

∑(中文译名西格玛，希腊字母σ)在统计学中常用来表示数据的离散程度，即标准差。在质量管理领域，则用来表示质量的控制水平。若控制在3σ水平，表示产品合格率不低于99.73%；若控制在6σ水平，表示产品的合格率为99.99966%，即每生产100万个产品，不合格品不超过3~4个，接近于零缺陷，等同于企业拥有超常的竞争优势和超额的利润，在质量管理上的含义是"无论做什么，在百万次操作中，仅有3~4次失误"。6σ是一种追求完美的质量理念和优秀的管理方法。6σ水平与百分数，如表33-1所示。

表33-1 6σ水平与百万机会缺陷数表

6σ水平	业绩质量/%	每百万个机会中的缺陷数
6σ	99.997	3.4
5σ	99.980	233
4σ	99.380	6210
3σ	93.300	66 807
2σ	69.200	308 537
1σ	30.900	690 000

6σ是一种理念、哲学、文化、方法和工具。它告诉人们思考问题的方式、分析问题的方法、解决问题的途径。6σ运用统计方法发现和寻找事物发展规律，提示和把握了事物(或问题)的内在规律和外部的本质联系，从根本上解决问题。6σ体现了不断改进，无边界及崇高学习的企业文化。

❋33.2 主要内容

33.2.1 具体含义

1. 6σ——高质量水平和完美的象征

6σ用在质量管理上的含义，是产品质量特性和服务要求必须满足顾客的需要，在生产过程中避免出现缺陷。

6σ用σ值来衡量企业的产品或服务的质量水平。当达到6σ时，每百万次(PPM)机会中出现缺陷的个数为3.4个；而3σ质量水平则表示每百万次操作中的缺陷数为66 807次。从数据中可以看出：6σ质量水平比3σ质量水平高出两万倍。这就是说，差错出现次数越少，质量水平的等级就越高。

2. 波动是质量的真正焦点

在生活中平均值往往蒙蔽了人们的眼睛，使人们忽略了"波动"的存在。质量管理领域习惯于用"平均"这个词来描述结果，可实际上"平均"掩盖了波动，而"波动"问题才是质量管理的主要问题。6σ把解决"波动"作为关注的焦点，作为公司(企业)的核心问题来解决。因为"波动"造成了生产部门的大量返工、返修，成本损失很大，所以6σ的实施是消除不正常缺陷、分布居中、减少变异(波动)的最好办法。σ表示正常态分布的标准差，它表征质量特性波动的(变异)大小。

3. 6σ与加工能力的关系

工序(过程)能力指数CP值，实际上就是∑的前身。1.33的CP值相当于4σ的效力，6σ的要求相当于2.0的CP值。差别在于CP值是经过数据测量再与方差要求对比之后得出的结果。6σ管理是数据测量之后得出的结果再去与方差即顾客的满意度对比。这就是前者往往只限于制造业或工程上的应用，而后者更可以广泛应用到服务业或任何工作上。

6σ管理法中的6σ，其实际含义是产品质量上限或下限和企业的生产能力或加工能力，B=6σ相等，由此可计算加工能力指数CP。

$$CP＝T/B＝T/6\sigma$$

式中，T为产品质量要求。

通常产品质量分布中心与加工分布中心不重合，平均偏移量为1.5σ。则偏移度K为1.5σ/(T/2)＝1/4。其实际加工能力指数为CPK＝(1－K)CP。

加工能力指数，是衡量企业在最佳控制条件下设备加工能力的参数，依据该参数所算出的缺陷率，是企业能够达到的最低缺陷率，是最佳值。

4. 6σ与缺陷的关系

6σ对缺陷，以DPU、DPO、DPMO表示指标。

(1) DPU表示单位产品的平均缺陷数。

(2) DPO表示每个机会的平均缺陷数。

(3) DPMO表示每百万机会中的平均缺陷(百万机会缺陷数)。

DPO与DPMO是同一概念，只是用DPO来表示当今较高的产品质量水平已经显得非常困难，用DPMO来表示就较容易判断真正的质量水平。

5. 6σ绩效的评价——流通合格率评价法

6σ方法中，通常用流通合格率RTY来评价过程的绩效。由于在生产线上每一过程都可能产生缺陷，一些缺陷可以通过返工、修复成为合格的。因此，最终的合格率不能反映中间工序返工、修复造成的损失，因而提出了流通合格率的概念。流通合格率指的是每一个过程合格率的乘积，用RTY表示(R为采购，T为加工，Y为装配)。

例如，产品有3个关键环节，其中第一个环节是原材料的采购，原材料合格率为95.5%(浪费45 000PPM)；第二个环节是人员的操作，操作合格率为97%(浪费

30 000PPM)；第三个环节是装配，合格率为94.4%(浪费56 000PPM)。则该产品的流通合格率(RTY)为：0.955×0.97×0.944＝87.4%(共浪费131 000PPM)。

这个流通合格率指标准确地反映了生产的效率和成本，也提示了生产中存在的浪费问题。

🟐 33.2.2　特点和作用

1. 创新的内容

实践证明，实施6σ的公司的确促进了质量的改进，实现了企业战略方面的新突破，成为全球最具有竞争力的公司。6σ现在已经成为全球质量界讨论的热门话题。为什么6σ有如此巨大的魅力吸引企业，这是因为6σ质量管理法有它的独特和创新之处。

(1) 6σ质量管理法是一种近乎完美地满足顾客需求的管理法，可实现高水平、高标准的质量管理。

(2) 6σ质量管理法是一种顾客和组织双赢的方法，它强调从整个经营的角度出发，而不是强调单一产品、服务或过程的质量，将注意力同时集中在顾客和企业两方面，以此获得更大的利润和更强的竞争力。

(3) 6σ质量管理法是一种灵活的综合性系统方法，通过它可以获取、维持、最大化公司的成功。它需要对顾客需求的理解，对事实、数据的规范使用和统计分析，以及对管理、改进、业务过程重建的密切关注。

(4) 6σ质量管理法是一种降低经营资源成本和风险的管理法，目的在于降低风险，而非仅仅降低缺陷。一方面可以降低顾客购买产品或服务的风险，买到最可接受的价格，及时获得最好的产品；另一方面也降低产品或服务提供者的风险，以最小的成本和最短的周期实现最大的利润。降低风险意味着所有方面业绩的提高，如质量、能力、周期、库存，以及其他的关键因素。

(5) 6σ质量管理法强调质量改进一定要与经济核算相结合，每项质量改进项目都要有财务效果，实现以最少的消耗和资源投入而不断提高顾客的满意度和企业的效益。

(6) 6σ质量管理法也称6σ过程法，它以过程改进项目为单元进行项目的选择，改进项目的设计、项目评定、实施监控和财务成本分析。

2. 对企业的作用

经过许多公司的积极学习探索，6σ已经形成了一种新的质量管理模式，迅速地在世界各大公司推广应用，究其原因主要是6σ对公司(企业)的全方位都产生重大而积极的作用。第一， 实施6σ，实现了工作质量的高水平，几乎达到完美无缺的地步。第二，实施6σ是以顾客为中心，企业能最大限度地满足顾客需求。由于提供完善的服务，增强了顾客的满意度，能做到保留老客户，争取新客户，增强市场占有率，增加营业利润。第三，减少劣质成本，增加收益。第四，造就公司的骨干队伍。通过6σ的知识培训和实践经验，能够培养出一大批素质高、技能好、责任心强的员工骨干队伍，这也确保了6σ的成功实施。第五，实施6σ能够获得可观的效益。

❋ 33.3 实施应用

33.3.1 应用过程

1. 关键活动

精心选择项目是实施6σ管理法的前提，是最关键的活动。因此，企业要做好两件事：选择项目和评价项目。

(1) 选择项目。贯彻"宁缺毋滥"的选择项目原则，启动适当数量的项目。首先，切勿贪多，要识别潜在的6σ项目；其次，注意项目范围要适当；再次，要选择见效快的项目，以提高推广6σ的信心；最后，长期和短期结合，使6σ延续持久地进行，以不断攀登更高的质量水平。

(2) 评价项目。评价项目的原则方法很多，最基本的是劣质成本分析和流通合格率分析。

① 劣质成本，即过程中不增值的那一部分运行成本。6σ的根本目的是提高效益，减少不增值的劣质成本。

② 流通合格率，是评价项目经常采用的重要工具，也是提示劣质成本存在的有效方法。流通合格率通过对过程进行分析和测量，研究过程的不同部分对整个过程的影响，提示过程的薄弱环节。可见，6σ是一套增强企业核心竞争力，保持持续发展的理论和实施方法。

2. 过程的改进模式——DMAIC

6σ管理法形成个性化的改进模式DMAIC。

其中，D(define)为界定(含义是识别评估和选择项目)；M(measure)为测量；A(analyze)为分析；I(improve)为改进；C(control)为控制。该模式从调整顾客需求开始，了解顾客所关心的问题，从而确定所要研究的关键产品的质量特性，并对其进行测试，以寻找改进空间，确定改进的质量目标。然后在整个过程中影响关键产品特性的因素，并确定少数的关键因素。

(1) 界定阶段(D)。

目的：界定阶段要弄清楚"企业的顾客是谁，重点关注哪个问题？""顾客的需求是什么？""调查的过程是什么？"等问题，其关键是明确过程中关键的质量特性。

实施：本阶段要做好3项工作——识别顾客的需求、编写项目计划和绘制业务流程图。

(2) 测量阶段(M)。

目的：在这个阶段开始描述过程，并将过程文件具体化，收集计划数据，在验证后测量过程能力，以达到识别产品特性和过程参数，了解过程并测量其性能的目的，使6σ管理法一开始即对过程现状有一个准确的评估，切实找到改进空间。

实施：做好4项工作——描述过程、收集数据、验证测量和测量过程能力。

(3) 分析阶段(A)。

目的：需要对测量阶段中收集的数据进行整理和分析，并在分析的基础上找出产品特性的影响因素，提出并验证因素与关键质量特性之间关系的建议。在因果关系明确之后，确定影响的关键因素，这些关键因素将成为下阶段(改进阶段)关注的重点。这一阶段应完成的主要任务是把握要改进的问题，并找出改进的切入点，即关键过程参数。

实施：要做好3项工作——收集并分析数据、提出并验证因果关系和确定关键因素。

(4) 改进阶段(I)。

目的：测量阶段测量的对象是关键质量特性，这是输出变量；分析阶段分析的是影响关键质量特性的关键过程特性，这是输入变量；而改进阶段的主要任务首先要确定输入变量，然后寻找关键质量特性与关键过程特性之间的关系。通过改进输入变量而实现提高输出变量的目标，同时对结果进行优化。最常用的方法是析因设计、正交设计及响应曲面方法。

实施：要做好3项工作——提出改进意见、选择改进方案和实施改进策略。

(5) 控制阶段(C)。

目的：改进阶段所得成果要一直保持下去是一件非常困难的事情，甚至比改进取得成果还困难。因为它涉及更多的人和部门，而且原有的习惯和做事的方式是很难改变的，所以必须对关键过程特性制订一系列非常详细的控制计划，这就是控制阶段所要做到的。

实施：要做好3项工作——制定标准、明确管理职责和实施监控。

过程管理是6σ管理的终点，也是企业成为6σ组织的起点。一旦过程管理成熟，就会推动工作过程不断提高质量水平，对顾客的声音做出最及时的反应。

33.3.2　实施的必备条件

1. 领导是6σ管理能否成功的关键

自上而下推行方式是6σ管理的重要特点。因此，领导是6σ管理成功的首要条件之一，这就要求领导在全过程中发挥核心作用，亲自策划、庄重承诺、身体力行、贯彻始终。

领导的责任是：①提出目标要求；②确保资源供应；③选出最好人员参加；④采取确保6σ实现的有力措施等。

2. 造就大批6σ骨干队伍

对员工的持续教育和培训是事业成功的必要因素。企业每年都要组织大规模培训，使主要员工熟悉有关质量管理的概念及提高质量管理水平的必要工具，强烈要求员工快速地接受6σ，严肃认真地实施6σ，达到"由上而下的一致承诺"。

3. 必须有一个强有力的组织来保证

6σ管理是一种系统的改进活动，也是一种企业文化，必须依靠有效的组织体系和一批优秀的人才来推动和保证。实施6σ管理的组织形式有如下两种。

(1) 6σ管理的组织模式，一般分为3个层次：领导层、指导层和操作层。领导层是由倡导者、分管质量的经理及财务主管等组成的执行委员会；指导层由专业培训师或从外部聘请的咨询师组成；操作层由在第一线进行改进活动的执行和推广人员组成。这个组织体系如图33-1所示。

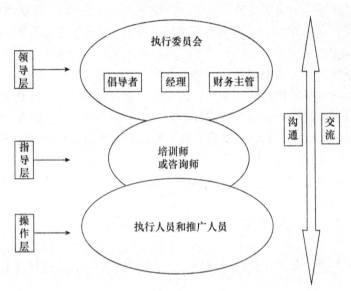

图33-1　6σ管理的三级组织模式

这种组织体系是从全公司整体的、宏观的角度构建组织体系。各个层次的具体职责可归纳为：领导层负责制定规划、提供资源和审核结果；指导层负责组织培训、指导项目和检查进度；操作层按照DMAIC方法开展项目改进活动。

(2) 从人力资源和技术角度出发，可以构建另一种6σ管理组织图，如图33-2所示。参与实施6σ的组织成员都规定了非常明确的职责和权限。

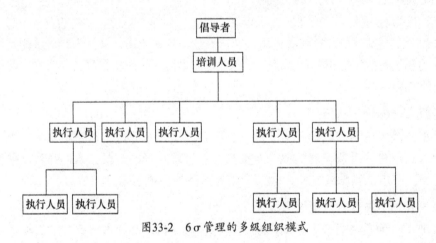

图33-2　6σ管理的多级组织模式

4. 实施6σ管理法，企业必须有良好的基础

6σ管理法追求的是卓越的质量目标，是一个内容相当丰富的科学体系。大致包括基本原理、管理规范体系、关键观念、员工质素、过程和检测能力系统、数理统计分析工具、信息技术、思维方法、团队精神、解决问题的途径、工具和框架，以及企业文化等，是企业的一项重大系统工程。因此没有一定整体素质和能力的企业是难以执行的。

由于6σ是改进项目为单位组织实施的，在推广中不一定在整个企业整体推进，可以在一个部门，在一个过程选择优势项目先开展，取得经验，条件成熟后再扩大到整个企业。

5. 6σ与奖励或晋升挂钩

实施6σ管理的企业，员工的奖酬应与6σ的目标实现程度相联系。另外，公司还可以赠送股票期权的方式鼓励员工推行6σ管理系统。这样，全体员工被充分调动起来，全身心地投入各个6σ质量项目活动中。

33.3.3　核心工具箱

一般而言，6σ管理中的核心工具箱即按照过程改进模式(DMAIC)产生构想并整理信息的工具。在这个核心工具箱中，主要有以下统计工具。

1. 定义(D)项目工具

* 调查表法
* 直方图
* 分层法
* 排列图
* 因果图
* 条形图
* 随机样本及随机抽样
* 层次分析法
* 质量机能展开

2. 测量(M)项目工具

* 过程流程图
* 因果图
* 控制图项目的质量
* 排列图
* 散布图
* 测量系统分析
* 失效模式分析(识别潜在的关键过程输入变量和输出变量)
* 过程能力指数
* 顾客满意度指数

3. 分析(A)项目工具

- 头脑风暴法
- 多变量图
- 确定关键质量的置信区间
- 假设检验
- 箱线图
- 直方图
- 排列图
- 多变量相关分析
- 回归分析
- 方差分析

4. 改进(I)项目工具

- 质量功能展开
- 试验设计
- 正交试验
- 响应曲面方法
- 展开操作

5. 控制(C)项目工具

- 控制图
- 统计过程控制
- 防故障程序
- 过程能力指数
- 标准操作程序
- 过程文件(程序)控制

33.3.4　适用范围

　　各种类型的组织或管理领域都可以实施6σ管理方法，但并不一定都适合即时推行这种方法，只有具有相当规范的管理基础并拥有较好素质人员的组织，才有推行6σ管理方法的基础。这就像摘果实，地上的果实和伸手可及的果实只需用一般方法即可摘到，而树顶的果实就需用6σ才能摘到。所以，目前推动和实施6σ管理方法的都是国际上的一流企业。

工 具 34

5S管理法——现场科学管理的基础工具

❄ 34.1 基本概念

34.1.1 产生与发展

5S起源于日本丰田公司，指的是在生产现场中对人员、机器、材料、方法等生产要素进行有效管理，是日本企业特有的一种管理方法。1955年，日本5S的宣传口号为"安全始于整理整顿，终于整理整顿"，当时只推行了前2S，其目的仅是确保作业空间和安全，后因生产控制和品质控制的需要，而逐步提出3S，即"清扫、清洁、修养"，从而其应用空间及适用范围进一步拓展。1986年，首本5S著作问世，从而对整个日本现场管理模式起到了冲击作用，并由此掀起5S热潮。

5S是企业管理的基础，是企业日常管理工作的一部分，是企业实行优质管理、创造最大利润和社会效益不可缺少的工具。它能改善和提高企业形象，保障企业安全生产；能确保生产过程的秩序化、规范化，为生产优质品质的产品打下坚实的基础；可以减少各种浪费、提高效率，实现企业利润最大化；能及时发现异常问题，保证准时交货；可以提高员工的敬业精神和工作乐趣，乐意为客户提供优质服务，提高客户的满意度；通过实行标准化、制度化、作业程序化来优化技术和作业流程，不断积累技术和管理经验，以减少成本、加快产品开发速度，实现企业各项管理水平的不断提高。

34.1.2 具体含义

5S指的是整理(seiri)、整顿(seiton)、清扫(seiso)、清洁(seiketsu)、素养(shitsuke)。因为5个单词的首字母都是"S"，所以统称为5S，又被称为"五常法则"或"五常法"。其具体含义如下。

整理：在工作现场，区分必需品和非必需品，现场不放置非必需品；区别要与不要的东西，只保留有用的东西，撤除不需要的东西。整理的目的主要是改善和增加作业面积，减少磕碰的机会，保障安全，提高质量，消除管理上的混放、混料等差错事故，有利于最大限度地减少库存，节约资金，改变工作作风，提高工作情绪。

整顿：将寻找必需品的时间减少为零。同时把要用的东西，按规定位置摆放整齐，并做好标记进行管理。整顿的目的主要是使工作场所一目了然，从而去消除工作时寻找物品的时间，营造一个整整齐齐的工作环境。整顿是提高工作效率的基础。

清扫：将不需要的东西清除掉，保持工作现场和岗位上无垃圾、无灰尘、干净整洁的状态。清扫的目的是稳定产品品质，减少工业伤害，确保安全生产。清扫活动的重点是必须确定清扫对象、清扫人员、清扫方法、准备清扫器具、实施清扫的步骤实施，并且定期实施。5S管理就是要寻求达到无尘埃和污垢，消除在关键监察点的微小瑕疵和斑点。

清洁： 维持以上整理、整顿、清扫后的局面，使工作人员觉得整洁、卫生。同时将以上工作进行到底，使之制度化。其目的是维持清扫之后的场区和工作环境的整洁美观，营造员工舒适的工作环境，培养员工的清洁意识与行为习惯，增强员工做好工作的信心。

素养： 通过进行上述4S的活动，让每个员工都自觉遵守各项规章制度，对于规定了的事，大家都要遵守执行，以养成良好的工作习惯，做到"以企业为家、以企业为荣"的地步。其目的在于培养好习惯，打造好团队。5S管理始于素质，也终于素质。

各要素之间的关系，如图34-1所示。

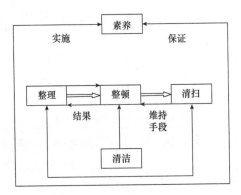

图34-1　5S各要素之间的关系

5S是科学管理的基本要求，是一种行动，是企业品性的标志。企业实行5S管理的核心有两个：一是消除浪费，不但要消除材料、物品的浪费，还要消除人力资源浪费、消除无效劳动、消除时间和空间的浪费；二是预防管理，也就是及时地发现和解决问题，以起到预防作用。

5S管理的对象是人、事、物。对人，改变其行为、品质和提高素质；对事，改变对事情、问题的处理方式；对物，使之区域化、整齐化、条理化。

34.2　主要内容

34.2.1　三大支柱

5S是将具体的项目逐一实施的活动，其具有三大支柱。

首先，创造一个规律的工厂。5S改变人的行动方法，所以如何训练每个人，使每个人能为自己的行为负责就变得十分重要。

其次，创造一个干净的工厂。就是彻底清理目前很少用到的工厂角落或设备缝隙，把污垢灰尘除去，使设备和工厂能焕然一新。

最后，创造能目视管理的工厂。借着眼睛去观察，且能看出异常之所在，能帮助每个人做好工作，避免发生错误。这也可以说是5S的标准化。

34.2.2　具体内容

1. 整理

生产现场摆放不用的物品是一种浪费行为，使宽敞的工作场所变得窄小。例如，棚架、橱柜等被杂物占据而减少使用价值，增加了寻找工具、零件等物品的难度，浪费操作时间，物品杂乱无章地摆放，也增加了盘点的困难，成本核算失准。

整理是明确区分需要的和不需要的物品，清除不需要的物品，把必要物与不必要物明确地、严格地区分开来，尽快处理掉不必要的物品。

(1) 整理活动的目的：①腾出空间，活用空间；②防止误用、误送；③塑造清爽的工作场所。

(2) 整理活动的注意点：要有推行的决心，不必要的物品应断然地加以处置。

(3) 整理活动的实施要领：①自己的工作场所(范围)全面检查，包括看得到和看不到的；②制定"要"和"不要"的判别基准，并与上级沟通，得到充分理解和支持；③将不要物品清除出工作场所；④对需要的物品调查使用频度，决定日常用量及放置位置；⑤制定废弃物处理方法；⑥每日自我检查。

2. 整顿

整顿是对整理之后留在现场的必要的物品分门别类放置，排列整齐；明确数量，并进行有效标识。

(1) 整顿活动的目的：①工作场所一目了然；②整整齐齐的工作环境；③消除找寻物品的时间；④消除过多的积压物品。

(2) 整顿活动的注意点：整顿活动是提高5S推行效率的基础。

(3) 整顿活动的实施要领：①整理的工作要落实；②流程布置，确定放置场所；③规定放置方法、明确数量；④画线定位；⑤场所、物品标识。

(4) 整顿的"三要素"：场所、方法和标识。①放置场所：物品的放置场所原则上要100%设定；物品的保管要定点、定容、定量；生产线附近只能放真正需要的物品。②放置方法：易取；不超出所规定的范围；在放置方法上多下功夫。③标识方法：放置场所和物品原则上一对一表示；现物的表示和放置场所的表示；某些表示方法全公司要统一；在表示方法上多下功夫。

(5) 整顿的三定原则。①定点：放在哪里合适(具备必要的存放条件，方便取用、还原放置的一个或若干个固定的区域)。②定容：用什么容器、颜色(可以是不同意义上的容器、器皿类的物件，如筐、桶、箱、篓等，也可以是车、特殊存放平台，甚至是一个固定的存储空间等均可当作容器看待)。③定量：规定合适的数量(对存储的物件在量上规定上下限，或直接定量，方便将其推广为容器类的看板使用，一举两得)。

3. 清扫

清扫意指将工作环境打扫干净，包括机器、工具、地面、墙壁及其他工作场所。此外，清扫还有另一层含义。工作环境的整洁、清爽是广义的理解，更深层次的"清扫"指的是点检，即每个工位的员工每天进行定点清扫和检查。在清扫的过程中，员工很容易形成一定的专业知识和责任感。

(1) 清扫的目的：①消除脏污，保持职场内干干净净、明明亮亮；②稳定品质；③减少工业伤害。

(2) 清扫的要点：①清扫对象包括地板、天花板、墙壁、工具架、橱柜、机器、工具、量具等；②将工作场所当作加工工程的一部分加以清扫；③自己使用的物品(设备、工具等)自己清扫；④调查污染源，予以杜绝或隔离；⑤建立清扫基准，作为规范；⑥清扫也是为了改善。

(3) 清扫的注意点：责任化、制度化。

4. 清洁

清洁是指员工要正式穿戴着工作服、安全眼镜、手套、鞋子，保持个人整洁，以及维持一个干净、健康的工作环境。清洁的另一个意思是每天做好整理、整顿及清扫的工作。

(1) 清洁的目的：维持上面3S(即整理、整顿、清扫)的成果。

(2) 清洁的要点：①落实前面3S工作；②制定考评方法；③制定奖惩制度，加强执行；④高阶主管经常带头巡查，以表重视。

(3) 清洁的注意点：①制度化；②定期检查。

5. 素养

有人认为素养的内容不如整理、整顿来得实际、重要，推行后也看不到直接效果。其实，素养是其他4S内容的衍生。只有大力推行了素养工作，才能确保公司的规章制度得以有效实行，生产率得以提升。如果说前4个S使企业现场条理化，那么素养就是使企业管理规律化。

素养，简单地说就是自律，即员工在每天的工作中持续做到整理、整顿、清扫、清洁，并习惯地将这些活动视为每日工作的一部分。

(1) 素养的目的：使员工能自律地实行公司的一切规章制度，实现效率化生产，最大限度地提高客户的满意度。

(2) 注意点：长期坚持才能养成良好的习惯。

(3) 实施要领：①制定服装、臂章、工作帽等识别标准；②制定公司有关规则、规定；③制定礼仪守则；④教育训练(新进人员强化5S教育、实践)；⑤推动各种精神提升活动(展会例行打招呼、礼貌运动等)；⑥推动各种激励活动，遵守规章制度。

(4) 推行素养的具体要求、规定。

工作时间：①在使用工具、夹具等公用工具操作过程中，一旦使用完毕应立即放回原处；②使用工具、夹具时要注意人身和财物安全，不要丢失、损坏，如有损坏要向总务部提交损坏说明报告书；③在工作中不要随意离开座位；④保持工作中的愉快心情是非常重要的，但必须注意不要太过大声地说笑；⑤在工作中，禁止私人电话；⑥在指定场所吸烟；⑦在工作中不能吃东西；⑧不得在走廊或通道慢吞吞地走，不在拐角闲谈。

工作结束后：①对周围进行整理、整顿、清扫、清洁，垃圾分类后扔掉；②夹具、工具文件、书籍等要整理好放回原处并确认；③办公室桌上的物品，除了OA机器以外的所有物品都要整理放好(整理划分)；④离开座位时要把椅子放回原处；⑤没到下班时间不得进行下班回家准备，不得在洗手间或打卡机前消磨时间；⑥工作服、帽子不能随便乱放，不用时要放进衣帽柜；⑦不得佩戴对工作有妨碍的装饰品；⑧避免产生不良举动，如公事私事分不清，发牢骚，闲谈。

企业的成功依靠高效的管理，高效的管理需要良好的5S，良好的5S意味着只要机器一运转，即能生产出良好质量的产品。而素养的推行是使以上一切得以长久实现的利器。

要达到5S推行的成功，就必须将每位员工的5S职责明确规定下来，使其简明、清晰可见，以便员工能明确自身的行为标准，实现企业提升生产效率的初衷。员工应将每天的数据(包括作业数据和5S行为数据)记录下来，写在图表上，并且依据要求做每小时、每天或每周的点检列表工作。管理层可以要求作业员在每天下班前将数据资料填妥，作为员工养成自律习惯的手段。

❄ 34.3 原理效能

34.3.1 作用原理

5S的作用原理是通过提升人的品质来实现的，这些品质包括：革除马虎之心，养成凡事认真的习惯(认认真真地对待工作中的每一件"小事")、遵守规定的习惯、自觉维护工作环境、整洁明了的良好习惯、文明礼貌的习惯。

从心理学角度讲，环境与情绪存在一种互动关系，而情绪和内控力是除技能之外对工作效果的最大影响因素。因此，环境对于工作效果的影响是一种正反馈，即整洁、幽雅的环境会使人们产生一种喜悦、积极的情绪，在这种情绪的控制和支配下，人们会更加积极地投入工作中去，从而创造出更大的产出。环境的进一步改善又会进一步强化人们对于创造美好的信心。如此循环往复，人的素质就会逐渐提升，而人的良好素养又是确保其他一切优良品质的前提。反之，就会陷入一种恶性循环之中。

任何有效的监督机制都属于内耗范畴，因而如果能使员工自发地执行，无论是从成本角度还是从执行效果角度来讲，都会有很大程度上的改善。

34.3.2 主要效能

5S得到国际知名企业高度重视，是因为它能给企业带来巨大效益。5S的五大效用又可归纳为如下5个S。

1. 最佳推销员(sales)

(1) 顾客会对干净、整洁的工厂有信心，乐于下订单并口碑相传，也会带动更多顾客来工厂参观及赢得更多订单。

(2) 整洁、明朗的环境，会使大家希望到这样的工厂工作。

2. 节约(save)

(1) 降低很多不必要的材料及工具的浪费，减少"寻找"的浪费，节省很多宝贵的时间。

(2) 能降低工时，提高效率。

3. 安全保障(safe)

(1) 宽广明亮，视野开阔的现场，事物一目了然。

(2) 遵守堆积限制，危险处一目了然。

(3) 走道明确，不会因杂乱而影响工作的顺畅进行。

4. 推动标准化(standardization)

(1) 规范现场作业。

(2) 员工都正确地按照规定执行任务。

(3) 程序稳定，带来品质稳定。

5. 形成令人满意的现场(satisfaction)

(1) 明亮、清洁的工作场所。

(2) 员工动手进行改善，有成就感。

(3) 能造就现场全体人员共同参与改善的良好氛围。

总而言之，通过5S管理，企业能够健康稳定快速成长，逐渐发展成对地区有贡献和影响力的世界级企业，并且最少达到4个相关方的满意。第一，投资者满意，使企业达到更高的生产及管理境界，投资者可以获得更大的利润和回报；第二，客户满意，表现为高质量、低成本、纳期准、技术水平高、生产弹性大等特点；第三，员工满意，效益好，员工生活富裕，人性化管理使每个员工可获得安全、尊重和成就感；第四，社会满意，企业对区域有杰出的贡献，热心公益事业，支持环境保护，这样的企业有良好的社会形象。

34.4 实施应用

34.4.1 实施步骤

作为现代企业管理的一种基础方法，5S能够帮助企业建立安全、舒适、明亮的工作环境，培养和提升员工的工作技能及工作习惯，引导并确保所有的员工都充满热情地发现并降低损失，从而最终构筑全员参与和持续改善的强势文化氛围。

5S的实施要获得成功，必须遵从PDCA环原则，也就是按照计划、实施、检查、处理的步骤循环进行，并结合"从上到下"和"从下到上"的方法。实施的具体步骤如下。

1. 获得高层承诺和做好准备

5S的实施在开始阶段总是自上而下推行的，没有最高管理层的承诺，5S很容易变成一场表演。最高管理者对5S的高度重视和坚强决心要通过大会、内部报刊等方式确保员工知晓，但重要的是他们在这个过程中要亲力亲为。这一步主要包括两方面的内容。

(1) 动员大会。利用公开大会的形式，由最高领导向全体员工表达推行5S活动的决心，作为公司年度的重要经营活动。公司最高领导(董事长或总经理)，需将实施5S的目的、必要性明确地向员工宣示；将公司内全体员工的想法、价值观尽量统一；在举例时也要尽可能采用自己公司内的一些具体事例，这样员工较能产生共鸣。

(2) 小型5S演习。为了让大家留下深刻印象，可以进行一个小范围的现场5S演习(如丢掉会场所有不必要的物品；进行一次大扫除；5分钟各部门抽屉整理活动等)。

2. 成立5S推进委员会，选定活动场所

(1) 建立5S推行小组，负责对内、对外的联络工作；小组形式要与公司管理体系结合。

(2) 选定一个固定场所作为5S推进活动的"指挥部"，切不可任其成为"游击队"，而要让每位员工明白其重要地位。

建议由企业主要领导出任5S活动推行委员会主任职务，以视对此活动的支持。具体安排可由副主任负责活动的全面推行。

3. 制订5S实施计划

(1) 筹划5S推行事宜：制定激励措施，推行计划先由推行小组拟订草案，并评估成效，再交相关人员检讨后确立，有关工作项目、时间、负责人员皆明确说明，以便追踪。

(2) 找专家或顾问机构：为5S推进活动提供专业的咨询指导。

(3) 策划5S活动：根据企业实际情况，策划相应的具体活动，起到激励士气、增强效果的作用。

4. 活动前的宣传造势、教育训练

在这一步中，领导人以身作则。在宣传活动中，要善于使用各种工具：利用公司内部刊物宣传介绍5S；举办5S征文比赛及5S海报、标语设计比赛；外购或制作5S海报及标语在现场张贴；每年规定一个5S月或每月规定一个5S日，定期进行5S的加强及再教育；到兄弟厂参观，吸取他人经验；利用定点摄影方式，将5S较差的地方或死角让员工知道，定期照相追踪，直到改善为止；制定5S检查表，以检核5S是否每项都做好了；配合其他管理活动推广，如提案制度、生产维护管理等；领导定期或不定期巡视现场，让员工感受到被重视；举办成果发表报告会，发表优秀事例，表扬先进单位和个人，提高荣誉感及参与度。此外，要以"5S日活动"的形式不断强化，确定某一日为5S日，选择一个主题在5S日里推行，效果会特别好。

第一个5S日——整理(如个人在下班前5分钟抛掉不需要的物品或物品回仓)。

第二个5S日——整顿(如给每件物品命名并定好它们的位置)。

第三个5S日——清洁(如全体大扫除)。

第四个5S日——规范(如视觉管理和透明度管理)。

第五个5S日——自律(如进行自我反省评价活动)。

在全部活动过程中，穿插由上而下的教育训练，消除全员意识上的障碍，让员工掌握5S技能。

5. 局部推进5S

(1) 现场诊断。推进5S之前，必须根据5S的基本要求对公司现场进行诊断评价。通过现场诊断，可以比较客观地掌握公司的整体水平：公司所处的5S程度、强项、薄弱环节等。

(2) 选定样板区。进行全面的现场诊断后，结合整个5S推进策划，选定一个样板区，集中力量改善。榜样的力量是无穷的，样板选定时要考虑代表性、实施难易度、影响力强、教育促进意义及改善。

(3) 实施改善。

(4) 效果确认。效果确认是一个总结检查、评价反省的过程，主要有以下4方面的作用：总结经验，克服缺点和纠正偏差，以改进管理工作，使改善更顺利、更高效地进行；通过对前期工作的分析和评价，辨明"功、过、是、非"，有利于统一认识，调动大家的积极性；处理好遗留问题，减轻不良效应，为后续工作扫清障碍；为后续工作在组织、资源、经验、方法上做足准备，保证有个良好开端。

6. 全面推进5S

这一步是成败的关键，也是见成效的一步，主要包括下列具体工作。

(1) 区域责任制。将5S的内容规范化，成为员工岗位责任。5S的内容具体到部门、车间生产现场，应有详尽可描述的内容，如整理、整顿的项目，清扫、清洁的部位和方式等，只有每个员工都清楚自己的5S活动具体内容，才能使这项工作落到实处。

(2) 制定评价标准。制定5S审核工作表来作为评估标准，以使得每一个人都能以一种友好而不是太紧张的方式来竞争。

(3) 评估监督(通过巡视、检查、自检、互检方式推进)。巡视，即5S推进委员会在各工作场所巡察并指出有关的5S活动问题。检查，即自上而下地检查，由厂领导检查车间、车间领导检查班组、班组长检查个人和机台，层层检查。自检，即把相应的评估表格发到个人手中，操作工人定时、不定时地依照评估表格中的内容自我检查、填写，通过自检可以发现个人与5S工作的不足，及时加以改进。互检，即班组内部员工，依据评估表格相互检查，然后填写检查结果。互检的过程既可以发现被检查者的不足，又可以发现被检查者的优点和本人工作的差距，以便学习和改进。

(4) 举行5S评比竞赛。评比活动是激励机制的一种。制定具体及合理的评价基准，尤其当部门先天条件不一样时，评价基准也应不同。评比与薪资、考绩结合，员工才会主动关心。评比与检查之后，还应针对5S活动中的问题，由被检查者根据评估的意见，提出改进措施和计划，使5S的水准不断进步和提高。

(5) 坚持可视化的、激励化的5S推进。在5S活动的组织推进中，基本上要体现激励机制，这种激励化的推进又可以通过可视化的辅助得到加强。5S活动的可视化工作体现在5S活动的各个阶段和各个方面，甚至可以延伸到整个5S活动之中。

7. 标准化和制度化

5S贵在坚持，要很好地坚持5S，必须将5S标准化和制度化，即5S效果的维持管理，让它成为员工工作中的一部分。

8. 挑战新目标

5S的目标应随着公司整体水平的提高而逐步提高。当公司取得某一阶段性成果后，应及时总结表彰，并在原来成绩的基础上，设定新的奋斗目标，进一步激发公司上下的斗志和热情，必要时可考虑导入ISO、TQM、TPM等活动形成新的关注焦点，最终登上卓越制造的顶峰。

34.4.2 推进方法

1. 目视管理

所谓目视管理，就是指用眼睛一看就知道现场是否异常。管理者要通过各种方法使现场做到一目了然，使现场的管理做到透明化，没有隐藏问题的地方。这也是一种利用人的视觉进行管理的科学方法。

2. 标准作业的推进

标准作业，是指现场所有的管理对象都按照某一标准进行有规律的运动。标准作业是现场管理者的重要道具，依据标准作业，管理者可以了解到现场应处于什么状态，什么是现场该有的动作。反之，与此不符的地方都表示有异常情况，应立即处理。对于5S活动推行中所取得的成果，必须以标准作业的方式巩固下来，只有这样才可能在此基础上不断改进。

标准的创造应遵循以下原则：①工作是否有存在的必要，没必要的工作创造标准是极大的浪费；②做标准的人对工作内容应非常了解；③标准作业书应通俗易懂；④标准作业书应不断改良；⑤所有的工作都应标准化。

3. PDCA管理循环的应用

PDCA分别是计划、实施、确认、处置的英文缩写。它主要是通过这4个环节周而复始地循环运动，从而使管理活动达到不断改善的目的。PDCA的原理可以普遍用于各项管理活动中，在5S活动中灵活运用PDCA管理循环，可以使企业的现场管理水平得到不断提高。

4. 三现主义的推行

三现主义是在日本企业中较普遍的管理方法。三现是现场、现物、现实的简称。现场，指事情发生的场所。现物，指当前待处理的事物。现实，指目前存在的状况。三现主义就是要求技术人员和管理人员，到现场、看现物、出现策，当场解决问题。

34.4.3　实施问题

要顺利实施和推进5S，要循序渐进，重点处理以下几个问题。

(1) 确定推行组织，这是成败的关键所在。任何一项需要大面积开展的工作，都需要有专人负责组织开展，推行5S也不例外。

(2) 制定适合本企业的5S指导性文件。文件是企业内部的"法律"，有了明确的书面文件，员工才知道哪些可以做，哪些不可以做。

(3) 培训、宣传。有了组织和文件，接下来要做的就是培训。培训的对象是全体员工，主要内容是5S基本知识及5S指导性文件。宣传可以起到潜移默化的作用，旨在从根本上提升员工的5S意识。

(4) 全面执行5S。从车间到办公室，从厂长到普通职工，都要投入5S中来，在企业中建立一个良好的5S工作风气。

(5) 监督检查。通过不断监督，使5S在每位员工心中打下"深刻的烙印"，并最终形成个人做事的习惯。领导的言传身教、制度监督非常重要，这一点可以和内部质量审核活动结合起来进行。

34.4.4　实施技巧

1. 导入阶段

(1) 高层管理者对5S的关心程度，包括有没有利用5S进行彻底革新的决心，有没有把5S列入年度计划，有没有明确各级人员在5S活动中的责任。

(2) 计划部门的运筹帷幄，包括有没有充分利用PDCA方法，是否选定示范单位等，做好实施前的准备工作。

(3) 重视培训，充分沟通。

2. 实施阶段

(1) 让所有员工都成为实施5S的主角，不能少数人唱独角戏。

(2) 主管人员要有实施5S的整体构想和魄力，执行5S要有决心。

(3) 每日评定成绩并隔日定时、定点公布成绩。

(4) 周竞赛或月竞赛成绩公布后，立即公开奖惩。

(5) 按月排定部门排行榜，第一名拍照留念。

(6) 充分利用定点摄影法。

(7) 高层主管人员定期巡视。

3. 检讨阶段

(1) 主管部门应逐月收集汇总资料，然后做出实施5S效果的检讨。

(2) 讨论会议应由决策人员主持。

(3) 最后一名的部门主管所提出的改善计划应张贴于公告栏。

(4) 成绩应作为干部考核或升迁考虑的主要内容。

4. 保持5S的成果

(1) 选择某固定时间，再次培训部门主管人员，提升5S管理的层次与效果。

(2) 使5S成为企业生存与管理合理化的基础活动。

34.4.5　活动评价表

5S活动评价表，如表34-1所示。

表34-1　活动评价表

	自 我 评 价	相 互 评 价	专职人员评价	领 导 巡 回	安 全 巡 查
目的	让每一位职工具有自主性，使其充分认识5S活动，从而由自主性发展为自律性	作业者相互评价对方的现场，以达到互相启发	由第三者用客观的目光，根据公平的基准进行评价，以确认自我评价的水平，相互评价的水平，进行调整	领导可通过与外部企业、工厂进行比较。针对现场存在的差距进行指导，使5S活动更充实，从而提高水平	通过对安全、卫生的评价，促使各工厂和每一位操作者提高积极性，确保安全地推进全厂5S活动
谁评价	初期由部门经理、车间主任和班组长评价，逐渐由工人自己评价	车间主任、班组长	5S活动的推进组织确定的专职人员	企业的高层领导、部门经理	安全卫生委员
初期(1个月)	每日一次	每周一次	每周一次	每日一次	每月一次
基本稳定(90%达要求)	每周一次	每周一次	每月一次	随时	每月一次
稳定(95%以上)	每周一次	每月一次	每月一次	随时	每月一次
评价要点	整理整顿情况○有无超出规定位置○放置位置好吗○有无不用的物品○垃圾、物品有无乱扔	整理整顿情况○有无超出规定位置○放置位置好吗○标识、画线适当吗○有无不用的物品	整理整顿情况○有无超出规定位置○放置位置好吗○标识、画线适当吗○有无不用的物品	整理整顿情况○安全卫生状况○现场的纪律○改进活动状况	整理整顿情况○安全卫生状况○现场的纪律
有无检查表	有	有	有	无	安全检查表
向谁报告	车间主任	5S的推进组织	5S的推进组织		安全卫生委员会

	自我评价	相互评价	专职人员评价	领导巡回	安全巡查
报告内容	○整顿水平 ○指出问题	○整顿水平 ○指出问题 (改进建议) ○感想	○整顿水平 ○指出问题 (改进建议) ○感想		○安全卫生 状况 ○现场纪律 ○改进建议
评价处置	○评价后立刻 改进 ○不能马上改进的, 要制订改进 计划	○根据对方提 出的意见进行 改进 ○帮助对方改进 ○从对方得到 启发	○根据提出的意 见进行改进 ○问题很多时改 进后再进行评价	○确认改进的情 况,检查计划 的完成情况	○有关安全卫 生的问题要 优先改进 ○通过现场班 组长对现场 纪律进行 指导

工具 35

大规模定制——颇具竞争优势的生产模式

❈ 35.1 基本概念

35.1.1 产生与发展

随着科学技术的进步、生产力的发展及全球化市场的形成，顾客消费水平不断提高，企业之间的竞争日益加剧，政治、经济、社会环境也发生了巨大变化，这些因素使整个市场需求的不确定性大大增强。用户需求多样性与市场变化不确定性，是促进企业不断提高自身竞争能力的外在压力。企业面对一个变化迅速且无法预测的买方市场，为了提高竞争力，企业不得不采用许多先进的制造技术和管理方法。大规模定制生产模式正是在这样的历史背景下产生的。

35.1.2 内涵及理念

大规模定制(mass customization，MC)，是指对定制的产品和服务进行个别的大规模生产，把大规模生产和定制生产这两种生产模式的优势有机地结合起来，在不牺牲企业经济效益的前提下，了解并满足单个客户的需求。大规模定制生产包括了诸如基于时间竞争、精益生产、敏捷制造和微观销售等现代管理思想的许多精华。

大规模定制的基本思想是：将定制产品的生产问题，通过产品结构和制造过程的重组全部或部分转化为批量生产。对客户而言，所得到的产品是定制的、个性化的；对企业而言，该产品是采用大批量生产方式制造的成熟产品。

产品的多样化有两种情况：一种是顾客可以感受到的产品外部多样化，另一种是在产品的设计、制造、销售和服务过程中企业可以感受到的产品内部多样化。为了支持企业以大量生产的效益来满足顾客个性化需求的定制产品，归根结底是应该尽可能减少产品内部多样化，增加产品外部多样化，这是大规模定制的核心。

❈ 35.2 主要内容

35.2.1 4种类型

企业的生产过程一般可分为设计、制造、装配和销售，根据定制活动在这个过程中开始的阶段，可以把大规模定制划分为以下四种类型。

1. 设计定制化

设计定制化是指根据客户的具体要求，设计能够满足客户特殊要求的产品。在这种定制方式中，开发设计及其下游的活动完全是由客户订单所驱动的。这种定制方式适用于大型机电设备和船舶等产品。

2. 制造定制化

制造定制化是指接到客户订单后，在已有的零部件、模块的基础上进行二次设计、制造和装配，最终向客户提供定制产品的生产方式。大部分机械产品属于此类定制方式，一些软件系统如MRPⅡ、ERP等，也属于这类定制化方式；软件商根据客户的具体要求，在标准化的模块上进行二次开发。

3. 装配定制化

装配定制化是指接到客户订单后，通过对现有的标准化的零部件和模块进行组合装配，向客户提供定制产品的生产方式。个人计算机是典型的装配定制化的例子。

4. 自定制化

自定制化是指产品完全是标准化的产品，客户可从产品所提供的众多组成内容中，选择当前最符合其需要的某部分内容。因此，在自定制方式中，产品的设计、制造和装配都是固定的，不受客户订单的影响。常见的自定制化产品是计算机应用程序，客户可通过工具条、优选菜单、功能模块对软件进行自定制化。

35.2.2　主要特征

1. 以顾客需求为导向

在传统的大规模定制生产方式中，先生产，后销售，因而大规模生产是一种推动型的生产模式；而在大规模定制中，企业以顾客提出的个性化需求为起点，因而是一种需求拉动型的生产模式。

2. 以产品的模块化设计、零部件的标准化和通用化为基础

产品结构和功能的模块化、通用化和标准化是企业推陈出新、快速更新产品的基础，还便于分散制造和寻找合作伙伴。开发新产品的主干企业主要做好产品的不断创新研究、设计和市场开拓工作，产品的制造可以分散给专业化制造企业协作生产，主干企业可以集中精力抓产品设计研究和市场开拓。

3. 以产品制造的专业化分工为实现策略

在一般机械类产品中，有70%的功能部件间存在着结构和功能的相似性，如果打破行业界线，按成组技术原理将相似功能的部件与零件分类和集中起来，完全有可能形成足以组织大批量生产的专业化企业的生产批量。这些专业化制造企业承接主干企业开发产品中各种相似部件、零件的制造任务，并能在成组技术的基础上采用大批量生产模式进行生产。

4. 以现代信息技术为条件

大规模定制经济必须对顾客的需求做出快速反应，这要求现代信息技术能够在各制造单元中快速传递需求信息，使企业能够快速地获取顾客的订单；柔性制造系统及时对定制信息做出反应，高质量地完成定制产品。

5. 以供应链管理为手段

在未来市场经济中，竞争不是企业与企业之间的竞争，而是企业供应链与供应链之间的竞争。大规模定制企业必须与供应商建立其既竞争又合作的关系，才能整合企业内外部资源，通过优势互补，更好地满足顾客的需要。

6. 以敏捷为标志

在传统的大批量生产方式中，企业与消费者是一对多的关系，企业以不变应万变。而在大规模定制经济中，企业与消费者是一对一的关系，企业面临的是千变万化的需求，通过柔性和快速反应能力，力求同时达到产品的低成本和品种多样化的目的，满足不同顾客的不同需求。因此，大规模定制企业是一种敏捷组织，这种敏捷不仅体现在柔性的生产设备、多技能的人员，还表现为组织结构的扁平化和精练。

35.2.3 关键技术

1. 现代产品设计技术

如何快速响应用户订单已经成为信息环境下传统制造企业所面临的生死攸关的问题。产品的设计开发阶段已经成为快速响应用户订单的关键，因此现代产品设计技术是大规模定制生产的关键技术。

2. 质量功能配置

大规模定制的产品设计是面向产品族的设计，其设计结果形成可变型的产品模型，为快速设计阶段进行产品配置，针对单个客户需求进行设计的实现提供了基础。而成功的产品族的获得需要对客户的需求进行系统的分析。质量功能配置就是一种工具，它能系统地将客户主观的需求转化为产品族设计的详细说明及资源的优选，使设计人员能够利用它来进行产品设计。

3. 产品数据管理技术

产品数据管理是面向大规模定制设计的产品建模、产品数字化预装配、产品分类管理和产品过程管理的集成框架。

4. 模块化管理技术

模块化结构是大规模定制策略的关键要素。模块化过程就是对功能元器件进行模块化，然后将其进行跨产品族的重复使用，从而能快速设计定制的产品，节省设计成本，而且很大程度上增加了业务过程的灵活性，使它能够更好地满足工程管理的需要。

5. 供应链管理技术

供应链管理是通过前馈的信息流和反馈的物料流及信息流，将供应商、制造商、分销商、零售商，直到最终用户连成一个整体的管理模式。它把不同企业集成起来，以增加整个供应链的效率，注重与企业之间的合作。信息共享又是供应链管理的关键。研究供应链的管理方法和关键技术，与企业管理软件系统相结合，就生成了大规模定制生产模式下供应链管理的一个完整的解决方案。

6. 业务流程重组技术

业务流程重组是根据企业的战略目标和企业文化，重新设计和优化企业的业务过程，为客户创造更大的价值，并通过信息技术的使用和持续的过程改进，实现企业的持续发展。它是实现大规模定制的重要的流程管理规则。

7. 产品与过程的标准化技术

标准化技术是进行大规模定制的前期步骤和必要条件，是对零件、特征、工具、工艺和材料进行标准化来提高生产的柔性，加快响应速度，降低生产成本，保证产品质量。

35.2.4　工作原理

下面将通过一个例子，说明大规模定制的工作原理。

产品生产和大规模定制流程，如图35-1所示。

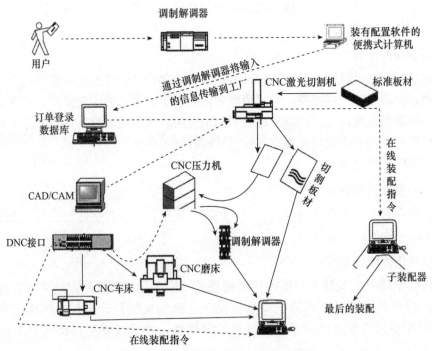

图35-1　产品生产和大规模定制流程图

在大规模定制进行以前，首先建立用户与生产者之间的信息交换体系。用户的需求通过信息体系终端反映到订单登录数据库，相应的配置软件很快响应用户的需求，生成报价单，当用户使用配置软件优化并同意订单时，订单信息就会通过调制解调器被送到工厂，然后进入订单登录数据库，订单登录数据库接受信息并把它转变为不同的数据包，再传到在线装配指令监控器，监控器会告诉工人如何装配每个产品；也可以传到参数化的CAD/CAM工作站，CAD/CAM工作站通过DNC接口控制各种加工设备，加工不同的零件表面，最终形成不同的零件，在此基础上，通过完备的自动化的物流系统完成装配过程。在实际加工阶段，在厂际联盟的基础上，可以采用成组技术，以大规模生产的方式加工零件，以降低成本。以这种方式生产，可以快速响应用户的需求，同时把生产成本控制在比较低的水平。

❋ 35.3 实施应用

35.3.1 前提条件

大规模定制是一种崭新的生产模式，对产品的设计、制造、销售等环节，对信息的收集、加工、传输等过程，以及对企业各部门的业务流程、工作标准、绩效评估等，都提出了很高的要求。

1. 企业产品结构合理化

为了实施大规模定制生产模式，有效地为单个客户定制产品，企业就要有一个合理的产品结构。这种结构决定了产品将向客户提供多大的好处，以及在该范围内所能提供的所有功能。为此，企业需要从如下3方面做好工作。

(1) 对现有产品合理化。几乎所有产品系列都可以运用一些合理化技术，如帕累托排序、帕累托图分析和主客观因素分析等方法，通过对产品系列的系统分析和归并，使之与企业的长期目标相一致。产品系列合理化的目的在于，找出不适合柔性环境的、销售量低的、间接成本过高的、并不真正受客户欢迎的、未来前景有限的或是可能赔钱的产品，以指导企业淘汰这些无利可图的产品，或是把这些不属于企业核心能力范围之内的产品制造工作转给他人。这样就能够提高企业的利润，更好地掌握企业的核心能力，帮助排列各项持续改善活动的优先次序，完善策略规划。

(2) 对合理产品标准化。对于多品种、小批量生产企业来说，有一种忽视产品标准化而仅仅处理品种问题的不良倾向，特别是在这两个问题发生冲突的时候。而大规模定制模式将使产品发生许多微小的变化，所有这些微小变化的影响累积起来，就会耗费巨大的资金和时间，以至于企业无法实现产品的大规模定制。因此，这就要求在具有合理产品的基础上，对产品系列进行标准化，以缩短产品设计时间、生产准备时间和减少生产批量。

(3) 对标准产品模块化。企业利用计算机辅助设计的各种软件对标准产品的各个组成部分进行计算机处理，以便企业在设计新产品时能够迅速调用、组合这些标准化模块，提高产品的开发效率。模块化是大规模定制模式的关键要素。

2. 企业产品的内部简单化

大规模定制除了要求企业有合理的产品结构之外，还要求大幅降低产品的内部复杂性，即对零件、材料、工具和工艺过程进行标准化和通用化。随着客户需求多样性的增加，企业所要生产的零件种类急速增加，造成企业拥有数千甚至数万个不同的零件种类，同样也相应地增加了材料、工具和工艺过程的复杂程度。这些因素限制了企业生产能力的充分发挥，也直接增大了企业成本，因此企业必须采取多种措施降低产品的内部复杂性。例如，为减少零件种类，对企业所有零件(包括自制零件和外购零件)进行通用化；为消减生产准备工作，对在装配、调整、校准、检验、维修和服务过程中需要的各种工具通用化；为提高制造柔性，对工艺过程进行标准化，实现工艺的协调和通用性，以保证能够在不改变系统设置的情况下制造大规模定制中的所有零件和产品。这些措施有助于确保柔性地制造那些标准化的产品，使大规模定制成为可能，并获得显著效益。

3. 企业工艺基础设施完备化

模块化不仅适用于产品，也适用于产品的制造工艺。企业要想顺利实施大规模定制生产模式，产品开发人员就必须与制造工程师、工人一起，创建能够自动地将各模块化的工艺过程联系起来的工艺基础设施，这些模块化的工艺过程是企业有效运作的基础单元。确切地说，企业工艺基础设施包括工作流管理系统、协同管理软件、企业网络、一般客户资料、计算机集成制造和敏捷制造的能力等，它们能够实现工艺间的连接和人际联系的自动化，使企业能合理使用各种资源，经济有效地为客户独特的需求提供优质服务。

35.3.2 实施条件

通过对国外实施大规模定制生产的企业进行分析，可归纳出成功实施大规模定制的条件。

1. 生产者必须具有迅速获取消费者定制需求的能力，是大规模定制实施的前提

传统的获取消费者定制信息的方式是生产者和消费者面对面地交流、电话或文字订货。这种方式具有效率极低、信息非结构化、面向窄的顾客群体等缺点而不适合大规模定制。为了让用户更为满意，同时保持大规模生产带来的低成本和高效率，长期以来企业进行了多种尝试，包括进行市场细分，不断吸收用户反馈，设计可调整流水线和运用自动控制技术等，但是到今天为止，这些努力都没有达到惊人的成效。原因是每个用户都太特殊了，要让产品做到"完全适合你""为你定制"，用户和企业之间必须有不间断的、迅速的"一对一"的信息交换，在网络没有出现之前，这是不可能的。但是现在，网络提供了一种低成本、快速的信息交换渠道，电子商务支持公司直接面向顾客的战略，它的发展使大批量定制成为可能。

电子商务通过在公司网站上提供面向顾客需求的辅助顾客订货系统来获取用户定制

产品的信息。这样一个辅助顾客订货系统有如下特点：①根据公司产品的特点而设计，如眼镜公司专门针对眼镜这种特定产品设计一个软件，让顾客完全可以自己设计和组装适合自己的眼镜等。②完全面向顾客，任何上网的用户都可以操作。当然，这样的系统不一定直接与网络连接，比如可以放在代理人的店铺里让顾客现场操作，代理人接受顾客订货信息后，批量从网上发送到委托公司的产品数据库。③它可以与后台的产品数据库直接链接，从产品数据库提取数据，经设计部门确认后交给生产部门生产。此外，电子商务还支持公司的全球化战略，从而可以使公司面向大量用户。

2. 企业的产品适合大规模定制，是企业实施大规模定制的基本条件

实现大规模定制，首先要求企业的产品有相当规模的市场容量，否则大规模定制就变成了小规模定制。其次，消费者对产品功能的需求既有个性也有共性，既非完全个性化也非完全共性化，因为完全个性的产品就是完全不同的产品，而完全共性的产品可以使用大规模方式生产，因而均不适合大规模定制，大量产品介于两者之间。

构成产品的零部件或产品本身，归属于一个广义的相似性。即有相同的工作原理；有相同的关键部件；需要使用同一类加工设备；可以采用相同的加工工艺；可以应用相同的递送工具(如叉车等)；可以应用相同的辅助加工设备(如夹具等)；可以一同采购等。而消费者的个性化需求，一般主要表现为功能差异和外观差异。为此，企业应当对产品进行面向大规模定制的合理化分析，在零部件的标准化和个性化之间寻求合理的界线。

3. 企业具有敏捷的产品开发和柔性的制造技术，是大规模定制实施的技术支撑

大规模定制是目前最为复杂的生产方式，其面临的关键问题是产品种类的激剧增加和用户需求的不断变化导致的产品开发延期、成本增加等问题。解决这一问题的办法建立在企业进行产品大规模定制的合理化分析基础上，企业还需要具备低成本快速开发和制造零部件的能力，而采用柔性的、模块化可重构的、多代产品共享的制造设备或生产线是实现这一目标的关键制造技术。由于市场和客户需求的变化越来越快，企业的产品类型、批量或原设计的变化也越来越快。如果生产设备缺乏高度的柔性，要想快速地适应变化是不大可能的。可重组制造装备(系统)是具有高柔性的加工系统，主要适用于用户个性化产品中的市场寿命较短的共性部分的制造。它可提高企业适应市场变化的能力，可减少企业在装备方面的投资。

4. 供应链适合大规模定制

大规模定制建立在供应链概念基础上，它的成功取决于企业的供应商、分销商和零售商组成的供应链满足大规模定制战略的意愿和准备情况。大规模定制的目标是要接近大规模生产的成本，快速满足顾客需要的个性化产品或服务，不仅要求产品按标准化设计，制造过程按模块化重组，而且供应网络必须达到两种基本能力：一是供应商能够快速和成本有效地交付需要的原材料和零部件；二是分销商和零售商具有柔性，有响应顾客并快速交付产品的能力。最重要的是，制造商、零售商和其他价值链中的实体必须是有效连接的信息网络中的一部分。

5. 企业具有与大规模定制生产方式匹配的组织系统，是大规模定制的决定条件

与大规模定制匹配的组织系统，首先，要求企业树立以低成本和差异性有机结合为特征的大规模定制战略；其次，能充分利用信息技术，具有将各种技术系统集成起来的管理系统；最后，企业要转变观念，构建适合大规模定制的企业文化。

35.3.3　影响因素

应该说，大规模定制并不是每一个企业的最佳战略，大规模定制的成功与否受一系列因素影响，一般可以分为市场、产品、企业和合作4方面。任何企业要采取大规模定制的生产策略，都应该从这几方面进行考虑。

1. 市场方面的平衡问题

研究和实施大规模定制，最主要的原因是顾客日益增加的并且不断改变的个性化需求。因此，在大规模定制中存在着需求与牺牲(顾客要得到定制化产品，就需要等待并且相对大规模生产多付出资金)的平衡问题，同时企业存在着能力与接受(考虑时间与成本)的平衡问题。这两个问题的平衡直接决定了大规模定制的成功与否。

2. 产品必须是可以定制的

并不是所有的产品都可以定制，那些由可以组装成不同形式的、独立的单元构成模块化的产品才是定制的最合适对象。从降低成本和提高响应速度而言，定制的产品必须是模块化的、多用途的和持续更新的。尽管模块化不是定制的基本特征(真正的定制产品是个别制造的)，但与完全的定制化相比，这种简单的低成本的定制可以达到相似的效果。另外，定制过程需要快速的产品发展和革新能力，这是因为大规模定制产品的生命周期很短。

3. 企业自身的制造技术问题

大规模定制要快速响应顾客的需要，必须具有高级的制造技术，如计算机数据库、柔性制造系统、计算机辅助设计、计算机辅助制造、计算机集成制造和电子数据交换等。这些技术的使用，可以减少成本，增加柔性并且加快响应速度。只有当企业能够成功地集成一系列信息技术与柔性技术之后，才能开始建立大规模定制系统，并且大规模定制系统要在整个价值链上对高级制造技术和信息技术进行集成。

4. 供应链的合作问题

大规模定制的另一个前提是建立一个有效的供应链网络。其成功取决于供应商、分销商和零售商等供应链上合作伙伴参与满足顾客需求的意愿和条件。制造商、零售商和其他供应链的参与者必须是一个高效链接信息网的一部分，是降低成本和提高响应速度的一个重要前提。需要强调的是，在这个供应链上，知识共享十分重要。大规模定制的最大特点在于其动态性，它依赖于企业将顾客新的需求转化成新产品或新服务的能力。这就要求企业要培养一种文化以强调在整个价值链上的知识创造与传播，从而促进动态价值链的发展，以及与企业内部的新产品与新过程技术的发展。

35.3.4　实施方法

　　大规模定制的设计技术是实现大规模定制的核心和源头，强调基于相似性的"简化"和"重用"。大规模定制将产品设计分成产品开发和快速设计两个阶段，如图35-2所示。

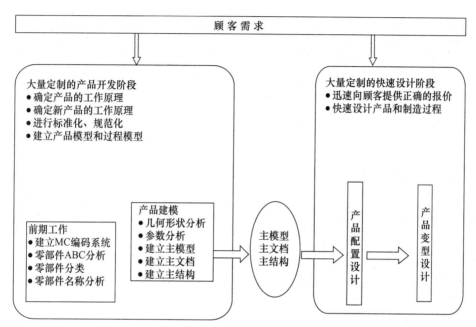

图35-2　大规模定制的设计过程

　　产品开发阶段的任务是分析和预测客户的需求，建立完善的产品结构和变形机制，为快速满足随时到来的客户需求提供基础。快速设计阶段在产品开发阶段的基础上，以产品配置为主要工具，对客户需求进行分析，实现快速配置设计。这一过程客观上必须是一个快循环。这两个过程通过产品模型结合起来，产品开发阶段开发一个可配置的产品族模型，快速设计阶段根据客户要求以产品配置模型为基础，运用配置机制产生一个满足客户要求的产品实例。

　　产品族模型是实现大规模定制生产方式的重要技术基础，而模块化是建立产品族模型的主要方法，它提供了产品组件重复使用的方法。通过组合或修改模块来生成新产品，是实现大规模定制的最有效途径之一，因而在产品族建模中占主导地位。模块化旨在对一定范围内的不同功能或相同功能不同性能、不同规格的产品进行功能分析的基础上，划分并设计出一系列功能模块，通过选择或组合模块来构成不同的产品，以满足市场的不同需求。

　　根据大规模定制的设计过程，建立相应的结构体系，如图35-3所示。

　　可以看出，大规模定制系统由五部分构成，即产品定义系统、产品建模系统、产品配置系统、产品编码系统，以及数据管理系统。其中，数据管理系统作为其他分系统的集成平台，管理其他系统产生的数据。

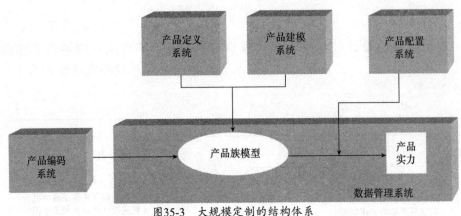

图35-3　大规模定制的结构体系

1. 产品定义系统

从对客户和市场调查分析入手，掌握目前和未来一段时间内的产品需求，从而确定该对象在功能、性能等方面的变化范围，最终得到欲开发的产品族。产品定义非常重要，如果没有对产品进行完善的定义，那么最终送给客户的产品或许并非其所期望的。质量功能配置方法采取了科学、系统的方法，进行用户需求的收集并转化为产品开发、制造、维护等产品全生命周期的信息。它将注意力集中于规划和问题的预防上，而不仅仅集中于问题的解决上，因此质量功能配置方法在对产品进行定义的各种方法中脱颖而出。

2. 产品建模系统

针对产品需求分析所确定的开发目标，确定其功能的构成，实现其功能所采用的各种可能的原理以及相应的结构，采用模块化的思想建立产品族功能—原理—结构模型。实际应用中，产品族的建模以面向对象的方法表达，以类的概念进行产品设计，采用模块化的思想，根据对客户需求的分析结果，建立各种基本模块。每个模块以类的形式存在，形成了产品族模型的类结构，如图35-4所示。

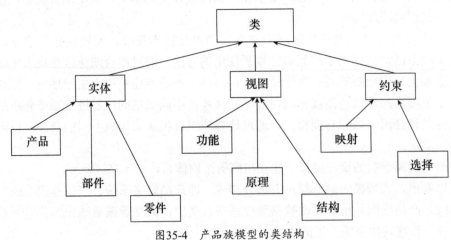

图35-4　产品族模型的类结构

3. 产品配置系统

产品配置系统是实现大规模定制模式下变形设计的手段。它在产品族动态产品模型的基础上，根据客户需求对产品模型进行变形生成可供制造的产品模型。大规模定制的产品配置设计技术是指在一个或若干个能覆盖产品类中既定型号和规格变化的动态产品族模型的支持下，根据客户定制产品的要求，通过对产品族结构树中的零部件进行选配，以及对局部零部件功能、结构和尺寸的相应变化来快速设计出满足客户需求的定制产品。

4. 产品编码系统

产品编码系统作为实现企业各组成环节集成的纽带和沟通各环节的共同语言，不仅便于实现信息处理和信息交换达到信息资源共享，还可以为建立企业各组成环节的公共数据库创造有利条件。因此，产品编码系统是大规模定制的重要基础。对于一个企业而言，为了便于实现信息共享，应当采用统一的编码系统。根据大规模定制总体对编码体系的基本要求和对企业需求的分析，设计出大规模定制编码体系结构，如图35-5所示。

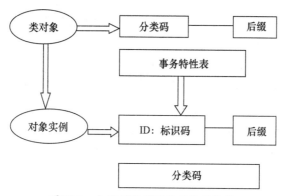

图35-5　大规模定制的编码体系结构

图中，类对象是指系统中独立存在的、具有相同分类属性的一组实体，如产品对象(简称为产品)、部件对象(简称为部件)、零件对象(简称为零件)等。类对象的核心码为分类码。对象实例指一个具体的实体，以标识码(ID)作为核心码，并且可以继承所属类对象的分类码。该编码体系采用的是面向对象的编码方式，使用分类码(对于类对象)或标识码(对于实例对象)作为核心代码描述对象，而同一对象的不同类型的数据(如二维工程图纸、三维模型、说明书等)采用后缀区分。标识码、分类码之间采用平行结构，两种编码相互独立。标识码的作用是明确无二义地标识一个实例化对象，标识码对于整个信息管理系统中各类对象具有唯一性。

5. 数据管理系统

数据管理系统是大规模定制体系的信息集成平台，实现各个分系统的数据管理以及运作过程的流程管理。

35.3.5 应用策略

大规模定制生产的基本思路，是将定制产品的生产问题通过产品重组和过程重组，转化或部分转化为批量生产问题，尽量减少定制零部件数和定制环节。

大规模定制生产的策略，一方面，在产品设计中融入模块化设计思想，采用标准化的模块、零部件，减少定制模块和定制零部件的数量；另一方面，在制造过程中，采用延迟策略，推迟定制活动开始的时间，尽量采用标准的生产环节，减少定制环节。模块化设计是指把产品的结构设计成许多相互独立的模块，各模块可以容易地装配成不同形式的产品。因此，模块化设计把产品的多变性与零部件的标准化有效地结合起来，充分利用了规模经济和范围经济的效应。在产品设计中，模块化水平越高，定制产品中模块和零部件的标准化程度也越高。从现代供应链角度来分析，定制企业可以通过业务外包的方式将一些标准化的零部件委托给其他供应商来制造，从而可以将主要资源集中放在核心能力的开发上。

延迟策略是指把产品的定制活动推移到供应链的下游进行，生产过程中定制活动开始的点称为客户订单分离点。所谓客户订单分离点是指企业生产活动中由基于预测的库存生产，转向响应客户需求的定制生产的转换点。通过延迟客户订单分离点，可以降低制造过程的复杂程度，减少供应链的不确定性，以及降低成品库存，缩短定制时间。

模块化设计是面向产品结构的设计，体现了大规模定制企业充分利用规模经济的效应；延迟策略则是面向过程的设计，是面向大规模定制的过程重组思想。模块化设计为延迟策略提供了基础，没有标准化的模块和零部件，定制企业很难把客户的定制要求延迟到供应链的下游，因此也难以对客户需求做出快速反应。模块化设计与延迟策略是大规模定制生产的两大策略，而这两大策略只有相互结合，才能充分体现出大规模定制生产的优势。

35.3.6 关键因素

要成功实施大规模定制，关键在于以下几方面。

1. 建立现代信息技术体系

建立现代信息技术体系是企业实现大规模定制必不可少的条件之一。通过多种电子商务实现企业与用户的沟通，快速与用户就定制产品进行协商，并予以订货，提高企业的市场快速响应能力。另外，企业通过网络对设计、制造、装配及销售等各部门进行有效管理，使其共享信息，密切合作。

2. 利用标准化、模块化减少产品内部多样化

产品多样化分为两类，一是客户可感受到的产品外部多样化；二是产品在设计、制造、装配、销售服务过程中，企业可感受到的产品内部多样化。产品外部多样化能为客户提供丰富的选择，而产品内部多样化则会造成产品成本提高，交货期延长。企业为了以大规模生产的效益生产出满足客户需求的定制产品，必须减少产品内部多样化，增加产品外部多样化。一个有效降低产品内部多样化的方法是对产品的零件、特征、制造工具、材料及制造工艺等进行标准化、规范化、通用化，通过对存在于产品和过程中的几何相似性、结构相似性、功能相似性和过程相似性进行分析归纳，创建标准模块和专用模块。这样可以减少产品的种类，消除重复的生产过程，实现产品重组和过程重组，使企业按任意批量生产定制产品，同时利用这些模块进行不同的选择、组合，实现产品多样化，满足客户需求。

3. 采用面向并行工程的产品开发模式降低成本

传统的产品开发模式大都沿用顺序设计方法，遵循概念设计—详细设计—加工制造—试验验证—修改设计的大循环，而且有可能多次重复这一过程。这种传统的部门制和串行流程开发模式导致设计改动量大，产品开发周期长，成本高，用户需求也不能很好地保证。同时在人员组织和管理中存在许多不足，缺乏团队工作意识，为了个人利益互相提防；决策方式不合理，大多是自上而下进行，各部门之间的信息交流存在严重障碍；缺乏信任和理解，设计信息难以交换等。这些都将导致工期拖延、生产混乱。

并行工程是对传统产品开发模式的一种根本性改进，它把产品开发的各个活动看成一个整体、集成的过程。产品开发人员与采购、营销、制造、维修等各部门人员，以及用户、供应商代表一起协同合作，组成集成产品开发团队，从全局优化的角度出发，在设计过程中尽可能全面地考虑用户的满意度和产品的可制造性、可装配性、可检验性等因素，最大限度地避免后期修正所带来的损失，使产品开发一次成功，达到提高产品质量、缩短产品开发周期、降低产品成本、增强企业竞争力的目的。

4. 实现敏捷制造，提高制造系统的灵活性

敏捷制造是信息时代企业在不可预测和不断变化的市场竞争环境中赖以生存和发展的能力。其特点是重组企业的产品和资源，减少非增值活动，高效满足市场需求。为了响应某个特定的市场机遇，弥补单个企业制造资源的不足，提高企业资源利用率，拥有不同核心能力的企业，通过计算机网络建立动态联盟、共享技能和资源，完成单个企业无法完成的业务，迎接市场挑战。企业联盟的建立并不是改变所有企业的原有生产过程与结构，而是利用企业的原有生产系统进行优势互补，构成新的临时机构，适应市场需求。

35.3.7　实施途径

大规模定制是将信息技术注入企业经营过程而引发的一种全新的经营理念和方式。作为对大规模生产模式的颠覆，大规模定制能系统全面地满足低成本、高质量、多品种、迅速及时、动态适应、极高柔性等传统看来难以实现的目标要求，无疑是未来企业生产模式发展的方向。企业应从如下几方面加快向大规模定制模式的转变。

1. 产品设计应以个性化需求为导向

定制生产以客户提出的个性化需求为起点，是一种需求拉动型的产品制造模式。随着社会发展和收入水平的提高，客户之间需求的同质性将趋于减少、弱化，而异质性会不断增强、扩大。由此，企业管理人员必须打破按需求类别对客源市场进行群体分割、

积聚的传统细分方式，将市场细分到终极限度，即把每个具有独特个性的客户视为一个细分市场，并将其作为企业的目标市场。这里，在工业化时代被视为禁区的终极市场细分已成为现实。

2. 产品生产以信息技术和智能技术为支撑

在大规模定制中，企业与客户是一对一的关系，企业面对的是千差万别的个性化需求，而且要求对这些需求必须快速做出反应。这里，新技术扮演了关键的角色。在制造业，计算机数控、直接数控和工业机器人等通过软件编程来控制零部件制造，大大增加了制造的柔性。柔性制造系统可以任意制造零件族的所有成员。在预先确定的多品种范围内，制造零部件不会增加额外费用，从而建立起可以按需要快速响应变化的制造系统。计算机辅助设计/辅助制造允许进行变形设计，甚至快速完成一个全新的设计，并可以从设计定义中自动产生制造要求。计算机集成制造将所有的计算机控制的"自动化孤岛"联系起来，成为一个快速、敏捷、灵活且产量高成本低的集成系统。这些制造技术可以同时产生规模经济和范围经济。

3. 组织结构和人员技能柔性化

为了适应定制化生产的需要，企业必须对客户保持高度的敏感，并使他们的个性化需求得到迅速满足。这就要求企业必须具有反应迅速的组织体系，以扁平型或网状的组织结构替代传统的锥形组织结构，尽量减少管理层次，缩短信息沟通渠道，并增加一线人员的能力和权力。在员工队伍的培养上，要改变以往那种过分专业化的分工，开展交叉培训，鼓励员工掌握多种技能。员工还应有机会被安排到不同的岗位工作，以提高其应变能力和解决问题的能力。

4. 追求范围经济和客户终身价值

大规模定制生产范式在战略理念上强调给每一个客户以充分的关注和满足，而在实际操作中仍需一定的经营规模来保证，以降低成本，实现其预期的盈利目标。实行大规模定制的企业始终能够在总能力的范围内根据需求制造产品，它不会忽略任何单体或小批量市场，管理人员根据客户的个性化需要进行产品设计和经营过程的重新组合，并在更多、更大的范围内满足客户个性化需要的基础上，追求和实现盈利水平的提高。从这种意义上讲，大规模定制更强调的是范围经济而不是规模经济。另外，由定制服务带来的忠诚顾客的生涯价值、创造性生产带来的高附加值——多数客户完全愿意为定制的产品付出一笔额外的费用(通常为10%～50%)，以及大规模半成品生产所能实现的规模效益，都能有效地弥补定制生产带来的生产及管理成本的增加。

5. 建立及管理数字化数据库系统

客户资料是定制生产的基础，大规模定制的实现必须建立在对客户充分了解、实现"一对一"沟通的前提下。为此，企业要运用现代化信息技术，以数据库方式建立客户档案，以便在客户生涯的全过程中，持续追踪其需求的发展变化，为其提供终身化的定制服务。内容丰富的数据库，可以为企业提供一种强大的竞争优势，企业不仅可以据此设计出完全符合消费者需求的个性化产品，还可以根据自己所推出的某项业务，寻找出可能需要此项服务的群体或个人，进而发掘新客源。

6. 强调客户的参与

大规模定制最显著的特点，是变一般的市场导向为客户参与的市场导向，由客户亲自参与产品的设计。企业也根据客户的意见直接改进产品，从而达到产品、技术上的创新，并能始终与客户的需求保持一致。客户可以将各种产品模块任意拆拼、组合，甚至可以完全抛弃现有模块，提出纯个人的、全新的设计意愿和要求，然后由企业加以实现。企业经营人员要在获得客户的全面信息和相互间的信息传递上下功夫，通过充分的接触与沟通，使客户充分参与产品的设计，并议定建立在互利基础上的适宜的产品价格，进而达成客户满意的定制交易。

7. 大规模定制的实现要求营销组合的相应变革

企业大规模定制理念的实现，要求营销策略组合进行相应变革。其变革的总体特征是：以客户的个性化需要为中心，发展"重视客户而非重视产品"的组织文化，学习从最终客户的角度重新思考营销策略，以4Cs理论取代长时间占统治地位的4Ps。即把产品先搁置一边，而研究消费者的需要；暂时忘掉定价策略，而去了解消费者为满足需要所愿意付出的成本；忘掉分销策略，而考虑如何使消费者方便地购得商品；忘掉促销，学习沟通。

8. 构筑互动式网络营销平台

实现大规模定制的首要因素是进行有效的信息沟通，为此企业必须规划一对一的网络营销架构。该架构可以分为两个平台：一是维护客户关系的平台，其功能是让企业和客户能持续接触与沟通。此沟通是双向的，一方面通过各种接口使企业执行销售活动计划；另一方面，企业同时可通过这些渠道，收集与客户有关的各种信息，包括静态的销售记录和动态的客户响应等，以作为分析的原始资料。二是客户知识发掘平台，将收集回来的客户相关资料，运用各种分析方法，找出隐藏在庞大资料背后的知识，从而针对不同客户的需求，实现"一对一"的服务。

工 具 36

零缺陷管理法——企业质量管理方法的一次变革

❄ 36.1 基本概念

36.1.1 基本含义

零缺陷，亦称零点预防。零缺陷管理的思想，主张企业发挥人的主观能动性来进行经营管理，生产者、工作者要努力使自己的产品、业务没有缺点，并向着高质量标准的目标而奋斗。它要求生产者从一开始就本着严肃认真的态度把工作做得准确无误，在生产中从产品质量、成本与消耗、交货期等方面进行合理安排，而不是依靠事后的检验来纠正。

零缺陷特别强调预防系统控制和过程控制，要求第一次就把事情做正确，使产品符合对顾客的承诺要求。开展零缺陷运动可以提高全员对产品质量和业务质量的责任感，从而保证产品质量和工作质量。

36.1.2 发展历程

20世纪60年代初，全球质量管理大师、伟大的管理思想家菲利浦·克劳士比(Philip Crosby)提出"零缺陷"思想，并在美国推行零缺陷运动。

零缺陷管理起源于美国马丁马里塔公司的奥兰多事业部，又称零缺点计划。1962年，该公司为提高产品的可靠性，解决"确保质量"与"按期交货"的矛盾，首先在制造部门实施零缺点计划，并获得了成功。第二年，美国通用电气公司在全公司范围内也实施了零缺点计划，并增加了"消除错误原因建议"这一重要内容，从而使零缺点计划更加完善。

零缺点计划从1979年开始广泛传播，并被美国各大公司采用，一时风靡美国。后来，零缺陷的思想传至日本，在日本制造业中得到了全面推广，使日本制造业的产品质量得到迅速提高，并且领先于世界水平，继而进一步扩大到工商业所有领域。该理论于1999年传入我国，被青岛海尔、上海大众、许继电器等各大企业集团所接受。

❄ 36.2 主要内容

36.2.1 核心内容

零缺陷是一种管理哲学，是一种科学的管理理念，是一种具有深厚底蕴的企业文化。

1. 零缺陷管理的核心内容

零缺陷管理认为所有的工作都是过程，质量的定义是"符合要求"而不是好，产生质量的系统是"预防"，质量工作的准则是"零缺陷""一次做对"，质量的衡量标准是"不符合要求的代价"。

2. 零缺陷管理的主要观点

(1) "零缺陷"管理是一种管理思想，是一种科学的管理理念。它从产生质量的源头抓起，把"第一次就把事情做对"作为每个人的工作准则，旨在创建一种新的企业文化。

(2) 质量是预防出来的，而不是检验、检查出来的。

(3) 质量是可以用金钱来衡量的。

(4) 80%以上的质量缺陷都是由管理层造成的。

36.2.2 思想体系

零缺陷管理思想体系可以总结为：一个中心、两个基本点和三个需要。

(1) 一个中心。一个中心指零缺陷管理。零缺陷管理要求第一次就把事情做正确，每个人都坚持第一次做对，不让缺陷发生或流至下道工序或其他岗位。那么工作中就可以减少很多处理缺陷和失误造成的成本，工作质量和工作效率也可以大幅度提高，经济效益也会显著增长。

(2) 两个基本点。两个基本点指有用的和可靠的。有用的是一种结果导向的思维，企业做任何事情首先想到它有用，必须站在客户的角度来审视最终的结果是否有用。但是，如果做的每件事情都有用，也未必可靠。因此，零缺陷管理追求既有用又可靠的结果。

(3) 三个需要。三个需要是指客户的需要、员工的需要和供应商的需要。任何一个组织首先要承担的是客户的需要。没有客户，组织就没有存在的意义。这三个需要形成了一个价值链，因此必须统一看待客户、员工和供应商的需要。

❋ 36.3 工具应用

36.3.1 观念培养

做好零缺陷管理主要是培养正确的观念，只有树立了正确的观念并且有效地执行质量管理计划，才能预防不合格品的产生，使工作发挥高效生产力并且充满乐趣。因此，零缺陷管理的内容主要应体现以下观念。

(1) 侧重心理建设的观念。零缺陷管理侧重于心理建设，赋予员工以不犯错而进行工作的动机。因为如果没有不犯错而进行工作的愿望，那么工作方法再好，也不可能把工作做得完美无缺。

(2) "追求全美"的观念。零缺陷管理向"人总是要犯错误的"传统观念发出挑战，认为人都有一种"追求全美"的基本欲望而把零缺陷作为最高目标。

(3) 每一个员工都有企业主人公的观念。零缺陷管理要求每一个员工都作为企业的主人公，认为只有全体员工都掌握了零缺陷的思想，人人都想方设法消除工作中的缺点，才会有真正的零缺点运动，管理者则只帮助并赋予他们正确的工作动机。

36.3.2　4项基本原则

1. 符合质量要求

质量必须用可衡量的、明确的字眼来定义，以帮助组织在可测知的目标的基础上，而不是在预感、经验或个人观点的基础上采取行动。质量既存在又不存在，没有什么标准可以把质量分成不同的级别。所有部门、供应商、顾客都要懂得符合要求是一件非常严肃认真的事情，这样就使质量产生过程中不出现空话，大家都专心把工作在第一次就做好。

2. 预防产生质量，检验不能产生质量

产生质量的系统是预防，在错误出现之前就消除错误成因，这实际上是指质量控制，也就是对过程的控制。质量体系应当着重于预防，而不是检验，现实中缺乏预防概念的企业，往往充当了"消防车"的功能，整日忙着"救火"，大部分时间都被问题包围着，这种被动性的管理往往费力却收效甚微。因此，管理层必须下决心持续地致力于营造以预防为导向的工作环境，如培训、纪律、榜样和领导等都可以产生预防。预防包含着思考、计划和分析过程，以预测错误会出现在哪里，然后采取行动以避免其产生。

3. 零缺陷，而不是"差不多就好"

工作标准是零缺陷，"差不多"的质量态度是不可容忍的。领导者必须通过对所有员工的培训、提供时间和工具等方面的资源，帮助他们达到符合要求的目标。工作标准必须是零缺陷，而零缺陷的工作标准则意味着员工在任何时候都要满足工作过程的全部要求。它是一种认真地符合企业所同意的要求的个人承诺。如果企业要让工作具有质量，那么就绝不向不符合要求的情形妥协。要极力预防错误的发生，而顾客也就不会得到不符合要求的产品或服务了。另外，要注意提倡零缺陷管理的5种心态：一是事件第一次就做对；二是避免双重标准；三是绝不允许有错误；四是非常重视预防；五是只有在符合全部要求时才行。

4. 不符合要求的代价(金钱)

质量的衡量标准是"不符合要求的代价"。"不符合要求"是一个用于诊断组织的效率和效果的管理工具。管理层就是不断地通过找出做错事情的成本来衡量质量的成本，这种成本也称为不符合要求的代价。其公式为

$$质量成本＝符合要求的代价＋不符合要求的代价$$

"符合要求的代价"是指第一次把事情做对所花费的成本，而"不符合要求的代价"不仅包括质量不合格导致的废品，还包括因原材料质量问题、产品返工、赶工、临

时服务、电脑重复运行、存货过多、顾客抱怨、重复服务、停工时间、调解甚至保修所付出的代价。在制造业，典型的"不符合要求的代价"占销售额的20%～25%；在服务及行政组织，则占营运费用的40%。许多公司常将相当于总营业额的15%～20%的费用用在测试、检验、变更设计、整修、售后保障、退货处理及其他与质量有关的成本上，所以真正浪费的原因是质量低劣。检查与评估都是对事后的弥补，如果第一次就把事情做对，那些浪费在补救工作上的时间、金钱就可以避免。

这些基本原则可以帮助管理层改进质量过程，建立正确的观念并且执行有效的质量管理计划，预防不良产品的产生，使工作高效率运作且充满乐趣。

36.3.3　实施步骤

(1) 建立组织。通过建立组织的保证，可以动员和组织全体员工积极地投入零缺陷管理，提高他们参与管理的自觉性。在推行的过程中也可以对每个人员的合理化建议进行统计分析，组织大家不断地进行经验交流，同时组织的最高管理者最好要亲自参加，以做出表率，并指定或任命负责人，建立相应的制度，教育和训练员工。

(2) 确定目标。确定零缺陷小组(或个人)在一定时期内所要达到的具体要求，包括确定项目目标和目标值，以及评价标准。在实施过程中，采用各种形式将小组完成目标的进展情况及时公布，注意心理影响。

(3) 实施推行。在实施管理过程中，采用各种形式将小组完成目标的进展情况及时公布。

(4) 绩效评价。应明确小组的职责与权限，由小组自己评议确定的目标是否已经达到。

(5) 经验总结。对于不属于主观因素造成的错误原因，如图纸、设备等问题，可提出意见和建议，最好也附上与此有关的改进方案，还要及时肯定和表扬取得进步的人员，以增强人们向无缺陷目标奋进的信心和责任感。

(6) 建立表彰制度。无缺点管理不是斥责错误者，而是表彰无缺点者；不是指出人们有缺点，而是告诉人们向无缺点的目标奋进。这就增强了职工消除缺点的信心和责任感。

36.3.4　执行过程

逐步实现零缺陷管理的过程，可以划分为3个层次：高管层、执行层和操作层。不同层次的需求是不一样的。对于高管层，是要让他们了解更多的概念和更多的思想，以此武装他们的头脑；对于执行层来说，一半是武装头脑，另一半是延长他们的肢体；操作层的需求则相对简单，只要告诉基层员工如何利用工具和如何去做就行了。

零缺陷管理的执行过程虽然简单，但实际操作中必须分层来实现。

1. 高管层更多的工作体现在制定整体战略上

在企业文化的建设上，要凸显文化变革的零缺陷。文化变革不是虚幻的东西，提倡质量管理就是一种文化。文化变革是企业管理思维的转变过程：由发现问题隐藏起来转变到把问题拿到桌面上来解决。领导变革、组织变革和系统改进等都是建立在质量文化的基础之上的。

企业文化要注重质量，质量文化的核心就是对待错误和缺陷的态度。零缺陷管理不是不允许犯错误，任何人都会犯错误，这是不可避免的。但是，零缺陷不允许重复犯错误。因此，采取什么样的方式来面对和解决每次出现的错误，防止再犯，是非常重要的课题。作为企业的高管层，它要解决的问题是从企业的文化氛围、行为准则、管理策略的高度去提倡一种零缺陷的质量文化。

在制定企业发展战略方面，应建立基于价值的质量经营模式。战略就是对发展路线的取舍与选择。对于企业来说，没有战略是不可思议的。企业的目标是获利，但并不是质量越好获利就越高。质量是一个相对性的概念，质量的好坏是由客户定义的，只有从客户的角度出发，才能够分出产品的优劣。因此，企业在选择战略时要注意市场的差异化。市场的差异化与质量的匹配，决定了产品究竟是商品、补缺品，还是强力品。在同质化竞争年代，企业的利润来源越来越干涸，就更需要根据市场的差异化，选择恰如其分的质量战略。

基于价值的质量经营模式一般包括5个步骤：制定战略与政策、寻找价值驱动的要素、设定战略执行的目标、督导战略计划的实施和评估质量经营的进程。其中，战略的制定确定了质量经营的方向，价值驱动元素的发现有利于战略目标的设定与实现。质量管理的效益将最终体现在财务报表上。

2. 中层经理、主管是整个企业战略的执行层

作为执行层的经理、主管，不仅仅是简单的上传下达及排除故障者、救火者的角色，还是企业的战略目标转变为具体战术的前线指挥官，要更多地从事资源分配、谈判、决策等工作。从这个角度上说，中层经理、主管的任务包括：第一，确保为每项任务确定正确的要求；第二，能够确定任务必需的合理资源；第三，要帮助员工符合任务要求。

经理、主管的工作看似简单，但在实际执行中却包含着很多方面的信息。如果笼统地叫下属去办一件事情而不说明情况，那么任务肯定无法圆满执行。因此，一定要给出明确的要求，这是经理、主管需要做的第一件事。

下属在执行任务过程中很可能会需要资金、人力等方面的支持，经理、主管必须对此给予必要的支持。此外，经理、主管还必须确认这些指令是否能被有效执行、所需资源是否及时到位，只有这样才能帮助下属符合任务的全部要求。

质量管理的目的在于有计划、审慎地去创造一种氛围。在这种氛围里，每次任务能够按照正确的方式执行，使员工的关系、客户的关系、供应商的关系获得成功。建立一种可靠的、值得信赖的组织，是成功的基础。在质量管理的变革中，经理和主管应该确定自己的质量角色，研究具体的实施步骤，同时还要学会解决随时出现的麻烦和问题，将质量隐患消除在萌芽状态。

3. 操作层员工是企业组织的基础单元

员工的行为涉及整个工艺和过程管理。因此，如何关注基础的零缺陷作业，是企业的重大课题之一。为了减少作业单元出错的概率，企业必须进行有效的过程管理。除了严格按照标准和流程进行操作外，还要时刻让每个基层员工问自己以下这些问题：我在做什么？我该怎么做？我做得对吗？做错事有代价吗？如何削减不符合项？改进过程是什么？只有清楚了这几个问题才可能实现操作环节的零缺陷。

工具 37

品管圈——广为认可的品质管理运作机制

❋ 37.1 基本概念

37.1.1 基本含义

品质管理圈(quality control circle，QCC)，简称品管圈，是全面质量管理中的一环。

品管圈是由日本品管权威石川馨于1962年始创的品质改善活动，由同一工作单位或工作性质相关联的若干人员(5~10人)自发组织起来，然后全体合作、集思广益，按照一定的活动程序，利用简单的品管统计手法(QC新、旧7工具)来解决工作现场、管理、文化等方面所发生的问题及课题。它是一种比较活泼的品管形式。品管圈的特点是参加人员强调领导、技术人员和员工相结合。现代的品管圈管理的内容和目标突破了原有的质量管理范围，向着更高的技术、工艺、管理方面扩展。

37.1.2 详细说明

(1) 品管圈活动是由同一工作现场内、工作性质相类似的基层人员所组成。中层以上干部不组圈，但要参与，即扮演着支持、鼓励、关心辅导等角色。

(2) 组圈时应由同一工作现场、工作性质类似的基层人员组成。不同现场或工作性质截然不同的员工最好不要组成一个圈，因为在讨论问题时将会造成困难。但经过数期活动后，有时单独一个圈没有办法解决问题，而且所谈问题容易牵涉其他部门时，如制造线上之圈与设备保全之圈互有关联，此时可合并两个圈一起讨论，称之为联合圈。

(3) 自动自发：品管圈活动最珍贵，也是最难做到的一点就是圈员们的自动自发精神，如果圈员们是被动的或是被上级逼迫，必使品管圈活动的效果大打折扣。

(4) 品质管理的活动：企业要能获利，永续经营，则实施品质管理是不二法门，因此现场员工要讨论的事项必须以品质为中心，其有关事项不外乎品质、成本、交期、士气、安全等。

(5) 小集团：小集团人员以5~10人为宜，如果人员太多，将会影响讨论的质量。当人数超过10人时，可将之分为两个小集团。

(6) 作为全面品管的一环：全面品管范围很宽，除了基层员工的品管圈活动外，尚有中层干部的日常管理、高层经营者的方针管理等。品管圈活动只是全面品管的一环，而要做好全面品管，那么品管圈活动是很关键的。

(7) 自己的工作场所：品管圈活动所要发掘及解决的问题是以自己的工作现场为主，即以自我检讨、自主管理为重点。若问题与其他部门有关联时，也可通过沟通、协调或建议的方式共同解决。

(8) 全员参与：实施品管圈活动时，必须全圈的圈员共同参与、共同讨论，才能产生集思广益的效果。

(9) 品管圈并不是为了解决某一问题而组圈，当问题解决了就可以把圈解散掉。品管圈属常设性质，因为现场的问题无限多，因此必须将问题一个一个不断地、持续地解决与改善。

❋ 37.2 类型、特点与目标

37.2.1 5种类型

品管圈按其种类可分为现场型、攻关型、服务型、管理型、创新型，如表37-1所示。

表37-1 品管圈的5种类型

类型	特 点	活动周期	难度	主题内容举例	使用场所
现场型	以现场管理改善为核心，改进现场管理人、机、料、法等要素中的一个或几个方面；课题小，问题集中，解决速度快，容易出成果	活动周期短	一般	提高工序质量；降低损耗和报废；生产环境改善；设备改善等	生产、品质、设备、仓库等部门的工作场所
攻关型	以技术或工艺课题攻关为核心，进行某一方面的工艺或技术的突破改进	活动周期较长	较大	产品技术改良；工艺改进；改进产品缺陷；模具设计改进；设备技改等	生产、技术、开发、设备等部门的工作场所
服务型	以改善服务质量为核心，推动服务工作标准化、程序化、科学化，以提供服务经济效益和社会效益为目的	活动周期有长有短	一般	提高顾客服务意识；提高员工满意度；提高服务水平；降低客户抱怨率等	销售、人力资源管理等部门的工作场所
管理型	以改善管理质量和水平为核心，提高管理效能为目的，涉及企业管理的各方面	活动周期有长有短	较大	提高沟通效率和效果；增强培训效果；降低管理费用；减少安全事故；提高管理人员的领导能力	生产、采购、物料、设备、行政、人力资源等部门的工作场所

类型	特　点	活动周期	难度	主题内容举例	使 用 场 所
创新型	以工作创新为核心，涉及技术、管理、服务等工作。活动结果从无到有，不需要对历史状况进行调查，关键点在于突破口的选定	活动周期长	较大	新技术开发；产品创新；服务创新；管理创新；营销创新	技术开发、营销、人力资源管理等部门的工作场所

现场型主要以班组、工序等一线员工为主组成，以稳定工序、改进产品质量、降低生产成本、提高服务质量为目的。

攻关型一般由主管、技术人员和员工结合组成，以解决有一定难度的质量关键问题为目的。

服务型由从事服务性工作的员工组成，以提高服务质量，推动服务工作标准化、程序化、科学化，提高经济效益和社会效益为目的。

管理型以管理人员为主，以提高工作质量、改善与解决管理中的问题、提高管理水平为目的。

创新型一般由技术、设备、管理等相关人员组成，以工作创新为核心，涉及技术、管理、服务等工作。创新型品管圈活动结果从无到有，不需要对历史状况进行调查，关键点在于突破口的选定。

37.2.2　九大特点

(1) 普遍性。企业的员工人人都可以参加品管圈活动。

(2) 自愿性。员工以自愿参加为前提，自我管理，不受行政命令的制约。

(3) 目的性。以解决企业管理实际问题为目的。

(4) 科学性。品管圈活动遵循规定的工作程序，采用科学的统计技术和工具来分析、解决问题。

(5) 民主性。参加品管圈活动的员工可以各抒己见、畅所欲言，发挥民主精神为既定的目标。

(6) 改进性。实施品管圈活动是要确保某项工作或活动的改进，否则毫无意义。

(7) 经济性。品管圈活动涉及的人员和范围不大，在日常工作中随时组织和进行，投入小，见效快，日积月累，经济效益明显。

(8) 发展性。品管圈活动遵循PDCA循环，持续改进，在原有目标上不断发展。

(9) 激励性。通过品管圈活动的实施，员工的自主性和能动性得以充分发挥，而且通过对成果的肯定和发布，以及获得奖励，员工的工作积极性不断提高，增强企业凝聚力。

37.2.3　八大目标

(1) 提高工作现场管理水平。

(2) 提高工作现场员工团队士气。

(3) 提高员工品质意识。

(4) 提高员工发现问题和解决问题的意识。

(5) 提高改善工作质量的意识。

(6) 提高节约和降低成本的意识。

(7) 增强自我提高和自我培养的意识。

(8) 有利于培训学习型组织。

❋ 37.3　精神、目的与成果

37.3.1　品管圈活动的精神

实施品管圈活动固然效果很大，然而也看到不少的企业厂家实施得很不理想，其很大一部分原因是对品管圈活动的精神了解不够所致。因此，要使品管圈活动实施很有成效，必须彻底了解品管圈活动的精神。

1. 尊重人性，创造愉快的工作环境

过去旧式的观念都采用性恶管理，对员工采用监督、命令，动不动就处罚，把员工当机器看待，完全不尊重员工，造成员工上班乏味、工作枯燥，完全没有成就感可言。而品管圈活动是采用性善管理，尊重人性，鼓励员工多动脑，多提出改善意见，营造愉快的工作环境。

2. 改善企业体质，繁荣企业

企业若能有组织，有计划地推行品管圈活动，使圈员们自动自发地发掘问题、改善问题，而产生有形成果和无形的成果，则必能强化企业的体质，提升企业竞争实力，使企业蒸蒸日上，进而繁荣企业。

37.3.2　品管圈活动的目的

实施品管圈活动有诸多目的，下面介绍一些主要的目的。

(1) 可以提高现场基层干部、班组长的管理能力及领导力，进而提高部门绩效。

(2) 可以提高最基层员工们的品质意识、问题意识及改善意识，并能将此气氛渗透至现场每一个角落。

(3) 可使现场成为品质保证的核心，使各部门管理稳定并持续进步，总经理方针目标的达成度得以提高。

(4) 可以提高员工对上班工作的喜悦与成就感，并提高员工的向心力及士气，进而提高效率。

(5) 可达成全员参与、全员品管及自主管理的功效。

(6) 可使圈员们自动自发，做事更主动、更积极。

(7) 可使前后工程、部门间相互协力，促进沟通，消除本位主义。

(8) 可为企业培养出一批优秀的管理人才。

37.3.3 品管圈活动的成果

透过品管圈一期一期不断地、落实地活动，可获得很多有形和无形的成果。

1. 有形成果

有形成果，是指很容易用数量表示的成果，如不良率、延迟率、抱怨次数、缺勤率等，可以算出由改善前的多少进步至改善后的多少，这种成果称之为有形成果。

通过品管圈活动，企业能够取得的有形成果包括抱怨次数的降低、设备故障次数的降低、人员缺勤率的降低、出货异常次数的降低、交货错误次数的降低、费用浪费的降低、换线时间的缩短、等待时间的降低、产量达成的提升、销售额的提升等。这些有形成果要马上降至0或提升至100或许不容易，但只要踏实地进行品管圈活动，一期下来，可以很容易地将不良率降至改善前的一半。

2. 无形成果

无形成果是指比较不容易以数量表示的成果，也可以说是属于圈长、圈员们的个人成长或收获。品管圈活动只要确实地活动，不但可获得很大的有形成果，而且可使基层员工改头换面，大幅改变对品质、对做事的观念，进而强化员工体质及部门体质。

通过品管圈活动，企业能够取得的无形成果包括员工品质意识的提升；员工问题意识的提升；员工改善意识的提升；员工对工作产生了兴趣；员工享受到成就感；员工之间感情更为融洽；部门间之沟通协调更为顺畅；员工士气高昂；员工向心力提升；员工做事更自动自发、更积极；员工扩大了视野；员工获得了成长；部门的体质更为强化；企业朝气蓬勃。

有形成果及无形成果同样重要，但无形成果是根本，如果员工有了无形成果，那么有形成果自然产生。如果品管圈能够一步一步踏实活动，慢慢地就会产生无形成果，员工们更爱工作、爱品质、爱公司，观念改了，即使这一期没能获得可观的有形成果，但员工们在这种心态下，有形成果必会自然产生，因此推行品管圈活动一定不能忽视无形成果。

37.4 主要内容及推行重点

37.4.1 如何组圈

品管圈活动是由圈长及圈员们运用现场的资料，并透过脑力激荡的方式，不断发掘现场问题，再利用手法加以分析、改善。因此，在品管圈活动中，虽是自行讨论决定，但也不可漫无原则，应该选择属于自己工作场所的问题，与上级方针符合，又是迫切需要改善的。

组圈是开展小组活动的前提，组圈时最好是相同或相关工作的人员组成，并需在此方面工作有一定专业性的人员，从而避免组员在讨论问题时无话可说或牛头不对马嘴的现象出现。

37.4.2 选定活动主题

选定课题是开展小组活动的核心，选题前一定要对产品的缺陷进行全面初步统计分析，评估影响质量的关键项目和改善的可行性。从而避免找那些目前无关紧要的缺陷进行专项改善，导致浪费时间却达不到提高产品质量的应有效果。

1. 选定主题

品管圈活动是要不断对工作场所进行管理与改善，因此必先选定一个题目，而此题目应该是员工在工作现场的常见问题点。题目的选定极为重要，如果选择适当，则整期的活动必顺畅且有效果，反之，不但没效果，且活动起来困难重重。

在工作现场中的问题一般有品质方面、成本方面、交期方面、产量方面、士气方面、安全方面、错误方面、其他。

(1) 如何选定题目。题目的选定最好是经过全体圈员讨论决定，选题时圈员们先讨论，列出自己认为的工作场所的问题点，如果圈员们比较没有问题意识，找不出现场的问题点，圈长可引导圈员们思考，如上级经常要求的、顾客经常抱怨的、自己经常觉得碍手碍脚的，使问题点逐渐呈现出来。圈员们列出4~8个问题点后，即可透过讨论选出一个最适当的问题，作为本期活动题目。此时评价的角度有：是否属于本身的问题？顾客是否常抱怨？上级是否要求改善？迫切性高吗？达成可能性如何？

(2) 特性的明确。选出了题目后，必须明确其特性。所谓特性就是本期活动的目标到底要降低或提高什么。当题目与特性明确后，必须先呈报辅导员、上级主管核对方可展开活动，如果主管有不同意见，必须多沟通、多讨论后再做决定。一般而言，当选出题目后，因尚未掌握数据，尚难决定目标值，此时可不必急着定目标，待收集到数据后再定目标即可。

(3) 选题阶段应注意的事项：①一个圈在一期活动期间选下一个主题即可，不要想在同一期内同时解决数个题目；②题目最好由圈员们讨论确定，如有困难，可请辅导员协助，无论如何必须经主管同意才可展开活动；③如数个圈同属一个部门时，题目或许会相同也无妨，因为探讨的方向可能不同，对策可能不同，此时可联合讨论最适对策，也可达到品管圈有形无形的效果；④选定题目时应了解上级方针，两者绝不可矛盾。

(4) 选题目标。选题的终极目标是维持与改善。维持就是使现场有关人员能确实遵守所规定的标准实施作业；改善是改变目前所实施的作业方法，使结果更好。维持有保持现状、维持效果的功效；而改善则有打破现状、提高效果的功效。品管圈活动是要使维持与改善能平衡进行的活动，如图37-1所示。

图37-1　维持与改善

2. 主题选择步骤

(1) 问题点的种类。

日常的问题：与基准、规则、标准有差异而发生的问题，如不良状况、机械故障等日常发生的问题点。

寻找的问题：稍有问题的症状，根据这些症状，可找出真正的问题点。

提出的问题：现状是否顺利，提出有无浪费、勉强、不均等怀疑，追求问题点。

(2) 现场问题点。圈员可以从以下几方面发现现场的问题，如表37-2所示。

表37-2　现场问题点的种类

质　　量	成　　本	产　　量	管　　理
产品不良率	人员多	库存多	士气提高
退货率	效率	保管损失	安全管理
初期不良	经费	生产量少	现场美化
品质异常	设备使用率	交货日期	作业指示图
变异	工时	达成率	

(3) 发现问题点的机会。

① 日常作业中常见的问题点：

- 有很多地方需要改善；
- 事故、故障经常发生，并且不良品很多；
- 操作困难而费力；
- 经常发生的困扰；
- 无法完成工作；
- 产生不安的感觉；
- 觉得是浪费(劳力、金钱、物品、时间等)；
- 很费时间；
- 前后流程与其他部门有要求或投诉；
- 无法达成生产计划；
- 部、组的管理项目、基准无法达成目标。

② 交谈中发现的问题点：

* 全员利用脑力激荡法发掘问题，将类似问题加以区别，抓住问题的重心；
* 列举工作中的困难点、缺陷、不顺手处，每个人都将自己的问题点提出来讨论；
* 身边共同的问题点，如工厂美化、环境卫生等大家所关心的问题；
* 将本身有关问题向上司请示，尽可能征询上司意见，将上司期待的效果作为活动目标。

③ 从作业的结果、反省中发现的问题点：

* 从现状中收集数据，从比较数据中发现相关的问题；
* 残余的问题是什么，是否有因副作用而产生的问题；
* 如何改善前期活动的缺点；
* 直接由前后流程的投诉，而进行调查活动；
* 方针与目标实施的难点。

(4) 提出问题点的方法。

利用列举法：逐条列举现有的问题点，然后分门别类，再按重要程度分成A项、B项、C项，然后由A项开始逐条讨论。

利用KJ法：将零乱的构想或资料写在一张张卡片上，按照一定的次序编成大、中、小各群，然后以图形解说，最后根据图解考虑和讨论。

利用脑力激荡法：将所产生的构想逐条分析，然后加以归类浓缩，逐条提出问题点。

(5) 提出问题点的要领。

① 列出问题点，并制成问题点一览表，如图37-2所示。

问题点	检讨				重要点
	上级指标	本团问题	团员参与度	本期达成可能性	
××××	○	○	○	○	A
××××	○	○	△	○	B
××××	△	△	△	×	C

检讨时以○表示关系最强、△表示关系普通、×表示关系很少，再将检讨表重要度用A、B、C来表示

图37-2　现场问题点一览表

② 列出问题点原则，包括经常发生或困扰的问题；顾客经常投诉的问题；上司经常要求的事项；经常发生的项目。例如：

* 品质——不良率高、变异大；
* 效率——工时、运转率、产量、达成率低等；
* 成本——废料高、修理工时多；
* 安全——事故发生件数多。

③ 决定问题点的重要度。依照下列原则，检讨各项问题点的重要程度。

- 上级指示：符合所属部门的方针、计划及指示。
- 本圈的问题：部门的重要问题，并且大部分是本圈所发生的问题。
- 圈员参与度：大部分圈员都能参与讨论，提出对策，协力解决。
- 达成可能：本期活动期间内有达成改善的可能。

④ 依重要度决定活动题目。

- 选取能符合自己圈水准的题目。
- 选取圈员平时经常接触到的题目。
- 选取全员都能参与的题目。
- 选取3个月左右有办法解决的题目。
- 选取尽可能有办法反映上司方针的题目。
- 能力、实力及信心提高后才选取较难而有挑战性的题目。

⑤ 活动题目选定理由。活动题目选定后，将选定理由以条文形式，具体地加以说明。

(6) 评价特性的决定。

① 现场五大任务的评价特性。

- 有关质的评价特性：尺寸、纯度、强度、性能、外观的缺点数、色彩。
- 有关量的评价特性：收量、效率、工数、不良率、作业时间、加班时间。
- 有关成本的评价特性：损耗费、废料、原材料费、工数、加班时间、运转率、修理工数、不良率等。
- 有关安全的评价特性：灾害发生次数、危险场所、不安全动作次数。
- 有关士气的评价特性：改善提案件数、出勤率、迟到率、不遵守标准作业次数。

② 评价特性值的决定原则。

- 选取能量化的特性值。
- 选取针对活动题目能真正表现活动结果好坏的特性值。
- 选取能每天或至少每周有办法定期且继续不断收集数据的特性值。
- 针对活动题目，要具体地以数值来表现，结果好坏的真正特性值不易选取时，尽量选取能表现结果、能数值化的代用特性值。

(7) 活动计划表(甘特图、进度图)。

① 拟订活动计划表要领。

- 拟定控制项目。
- 决定全期活动期限。
- 依各控制项目拟定活动，预定进度以"虚线"表示。
- 确定工作分担的责任人。
- 依实际活动期限画出进度线，以"实线"表示。
- 依照品管圈改善活动12周的步骤拟订活动计划表。

② 工作分担。为了使品管圈活动能顺利进行，更有效地达成活动目标，圈长必须结合圈员的性格、能力、职务来决定工作分担。

- 必须由圈长做的事项。
- 有办法发挥自己专长的事项。
- 必须由某位圈员来做的事项。
- 简单的内容，任何人都有办法做的事项。
- 为考虑教育效果，特别要由某位圈员来做的事项。
- 复杂，一人无法完成的事项。
- 有需要互相交换意见，一边调整一边进行才能完成的事项。
- 共同进行比一人进行会增加数倍效果的事项。

品管圈活动一个周期后，要认真进行总结。总结可从活动程序、活动成果和遗留问题等方面进行。在活动程序方面，应检查是否以事实为依据，用数据说话方面，在方法应用上哪些地方是成功的，哪些地方尚有不足，需要改进等。在活动成果上除有形成果外，要注意无形成果，如质量意识、问题意识、改进意识、参与意识的提高，个人能力的提高，解决问题的信心，团队精神的增强等方面，都是小集团活动非常宝贵的收获。

品管圈活动中，有些课题可能是一次性解决的问题。对于这类课题，解决之后即可再寻找新的课题。还有些课题是一次很难解决全部问题的，必须不断制定新的目标，使之具有明显的连续性。对于这类课题必须在每完成一次PDCA循环之后，就考虑下步计划，制定新的目标，再展开新的PDCA循环。不论哪类课题，品管圈活动都应强调连接性，坚持不断地开展活动。

37.4.3　目标设定

题目选定后，此时可拟定改善的目标。目标以数据表示，且要有达成期限，如产品合格率从改善前的69%提高至改善后(×月×日)的80%。改善期间一般约3个月，依据问题的大小而定。

1. 决定目标值的意义

(1) 将圈员对品管圈活动的想法导入同一方向。

(2) 将要改善到什么程度的动机，具体地向圈员表示出来。

(3) 对活动结果好坏能容易判断，可作为下期活动的反省。

2. 决定目标值时应注意事项

(1) 目标必须定得简洁而明确易懂。

(2) 目标必须适合全体圈员的能力。

(3) 目标必须具体而以数值表示。

(4) 以约50%达成率的值为目标。目标值太松将会失去挑战性，达成也没成就感可言；如太严，则不易达成，会使员工失去信心，甚至有挫折感。因此，初期活动时以改善50%较恰当。

(5) 依照过去的实绩、圈员能力制定。应依上级年度方针目标为依据。

(6) 值得长期研讨的问题则不妨分段、分期制定目标。

37.4.4　正式开展圈会活动

1. 如何开好圈会

(1) 开圈会时间。一般而言，每周一次或每两周一次即够，每次开会时间不宜过长，约50分钟即可，可在上班的空当时间，如停机、待料时间或下班后，亦可边用餐边开会。

(2) 开圈会地点。在公司内外均可，最好是有桌椅及白板的会议室，桌子的排法宜采用会议型，由于人数不多，可以两张桌子并排对坐。如没有桌椅时，席地而坐也可。也可选择餐厅、工作场所、户外草地等地点。如在公司外，可选野外、溪边、餐馆或在圈员家等，都是很好的场所。

(3) 开圈会的准备。

① 在开会一周前，圈长必须参照圈活动的计划，了解状况及问题点，决定开会时要讨论的内容，并准备开会相关事宜。

② 日期场所决定后，呈上司核准，必要时请上司列席指导。

③ 开会前3日，以书面或口头联络圈员参加。

④ 开会前还必须核实确认出席圈员及场所等。

(4) 进行开会。

① 由圈长说明本次开会讨论事项。

② 依脑力激荡术让圈员充分发言讨论。

③ 一个事项讨论后再进行第二事项。

④ 必要时请圈员报告上次圈会分配的工作状况。

⑤ 由圈长将决议事项分配有关圈员。

⑥ 请求上司、辅导员做指导。

⑦ 指派一个人做全程记录。

⑧ 一次圈会以40～60分钟为原则。

(5) 教育训练。

① 必要时可利用圈会时间安排一些教育训练，以启发或提高圈员水准。

② 可由圈员轮流做轮读。

③ 可请上司、辅导员做指导，但必须事先征得同意。

④ 内容可含QC手法、品管圈精神及意义、做法、对策，创造性思考法，数据的收集，新标准书的宣导等。

(6) 会议记录整理。

① 记录做完后由圈长复读一次。

② 分配工作。

③ 决定下次开会的时间。

④ 圈会后2～3天内应将会议记录交当天缺席的圈员阅读，如有任何意见可补入。

(7) 其他活动。上述品管圈活动一般称为圈会，还有其他一些活动。

① 朝晚会的圈活动。在朝会或晚会，或在工作交接班时，组长可以做一些有关说明，时间不要超过10分钟。报告事项有：昨日的缺失及一些优良事迹；今日的工作重点及应注意之事项；新规定或新标准书的说明。

② 教导学习的圈活动。依圈员们的实际需要，可适当安排QC新知、新QC手法、作业标准书的教导、有关文章的论读、客户抱怨的机会教导等。

③ 圈员间感情联谊的圈活动。圈员们的感情联谊，可使圈员们同心协力，使工作更为顺畅。这些活动包括假日郊游、烧烤、文娱活动、标语竞赛、墙报比赛等。

2. 常见问题

(1) 因找不到时间或地点，导致久久无法开展圈会。

(2) 圈员不想开会，出席率低。

(3) 圈员开会不发言。

(4) 圈长主持方式不佳。

(5) 只有圈长发言。

(6) 上次开会分配的工作没有执行。

(7) 开会没内容，记录造假。

(8) 会而不议，议而不决，决而不行。

37.4.5 对策评估及试行

1. 对策的评估

圈会中所提出的对策并不一定要全部实施，因为有些对策是没有效的，有些是不可行的，有些需要大额费用，有些需要很久的时间，所以必须逐一加以评估，决定是否实施及试行。评估方向可自行设计，一般是依下列项目评分，再依得分的多少排出顺序，如图37-3所示。

可行性	大5分 →	小1分
效果	大5分 →	小1分
费用	低5分 →	高1分
期间	短5分 →	长1分

图37-3 对策的评估得分

将所有对策经评估并排出顺序后，可讨论决定哪些对策要实施，哪些不实施，哪些对策先试行，哪些后试行，再决定试行日期。并非所有对策都要在同时实施，尤其是有相互干扰的对策。对于效果大而实施困难的对策不可轻言放弃，可请求主管们共同讨论，寻求解决之道。

该案由对策执行人负责，但并非一定要该负责人亲自去执行，而是指负责人应设法使该案能在试行期间内确实试行并进行管理。在某对策方案实施发生困难时，管理者应关心、协助并追踪。

2. 对策的试行

做好对策试行计划后，一定要提交给辅导员、主管审核，经同意后方可试行，在试行之前必须做好准备，并对有关人员实施教导。

对策试行应注意的事项：

(1) 必须获得上司主管同意。

(2) 必须收集数据，作为效果确认之用。

(3) 应密切注意实施状况，对发生的任何状况，无论正面或反面，必须详加记载，作为检讨之用。

(4) 试行当中，如发现有反效果或异常时，应立即停止，改试行其他对策。

(5) 试行所产生的半成品、制成品，如有需要应隔离，并做妥善处理。

37.4.6 效果确认

对策试行后，到底有没有效果，必须确认。如果效果不佳时，应再追加其他对策，共同克服困难，以按期达到效果。有一点值得注意的是，有的时候虽没有直接的效果，但会有间接的效果，如不良率虽没有降低，但速度加快了，或产量虽没有进步，但成本降低了等，这种对策应视为有效果。

1. 效果确认的阶段

效果的确认一般分改善前、改善中及改善后3个阶段。改善前，指活动开始起至对策实施前；改善中，指对策试行中；改善后，指对策实施稳定后至标准化期间。由改善前、中、后的平均数据比较了解对策的效果。

2. 效果确认的方法

在统计分析中，"检定"是确认效果很客观的方法，然而计算、查表较为麻烦，在一般品管圈活动中较少被应用。常用的方法有以下几种。

(1) 改善前后推移图比较，如图37-4所示。

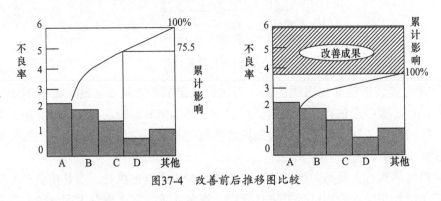

图37-4　改善前后推移图比较

(2) 改善前后柏拉图比较，如图37-5所示。

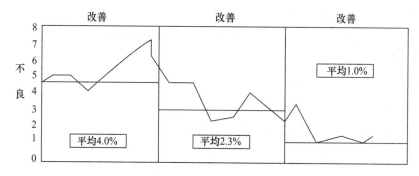

图37-5 改善前后柏拉图比较

37.4.7 标准化

标准化应该是品管圈小组课题改善的大结局，在对一个课题改善经评估取得一定成效后，不能说已圆满完成任务，为避免以后在生产和质量控制过程中一些错误或失误不重蹈覆辙，应该依各企业规模的大小及实际情况，将有关材料、设备、零件、半成品、成品的规格、作业方法、程序及一些规定制定成标准化规章，透过有效及灵活的运用，使企业一切运作有据可循，并能得到最佳效果，这个过程称为标准化。标准化体系，如图37-6所示。

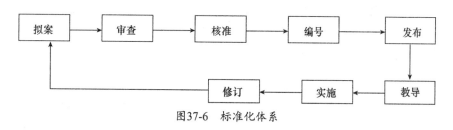

图37-6 标准化体系

品管圈活动有效的对策必须持续落实实施，所获得的改善成果方能持续维持。为了能使有效的对策落实执行，必须将之写成标准书，并纳入公司标准化，落实于日常作业中。标准化在品管圈活动中占着极为重要的分量。

37.4.9 成果报告书

成果发表是推广、提高品管圈活动的好时机，能够促进品管圈活动的意识进一步深入人心。借此平台，品管圈成果得到广泛认同，品管圈活动的经验可互相交流。为了使发表会活泼、形象，具有感染力，一般都会把整个活动过程制作成幻灯片的形式进行现场播放与讲解。同时会有专业的评审团进行现场综合评分，一方面对圈员的劳动成果给予肯定与激励，另一方面也希望吸引更多的人参与这一项活动，感受其成就感。

1. 成果报告书的目的

每当一期品管圈活动结束后，不论成果如何，均需制作成果报告书，呈核主管后交事务部门存查，其目的有：

- 对整期的活动状况做系统的整理；
- 呈现圈员的努力，享受成就感；
- 使上级了解各圈的活动状况，并做适当评价；
- 供事务部门装订成册，永久保存；
- 参加公司内外交流时，可作为制作投影片的参考。

2. 成果报告的内容

书写成果报告书时应具体扼要，文字叙述不要太多，尽量以图及表加以表示，章节明确，使人易读易懂。

3. 品管圈活动自我评价

可由圈员们共同讨论设计自我评价表，再依很好——5分，好——4分，普通——3分，差——2分，很差——1分进行评价。

品管圈小组活动是一个系统工程，具有复杂性和难操作性。但不管怎样，只要企业管理人员认真对现场人员进行培训、教育、辅导、支持，就一定能够开展好品管圈活动，并使企业的产品和服务质量及人员的素养有一定提高。

❄ 37.5 应用分析

37.5.1 应用实施

品管圈的具体操作是由同一个工作场所的人(6个左右)，由跨部门员工一起讨论提高质量管理的方法，然后分工合作，应用品管的简易统计手法和工具进行分析，以达到业绩改善目标。其特点是发挥员工的智慧解决周围的问题，通过自发的、和谐的自主性小集团活动，达到提高每个员工的能力、创造互相尊重和具有创造性的气氛、以不断的活动促进公司体制改善和发展的目标。

通常的品管圈讨论会，一个月聚会两次，一次1～2小时，可利用业余时间。一般来说，每一个改善主题从提出到问题解决，达到初定目标，时间以不超过6个月为宜。达到的结果及改善的过程，均以品管图标来表示。成果卓越的品管圈经筛选后可在公司的品管圈发表会上得到奖励。

37.5.2 流程步骤

品管圈活动推行的大致步骤，如图37-7所示。

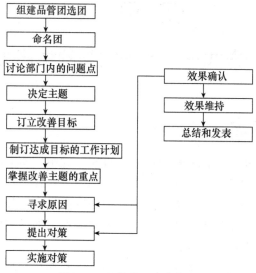

图37-7　品管圈活动的步骤

品管圈流程模式及主要输出内容，如表37-3所示。

表37-3　流程模式及主要输出内容

工作阶段	编　号	工作项目	工作输出
准备阶段	1	品管圈现状诊断	诊断报告
	2	成立品管圈推行委员会	品管圈活动章程、建议推委会名单
	3	基础培训	新旧QC七大手法培训、统计方法培训
实施阶段	4	品管圈选题理由	选题检查表
	5	品管圈课题选定	课题的决定
	6	品管圈注册登记	品管圈登记表
	7	拟订推行计划	活动计划表、主要作业流程图
	8	现状调查，发掘问题	现状调查表、排列图
	9	目标值设定	目标柏拉图、目标直方图
	10	要因分析	特征要因图或系统图、关联图
	11	要因验证	要因验证分析统计表
	12	拟定对策措施和工作进度	对策实施计划表
	13	对策试行，检讨对策	对策验证分析统计表
	14	实施	实施计划及过程记录
	15	效果检查	社会效益、经济效益总结分析
	16	巩固措施、标准化	修订作业标准、技术规范
	17	总结及今后打算	遗留问题的提出
总结阶段	18	品管圈活动记录汇总	会议记录、培训记录、改善措施各项原始记录
	19	品管圈成果论文编写	品管圈成果报告/论文
	20	成果发表交流	发展用投影片

工具 38

丰田生产方式——系统完整的生产管理方式

❋ 38.1 基本概念

丰田生产方式(Toyota production system，TPS)，是由日本丰田汽车公司的副社长大野耐一创建，是丰田公司的一种独具特色的现代化生产方式。它顺应时代的发展和市场的变化，经历了40多年的探索和完善，逐渐形成和发展成为今天这样的包括经营理念、生产组织、物流控制、质量管理、成本控制、库存管理、现场管理和现场改善等在内的较为完整的生产管理技术与方法体系。

简单地说，丰田生产方式是为实现企业对员工、社会和产品负责的目的，以杜绝浪费的思想为目标，在连续改善的基础上，采用准时化与自动化方式与方法，追求制造产品合理性的一种生产方式。

❋ 38.2 理论框架

丰田生产方式理论框架包含"一个目标""两大支柱"和"一大基础"，概括地说是为实现企业对员工、社会和产品负责的目的，以杜绝浪费为目标，在持续改善的基础上，采用准时化和自动化的方式、方法，追求制造产品的理性的生产方式。丰田生产方式结构框图，如图38-1所示。

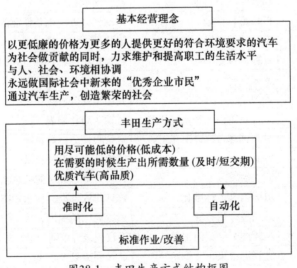

图38-1 丰田生产方式结构框图

38.2.1　一个目标

企业经营的目标是最大限度地获取利润。传统观点认为，生产者在制造产品时付出了一定的劳动，产品的售价由生产者决定，用公式表示为

$$售价＝成本＋利润$$

但是丰田公司却认为，产品的价格是由消费者对产品的价值评价而决定的。生产者获取利润的唯一方法就是降低成本，杜绝浪费。用公式表示为

$$利润＝售价－成本$$

丰田始终把杜绝一切浪费、彻底降低成本作为企业的基本原则和追求目标，并将生产现场的浪费细分为7种类型。

(1) 生产过剩的浪费：因过多、过早、"以防万一"的生产或交付而引起的生产过剩，最后导致物流的失衡和集中，对质量和产量都会造成严重的影响。生产过剩通常是浪费的最主要来源。

(2) 等待浪费：操作员、零件或客户的等待造成的浪费。

(3) 运输浪费：零件从一个流程向下一个流程的移动不会增加任何价值。重复搬运、叉车的传送和转移都产生浪费。

(4) 不适当加工的浪费：在加工过程中，因为局部设计不合理、设备保养不当而不得不去加工的过程也是一种浪费。

(5) 不必要的存货浪费：存货不仅掩盖了问题，而且增加了提前期并提出了更高的存储空间的要求。

(6) 不必要的动作造成的浪费：操作员做了不恰当的弯曲、转向或伸展动作，这些动作都是不必要的动作。

(7) 残次品的浪费：生产不合格产品是浪费时间和金钱。残次品隐藏的时间越长，造成的损失也越大。

丰田公司认为这7种浪费是增加成本的最终来源，因此公司全体员工都将杜绝这7种浪费作为工作的目标，每个岗位都实行标准化作业与标准化流程，每个成员都需按照标准化的作业与流程来工作。

38.2.2　两大支柱

丰田生产方式的两个技术支柱即准时化生产和自觉化生产，缺一不可。

所谓准时化生产，是指在必要的时刻，生产必要数量的必要产品或零部件。具体而言，它有以下几层含义：①各生产工序只能在生产需要的时刻进行生产，不能提前也不能滞后。提前生产会造成库存积压，形成浪费；滞后生产最终导致交货期的推迟。②各道工序每次只能生产必要的数量。少生产则会影响流水线的正常作业，多生产则会造成在产品增加引发的浪费。③各道工序只能生产需要的产品或零部件，不能出现任何的差错。把不需要的产品或零部件生产出来，无疑是一种资源的浪费，也给下道工序的正常进行带来困难。

为了贯彻执行标准化生产，丰田采用"倒过来"的生产方式，从生产物流的反方向来组织生产，形成逆向"拉动式"生产组织控制过程，即生产计划只下达到点装配线，并通过后道工序向前工序领取物料，逐渐将需求信息从生产过程的下游传往上游。在这一控制中，丰田采用一种"卡片"，明确标出何工序何时需要多少数量的何种零部件。后道工序作业人在领取物料时将这种卡片传递给前道工序，前道工序将按卡片提示进行准时化生产。这种管理模式称为看板管理。

丰田公司的自觉化，是一种区别于自动化的生产控制系统。丰田的自觉化，是在自动化的基础上，用机器来发现并纠正生产过程中的异常情况，是一种质量管理的技术手段，它在生产过程中能同时完成对生产异常情况的自动化检测、停机、报警。丰田引入自觉化技术，是为了提高质量，降低生产成本，强化作业安全。同时，采用自动设备和人的结合进行生产，可最大限度地将人解放出来从事其他更有意义的工作。

38.2.3　一大基础

丰田生产方式的基石是全员参加的现场持续改善活动。

全员参加的现场持续改善活动，是丰田保持强大生命力的源泉，也是丰田生产方式的坚固基石。实践证明，丰田生产方式之所以被世界各国研究和运用，就在于它本身具有一种内在不断自我完善机制。它以降低成本为宗旨，采用看板管理为手段，不断暴露出生产系统中存在的各种问题和隐患，然后激发全体员工去完善。具体而言，丰田通过如下3个途径来推行其现场持续改善活动。

1. 质量管理小组

质量管理小组是由同一生产现场内的工作人员以班组为单位组成的非正式小组，是一种自主地、持续不断地通过自我启发和相互启发，来研究解决质量问题和改善问题的小组，它利用员工关心整个现场存在的一系列隐患，通过员工之间无拘无束地共同研讨，采用PDCA循环方式，最终解决各个问题。

2. 合理化建议制度

合理化建议制度在丰田被称为创造性思考制度。丰田通过全体员工共同思考和共同参与的改善活动来提高产品质量，降低生产成本，提高员工的素质，创造出舒适的生产作业环境，增强全体员工对公司的忠诚感和归属感，最终为公司的发展壮大做出贡献。

合理化建议的一般步骤：①现场管理人员确认问题的难易程度；②调查问题存在的原因；③作业人员思考解决问题的办法；④现场管理人员汇总并提交建议；⑤公司在此基础上组织专门的合理化建议审查委员会决定是否采用。

3. 持续改善活动

持续改善活动是丰田公司生产经营的信条，是生产系统所具有的动态完善机制激发的结果。持续改善活动基于以下几点理由：

(1) 改善工作并非一蹴而就的事情，更何况生产现场的情况复杂多变，再完善的工作在现场变化后也需重新考虑；

（2）人的能力在不断提高，新知识和新技术在不断涌现，人们不应满足已有的改善成果；

（3）企业的社会环境在不断地变化，顾客的需求也呈多样化和个性化，它们客观要求改善活动持续进行。

38.3　工具应用

38.3.1　应用推广措施

丰田生产方式是经过50多年的发展和几代人的累积形成的先进的管理方式，是经过实际验证而形成的一整套生产、管理理论。企业如果需要应用推广丰田生产方式，应当从以下几点入手。

1. 开展深入培训

对于任何一个企业，都有自己的企业理念、企业文化。运用丰田生产方式最主要的问题就是丰田生产方式的思想与企业的文化传统、理念及企业员工多年的工作经验相冲突。比如，传统的观念认为，零部件的在库越多，生产越安全。但是丰田生产方式告诉企业，在库只会掩盖生产中出现的问题，增加企业的固定成本。此时，丰田生产方式推翻了人们固有的在库安全的理念，这可能让员工很难理解。因此，只有彻底地改变员工的理念，丰田生产方式才能在企业进行推广。

在推行丰田生产方式之前，应对企业所有员工进行丰田生产方式的理论培训。同时，针对不同的岗位，以不同的方式进行现地现物的导向培训，并针对实际发生的问题进行针对性的培训。

2. 试验后推广

每个企业都有自己的工作方式，不可能在全公司一次性地进行丰田生产方式的完全应用，这也是不现实的。因此，可在企业中进行小规模试验(也称试运行)，即在推广任何流程、任何方案时，先进行局部试运行，效果很明显且不会影响生产时，才向整体进行推广。对于丰田生产方式的应用也适合这一点，公司可以先在部分岗位、部分区域进行尝试运用，找到适合本公司的管理方式，然后进行全企业的推广。

3. 持续改善是硬道理

改善是TPS理论的基础与条件，推行丰田生产方式首先应从持续改善入手，将生产、管理中的问题暴露在表面，然后对存在的问题进行改善。通过不断地改善、暴露问题、再改善，丰田生产方式的理念与管理方式就会慢慢地渗透到企业的每一个角落。丰田生产方式的成功经验是值得许多企业学习的。国内企业应深入学习丰田生产方式的精髓，结合自身的特点及存在的问题，以理论结合实际的思想考虑问题，从企业自身的角度来分析企业存在的问题，走一条适合企业自身发展的道路。

38.3.2 应用注意事项

1. 管理层支持

推行丰田生产方式，最高管理层一定要有坚定不移的决心，一定要给予系统持续有力的与可见的支持。丰田生产方式的建立初期必然频繁地打破生产系统的正常和平稳，并随时可能暴露出生产系统中存在着的种种问题和隐患。如果最高管理层没有坚定推行的决心，不能经常给予企业中每一个员工实行变革的鼓励与支持，那么现场管理人员和企业人员就不会针对问题积极地提出持续改进的设想和实施方案，就不可能在问题出现之后很快地予以消除，从而产生畏难情绪和挫折感，动摇推行丰田生产方式的信念。这样，使得丰田生产方式的推行必然是虎头蛇尾，有始无终。所以，推行丰田生产方式，最高管理层一定要对系统给予热情的鼓励和有力的支持，并直接参与到系统的实施中去，同时要教育中层管理人员照此效法，让每一个员工感到推行丰田生产方式绝无回旋的余地。

2. 杜绝一切浪费

丰田生产方式的基本原则就是"杜绝一切形式的浪费"。因此，"无浪费"就成为丰田生产方式和管理方法的核心。为此，丰田公司的生产方式和管理方法始终把"杜绝一切形式的浪费，彻底降低成本"作为基本原则和追求的目标，并以此作为获得利润的源泉。现实中有一些企业存在各种各样的浪费，而推行丰田生产方式，一定要把那些在企业眼里视为"正常的、必要的、不可避免的浪费"统统找出来，然后逐步采取措施坚决地予以消除。

3. 坚持动态的自我完善

丰田生产方式不满足于生产系统的正常和平稳，相反，它总是试图打破已有的正常和平稳，而进入更高水平的运行状态。当生产系统平稳运行时，通过减少看板数量而强制性地减少工序之间在制品储备量(或者压缩生产前置期、减少作业人数)，从而迫使生产系统中存在的问题和隐患在不平稳中暴露出来，如设备保养不善、加工能力不均衡、作业人员技能差异、工序作业衔接不良等。当这些问题和隐患暴露出来之后，要求现场管理人员和作业人员针对问题提出改善措施、消除问题，使生产系统达到稳定的新水平。当一个稳定的新水平达成之时，也就是下一阶段改善的开始之日，从而使得改进活动如同大海的波涛，一浪紧随一浪，把生产系统不断推向更高水平。

4. 尊重人性，调动人的积极性

丰田公司的准时化生产、看板管理、全面质量管理、质量管理活动小组、合理化建议制度、生产的分工与协作，以及以消除浪费为核心的合理化运动和改善活动等，所有这一切都离不开人的积极参与，都离不开具有积极性、主动性、创造性和冲天干劲的人。丰田公司把"尊重人性"作为人事政策的纲领，它主要体现在对员工良好的教育和培养上，从而为员工个人价值的实现，以及由此而赢得尊重创造了条件。同时，受到良好教育和培养的员工也为公司劳动生产率和产品质量的提高、生产成本的降低，以及向更高程度的合理化迈进奠定了坚实的基础。丰田公司正是通过培养人、尊重人的途径调动起人的主观能动性和创造性，从而激励员工去消除汽车生产经营过程中的各种难以预料的不利因素，从而实现准时化生产和生产系统的柔性，以不变应万变。所以，推行丰田生产方式，必须尊重人性，调动起人的积极性，培养人的责任感和自主精神，促使人们脚踏实地地去寻求完成工作的更好方法。

5. 思考库存问题

丰田所实行的生产方式严格地要求其承包协作企业准时地、频繁地交送其所需要的零部件，所以，丰田公司本身没有多余的库存，因而不需要仓库投资，也不用花保管费用。在企业的生产体系的整体合理化尚未形成之前，推行丰田生产方式或多或少地存在库存的问题。这个问题可以用在生产线首端设原料库的方式加以解决。原料库库存数量必须介于最高和最低储备之间，而且随着供应条件的改善，原料储备定额要逐渐降低，逐步从制造、销售二者的准时化阶段过渡到供应、制造、销售全过程的准时化的阶段上来。

6. 实现设备的快速装换与调整

设备的快速装换和调整被丰田视为提高工业竞争力的关键因素之一，也是实现准时化生产的最重要、最有效的技术支持。丰田公司的经验表明，缩短设备的装换与调整时间，是减少瓶颈和在制品积压、降低成本、改进产品质量的关键。因此，丰田公司在设备的快速整备方面做了大量的探索与研究和改善，经过长期不懈的努力，取得了惊人的成绩。早在1970年，丰田公司就成功地把发动机盖冲压设备的装换调整时间由原来的4小时缩短为3分钟。目前，丰田公司的所有加工设备的装换调整作业都能够在10分钟内完成，平均所需时间仅为原来的1/40，创造这种奇迹的就是丰田公司的SMED法，即"10分钟内整法"。该方法的诀窍就是系统分析整备作业，然后严格将其区分为"线内整备作业"和"线外整备作业"，尽可能将"线内整备作业"转化为"线外整备作业"，并尽可能地缩短"线内整备作业时间"。企业在推行丰田生产方式时，要大力开展SMED法，缩短设备的装换与调整时间。

38.3.3　关键原则

1. 建立看板体系

建立看板体系就是重新改造流程，改变传统由前端经营者主导生产数量的方式。看板体系重视后端顾客需求，后面的工程人员通过看板告诉前一项工程人员需求，比方零件需要多少，何时补货，即"逆向"去控制生产数量的供应链模式。这种方式不仅能节省库存成本(达到零库存)，更重要的是将流程效率化。

2. 强调实时存货

依据顾客需求，生产必要的东西，而在必要的时候，生产必要的量，这种丰田独创的生产管理概念，在20世纪80年代即带给美国企业变革的思维，现已经有很多企业沿用并取得成功。

3. 标准作业彻底化

对生产的每个活动、内容、顺序、时间控制和结果等所有工作细节都制定了严格的规范，如装轮胎、引擎需要几分几秒钟。但这并不是说标准是一成不变的，只要工作人员发现更好、更有效率的方法，就可以变更标准作业，目的在于促进生产效率。

4. 排除浪费

排除浪费任何一丝材料、人力、时间、能量、空间、程序、搬运或其他资源，即排除生产现场的各种不正常与不必要的工作或动作，避免时间、人力的浪费。这是丰田生产方式最基本的概念。

5. 重复问5次"为什么"

要求每个员工在任何的作业环节里，都要重复地问"为什么"，然后想如何做，以严谨的态度打造完美的制造任务。

6. 生产平衡化

丰田所谓平衡化指的是"取量均值性"。假如后作业工程生产取量变化大，则前作业工程必须准备最高量，因而产生高库存的浪费。所以，丰田要求各生产工程取量尽可能达到平均值，也就是前后一致，为的是将需求与供应达成平衡，降低库存与生产浪费。

7. 充分运用"活人和活空间"

在不断地改善流程下，丰田发现生产量不变，生产空间却可精简许多，而这些剩余的空间，反而可以进行灵活运用；相同人员也是一样，如一个生产线原来6个人在组装，抽掉1个人，则那个人的工作空间自动缩小，空间空出来而工作由6个人变成5个人，原来那个人的工作被其他5人取代。这样灵活的工作体系，丰田称之为"活人、活空间"，即鼓励员工都成为"多能工"以创造最高价值。

8. 养成自动化习惯

这里的自动化不仅是指机器系统的高品质，还包括人的自动化，也就是养成好的工作习惯，不断学习创新，这是企业的责任。

38.3.4 四大规则

蕴含在丰田生产方式中的隐性知识可以用4条基本规则来概括。这些规则指导着每一产品和服务所涉及的每一项作业、每一处衔接和每一条流程路线的设计、实施和改进。

规则一： 所有工作的内容、次序、时间和结果都必须明确规定。

规则二： 每一种客户—供应商关系都必须是直接的，发送要求和得到回应的方式必须明确无误，非"是"即"否"。

规则三： 每一种产品和服务的流转路线都必须简单而直接。

规则四： 所有的改进都必须在老师的指导下，按照科学的方法，在尽可能低的组织层面上进行。

这4条规则要求，企业的各种作业、衔接和流程路线必须能够进行自我检测，以自动发出问题警示。正是由于不断地对问题做出响应，看似僵化的体系才得以保持柔性，能够灵活适应不断变化的环境。

如果说丰田式生产管理的规则是隐性的，那么它们又是怎样传播的呢？丰田的管理者并不具体告诉工人和主管们如何工作，而是采用一种教与学的方法，让工人们通过解决问题来领悟这些规则。例如，在教第一条规则时，主管会来到工作现场，向正在工作的工人提出一系列问题：

- 你是怎样做这项工作的？
- 你怎样判断自己做的方式是正确的？
- 你如何知道自己的工作成果没有瑕疵？
- 如果遇到问题，你会怎样处理？

这一持续发问的过程，使得员工对自己的具体工作领悟得越来越深刻。在经历了多次类似的提问之后，员工就逐渐学会了如何按照规则来设计各种作业。虽然这是一种非常有效的教学方法，但员工获得的知识却是隐性的，所以只有当管理者有能力并且愿意用这种提问方式来督促工人在实践中学习时，丰田生产方式才能够被成功地复制和移植。

第六篇｜营销服务管理工具

工 具 39

顾客金字塔模型——有效的顾客细分管理工具

❄ 39.1 基本概念

39.1.1 产生背景

美国著名营销学者、顾客资产的倡导者瓦拉瑞尔·A. 泽丝曼尔(Valarie A. Zeithaml)、罗兰·T. 拉斯特(Roland T. Rust)和凯瑟琳·N. 兰蒙(Katherine N. Lemon)认为，管理人员可以根据企业从不同的顾客那里获得的经济收益，把顾客划分为几个不同的类别，理解不同类别顾客的需要，为不同类别的顾客提供不同的服务，可明显地提高本企业的经济收益。据此，他们于2002年提出了顾客金字塔模型，根据顾客为企业贡献的经济收益、忠诚度、消费量，以及企业为顾客所需提供的服务水平等要素，将顾客划分为铂金层顾客、黄金层顾客、钢铁层顾客、重铅层顾客4个层次。企业通过分析他们不同的需求，合理地分配自身有限的资源，为他们提供不同的产品和服务。

39.1.2 内涵要义

顾客金字塔模型是根据顾客盈利能力的差异为企业寻找、服务和创造能盈利的顾客，以便企业把资源配置到盈利能力产出最好的顾客身上，也就是说细分出顾客层级，如图39-1所示。

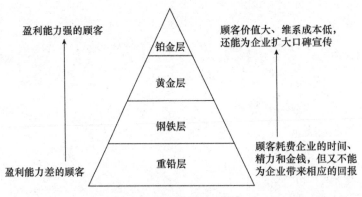

图39-1 顾客金字塔模型

这种方法比以往根据使用次数来细分市场更好一些，因为它跟踪分析顾客细分市场的成本和收入，从而得到细分市场对企业的财务价值。界定出盈利能力不同的细分市场之后，企业向不同的细分市场提供不同的服务。设想顾客按盈利能力不同而一层一层地排列起来，盈利能力最强的顾客层级位于顾客金字塔模型的顶部，盈利能力最差的顾客层级位于顾客金字塔模型的底部。该模型有利于企业识别不同盈利能力的顾客群的分布状况。

❋ 39.2　内容分析

39.2.1　主要内容

1. 铂金层顾客

铂金层顾客是指最能使企业盈利的顾客，通常是那些使用量大、价格敏感度低、愿意试用新产品和新服务、对企业忠诚感强的顾客。

这一层次的顾客是对企业的利润贡献率最高的一类顾客。他们是企业产品或服务的最忠实的拥护者，最大量的购买者和使用者。这类顾客对价格不敏感，相反，他们愿意为更优质的产品或服务支付更高的价格。这类顾客乐意尝试企业新的产品类型或服务项目，因此他们在企业的购买量和购买额会不断递增。这类顾客愿意与企业保持和发展长期关系，是企业真正的忠诚者。

2. 黄金层顾客

与铂金层顾客相比，黄金层顾客为企业创造的利润较少，他们可能是某类产品或服务的大量使用者，但他们往往希望企业为他们提供优惠价格，忠诚度也不太高。为了降低购买风险，他们会从多个企业而不是只从本企业购买产品和服务。

这一层次的顾客对企业的利润贡献率较低，原因在于他们对价格的敏感度比铂金层顾客稍高。例如，他们会要求价格折扣，因此降低了企业的边际利润率。这类顾客仍是企业产品或服务的大量购买者和使用者，但他们为了降低风险也会同时与多家同类企业保持长期关系，因此他们对企业的忠诚程度稍低。

3. 钢铁层顾客

钢铁层顾客可提供企业必需的经济收益，但他们的消费量、忠诚度、为企业创造的利润数额都不值得企业为他们提供特殊的服务。

4. 重铅层顾客

重铅层顾客需要企业花费大量的成本费用来与之建立和保持关系。他们在企业的消费额及他们能为企业带来的利润非常有限，但他们对企业的要求却很高。这类顾客有时甚至是所谓的"问题顾客"——他们会向他人抱怨企业的产品或服务，对企业声誉造成负面影响。总之，企业如果过于重视满足这类顾客的需求，将浪费大量资源。

顾客金字塔模型不仅仅是依据消费额将顾客进行划分，同时还考虑了许多与利润率相关的其他变量。尽管这些变量因行业而异，但顾客金字塔模型却对大多数行业都适用，尤其是服务业。在这一行业中，企业更易于了解顾客的信息，从而更易于根据详细的资料确切地划分顾客层次。

39.2.2　顾客价值与投资成本分析

依据顾客金字塔模型，企业并不需要一视同仁地对待所有的顾客。不同层级的顾客带给企业的价值和利润是不同的，其投资成本也是不同的。

1. 顾客价值分析

可从两个角度来定义顾客价值：一个是从顾客的角度出发来定义，是顾客从企业提供的产品和服务中所能获得的价值，产品和服务给顾客带来的效用越多，对顾客的价值就越大；另一个是从企业的角度出发来定义顾客价值，是企业在同顾客交换的过程中从顾客那里获得的价值，顾客能为企业带来的利润越多，对企业的价值就越大。这里所说的顾客价值，即顾客能为企业带来的价值。

一个顾客的价值由3部分构成：①历史价值，即到目前为止已经实现了的顾客价值；②当前价值，是指如果顾客当前行为模式不发生改变的话，在将来会给公司带来的价值；③潜在价值，是指如果公司通过有效的交叉销售、调动顾客购买积极性或顾客向别人推荐产品和服务等，从而可能增加的顾客价值。不同价值的顾客对企业的意义是不同的，一般来说，价值大的顾客是企业必须争取的优质客户，而价值小的顾客对企业来说并不具有特别重要的意义。

就顾客价值来说，并不是所有顾客对企业都具有吸引力，顾客价值最大的是铂金层顾客，而顾客价值最小的是重铅层顾客。企业应根据顾客价值的不同来进行顾客分类管理，按照各个层次的价值为各类顾客提供不同的产品和服务，对不同类别的顾客采取不同的营销措施。

2. 投资成本分析

不同层级的顾客为企业带来不同的利润和价值，同时对于不同层级的顾客，企业需要投入不同的成本，来维持顾客关系的稳定性，以及加强顾客关系。顾客利润和投资成本之间呈反向关系：铂金层顾客可以为企业带来巨大的利润和价值，而企业为维系顾客关系所需要的投资则较少；但对于重铅层顾客，企业所得到的利润往往为负值，而为了维系顾客关系所需要的投资则比铂金层顾客大得多。

39.2.3　不同系统及层级的顾客划分

不同系统和不同层级的顾客划分对企业具有重要的意义，所有企业都或多或少地知道顾客的赢利能力不尽相同，尤其是小部分顾客能为企业带来大部分销售或利润。这通常被称为"80/20法则"，即20%的顾客产生80%的销售或利润，称之为"80/20分布的顾客金字塔模型"。80/20分布的顾客金字塔模型是最常用的层级划分的顾客金字塔模型，如图39-2所示。

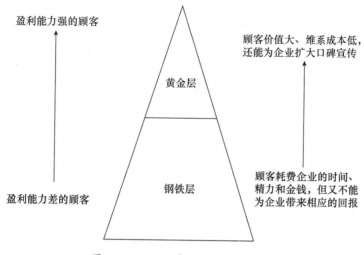

盈利能力强的顾客

黄金层

顾客价值大、维系成本低，还能为企业扩大口碑宣传

钢铁层

盈利能力差的顾客

顾客耗费企业的时间、精力和金钱，但又不能为企业带来相应的回报

图39-2　80/20分布的顾客金字塔模型

❋ 39.3　工　具　运　用

39.3.1　运用顾客金字塔模型对顾客分类管理

顾客管理的宗旨是使顾客对企业的忠诚、满意与企业在顾客中的信誉转化为现实的企业利润、财富及实现增值。80/20法则认为，20%的顾客为企业创造了80%的价值。企业如何对顾客进行有效管理，以求得顾客满意与企业利润之间的平衡呢？依据顾客金字塔模型，可把顾客分为两种：核心顾客(铂金和黄金层级顾客——营利性顾客，20%)和非核心顾客(钢铁和重铅层级顾客——非营利性顾客，80%)。针对这两种顾客分别采取相应的管理策略。

1. 核心顾客的管理：铂金和黄金层级顾客的管理

核心顾客为企业创造了大部分价值和利润，企业应努力抓住这类顾客，为他们提供完美的服务。

(1) 采取不同措施，增进对顾客需求的了解。

① 市场调研与分析。公司可委托专门的机构进行市场调研，公司内部也需对客户资料进行分析。

② 高级经理人员同客户接触的计划。公司的高级经理人员应花时间与最终用户接触，并听取他们对本公司和竞争对手经营状况的看法，这一做法现已非常普遍。

③ 密切关注竞争对手的动向。密切关注竞争对手的动态，如跟踪记录并用图表描述、解释原因和进行预测。其中，解释原因指的是经理人员对所出现的情况进行认真思考，并解释出现这种状况的原因，各公司往往是在未能争得一笔大生意时，或者一个吸引人的新产品或生产工艺革新出现时，才会进行这类分析。

(2) 制订顾客满意战略计划。顾客满意战略计划把顾客满意或不满意作为衡量各项经营活动和管理活动的唯一尺度，围绕顾客进行产品开发、生产、销售、服务。这种立足于顾客的营销策略，追求的结果是贡献，通过为顾客创造价值，实现企业价值。"顾客满意"强调全过程和差异性，追求顾客在消费了企业提供的产品与服务之后的满足状态，追求在顾客总体满意基础上，因人而异，提供差异服务。

(3) 提高顾客忠诚。顾客忠诚就是对偏爱产品和服务的深度承诺，在未来一贯地重复购买并因此而产生的对同一品牌系列产品或服务的重复购买行为，而不会因市场情景的变化和竞争性营销力量的影响产生转移行为。企业应积极建立与老顾客的情感联系渠道，在为顾客提供优质产品和服务的过程中，做到心系顾客，把顾客当作自己一生的朋友来对待，并利用感情投资向其注入亲人般的情感和关怀，以努力建立"自己人效应"，使顾客对企业或某一品牌产品产生一种情感上的偏好。最后，基于"信任""喜欢"的心理去长期购买享用企业的产品和服务。感情联系的方式、方法很多，如通过经常性的电话问候、特殊关心、邮寄销售意见卡和节日或生日贺卡、赠送纪念品、举行联谊会等来表达对老顾客的关爱，加深双方的情感联系。

(4) 转变黄金层顾客为铂金层顾客。要把黄金层顾客转变为铂金层顾客，企业必须充分理解黄金层顾客的需要。当企业充分理解了"黄金层"顾客的需要之后，可采取如下策略，使其转变为"铂金层"顾客：一是为顾客提供全面服务。二是为客户提供外包服务。三是与顾客建立学习关系。企业利用数据库技术，记录顾客与企业每次交往的信息，深入了解顾客需要，与顾客建立学习关系(结构关系)，并根据顾客的偏好，为顾客提供定制化产品和服务。四是扩大产品线，增大品牌影响力。

2. 非核心顾客的管理：钢铁和重铅层级顾客的管理

即使企业开发所有途径增加收入并且提高一线部门的效率，非核心顾客的比例将缩小，但仍会有一部分非核心顾客。企业应认真分析非核心顾客不能给企业带来利润的原因，以确定是否投入努力使顾客转变。否则，企业应放弃顾客。

(1) 转变钢铁层顾客为黄金层顾客。企业应考虑通过多种途径使一部分非核心顾客向高层级顾客转变。例如，通过调整价格结构刺激顾客额外购买，利用电话而不是销售代表拜访经销商降低顾客服务成本，促使顾客为他们接受的服务付费等。每种方法都可以考虑，看能否将其转变为高层级顾客。如无法转化，考虑到吸引和发展顾客的成本及麻烦，可考虑维持这类顾客。

(2) 放弃重铅层顾客。企业很难把重铅层顾客转化为较高层级的顾客。因此，企业应尽力回避重铅层级中的问题顾客。对于那些将来可能为企业带来较高经济收益的重铅层级顾客，企业可采取以下策略。

一是提高售价。企业可要求重铅层顾客为目前的免费服务项目付费。真正的重铅层顾客不愿为这些服务项目付费，就不会继续购买企业的产品与服务。另一些重铅层顾客希望继续得到企业的服务，愿意支付较高的费用，变为企业的钢铁层顾客。

二是降低成本。企业也可设法降低成本，高效地为重铅层顾客服务。

大多数重铅层顾客是故意逃账、拖延付款、不愿遵守消费公德的问题顾客，或购买量极少、对企业非常挑剔的顾客。如果企业采用上述两种策略，仍然无法把他们转化为较高层的顾客，就应设法回避这些顾客。终止顾客关系只能作为一种最后的手段，企业必须注意方式，稳定地、专业地处理，以免引起顾客不利的口头宣传。放弃无利润顾客，将会解放销售人员，使他们将更多精力用于服务高层级顾客。

3. 顾客炼金术

顾客金字塔的重要管理措施之一是"顾客炼金术"。"顾客炼金术"是企业把顾客金字塔中较低层次的顾客转变为较高层次的顾客，从而提高企业的整体经济收益水平的艺术。企业运用顾客金字塔模型，对不同层次的顾客采取不同的经营管理措施。如上分析，使黄金层顾客转变为铂金层顾客，使钢铁层顾客转变为黄金层顾客，放弃重铅层顾客，就是典型的顾客炼金术。

39.3.2　顾客金字塔模型的约束条件

企业按照客户对本企业的利润贡献率的不同将客户划分为不同层次，必须符合以下四方面的条件。

1. 各层次的消费者必须有可识别的人口统计特点

企业必须总结归纳出某一特定层次的消费者显著的、不同于其他层次消费者的人口统计特点，用以确切地识别该类顾客。某一层次的消费者的人口统计特点能够帮助企业了解该类顾客的需求特点、行为模式与偏好，从而采取恰当的营销行动。

2. 不同层次的顾客对服务质量有不同的看法

不同层次的顾客有不同的需求与偏好，对产品或服务有不同的期望和看法。为了能从顾客处获得更高利润，企业必须了解和把握影响顾客在本企业购买产品或服务的根本驱动因素，以及影响顾客扩大在本企业的消费额度的根本动因。如果不同层次的顾客对服务质量有不同的看法和预期，企业必须为不同层次的顾客提供不同水平的服务。

3. 不同驱动因素引起不同层次顾客的购买行为

由于以上两点原因，决定不同层次顾客购买行为及购买量的根本驱动因素也很有可能不同。因此，企业可对不同层次的顾客采取差异性的营销行动，提供差异化的产品/服务组合，尤其是针对影响较高层次的顾客(对企业的利润贡献率较高的顾客)的购买行为和购买量的驱动因素，确定企业营销的重点。

4. 不同层次顾客对相同的服务和营销有不同反应

如果对顾客的划分层次是确切的，不同层次的顾客对相同的服务和营销的反应应该是不同的。较高层次的顾客对改进服务质量的反应更强烈，他们更有可能因为企业服务质量的改进而增购新的产品或服务，增加购买量，为改进的产品或服务支付更高的价格。因此，企业通过改进服务质量能从较高层次的顾客处获得较高的投资回报率。

39.3.3　顾客金字塔模型的适用范围

在以下情况下，企业采用顾客金字塔管理措施，可明显地提高经济收益。

1. 企业的服务资源有限

企业为所有顾客提供相同的服务水平，就很可能是在使用有限的资源为自己最无法盈利的顾客提供过多的服务，而最好的顾客却无法获得他们需要的服务水平。如果企业只有有限的资源，管理人员就必须考虑企业应如何最有效地利用资源服务那些能够为企业带来更多利润的客户。

2. 顾客需要不同的服务或不同的服务水平

在高科技或信息技术等行业里，顾客对服务的要求有很大的差异。例如，某电话公司把企业客户划分为三种类型：第一类客户是经验丰富的信息主管，他们希望亲自安装通信系统，只需极少支持服务；第二类客户是大型企业的中层管理人员，他们希望购买结构复杂的通信系统，需电话公司提供大量咨询服务，以便确定最好的配置；第三类客户是小型企业的总经理，他们需要容易理解的、性能良好的通信系统与基本维修保养服务。这三类决策者有完全不同的要求，但如果电话公司向他们收取相同的价格，为他们提供相同的服务，则不仅无法充分地满足他们的需要，而且会浪费大量成本。

3. 顾客愿意为不同的服务水平支付不同的价格

顾客愿意为企业的服务支付不同的价格，即顾客为了得到更好的服务，而自愿支付更多的费用。例如，速递服务公司根据邮包类别和投递速度，向顾客收取不同费用。顾客对速递服务类别和投递速度有不同的要求，因此他们愿意为不同的服务支付不同的价格。

4. 顾客对价值的含义有不同的理解

价值包含如下几个不同的含义：

(1) 价值指价格低廉；

(2) 价值指顾客对产品或服务的一切要求；

(3) 价值指质量与价格之比；

(4) 价值指顾客的得失之比。在购买决策过程中，顾客不仅会考虑货币代价(价格)，而且会考虑非货币代价(时间、精力、方便程度、心理代价等)。如果企业的顾客对价值的含义有不同的理解，企业就可根据顾客对价值的不同期望，为各类顾客设计不同的服务，以便提高经济收益。例如，采用第一类定义(价值指价格低廉)的顾客很可能是重铅类顾客，他们愿意接受较少的服务，以便支付较低的价格。

5. 企业可分隔不同类别的顾客

如果较低层次的顾客看到企业为其他顾客提供更好的服务，就必然会产生不满情绪。除非企业有明显的理由(例如，70岁以上老人免费乘坐公共汽车)为顾客提供差异化服务，否则企业应尽力不让顾客知道其他层次的顾客可得到的更好的待遇。

6. 差异化服务有助于激励顾客提升层次

有时较低层次的顾客看到较高层次的顾客能得到更好的服务，对企业是有利的。例如，经济客舱的乘客看到头等舱乘客能得到更好的服务，他们知道头等舱乘客是支付较高票价的乘客或者是民航公司常客俱乐部成员。为了得到更好的服务，有些乘客就可能多付费用改为乘坐头等舱，或者每次都乘某个航空公司的飞机，以此成为俱乐部成员。

7. 企业能为各个顾客层次确定不同的营销策略

企业应根据各个顾客层次的需要，调整传统的营销因素组合，最好能为各个顾客层次确定不同的营销策略，特别是应为不同的顾客层次确定不同的定价策略、产品和服务整体组合策略。

39.3.4 为不同层次的顾客提供不同的服务

企业按照顾客对企业的利润贡献率的高低将顾客分层的目的，是为了能根据不同层次顾客各自不同的特点提供相应的服务。如铂金类和黄金类顾客对服务品质要求很高，企业需要详细地了解每一个顾客的期望、偏好、购买行为特点和消费记录，从而根据每个顾客的特点为其提供高度个性化的优质服务。钢铁类顾客对服务质量要求相对较低，企业只需了解同一类顾客的平均需求，然后提供略高于一般水平的较好的服务，就能满足这类顾客。重铅类顾客对价格最看重，企业对他们应采取低成本、低价战略，把服务重点放在提高服务的效率方面，无须投入过多的资源提高服务质量。

工 具 40

满意镜——提高顾客满意与员工满意的工具

❋ 40.1 基本概念

1958年，美国管理学家本杰明·施奈德(Benjamin Schneider)和大卫·鲍恩(David Bowen)经过近8年的实践证明研究，在一篇论文中提出"满意镜"这一理论。

随后，哈佛商学院著名教授詹姆斯·赫斯克特(James Heskett)、厄尔·萨瑟(Earl Sasser)和伦纳德·施莱辛格(Leonard Schlesinger)在合著的《服务利润链》一书中，对顾客满意与员工满意之间的紧密联系做了一个形象比喻，其含义是在服务企业里，对工作感到满意的员工会用自己的热诚悉心为顾客服务，使顾客体验到愉快的服务经历和获得称心如意的服务结果，而满意的顾客会用自己的赞扬、忠诚和合作回报员工，对员工产生一种正面反馈激励的效果，从而在顾客下次光顾时员工会表现得更加热情和周到，顾客也就会更加满意，这就是"满意镜"效应。在具有"满意镜"效应的服务企业中，员工的离职率很低，劳动生产率和服务质量很高，顾客满意度和忠诚度相应很高，而高度的顾客忠诚自然会带来企业的持续经营、低成本和高利润。因此，建立和维持顾客—员工"满意镜"，是每一个服务企业所应努力追求的目标。

经过进一步研究完善，满意镜被定位为"服务利润链上最为主要的一环"，被广泛应用于服务培训、处理抱怨等各个环节。

40.1.1 基本原理

员工对工作的满意程度和顾客的满意程度紧密相关，两者相互影响的结果如同照镜子：员工满意，工作热情高，为顾客提供优质服务，从而使顾客的满意度和忠诚度提高，带来持续经营、低成本和高利润，由此公司发展员工获益，工作热情进一步提高，从而提供更优质的服务，形成良性循环。反之，则形成恶性循环。也就是说，镜子这边是什么样的，镜子那边也就是什么样的，如图40-1所示。

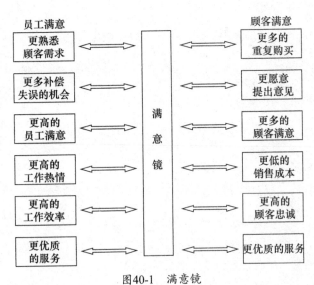

图40-1　满意镜

40.1.2 工具图解

客户更多地重复购买企业的产品，企业就可以更清楚客户的购买喜好和习惯，为客户提供服务也就更得心应手；而企业服务体贴入微，就会反过来造成更多的重复购买。如果客户更愿意抱怨服务的失误，那么企业相应地也就会有更多补救失误的机会。当客户非常满意时，员工就可以和客户进行很顺畅的沟通，这样员工既可以更好地了解客户的心理和要求，也可以获得帮助客户之后的成就感，从而提高员工的满意度。客户经常购买产品，企业熟悉了客户的要求，就可以高效率地处理客户问题，满足客户需求；同时，因老客户比较熟悉企业的运营方式和流程，企业就不必提供复杂的咨询服务，这样也提高了工作效率。很多时候服务的结果虽然一样，但服务过程中客户的感受却不一样，对于员工来讲，最佳的服务质量，并不体现在结果上，而是体现在过程中，细微周到的服务过程，才能体现企业的服务质量。

❋ 40.2 内容分析

40.2.1 满意镜反映了服务营销的本质

服务企业提供的服务"产品"与制造业企业提供的实体产品有着显著不同。服务的典型特征是它的无形性、生产与消费的同时发生性、异质性和不可储存性。也就是说，服务是不能被看到的，也无法提前检验其质量；绝大多数服务都无法在消费之前进行生产与存储，它只存在于被产出时的那一刻，这意味着服务的产出过程和消费过程是同时进行的；服务活动的发生，在很大程度上依赖于顾客与服务提供者之间的交互作用；服务还具有很大的可变性，或者说异质性，因为服务取决于由谁来提供，以及在何时何地提供，接受服务的顾客对服务的结果也会产生影响。

服务的上述特征决定了大多数服务从本质上讲是一种经历、一个过程、一次体验。在服务提供的过程中，人的因素至关重要。一方面，服务离不开服务提供者。与顾客发生接触的员工，是顾客所购买的整体服务中不可分割的一部分，其态度、举止、形象、技能会极大地影响顾客对服务的评价。另一方面，接受服务的顾客，往往处在服务的生产现场，他们不仅是服务的消费者，而且是服务生产的重要协作者，因此在许多服务行业中，顾客也成为服务产品的一个组成部分。这一客观事实表明了服务营销的特殊性，使得提供服务的员工与顾客之间的互动成为服务营销的一大特征。在有形产品制造企业中，组织与顾客相联系的纽带是产品，员工与顾客之间的联系程度很小，而在服务企业中，组织与顾客相联系的纽带是员工，员工与顾客的高质量接触和互动是服务企业利润的源泉，这就是满意镜效应在服务企业中具有重要意义的原因。

40.2.2 满意镜产生的原因

一旦积极稳定的服务接触产生一种满意水平，使得员工忠诚度提高，平衡工作效果和顾客的满意度就变得很重要。员工工作时间很长，不仅是为了逐渐了解工作要求，以及如何把工作做好，而且是为了逐渐了解顾客以及他们的特殊兴趣和需要。这样，原来仅仅是一系列的服务接触，现在变成一种顾客与员工之间的关系，形成一种良性循环。在出现可能存在的差错或者误会的情况下，顾客和员工会相互更加宽容对方。站在企业角度讲，这种关系的建立提高了顾客的保留率，同时为以后的服务补救工作奠定良好基础。

40.2.3　影响满意镜的因素

影响员工与顾客间满意镜的因素，因顾客与员工间的服务接触的性质不同而有较大的区别，如表40-1所示。表中描述了几种类型的服务接触，包括没有技术的面对面接触、人与机器接触及机器对机器的接触。

表40-1　服务接触的类型

类　型	面对面服务接触	人 对 机 器	机器对机器
因素	• 细致的顾客细分和选择 • 前台服务人员的选择 • 令人愉快而舒适的环境 • 履行服务的有形证据等	• 通俗易懂的程序 • 使用方便的技术 • 如有必要，提供人工服务 • 自动保险装置与程序等	• 有效的软件 • 硬件与软件的兼容 • 交易记录 • 主动保险装置等

40.2.4　满意镜管理策略

1. 防止满意镜出现扭曲

在某种意义上，成功的服务接触及由此产生的交往关系是从招聘合适的员工开始的。通过适当的激励手段使员工为顾客提供良好的服务，从而培养与员工的关系，可以将这些激励手段与顾客满意度挂钩，适当地培训和表扬也大有益处。满意镜的核心就是为了吸引"合适"的顾客所付出的努力。合适的顾客对良好的服务反应积极，并且愿意建立一种能够形成连续交易的关系，而较高的顾客忠诚度可以实现更低的成本和更高的利润。更低的成本和更高的利润都使管理者能提高员工的报酬，因此使自己不同于其他雇主，从而奠定了竞争优势的基础。因此，为防止满意镜出现扭曲，一方面要选择合适的员工，另一方面要确定合适的目标顾客群体。

2. 建立服务金三角

为了有效管理员工—顾客间的满意镜，必须建立企业、员工和顾客间的服务关系三角形。从关于员工与顾客的研究中，那些对服务关系非常满意的员工具有明显的低水平的工作流动率。这反过来又可以让员工更好地了解工作的要求，提高服务组织部门内部和部门之间的团队协作，增加对顾客需要的了解，更好地理解高满意的顾客所具有的价值，更好地了解并且关注关键的公司目标等。而顾客可能非常珍惜与员工的关系，因此即使员工更换雇主，顾客也可能愿意跟随他们。

为了在服务接触中保持一致，那么先要了解造成服务差距的因素。在服务接触中，员工向顾客提供各种服务解决方案，此时信息和能量的增加、状态改变和其他刺激物以服务因素的形式向顾客转移，这些刺激或者变革最终被顾客感知到，并形成服务评价。顾客主观感受到的服务好坏与员工实际产出的各种刺激往往在数量和质量上都会有所出入。无论是优质的服务水准，还是偶尔发生的服务失误，都可能在传递中被顾客主观忽略或淡化，使最终产生的服务评价与员工提供的最初的产出水平有所差异。这就导致了员工与顾客认知上的差距。

企业应根据服务中遇到的实际情况，找出产生服务差距的原因，采取措施消除或减小服务差距，保持服务接触的高度一致性。那么，经过一系列的服务接触，员工与顾客才会建立一种建设性的、有利可图的关系，形成满意镜。

3. 争取顾客的支持

认识到关系满意镜的重要性而采取的举措，可以用来号召顾客更积极地提供那种能够产生映像效果的反馈。企业如果能够提供一致的产品和服务，不管是否有顾客的协助，都为一种服务关系的建立创造了可能。这种服务关系是否能够有所发展取决于服务提供者的其他努力及政策。只有通过进一步发展这种关系，所具有的满意镜效果才有可能出现。

40.3　工具运用

1. 建立顾客—员工满意镜：从雇佣和尊重员工开始

理想的满意镜效应自然是一个服务企业一系列管理及营销努力的最终体现，然而，如果能有效抓住"镜子"的两端——员工和顾客，并管理好员工与顾客之间的互动，则会收到事半功倍的效果。许多企业往往未能意识到这一点，结果丧失了许多机会。例如，有关调查显示，银行失去顾客的原因往往与银行的核心产品或服务、与存贷款利率、与支持系统及通常所认为的其他营销内容都毫无关系。原因常常在于顾客与提供服务的银行职员进行接触的过程中产生了不快，顾客感到自己没有受到应有的礼遇。可见，对于服务企业来说，与顾客互动过程中员工的表现通常是使顾客满意或不满意的最终决定因素。谁能为顾客创造愉悦的服务经历，谁就能在竞争中脱颖而出。而要成功地实现这一点，不能不依赖于企业的雇佣政策。

(1) 雇佣决策是最重要的营销决策。既然服务人员的素质和表现对服务质量和顾客满意度都会造成很大影响，服务企业在雇佣员工时，特别是雇佣一线服务人员时，要事先考虑到这一点，要把员工当作一个重要的营销变量来看待。从这个意义上说，服务企业的人员雇佣往往也是营销工作的一个重要内容。

(2) 要把员工当顾客。满意的员工会形成满意的顾客。那么，员工的满意又来自哪里呢？很明显，如果员工在公司之内受到了良好的对待，得到了尊重，获得了良好的感受，其满意度将会大大提高。因此，服务企业要树立员工，尤其是一线员工也是顾客的理念，想方设法提高员工的满意度和忠诚度。换句话说，服务企业应特别注重内部营销。

2. 建立顾客—员工满意镜：学会管理顾客

由于顾客也是服务接触与互动过程中的一个重要方面，其言行举止不仅会影响到自己所接受服务的效果，而且会对其他顾客的服务体验及员工的满意度造成影响。所以，服务企业要想取得理想的满意镜效应，还必须学会管理好自己的顾客，这主要包括以下几方面的工作。

(1) 选准目标顾客。服务企业与有形产品制造企业的产出不同，它无法在同一时间提供超过一种形式或水准的服务，而且没有一种服务是适合所有人的。因此，服务企业必须仔细选择或细分出自己的目标顾客群，掌握他们的特殊需要，然后给予特定的服务。

(2) 学会"解雇"顾客。如果顾客的特征不符合组织所确定的目标顾客范畴，或顾客的言谈举止严重损害了其与员工之间良好的互动关系，公司是否要一味迁就顾客？在一些专业服务公司里，越来越多的管理者倾向于不再与那些打击公司员工士气的顾客维持关系。这些顾客要么过分苛刻，要么粗鲁无礼，或把员工当成仆人一样使唤。"解雇"顾客的政策实际上体现了组织对一线员工的极大信任和支持。这种做法能提高员工的士气和生产率，员工可以有更多的时间为那些更容易满意的顾客提供服务。

(3) 管理好顾客之间的互动。顾客的服务体验不仅受自身与员工间互动关系的影响，也会受到在场的其他顾客的影响。这种影响既可能是积极的，也可能是消极的。譬如，友好且乐于助人的顾客，会使其他顾客的服务体验变成一种愉悦的经历。此时，服务组织应对顾客所表现出的友善之举予以及时肯定、鼓励甚至是书面表扬，以激发类似行为不断出现。但在那些同时为大量顾客提供服务或需要许多顾客共享服务设施和环境的服务组织中，极易发生顾客间的相互妨碍甚至冲突，使顾客感受到的服务质量大打折扣。服务组织如果能对顾客间的互动善加管理，则不仅会提升顾客感知的服务价值，增加顾客的满意度，而且会树立起良好的组织形象。为达成此目标，服务组织可采用以下方法。

① 顾客教育。顾客在接受服务之前，组织应向其清楚地说明在整个服务提供过程中他们可能从事的一系列活动及其顺序，以及其他必备知识。只有顾客熟悉了相关服务流程，他们在享受服务时才不至于出现混乱局面。服务组织还应向顾客宣传光顾本组织所应遵守的行为规范，如不准吸烟、插队、大声喧哗，衣着要整齐，要尊重在场的其他顾客的正当权利等。

② 兼容性控制。兼容性控制是指将顾客按照其相似之处恰当地组合在一起，目的是鼓励顾客间建立满意的相互关系。比如，为带小孩的顾客设置分立的区域，努力将同质的顾客的座位安排在一起。

③ 使等待过程趣味化。假如服务组织无法免除顾客的等待，那么它的首要任务是对整个等待过程进行组织和管理，使等待过程变为一种有趣的经历。例如，在顾客等待时播放录像、相声，提供背景轻音乐和趣味读物，或将等待场所布置得舒适宜人等，都可以转移顾客的注意力，减轻等待的焦虑。

上述铸造顾客—员工满意镜的过程，如图40-2所示。

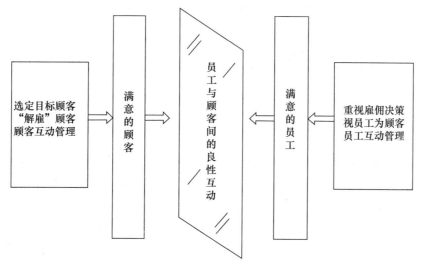

图40-2　顾客—员工满意镜铸造过程图

总而言之，顾客—员工满意镜的建立并不是一蹴而就的事，满意镜效应看似简单，却折射出服务企业中的几组重要关系，服务企业可以说本质上就是经营关系的组织。

工 具 41

推销方格理论——直观有效的销售分析工具

❄ 41.1 基本概念

1970年，美国著名管理学家罗伯特·布莱克(Robert R. Blake)和简·莫顿(Jane S. Mouton)两位教授在其"管理方格论"基础上提出了新的市场营销理论——推销方格理论。推销方格包括顾客方格和销售方格。前者研究销售中的顾客心理，后者研究销售人员心理。在西方国家，它已被广泛用于市场营销实践中，并被认为是对市场营销理论的新突破。

这一理论的要点是：以心理学和行为科学为基础，注重研究市场营销人员与客户之间的人际关系和交换关系，帮助市场营销人员清醒地面对各类客户，发现销售活动中的问题，扬长避短，提高销售能力和销售的效果。同时，还有助于市场营销人员了解客户对产品、自身以及销售活动的态度，做到知己知彼，实现与客户的最佳配合，争取销售主动权，获得最佳销售效果。

推销方格理论的出发点是：商品销售是一种面对面的双向交流过程，由于销售人员与顾客的立场不同，看问题的角度各异，因而对销售和购买会产生不同的认识，对彼此的关系也会有不同的看法。这些不同的认识与看法，直接影响推销效果。

推销方格理论可以帮助销售人员更清楚地认识自己的销售心态，看到自己销售工作中所存在的问题；推销方格理论还有助于销售人员更深入地了解自己的推销对象，掌握顾客的心理活动规律。销售人员只有深刻地认识自己和自己推销对象的心理态度，才能正确地把握推销工作的分寸，恰当地处理与顾客之间的关系，争取推销工作的主动权，提高推销效率。

❄ 41.2 主要内容

41.2.1 销售方格

绝大多数销售人员在推销活动中都有两个明确的目标：一是要努力说服顾客，完成商品销售的任务；二是尽心竭力迎合顾客的偏好，与顾客建立密切的关系，为以后的商品销售做准备。不同的销售人员有不同的成长环境，他们在销售过程中也就存在不同的心理愿望。对于上述销售目标，每个销售人员的侧重点和追求各不相同。把这两个不同的目标用平面坐标图表达出来，就是销售方格。

销售方格是指能用来描绘销售员对顾客及完成销售任务的关心程度及其相互关系，

反映销售员推销心理态度的方格图案，如图41-1所示。图中，纵坐标为销售员对顾客的关心程度，横坐标为销售员对销售任务的关心程度，这个图形被称为销售方格图。

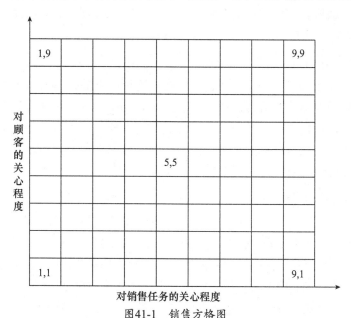

图41-1　销售方格图

销售方格图中纵横坐标各有9个等份，纵横坐标值都是从1到9逐渐增大。数值越大，说明关心的程度越高。根据图41-1可知，销售人员对销售业务的关心幅度为1～9，对顾客的关心幅度也是1～9。因此，从理论上讲，销售人员的销售心态有81(9×9)种之多。图中的每一个交点，均表示一种销售心态，不同的销售员可根据自己的特征，在销售方格中找到对应的一个交点。

销售方格图中的81个交点，对应于81种不同的推销心态，其中有5种最为典型，它们分别是(1，1)事不关己型，(1，9)顾客导向型，(9，1)强销导向型，(5，5)推销技巧导向型，(9，9)解决问题导向型。这是5种典型的销售行为和销售风格的主要内容如下。

1. (1，1)事不关己型

事不关己型的销售心态处于销售方格中的(1，1)位置，表示销售人员对顾客的关心程度和对销售任务的关心程度都很低。这种销售心态的销售人员既不关心顾客，也不关心自己的销售工作，具体表现是没有明确的工作责任心，不热爱本职工作，缺乏成就感，漠视顾客的需求，对企业的销售工作也毫不在意。这种类型的销售人员之所以存在，主要由于自身没有进取精神，或者所在企业没有建立严格的管理制度。随着市场经济的加深以及营销理念的深入，使用这种模式的销售人员及企业将逐渐被淘汰。

2. (1，9)顾客导向型

顾客导向型处于销售方格中的(1，9)位置。这种销售心态的销售员只知道关心顾客，而不去关心销售工作，他们处处迁就顾客，一切以顾客的需求为中心，为了顾客，他们可以牺牲企业的利益，可以将商品以极低的价格销售给顾客。他们的工作目标是为了建立和保持与顾客多年的良好关系。客观上，这类销售人员是一位人际关系专家，而不是一个成功的销售员，他们懦弱的性格，使他们过于迁就顾客，甚至迁就顾客的偏好和不合理的要求，不考虑或极少考虑企业的销售工作。

3. (9，1)强销导向型

强销导向型处于销售方格中的(9，1)位置。这种心态的销售员只关心销售结果，而不管顾客的实际需要和购买心理。在销售过程中，为了使商品销售出去，他们往往千方百计地说服顾客，使顾客产生购买欲望，通过向顾客施加压力来达到目的，有时甚至运用倾力销售的方式。之所以如此，是因为他们有太强的成就感，过分看重商品销售的结果。这种销售员可能成功一时，而以后顾客却再难登门。

4. (5，5)推销技巧导向型

推销技巧导向型位于销售方格中的(5，5)位置。这种推销心态的销售员既关心销售结果，也关心与顾客的人际关系。但是，他们只注重顾客的购买心理，而不考虑顾客的实际需要。这种心态的销售员已掌握了一定的销售理论知识与推销技巧，他们明白过分迎合顾客或者过分强行销售未必能取得良好的销售效果，因此他们兼顾自己的销售业务以及与顾客的人际关系，既不愿丢掉生意，也不愿意丢掉顾客。当他们与顾客发生异议时，就会采取折中的立场，尽量避免出现不愉快的情况。这类推销员的销售业绩明显要好于前三类，有一些的销售业绩非常突出。可是他们不是销售专家，因为他们对销售和顾客的关心程度仅在(5，5)的位置，即中等水平，其推销技巧的运用没有达到娴熟的程度。

5. (9，9)解决问题导向型

解决问题导向型处在销售方格中(9，9)的位置。这类推销人员不仅关心顾客，而且也关心销售效果。对于顾客，他们既关心顾客的购买心理，也关心顾客的实际需要。具体表现在针对顾客的问题首先提出解决的方法，然后再完成自己的销售任务。这类销售人员能最大限度地满足顾客的各种需求，同时能取得最佳的销售效果。他们在销售工作中积极主动，但又不强加于人，他们善于研究和掌握顾客的购买心理，发现顾客的真实需求，然后展开有针对性的销售，帮助顾客解决实际问题，同时达成销售合同。在现实生活中，销售人员的这种心态是最佳的，持有这种心态的推销员是推销专家，是最佳的推销员。因为在市场经济条件下，他们的销售行为以市场需求为出发点，让自己的商品适应消费者的兴趣、偏好，适应消费者的需求特点。

一个企业可以利用销售方格图，寻找出企业目前所在的位置，就可以找出经营上的偏向是顾客导向还是销售导向，这样就可以进行下一步工作的纠正。另外，一个营销经理可以通过利用销售方格图与其他销售人员对比性的分析，告诉营销人员目前工作方法方面的问题或者弱点，从而有的放矢地使营销人员修正问题，譬如一个营销人员与顾客私人关系很融洽，但就是一直不主动推销自己的产品，这种情况就属于(9，1)极端的顾客导向情景，因此体现在销售方格图上，他就需要向销售导向偏移，也就是需要向顾客推销他的产品。而理想的情况当然就是(9，9)，也就是解决问题导向，营销人员与顾客的关系是咨询与被咨询的关系，是建立在顾客参谋的基础上的。

销售方格图还用于营销培训中，通过销售方格图上的直观表示，可以清楚地看到一些成功的销售人员处于销售网格图的什么位置。

41.2.2 顾客方格

在销售活动中，顾客对商品销售活动的看法可以概括为两种情况：一是对销售人员的看法；二是对购买活动本身的看法。这两方面形成了顾客在购买过程中的两个目标：①希望与销售人员建立良好的人际关系，为日后的长期合作做准备；②通过与销售人员的讨价还价，为自己赢得较多的消费者剩余，或者以其他有利的条件达成交易。

为了帮助销售人员分析顾客的购买心理态度，根据顾客在实际购买活动时所关心的两个目标，用一个平面坐标图形来表示顾客对这两种目标的重视程度组合，如图41-2所示。其中，纵坐标表示顾客对推销人员的关心程度，横坐标则表示顾客对购买活动的关心程度。纵横坐标的坐标值都是由1～9逐渐增大的，坐标值越大则表示关心的程度越高。纵横坐标组合成81个方格，分别代表81种不同的购买心态。这个坐标平面图就是"顾客方格"，如图41-2所示。

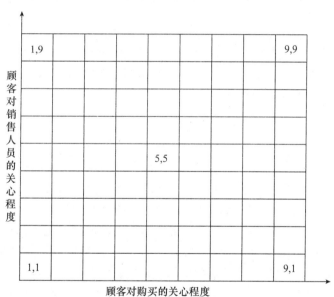

图41-2　顾客方格图

简言之，顾客方格图是指用来描绘顾客对销售人员及购买任务关心程度及其相互关系，借以反映顾客购买心态的方格图案。顾客方格图是研究顾客购买行为和心态的理论，为销售员分析顾客、了解顾客、搞好销售提供了理论基础。

顾客方格图中的各交点表示顾客各种不同的购买心理态度。其中，有5种典型的购买心态，分别是(1，1)漠不关心型，(1，9)软心肠型，(9，1)防卫保守型，(5，5)干练型，(9，9)寻求答案型。这5种典型的销售行为和销售风格的主要内容如下。

1. (1，1)漠不关心型

漠不关心型处于顾客方格图中的(1，1)位置。持有这种购买心态的顾客既不关心购买，也不关心销售人员。具体表现为尽量避免做出购买决策，对待购买工作不敢负责，他们经常逃避或敌视销售人员，不愿接待登门造访的销售人员。在现实生活中，这类顾客通常没有购买决策权，一般受命于人。

2. (1，9)软心肠型

软心肠型处在顾客方格图中的(1，9)位置。持有这种购买心态的顾客对上门的销售人员极为同情与关心，对购买行为则不甚关心，他们极易被销售人员说服，一般都不会拒绝销售品。这类顾客往往感情重于理智，他们非常喜欢营造一种优良的推销氛围，但对购买决策却比较轻视，对销售商品本身考虑不多。

3. (9，1)防卫保守型

防卫型处在顾客方格图中的(9，1)位置。持有这种购买心态的顾客只关心自己的购买行为，而不关心销售人员，对销售人员存有戒心，甚至敌视销售人员。他们通常认为销售人员都是些不诚实的人，对销售人员的态度十分冷淡，因此会本能地采取防卫态度。产生这种现象的原因有可能是传统的偏见或是可能有过购买不良商品的教训所致。

4. (5，5)干练型

干练型处在顾客方格图中的(5，5)位置。持有这种购买心态的顾客既关心自己的购买行为，也关心销售人员的销售工作。购买商品时比较冷静、理智，也比较重视感情，有一定的自信。他们的生活消费常受流行时尚的影响，他们属于勇敢类的购买者。他们购买的目的是抬高自己的身价。对待这类顾客，销售人员应该摆事实，及时出示证据，但必须让顾客自己去决策。

5. (9，9)寻求答案型

寻求答案型处在顾客方格图中的(9，9)位置，是一种最理想的心态。持有这种心态的顾客既非常关心自己的购买行为，也非常关心销售人员的工作，他们把购买过程视为帮助自己解决困难的过程，因而属于"寻求答案型"。这类心态的顾客通常掌握较高的购买技术，他们的购买行为非常理智，基本上不会冲动购买。他们既清楚自己的实际需要，也很了解市场行情。因此，对能够解决实际问题的销售人员持欢迎的态度。在现实生活中，这类顾客属于成熟型的消费者，他们根据自己的实际需要来决定购买。

41.2.3　推销人员方格与顾客方格的关系

从销售方格和顾客方格得知，销售人员与顾客的心态可分为若干类型，不同的心态各有其特点。从现代推销学的角度来看，越是趋向于(9，9)型的推销心态和购买心态，则是越成熟和越理想的。那么，是否就可以说，其他几种推销心态和购买心态就根本不能产生成交行为呢？事实上并非如此。在某些特定的场合下，其他几种销售心态照样可以销售成功，同样也能达成交易。可以说，销售人员心态与购买心态是否相吻合是有效销售的关键。如果导向型心态的销售员向防卫型心态的顾客进行销售，则很难取得销售效果，反之，若面对软心肠型的顾客，则较容易达成交易；强销导向型的销售员面对防卫型的顾客必然会失败，若对于干练型的顾客则有可能完成销售任务。因此，企业在选择和培训推销员时不能只用一个标准，而应根据销售员自身的特点，有针对性的训练，培养出各具特点的推销员，以适应不同心态顾客的要求。

总之，销售的成功与否不仅取决于销售员的销售心态，还取决于推销员的推销心态与顾客的购买心态是否协调。不同的销售员态度与不同的顾客态度的不同组合会产生不同的推销效果。用(+)号表示销售成功；(一)号表示销售失败；(0)号表示介于两种情况之间，可能完成推销任务，也可能无法完成销售任务。销售方格与顾客方格的关系，如表41-1所示。

表41-1 销售方格与顾客方格的关系表

销售方格	顾客方格				
	漠不关心型	软心肠型	干练型	防卫型	寻求答案型
	(1, 1)	(1, 9)	(5, 5)	(9, 1)	(9, 9)
解决问题导向型(9, 9)	+	+	+	+	+
强销导向型(9, 1)	0	+	+	0	0
推销技巧导向型(5, 5)	0	+	+	—	0
顾客导向型(1, 9)	—	+	0	—	0
事不关己型(1, 1)	—	—	—	—	—

从表41-1可以看出，(9，9)心态型的销售员无论与什么心态型的顾客相遇，均能取得销售的成功，而(1，1)心态型的销售员遇到什么类型的顾客都不可能取得销售的成功，而其他心态的销售员遇到不同类型的顾客则可能有的取得成功，有的会一无所获。据有关人士研究的结果表明：在销售业绩方面，(9，9)心态型的销售员是(1，1)心态型销售员的75～300倍，是(1，9)心态型的9倍，是(5，5)心态型的3倍。由此可以看出，不同心态型的销售员所创造的业绩是不可同日而语的。因此，企业应务必竭力推崇和培养(9，9)心态型的推销员。

上述搭配表反映了销售方格与顾客方格之间的内在联系，在销售活动中可作为参考。事实上，由于影响销售员心态和顾客心态的各种因素复杂多变，销售人员和顾客的心态都是相对的，在销售活动中的表现千差万别。作为销售人员来说，应善于分析，适应顾客心理，培养自己良好的心态，尽力使销售工作取得最佳的效果。

❄ 41.3 销售心态测试

41.3.1 培养销售心态

销售人员的心态类型不是与生俱来的，而是后天形成的，即在各种因素的作用下，在长期的工作中逐渐形成的。其影响的主要因素有：销售人员自身的素质、销售环境、销售目标、销售商品、销售工作准则、销售道德等。因此，销售人员要培养正确的销售心态，使自己的销售工作出类拔萃，就必须做到以下几方面。

(1) 努力提高自身的思想和业务素质。

(2) 在推销中具有正确的指导思想和基本原则。

(3) 树立良好的推销道德。

(4) 熟悉并能充分认识环境，为我所用。

(5) 确定正确的推销目标。

(6) 具有丰富的商品知识，熟悉推销的商品。

(7) 善于掌握消费者的消费心理。

总之，销售人员只有很好地具备以上几点才能养成良好、正确的销售心态，也才能在销售领域中创造佳绩，从而成为令人称道的、卓有成效的现代销售人员。

41.3.2　销售心态测试

销售人员可通过回答下列试题中的各项问题，得出分数，加以计算，便可清楚地知道自己属于销售方格中哪种类型的销售心态。

1. 测试试题

现将推销心态的自我测试试题描述如下。

第一部分：

(1) 我愿接受顾客的意见和决定。

(2) 我非常重视与顾客保持良好的关系。

(3) 我善于寻找对顾客和自己都可行的结果。

(4) 我在任何困难的情况下都要找出结果。

(5) 我希望在相互了解和认同的基础上得出结果。

第二部分：

(1) 我能够接受顾客的全部意见和各种态度，并避免提出反对意见。

(2) 我愿意接受顾客的各种意见和态度，更善于表达自己的意见和态度。

(3) 当顾客与我发生分歧时，我采取折中的态度。

(4) 我总是坚持自己的意见和态度。

(5) 我愿意听取别人的意见，但我也有自己独立的见解。当别人的意见更为高明时，我能改变自己原来的立场。

第三部分：

(1) 我认为多一事不如少一事。

(2) 我鼓励别人去做他们想做的事。

(3) 我善于接受合理化建议，以便于工作顺利进行。

(4) 我知道自己在追求什么，并且要求别人也接受我的追求。

(5) 我把自己的全部精力都投入到所从事的事业中，同时也关心别人从事的事业。

第四部分：

(1) 当冲突发生时，我总是保持中立，尽量不去惹是生非。

(2) 我总是避免冲突发生，但当冲突发生时，我会设法去消除。

(3) 当冲突发生时，我能保持镇定，不抱成见，并设法找出一个公平合理的解决方法。

(4) 当冲突发生时，我会设法击败对方，赢得胜利。

(5) 当冲突发生时，我会设法找出冲突的根源，并客观、理智地寻求解决的办法，消除冲突。

第五部分：

(1) 为了保持中立，我很少被他人激怒。

(2) 为了不使个人的情绪受干扰，我总是以友好而温和的态度对待他人。

(3) 当情绪紧张时，我常常不知所措，不能避免更大的压力

(4) 当情绪不好时，我会尽力保护自己，抗拒外来的压力。

(5) 当情绪不好时，我能设法将它隐藏起来。

第六部分：

(1) 我的幽默感常常让别人觉得莫名其妙。

(2) 我的幽默感主要是为了保持良好的人际关系，用来冲淡严肃紧张的气氛。

(3) 我希望以自己的幽默来说服别人，便于让别人接受我的意见。

(4) 我的幽默感很难察觉。

(5) 我的幽默感容易被别人察觉，即使在高压下，我仍能保持幽默感。

自我测试的方法：进行自我测试的销售人员在动笔前先将上述6个部分中每5种不同的测试题仔细阅读一遍，然后选出最适合自己心态的方案，并在前面的空格中写5，在次适合自己心态的空格中写4，以此类推，在最不适合自己心态方案的空格中写1。在答完上述试题之后，将每个方案的得分填写在下面的"销售心态得分核对表"中，如表41-2所示。然后将纵向的分数相加，总分最高的那列，就是自己所处的销售心态。

表41-2　销售心态得分核对表

	(1，1)型	(1，9)型	(5，5)型	(9，1)型	(9，9)型
第一部分	(1)	(2)	(3)	(4)	(5)
第二部分	(1)	(2)	(3)	(4)	(5)
第三部分	(1)	(2)	(3)	(4)	(5)
第四部分	(1)	(2)	(3)	(4)	(5)
第五部分	(1)	(2)	(3)	(4)	(5)
第六部分	(1)	(2)	(3)	(4)	(5)
总分					

要使销售人员都具有(9，9)型的态度和行为，能适应各种类型的顾客，在销售中出色而成功，为企业赢得市场、信誉和效益，并非易事。除了销售人员自身具有良好素质

以外，还需对他们进行有针对性的各类专业培训。其中，销售方格和顾客方格本身就是对销售人员进行培训的方法之一。

2. 测试步骤

(1) 让销售人员熟悉、理解两种方格图的基本原理和内在含义，并根据销售方格图来分析、测试自己的销售心态，明确自己属于哪一种类型的销售人员。

(2) 组织销售人员学习(9，9)型的销售行为规范，并设计实现(9，9)型行为规范的要求，设想可能不利于实现该规范的因素。

(3) 根据(9，9)型销售行为规范的要求，确定销售人员的各项具体工作目标。

(4) 组织销售人员进一步讨论、认识已确定的工作目标，并提出实现目标的计划和行动方案。

(5) 在实现该工作目标的过程中，进行评估检查，发现问题及时纠正，巩固成果、不断推进，最终达到(9，9)型的销售行为规范和工作目标。

工 具 42

SPIN销售法——系统化挖掘客户需求的销售工具

❋ 42.1 基本概念

42.1.1 产生背景

SPIN销售法是美国销售咨询专家尼尔·雷克汉姆(Neil Rackham)与其研究小组，通过分析35 000多个销售实例，与10 000多名销售人员一起到各地进行工作，观察他们在销售会谈中的实际行为，研究了116个可以对销售行为产生影响的因素和27个销售效率很高的国家，历时12年，于1988年正式公布的销售方法。

尼尔·雷克汉姆在《SPIN销售》一书中以全新的视角研究大型销售问题。书中在销售技巧的改善方面进行了大力研究与分析，倡导的SPIN销售模式风靡全球，成为推销高价产品和大规模销售的最佳利器。这种销售法非常强调与客户的沟通交流，目的是发掘、激活、加工、引导和满足客户的需求并使客户认同，从而获得销售的成功。

42.1.2 工具内涵

SPIN销售法是由实情探询提问(situation question)、问题诊断提问(problem question)、启发引导提问(implication question)、需求认同提问(need payoff question)4个词组的首字母组成。SPIN销售法，是指在营销过程中专业地运用情况探询、实际问题诊断、启发引导和需求确认四大类提问技巧，来发掘、明确和引导客户需求与期望，从而不断地推进营销过程，为营销的成功创造基础的方法。

这个销售法把营销活动分为4个周期阶段：①销售启动阶段；②市场研究交流阶段；③销售能力展示阶段；④买卖承诺阶段。必须完成上一个阶段的工作才能进入下一个阶段，但是第二个阶段即市场研究交流阶段是最关键的，在这一阶段的表现将在很大程度上决定营销成功与否。

42.1.3 优势体现

SPIN销售法能够帮助营销人员找到客户现有背景的事实，引发客户说出隐藏的需求，放大客户需求的迫切程度，同时揭示自己对策的价值或意义。使用SPIN策略，销售人员还能够全程掌控长时间销售过程中客户细微的心理变化。

SPIN销售法的根本意义在于，通过一系列提问启发准客户的潜在需求，使其认识到购买此产品能够为他带来多少价值。因为在大宗生意中，大多数购买行为的发生都是在买主的不满达到真正严重迫切的地步，并且足以平衡解决问题的对策所付出的成本时才会发生，这就要求销售人员发现并理解买方的隐含需求——难题和不满，并进一步放大澄清，并转为明确需求——一种清晰的、强烈的对对策的欲望或愿望，而卖方的产品或服务正可以满足它。在这一过程的不同阶段都会对买主购买过程的心理变化产生潜在的影响，因此销售人员要为开发客户的需求指明方向，一步步接近目标，直到目的地——明确需求。

❋ 42.2　内容分析

42.2.1　流程步骤

销售人员运用SPIN模式提问时，应按照一定的次序询问顾客。

1. 背景问题

(1) 目的。

在每一笔生意会谈的初期阶段，特别是因为新的原因与新客户接触时，如果不知道客户处于什么状况，就要询问顾客一些现状问题。找出现状问题的目的是了解客户可能存在的不满和问题，因为客户不可能主动告诉销售人员他有什么不满或者问题。销售人员只有自己去了解和发现，才可能获知客户的困难。

了解客户现状问题的途径就是提问，通过提问来把握客户的情况。比如，销售人员通常会询问客户下述问题："从事什么行业？""年销售额是多少？""决定购买了吗？""雇了多少人？"进一步会问"目前企业使用的是什么设备？""用了多长时间？""是买的还是租的？"等等。

(2) 注意事项。

询问的时候要把握两个原则：问题数量不可太多；目的要明确，问那些可以开发成明确需求，卖方的产品或服务是可以解决难题方面的问题。

研究表明：在成功的会谈中，销售人员问的背景问题比在失败的会谈中少；缺乏经验的销售人员比那些有较多经验的销售人员问的背景问题多；背景问题是各种问题中最基本的一种，但使用时要特别小心；成功的销售人员会问很少的背景问题，但他们的每个问题都会有目的。如果问太多的背景问题，买方很快就不耐烦了。

成功的销售人员不是不问背景问题，而是不问那些没有必要的背景问题。在见面之前他们会多方面思考，制订会谈计划，努力从其他来源找到与事实有关的基本信息，而不是从买方那得到信息，排除许多可能让客户厌烦的刨根问底的问题。

2. 难点问题

(1) 目的。

难点问题的定位是发现客户的问题、难点和不满，而卖方的商品和服务正是可以帮助客户解决他们的这些难点和不满的问题。如"这项操作是否很难执行？"或"你担心那些老机器的质量吗？"等，难点问题为订单的开展提供了许多原始资料。

(2) 注意事项。

针对困难的提问必须建立在现状问题的基础上，只有做到这一点，才能保证所问的困难问题是客户现实中存在的问题。如果见到什么都问有没有困难，就很可能导致客户的反感。

问困难问题只是推动客户购买流程中的一个过程，在传统销售中，所提的困难问题越多，客户的不满就会越强烈，就越有可能购买新的产品；而以客户为中心的现代销售并非如此，它所提的困难仅仅是客户的隐藏需求，不会直接导致购买行为，所以询问困难问题只是推动客户购买流程中的一个过程。

要避免问涉及潜在顾客个人隐私和情感方面的事情，也不能对潜在顾客近期的一些重大购买决定评头论足，更不能使问题的核心围绕在已经购买了卖方的产品和服务上，这往往会引发潜在顾客对产品或服务的不满，为销售人为设置障碍。

研究发现： 难点问题与成功销售的联系比背景问题与之的联系更紧密；难点问题越多，会谈成功的概率越大，在小生意中尤为显著；销售人员问的难点问题与背景问题的比例可以反映出他的经验多少，经验多的销售人员问难点问题的比例较高。

3. 暗示问题

(1) 目的。

暗示问题即扩大客户的问题、难点和不满，使之变得清晰严重，并能够揭示出所潜伏的严重后果的问题。当客户了解到现有问题不仅仅是一个单一的问题，它会引发很多更深层次的问题，并且会带来严重后果时，客户就会觉得问题非常严重、非常迫切，必须采取行动解决它，那么客户的隐藏需求就会转化成明显需求。也只有当客户愿意付诸行动去解决问题时，才会有兴趣询问卖方的产品，去看卖方的产品展示。如"这个问题对你们的远期利益有什么影响吗？"或"这对客户的满意程度有什么影响吗？"等暗示问题就是通过积聚潜在顾客难题的严重性，使它大到足以付诸行动的程度。

(2) 注意事项。

让客户从现有问题引申出别的更多的问题，是非常困难的一件事，销售人员必须进行认真的准备。当暗示问题问得足够多的时候，客户可能就会出现准备购买的行为，或者表现出明显的意向，这就表明客户的需求已经从隐藏需求转为明显需求，引出牵连问题已经成功。如果没有看到客户类似的一些表现，那就证明客户仍然处于隐藏需求的阶段，说明所问的牵连问题还不够多、不够深刻。

询问暗示问题的困难在于措辞是否恰当和问题的数量是否适中，因为它往往使潜在顾客的心情沮丧、情绪低落。如果还没有问背景问题和难点问题，过早引入暗示问题往往使潜在顾客产生不信任感，甚至拒绝与销售人员继续交流。

4. 需求—效益问题

(1) 目的。

销售人员询问需求—效益问题，目的是让客户把注意力从问题转移到解决方案上，并且让客户感觉到这种解决方案将带来的好处。如"如果把它的运行速度提高10%对您是否有利呢？"或"如果我们可以将其运行质量提高，那会给你怎样的帮助呢？"等。这些都是典型的需求—效益问题。这么一个简单的问题，就可以让客户联想到很多益处，把客户的情绪由对现有问题的悲观转化成积极的、对新产品的渴望和憧憬。

(2) 注意事项。

销售人员最易犯的错误就是在积聚起问题的严重性之前过早地介绍对策。在潜在顾客没有认识到问题的严重性之前为卖方的需求开发设置障碍。因此，问需求—效益问题的最佳时机是，在卖方通过暗示问题建立起买方难题的严重性后，而又在卖方描述对策之前。在每笔生意中，出色的销售人员较之一般销售人员所问的需求—效益问题要多10倍。

需求—效益问题不是注重问题而是注重对策。这样可以建立一种提供对策和方案的积极解决问题的气氛。与前几种问题不同，需求—效益问题成功地聚焦于为客户解决问题，而不是单单注重问题的存在。更重要的是客户开始向卖方解释可以取得的利益。因此，需求—效益问题被誉为有建设性的、积极的、有意义的问题。

大部分销售对话是用背景问题建立一些背景信息，然后卖方利用难点问题让客户自己说出问题所在。出色的销售人员不会在这时揭示对策方案，他们会利用暗示问题使客户的痛楚一点点建立起来。最后讨论解决方案时，他们会利用需求与回报问题引导客户自己说出/认同销售代表能提供的方案。

SPIN销售法的流程，如图42-1所示。顾客的明确需求就是这样一步步被开发出来，SPIN不是关于如何销售的革命性的发现，但它的强大力量在于把一个复杂的过程转为用很简单、很精确的方式描述出来，它帮助买方看清了自己正在做什么，准确地找到最需要实现的目标区域。对实际操作者来说，重要的是不要只把SPIN看作一个僵化的公式，如果是用固定不变的模式去销售，那必败无疑；相反，应该仅仅把这种模式看作成功销售人员如何进行提问探索的大体描述，把它当作一种指导方针而不是一个一成不变的公式。

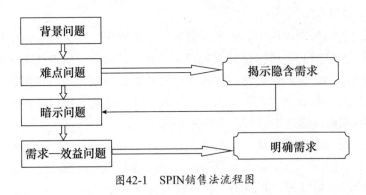

图42-1　SPIN销售法流程图

42.2.2　使用诀窍

1. 充分准备

SPIN这种提问方式，是为了把客户的隐藏需求转变为明显需求，而要达到这个目的并不容易，因此要求销售员在拜访客户之前一定要进行非常充分的准备。只有进行大量的案头工作，把所有的问题提前准备好，才有可能成功地进行提问。

2. 不断演练

(1) 每次只练习一种提问方式。在运用SPIN技巧进行销售的过程中，不可能一下子就非常熟悉，需要销售人员进行充分准备，在拜访客户之前尽可能地演练这种技巧，一个一个问题地问，而且每一次只练习一种提问方式，这样才能运用得非常成熟。

(2) 进行大量练习。SPIN提问技巧的难度很大，一定要进行大量的练习。在练习SPIN技巧的时候有一个要求，就是要先重数量，后重质量。

(3) 不断实践。练习完一种问题后，要在实际工作中不断实践。只有不断实践，销售人员才可能做到得心应手、脱口而出，从而很好地通过提问来引导客户的购买流程，使客户最终购买产品。

42.2.3　熟练掌握沟通的原则

销售人员应熟练掌握提问沟通的原则，将它们应用于SPIN模式中，避免错误的提问方式或内容使顾客产生排斥心理。

第一项原则：简单易答，每次提问不应该包含一个以上的内容。如果一个问题涉及的内容太多，会使潜在顾客难以回答。

第二项原则：只使用那些提问者能够预测答案的或者不会导致提问者陷入困境不能脱身的问题。提问是一种强有力的推销技巧，但使用不当会适得其反。

第三项原则：在提出问题后给潜在顾客一些思考时间，这需要暂停或等待。一个问题接着一个问题，会给购买者造成威胁，给他们的感觉就像在法庭上受盘问的证人一样。没有给潜在顾客足够的时间也就等于没有达到询问的主要目的，即没有建立起潜在顾客与销售人员之间的双向交流。

第四项原则：倾听，潜在顾客欣赏好的听众，认为注意聆听是销售人员对自己的情况感兴趣的一种表示。许多销售人员只注重自己问问题，而不注重倾听潜在顾客的回答(或者忽视非语言信号)。销售人员要有意识地倾听潜在顾客在讲什么，这样才能问出明智的、有意义的问题，从而既帮助自己也帮助潜在顾客确定存在的需要和问题，以及相应的解决方案。

42.2.4　影响购买决策的人员

在实际工作中，任何一个大客户在购买产品时，都会有5种人参与决策，即决策人、相关的财务人员、支持人员、技术人员和实际使用产品的人员。这5种人都对采购决策产生非常重要的影响。

1. 决策人

决策人就是在一个单位中对各项采购做出决定的那些人，通常是企业的高职位者。这类人一般都不愿意在各种表格上签字，因为每签一个字就意味着承担了更多的责任。

显然，决策人关心的是所购买产品的安全度和可靠性。此外，决策人通常还非常关心投入产出比。

销售人员在接触决策人的时候，一定要非常专业，让决策人觉得产品是可信的。只有满足了决策人对可靠性的需求，他才会决定购买，才会在订单上签字。因此，销售员应该给决策人提供大量看得到、摸得着的数据，让决策人产生安全感，这就是针对决策人的销售方法。

2. 财务人员

在采购决策的过程中，有一类人也会参与，即财务人员或者说是控制预算的人员。财务人员的需求非常简单——只要采购在预算之内，并且符合公司的各种财务流程，财务人员就会支持。

销售人员在拜访财务人员的时候，不要立刻介绍产品，而要先了解所销售的这类产品是否在客户预算之内，以及客户的财务流程是什么样的。如果客户没有相应的预算，或者采购不符合客户的财务流程，那么销售人员就要开发出足够多的理由，让财务人员觉得可以为这个采购而改变财务流程或预算。

3. 支持人员

购买活动中的支持人员，即客户内部支持采购行动的人员，他们对销售的帮助可能会非常大。哪些人有可能是支持人员呢？比方说公司的秘书或相关的助理，虽然他们不是决策人，但他们的影响不容小觑。这类人的需求和决策人、财务人员的需求是不一样的，他们的需求就是得到销售人员的尊敬。同时，他们也可能有一些小恩惠的需求，如一件小礼品。

依据以上情况，在推销过程中，销售人员对待这些支持者一定要非常有礼貌、非常友好，尽量满足他们受尊重的需要。此外，销售员应事先准备各种小礼品，恰当运用一些小礼品有时可以发挥非常大的作用。

4. 技术人员

在购买产品尤其是技术产品的过程中，决策人肯定会征求技术人员的意见，或者要求技术人员进行技术审核。那么，技术人员的需求就是大量可供分析的技术资料，通过这些资料来判断产品技术是否可靠。

在与技术人员的沟通过程中，不需要说太多，重要的是给技术人员大量相关的技术资料，让他从中发现支持购买行为的理由。

5. 产品使用者

最后一种影响购买决策的人是产品的使用者，这类人的需求非常简单，就是产品使用起来一定要尽可能方便。使用者不关心价格，也不太关心售后环节，他最关心的就是产品使用起来是否方便。

销售人员在见到使用者的时候，一定要了解他怎样进行工作，然后介绍新产品怎样使他的工作变得更加轻松。所以，在和使用者接触的时候，一定要现场演示新产品，并鼓励使用者进行尝试，从中体验一下新产品给工作带来的方便。

上面介绍了在以客户为中心的销售过程中可能见到的影响决策的5种人。要想使客户最终购买产品，就必须尽量争取上述5种人的支持。在与这5种人的沟通过程中，SPIN技巧是一件利器，它对每一种人都适用。它的目的就是使这5种人的隐藏需求都变成一种明显的需求，从而以一个团队的姿态推进销售流程。

❋ 42.3 作用和意义

简单地说，SPIN销售法是一种向客户提问的技巧和开发潜在客户需求的工具，它专门应用于大订单销售且十分有效，是所有大客户销售经理必须掌握的专业技能。目前，国内接受了SPIN销售法概念并加以应用的有华为通信、中国电信、中国联通、阿里巴巴、宝山钢铁、豫园商城、金地地产、奥迪汽车、克莱斯勒、深圳邮政、艾默生电器等。

SPIN销售法彻底改变了3个与销售有关的领域：

(1) 销售工作本身。SPIN销售技巧和模式基本上不受产品限制，只要是目标客户采购决策时间较长、参与决策人数较多、决策时销售人员不在现场，以及客户采购风险比较大的产品销售，都适用SPIN。

(2) 销售管理。SPIN认为对销售人员有效的管理，不是统计他们拜访客户的数字，而是在销售拜访之前反复策划销售过程，不断练习各种准备好的销售问题，由此推动销售过程。

(3) 销售培训行业。SPIN向传统的"专业销售技能"培训发起了挑战，已经得到了世界500强企业的认可和推崇。

工 具 43

CS战略——企业提高市场占有率的有力工具

❄ 43.1　基本概念

43.1.1　基本理念

CS是customer satisfaction的英文缩写，译为"顾客满意"，也称"顾客完全满意"。

CS战略即顾客满意战略，是指顾客在购买和消费某种有形产品或无形产品的过程中，消费需求获得满足的状态。CS战略是一种以顾客满意为核心、以信息技术为基础，以顾客满意需求、顾客满意指标、顾客满意程度等为工具而组成的一种新型的现代企业经营管理理论。CS战略中的"顾客"：其一是指企业的外部顾客，即购买和可能购买企业产品或服务的个人或团体。其二是指企业的内部顾客，即企业的内部成员，包括企业的员工和股东。故CS战略是一种以广义的顾客为中心的全方位顾客满意经营战略。

CS战略中的顾客满意指企业提供给顾客的产品或服务符合或超过顾客事前期待的状态。顾客的事前期待与顾客对产品或服务的实际体验二者间的差距，决定着顾客的满意程度。顾客满意是建立在道德、法律和社会责任基础上的，有悖于道德、法律和社会责任的满意行为不是顾客满意的本意。顾客满意的内容是一个动态变化的发展系统。顾客满意是相对的，是建立在特定的时空条件下的生产力水平和消费水平上的，有鲜明的个体差异，企业应提供有差异化的顾客满意服务。

CS的基本指导思想，是生产或服务性组织的整个经营管理活动都要以顾客的满意度为指针，组织应该从顾客的角度，用顾客的观点来分析和考虑消费者的需求，并以此为根据来设计、生产、提供自己的产品，让顾客最大限度地感到满意。

其基本观点和方法是：把顾客需求(包括潜在的需求)作为企业开发产品的源头，在产品功能价格设定、分销促销环节建设、完善售后服务系统等方面，以便利顾客为原则，最大限度地使顾客感到满意；在产品开发到产品售出乃至实施售后服务的整个过程，企业要及时跟踪研究顾客购买的满意度，并依此设立改进目标，调节经营环节；抓住老顾客并通过老顾客为企业传播良好口碑，扩大顾客队伍。通过不断巩固和提高顾客满意度，保证企业在激烈的市场竞争中占据有利位置。

43.1.2　主要内涵

1.顾客满意的内容

CS由顾客对企业的理念满意、行为满意、视听满意、产品满意和服务满意5个方面构成。

(1) 理念满意，指企业经营理念带给内外顾客的满足状态。它包括经营宗旨满意、经营哲学满意、经营价值观满意等内容，是顾客满意的思想保障。

(2) 行为满意，指企业全部的运行状态带给内外顾客的满足状态。它包括行为机制满意、行为规则满意、行为模式满意三大基本内容。

(3) 视听满意，指企业可视性和可听性外在形象带给内外顾客的满足状态。它包括企业名称满意、标志满意、标准色满意、标准字满意和应用系统满意等。

(4) 产品满意，指企业产品带给内外顾客的满足状态。它包括产品质量满意、产品功能满意、产品设计满意、产品包装满意、产品品位满意和产品价格满意。

(5) 服务满意，指企业服务带给内外顾客的满足状态。它包括绩效满意、保证体系满意、完整性满意、方便性满意和情绪环境满意等。

2. 顾客满意的层次

(1) 物质满意层。物质满意层是顾客在对企业提供的产品核心层的消费过程中所产生的满意。物质满意层的支持者是产品的使用价值，如功能、质量、设计、包装等，它是顾客满意中最基本的层次。

(2) 精神满意层。精神满意层是在对企业的产品形式层和外延层的消费过程中产生的满意，精神满意层的支持者是产品的外观、色彩、装潢品位和服务等。

(3) 社会满意层。社会满意层是顾客在对企业提供的产品的消费过程中体验到的社会利益维护程度。社会满意层的支持者是产品的道德价值、政治价值和生态价值。产品的道德价值是指产品在消费过程中，不会产生与社会道德抵触的现象；产品的政治价值是在产品的消费过程中不会导致政治动荡、社会不安；产品的生态价值是在产品的消费过程中不会破坏生态平衡。

以上3个满意层次，一般具有递进关系。从社会发展过程中的满足趋势看，人们首先寻求满足的是产品的物质满意层，只有这一层次基本满意后，才会考虑精神和社会满意层。

❋ 43.2 主要内容

CS战略是站在顾客的立场上研究和设计产品，尽可能地把顾客的"不满意"从产品本身(包括设计、制造和供应过程)去除，并顺应顾客的需求趋势，预先在产品本身上创造顾客的满意。通过发现顾客的潜在需要并设法用产品去引发这些需要，使顾客感受意想不到的满意。

CS战略不断完善服务系统，包括提高服务速度、质量等方面，最大限度地使顾客感到安心和便利；十分重视顾客的意见，让用户参与决策，把处理好顾客的意见视为对创造顾客满意度的推动。

CS战略创造厂商与顾客彼此友好和忠诚的界面，使服务手段和过程处处体现出真诚和温暖；建立以顾客为中心的企业组织，要求对顾客的需求和意见具有快速的反应机制，养成鼓励创新的组织氛围，组织内部保持上下沟通的顺畅。

CS战略采用分级授权形式，这是及时完成令顾客满意的服务的重要一环。如果执行工作的人员没有充分的处理决定权，什么问题都须等待上级命令，顾客满足是无法保证的。虽然授权不同于真正的权利，但通常受权人在执行过程中会增强责任意识。

❋ 43.3 工具运用

43.3.1 实施战略的条件

企业导入CS战略要想取得成功，必须具备以下条件。

(1) 企业真正需求，领导全面参与。企业需求包括客观需求和主观需求两个方面。客观需求是指在企业经营管理过程中，因面临复杂多变的竞争环境而产生的对导入和实施CS的需要。在这一需求的基础上，企业最高层领导和企业的绝大部分员工感到生存和发展的压力，迫切需要导入和实施CS战略，这种认识上的需求是主观需求。企业的真正需求和领导的全面参与，是企业成功实施CS战略的重要保证。

(2) 较强的经济实力。CS战略的设计和全面实施需要较高的投入。财力有限的企业在实施CS的过程中，要么停止实施，要么减少不该减少的经济投入，影响CS的应有效果。

(3) 独特的企业定位。CS的要点是创造令顾客满意的、富有个性的企业文化和经营战略。建立在CS调查基础上的企业定位，是实施CS战略的基础。CS战略的实施过程，就是使企业的定位外显张扬并让公众认同、理解、接受、好评和满意的过程。

(4) 明确独特的理念及与之相一致的企业行为。一个以"顾客第一"为理念的商店，如果其售货员服务态度粗暴，言行举止不文明，即使该店注重视觉形象，设计出华丽的外观和装潢，口号喊得再动听，也难以得到大众对它的认同。

(5) 企业产品或服务品质优良。实施CS战略的企业，其产品或服务质量最好品质超群，即使不"超群"，至少也要良好。低劣产品和服务无论怎样打扮和乔装，充其量只能获得一次性购买，而且还会引起顾客的不满，因而难以有较长时间的效果。

(6) 有适宜的时机。CS战略设计一旦定型就不能轻易改变，因而要求企业的结构、经营理念、产品和业务、顾客群等相对稳定，并且有较为固定的市场或辐射范围。实施CS战略涉及影响顾客满意度的所有因素，如果部分或分阶段实施，或中间导入，均会带来CS设计、控制或管理方面的困难。因此，导入并实施CS要选准时机，一鼓作气。

(7) 选择知识结构合理、策划水平较高、实践经验丰富的CS设计群，建立企业CS推广机构。CS是一个复杂的系统工程，有赖于经济学、社会学、人才学、心理学、系统学、规划学、传播学、广告学、公关学、管理学、文化学、美学、计算机和工业设计等多种专业知识的融汇与贯通，需要各路专家和高手通力合作。单一学科或专业领域专家学者是无法设计出优秀的CS战略方案的。与此同时，为了保证CS战略的实施效果，企业应该设置专门推广机构，保证CS的顺利推行，监督其实施和传播效果，及时调整实施的战术和战略。

43.3.2　实施措施

(1) 树立CS观念。在市场经济条件下，企业离不开市场，市场是企业生存与发展的空间。而市场就是顾客，只有使顾客满意才能促进企业的产品销售。企业从上到下的全体员工要牢固树立CS战略思想，一切从消费者的利益出发，围绕顾客的满意开展各项经营活动，这是企业诸多经营观念的中心，是一切观念、行为的总纲。

(2) 加强对顾客的研究，建立与顾客的关系。在市场导向下，企业要不断地研究市场需求，适应市场需求让顾客最大限度地满意才能占领市场。因此，企业要经常收集有关消费者需求的各种信息，这些信息包括消费者偏好、情感、价值取向、对商品评价等各种心理活动，以及购买决策的制定过程，购买后的感觉等。对这些信息要认真地分析、加工和处理，以便更好地了解顾客，并千方百计地与顾客建立一种和谐的关系，使之增强对公司的了解，最终赢得顾客。对于内部员工也应经常了解他们的工作、生活情况，与之建立一种良好的关系，使其感到自己是企业的主人，关心企业的前途和命运。

(3) 提高质量，改进服务。产品的质量是一个永恒的话题，质量的好坏直接关系到顾客的满意程度，要树立大质量观观念，围绕整体产品的三个层次来提高质量，而不单是核心产品的质量。企业要围绕产品质量的提高来加强质量监督，强化质量管理，建立健全质量管理体系，使产品质量最大限度地令消费者满意。产品不仅质量好，还包括良好的服务，良好的服务可令消费者满意。服务应是全过程的，它包括售前、售中、售后。要不断地扩大服务的范围，服务的内容要广泛、周到，服务方式要新颖、灵活，服务质量要不断提高，强化服务意识，使服务与产品实体融为一体。

(4) 强化企业公关工作。首先，企业应积极通过各种公关手段，如新闻发布会、各种展销会或其他形式等，宣传企业产品和服务，让顾客更多地了解企业的经营宗旨、营销理念。通过这些活动可消除顾客对企业存在的不满、疑虑，做到让消费者买得称心、用得放心。其次，企业要认真处理顾客的投诉。一个企业在工作中即使再好也避免不了顾客的不满和批评，当出现此类情况时，企业应积极化解矛盾，妥善处理，争取顾客的理解，使顾客的不满消失，最终成为企业永久的顾客。

(5) 强化内部营销，使企业员工满意。CS战略不仅包括顾客满意，同时也包括员工满意的原则。员工满意的程度直接关系到消费者满意的程度，内部满意才能使外部满意。企业要开展内部营销，要努力创造一个和谐的内部环境，使员工能够自觉地贯彻CS战略原则。首先，要使企业员工有一个共同的价值观念。一个长期成功的企业必须有一种基本信念，以维系、动员、激励全体员工，调动他们的积极性。其次，企业要创造一个最佳人事环境，使企业能聚集人才、重视人才，充分尊重每个员工，给他们以更大的发展机会，鼓励他们向上、进取。最后，要培养员工的情感，增强企业的凝聚力，使员工对企业有安全感、舒畅感、归属感，只有这样才能令员工满意，才能创造最佳经济效益。

43.3.3　实施原则

第一，高层管理人员必须对"建成真正以顾客为动力的公司"做出坚定的承诺，而且必须经常强化这个承诺。

第二，在企业经营方面即将做出重大决定时，要考虑的最重要的问题是"对顾客来讲什么最好？"

第三，要利用多种信息渠道来获得顾客满意信息，然后用统计数字表明这一满意程度，并且定期制作图表，显示趋势。

第四，必须有适当的体系和程序，用以在顾客满意度衡量结果的基础上做出决策。

第五，所有成员必须明白并且能够解释他们的主要任务和责任是为顾客服务。

第六，对全体成员的报酬与奖励，至少在某种程度上必须同顾客满意度的衡量结果挂钩。

第七，坚定不移、持久稳定地提供完善的服务。优秀企业都把提供完善的服务，作为企业理念的重要组成部分。

43.3.4 实施途径

CS战略中最重要的就是要站在顾客的立场上考虑和解决问题，要把顾客的需要和满意放到一切考虑因素之首。能否真正做到这一点，则是CS战略能否成功的关键所在。企业实施CS战略，主要应从以下几方面入手。

1. 理念满意

CS经营理念是CS战略的核心，它决定了企业发展的方向，以及企业发展的成败。

(1) 企业必须从顾客的需求出发，分析企业面对的顾客群体的情况，分析顾客对企业的产品需求，及其所期望的产品和服务。这些都将成为企业进行理念设计时的客观依据。

(2) 企业必须从本行业的实际出发，在进行理念定位时要突出行业特点，要做到企业的理念设计使顾客乐于接受，还必须在顾客优先关注的问题上达到顾客满意，使顾客放心。

(3) 企业必须从时代与社会的要求出发，力求企业的理念设计具有时代感，符合当代顾客的价值观，迎合当代顾客的喜好，使得企业的经营理念既要作为企业长期的指导思想，又要做到随着时代的推移，而不断顺应时代的变化，使顾客紧跟时代。

2. 行为满意

行为满意系统是CS战略的重要内容。没有这一套系统，顾客满意就不可能得到保障。该系统通过行为机制满意、行为规程满意、行为模式满意予以保证。其中，行为机制满意是行为满意系统运作的基本条件。企业应建立如下机制：

(1) 激励机制。激励机制是为激发员工的工作积极性和创造性而采取的奖励分配措施，包括精神的激励和物质的激励。

(2) 约束机制。约束机制是紧紧围绕企业的经营、管理、商品、服务所形成的具有强制约束力的规章制度。

(3) 监督机制。监督机制主要表现为社会对企业的监督，顾客对企业的监督，下级对上级的监督，员工对领导的监督，从而形成多层次的网络监督体系。

(4) 发展机制。发展机制是企业为实施顾客满意战略，建立的顾客满意管理保证体系。

建立以上机制的同时，企业还应健全5个系统：一是建立顾客信息调研系统，细心了解顾客需求，收集顾客信息；二是建立顾客信息传入系统，设立总经理意见箱和满意工程接待中心；三是建立决策中枢系统，专人负责顾客管理，全面分析、加工、整理顾客信息，聘请社会贤能组成决策智囊团，借助广大顾客的慧眼看企业的不足；四是建立顾客信息效应系统，没有效应系统的行为转换，就不可能形成行为满意；五是建立顾客信息反馈系统，检查企业的工作是否符合顾客的需求。

3. 视听满意

视听满意系统是指企业的视听识别系统，它包括企业标志(企业名称和图案)、企业标准字和标准色的视觉满意，视觉整合体系满意，以及对企业之歌，广告宣传和营销策划活动的音响效果等的听觉满意。

(1) 企业名称满意。企业取名要有自己的个性，突出自身的特点，要有文化味，要别致，尤其要体现美感，让人产生美好的体验和联想，要便于记忆，要符合顾客的心理。

(2) 企业标志满意。标志是用于标识企业商标或品牌的一种文字、图案或图案文字结合体。标志不仅是消费者辨认企业的途径，也是增强企业广告宣传效果的最好手段，因此标识设计应该具有如下特点。

① 简洁明快。简洁明快，并不是说图文简单，缺少内涵，而是说图文看来清楚明了，不造成视觉负担，让人一见就能借助无意识记忆，迅速理解和记忆。

② 寓意典型。作为标识，一般应有所寓意，让人一看就能够从中感受到企业特征、经营范围。寓意要准确贴切、通俗易懂，让人一见即可产生联想。

③ 新颖独特。只有新颖才能引人注目，只有独特才能与其他标识相区别，而形成新颖独特的前提是，首先必须研究企业与众不同的基本特性，然后再寻求与众不同的表现手法。要与众不同，就必须先研究其他企业的标识，这种研究不仅是为了独特性，也是为了避免法律纠纷。

④ 巧妙精致。标识设计贵在巧妙，巧妙与精致是标识设计艺术性的根本，解决设计中的生硬、牵强和松散的最好方法就是巧妙。

(3) 标准字满意。标准字是将产品或企业的名称加以熔铸、提炼，组合成具有独特风格的统一字体。有专家研究表明，内容完全相同的文字，若采用不同的字体表达，会使人产生不同的感受和联想。

(4) 标准色满意。标准色是通过某一特定的色彩或一组彩色系统的视觉刺激和心理反应，传达企业经营理念和产品特质的重要识别要素。标准色的设计如何，有时可以决定企业的命运，不同的色彩会给人不同的感觉。

总之，视听觉系统是一个完整的符号系统，由名称标志、标准字、标准色等基本要素构成，在确定各类设计要素时，既要考虑同一性和系统化的要求，又要根据知觉的特点和沟通手法，遵循美学原理，通过艺术表现力唤起大众的审美认同。

4. 产品满意

(1) 产品功能满意。一是要根据不同的细分市场研发产品；二是要为顾客量身定做产品；三是根据顾客的直接反馈改进产品。

(2) 产品质量满意和价格满意。这是产品满意系统不可缺少的支点，企业可以通过建立战略联盟、业务外包等方式，保证优质的原材料供应，也可通过效率超常的供应链降低产品成本，还可通过零库存和直销增强产品价格竞争力，最终达到顾客满意。

5. 服务满意

服务满意是企业争取顾客、求得生存和发展的关键。要创造服务满意，可从以下几方面入手。

(1) 不断完善产品服务系统，配备先进快捷的服务设施，建立良好的售前、售中、售后服务体系。售前、售中要采取产品信息发布会、展览会、示范操作演示等形式，积极主动地为顾客提供有关产品知识，并使其掌握产品使用方法，正确引导顾客选购最适用于自己的产品，尽量减少顾客购买的盲目性。售后应设立产品安装调试维修、送货等方便顾客的服务措施，并为顾客免费提供技术咨询、培训服务等，以消除顾客的后顾之忧，做好服务工作。充分发挥服务的心理作用，赢得顾客的信任，提高产品声誉，创造出令顾客满意的名牌。

(2) 形成令顾客满意的服务文化。令顾客满意的服务文化是全体员工集体素质和职业道德的结晶，也是发展的基石。要形成令顾客满意的服务文化，企业应对全体员工进行CS服务观念的教育，使"服务第一"的观念深入人心，让全体员工真正了解和认识到令顾客满意服务的重要性。同时，企业还应将"顾客满意、顾客至上"的理念渗透到服务规范制度、程序礼仪等之中，使之得以传播和深化，逐渐在员工中产生共识。在此基础上，通过全体员工的共同努力，创造出与顾客彼此友好和忠诚的界面，使服务过程处处体现真诚和温暖，从而在企业内部形成处处为顾客着想的氛围和令顾客满意的服务文化。

(3) 站在顾客的角度加强对服务质量的系统管理。确认顾客对服务的需求及对服务质量的期望，令顾客满意的服务首先要了解顾客所需服务的内容以及质量特性，尤其是顾客认为重要的特性需要详尽地分析认识。再者要正确判断消费者对服务质量的期望，以避免造成顾客不满意，甚至把精力浪费在顾客很不在意的质量特性上。建立完善的服务指标体系，作为企业为顾客提供服务的行为标准。根据企业不同阶段、不同时期的特点，制定合理的服务营销策略。不定期地进行顾客满意度调查，了解顾客对企业服务活动的评价，以作为服务人员绩效评估的参考和服务质量改进的依据。

43.3.5 注意问题

企业在实施CS经营战略的过程中，由于CS经营战略自身的局限性，得到顾客的认可需要一个过程，短期内很难产生效益，这期间可能会产生来自各方面的压力，使企业实施CS经营战略信心不足。因此，企业在实施CS经营战略时需要注意以下几个问题。

(1) 放宽时间期限，切忌急功近利。只有长期实施CS经营战略才能产生效益，一旦实施成功，会产生巨大的无形资产，切忌因一定时期获利微薄而丧失信心，只要能够生产出真正令顾客满意的产品，最终一定会得到丰厚的酬报。

(2) 多种营销策略相互配合，发挥综合效应。任何一种战略或策略都有自身的应用条件和领域，都有各自的优势和局限性，采用单一策略往往达不到理想境界。因此，企业要注意多种策略综合运用，如价格策略、竞争策略、服务策略等，发挥各种策略的优势，达到最优组合，实现综合效益。

(3) 树立动态理念，不断开发新产品。创新是企业发展壮大的动力，特别是对新产品的开发，不断有新产品问世，是企业抢先占领市场，赢得顾客，在竞争中立于不败之地的法宝。新产品开发与实施CS经营战略并不矛盾，开发新产品使顾客新的需求不断得到满足，如果用静态的观点来看待顾客满意，最终将没有顾客满意。因此，CS战略不是一种静态战略，而是一种动态战略。现在顾客满意不等于永远满意，要了解顾客的潜在需求，不断开发新产品，不断满足顾客新的需求，以实现顾客永远满意。

工 具 44

服务利润链——服务管理的经典分析工具

❋ 44.1 基本概念

　　1994年，由詹姆斯·赫斯克特(James Heskett)等5位哈佛商学院教授组成的服务管理课题组，提出了"服务价值链"模型。这项历经20多年、追踪考察了上千家服务企业的研究，包括美国运通、西南航空公司、丽嘉酒店等知名企业，提出员工的满意度是由多方面决定的，具体包括岗位设计、工作环境、员工选拔培养、激励机制，以及服务工具和技术支持等。另外，员工离职面谈、员工服务热线等都可以是了解员工满意度的有效手段。因此，企业若要建立起顾客满意的服务，首要条件就是提高员工的满意度，真正实现企业以人为本。

　　1997年，赫斯克特等人正式提出了服务利润链理论。该原理认为，利润、增长、顾客忠诚度、顾客满意度、顾客获得的产品，以及服务的价值、员工的能力、满意度、忠诚度、劳动生产率之间存在直接牢固的关系，如图44-1所示。

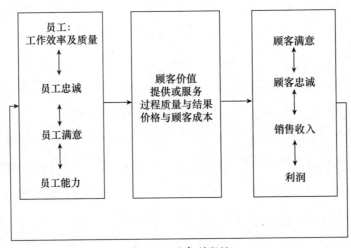

图44-1　服务利润链

44.1.1 理论来源

　　服务利润链源于3个理论研究的成果。

1. 顾客忠诚

　　长期以来，经理们普遍认为市场份额是决定利润的最主要的因素。根据研究，市场份额和公司利润有较大的相关性，市场份额扩张，利润必然增长。但随着时间的推移，市场环境已经发生了变化，通过对样本企业所采集的数据分析发现，顾客忠诚度比市场份额对企业的经营能力及成长影响更大。

2. 战略服务观

20世纪80年代中期，赫斯克特根据研究提出了一系列的关系，称为战略性服务观点。这一理论由以下4个基本因素构成。

(1) 目标市场细分，包括目标市场细分的共同特征是什么；哪些变量可被用来进行市场的细分，人口统计变量还是心理变量；各细分市场的相对重要性怎样，它们各自有哪些需求；这些需求是否已经得到满足，由谁满足。

(2) 服务概念，包括从为顾客所提供的结果的观点来看，服务的最重要的因素是什么；服务的这些最基本的要素是如何在目标细分市场上被识别的；这些要素对服务的设计、提供有什么影响。

(3) 经营战略，包括经营战略的最基本的要素是什么，是经营、融资市场、组织、人力资源还是控制；主要的努力应放在哪个方面；投资方向是什么；质量与成本如何控制；服务在竞争中的作用是什么。

(4) 服务提供系统，包括服务提供系统的特色是什么，人、技术、设备及过程在其中各起什么作用；系统所提供的最大服务能力是多少；这一服务提供系统在多大程度上为公司创造了差别化竞争优势。

3. 员工及顾客忠诚的决定因素

在对员工及顾客忠诚的决定因素问题的研究中发现，有些企业只付给员工很低的工资，提供很少的培训和个人发展机会，结果员工的离职率很高，员工忠诚度很低，最终造成顾客忠诚度也很低，企业利润下降，形成所谓"失败循环"。因此，员工的满意度与顾客的忠诚度直接相关。

(1) 过程质量和结果。提供产品及服务的过程质量是价值的决定因素之一。人们往往会重视结果，而忽视过程。然而，事实证明提供产品及服务的过程是决定价值的关键因素之一。当然，相对于有些产品及服务而言，过程不如结果对顾客的决策重要。在另一些情况下，价格及顾客的成本是比过程质量决定提供给顾客的价值、顾客的满意度和忠诚度更为重要的因素。

(2) 价格和顾客成本。低价格并不必然表明高价值。具有高价值的产品及服务，可能有低价格，也有可能有高价格。事实上，顾客需求及心理的复杂性决定了其对价格反应模式的复杂性，对于同一样产品及服务，顾客会愿意付出不同的价格，这可能取决于特定的时间、地点，这项产品及服务的相对重要性。由于价格仅是决定价值的因素之一，因此价格同样会受到顾客成本的影响。所谓顾客成本是指顾客取得产品及服务的难易程度。如果产品及服务有较强的易得性，那么顾客成本较低，顾客就会对价格产生不敏感性，这样就会增加公司的利润。

44.1.2　工具含义

服务利润链是表明利润、顾客、员工、企业四者之间关系并由若干链环组成的链，如图44-2所示。

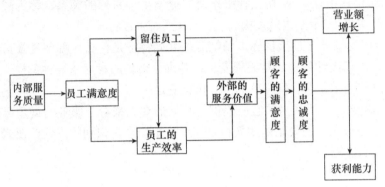

图44-2　服务利润链

服务利润链可以形象地理解为一条将盈利能力、客户忠诚度、员工满意度和忠诚度与生产力之间联系起来的纽带，它是一条循环作用的闭合链，其中每一个环节的实施质量都将直接影响其后的环节，最终目标是使企业盈利。

服务利润链的基本逻辑是：企业获利能力的强弱主要是由顾客忠诚度决定的；顾客忠诚是由顾客满意决定的；顾客满意是由顾客认为所获得的价值大小决定的；价值大小最终要由工作富有效率、对公司忠诚的员工来创造；而员工对公司的忠诚取决于其对公司是否满意，满意与否主要应视公司内部是否给予了高质量的内在服务。简言之，客户的满意度最终是由员工的满意度决定的。

服务利润链的核心是顾客价值方程式。根据顾客价值方程式，服务企业提供给顾客的服务产品的价值等于结果与提供结果的过程的质量同价格与顾客成本之比。顾客价值方程式是从顾客的角度来看产品与服务的价值。这一观点将直接影响顾客的购买决策。同时，以顾客价值方程式来定义的价值与顾客满意之间有着直接的关系。

❋ 44.2　主要内容

44.2.1　构成要素及关系

服务利润链的核心内容是顾客价值等式，而与顾客价值等式直接相关的是顾客忠诚循环和员工能力循环。实践证明，服务利润链中存在重要关系：①利润和顾客忠诚度；②员工忠诚度和顾客忠诚度；③ 员工满意度和顾客满意度。

在服务过程中，他们之间的关系是自我增强的，即顾客满意和员工满意是相互作用的。服务利润链各环节的逆向关系可表述如下。

(1) 公司的内在服务质量——员工满意度。促使员工对企业满意的主要因素一般包括两方面：一是企业提供的外在服务质量；二是企业提供的内在服务质量。当员工具备了上述两项条件时，自然会因达到预期目标而对工作满意，对企业满意，并最终对企业忠诚。

(2) 员工满意度——员工忠诚度。一个对企业满意的员工不会轻易离职，对工作会尽职尽责，对企业的忠诚自然会从其对企业的回报中得到体现。

(3) 员工忠诚度——员工工作效率。忠诚意味着员工对公司未来发展有信心，把个人的命运与企业的命运连在了一起，并将尽心竭力地为企业长期效力。

(4) 员工工作效率——顾客所获价值。因为价值是由人来创造的，企业员工的工作是价值产生的源泉。

(5) 顾客所获价值——顾客满意度。企业向顾客提供的产品及服务，只有比竞争对手具有更高的顾客所获价值才能赢得顾客满意。

(6) 顾客满意度——顾客忠诚度。顾客购买企业的某项产品或服务后，如果感到满意和高度满意就会重复购买和推荐他人购买，并表现出对企业产品或服务的忠诚，视其为最佳和唯一的选择。

(7) 顾客忠诚度——企业获利能力。顾客忠诚度的提高将会大大促进企业获利能力的增强。

服务利润链，如图44-3所示。

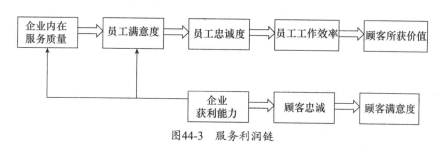

图44-3　服务利润链

44.2.2　要素内容

1. 企业内部服务质量导致员工满意

内部服务质量的好坏一般是以员工对他们的工作、同事和公司的感受来衡量的。影响员工满意的因素一般有两方面：外部服务质量和内部服务质量。外部服务质量，如薪水、福利、舒适的工作环境等。内部服务质量包括员工的培训和开发、奖励和认可、信息与沟通、技术和工作设计等。有关研究表明，员工最看重的内部因素有3个：员工完成预期目标所需的知识和能力、完成目标过程中被赋予的权力，以及提供的行动自由。因此，当员工具备了上述3个条件后，自然会对工作满意，从而对公司满意和忠诚。

2. 员工满意导致员工忠诚和效率提升

员工满意意味着员工对公司未来发展有信心，更愿意留在公司工作，从而导致员忠诚度的提高。一般而言，如果员工愿意留在公司工作，是因为他们为顾客创造了价值而自豪，心满意足。那么，这样的员工工作就会更加积极主动，效率也会更高。有经验的且忠诚的员工往往更懂得如何去识别、招揽最有价值的顾客并留住他们。因此，在整个服务利润链中，员工满意是至关重要的一环。

3. 员工忠诚和效率提升导致顾客所获价值提高

员工忠诚意味着员工对公司未来发展有信心，为能成为公司一员而感到骄傲，把个人的命运与企业的命运连在了一起，并将尽心竭力地为企业长期效力。员工工作效率提升意味着他们所创造的顾客价值的提高。因为价值是由人来创造的，企业员工的工作是价值产生的源泉。

4. 顾客所获价值提高导致顾客满意

顾客所获价值，也称顾客让渡价值，它是指顾客总价值与顾客总成本之间的差额。顾客总价值是顾客期望从某一特定产品或服务中获得的一组利益，包括产品价值、服务价值、人员价值和形象价值。

顾客总成本是在评估、获得和使用该产品或服务时引起的顾客的预计费用，包括货币成本、时间成本、精力成本和体力成本。

顾客在购买产品或服务时，总希望把成本降至最低，而同时又希望从中获得最大的实际利益，以便自己的需要得到最大限度的满足。因此，顾客在选购产品时往往从价值与成本两方面进行对比分析，从中选择出价值最高、成本最低，即顾客价值最大的产品作为优先选购的对象。可见企业向顾客提供的产品及服务，只有比竞争对手具有更高的顾客价值才能赢得顾客满意。

5. 顾客满意导致顾客忠诚

顾客满意度是顾客通过对某项产品或服务的感知效果与其期望值相比较后所形成的感觉状态。如果感知效果低于期望，顾客就会不满意；如果可感知效果与期望匹配，顾客就满意；如果感知效果超过期望，顾客就会高度满意或欣喜。顾客购买企业的某项产品或服务后，如果感到满意和高度满意就会重复购买和推荐他人购买，并表现出对企业产品或服务的忠诚，视其为最佳和唯一的选择。在经历了几次这样的满意之后，顾客的忠诚度就会随之提高。可见，顾客满意与否及满意度的高低，直接决定了顾客对企业是否忠诚及忠诚度的高低。

6. 顾客忠诚促进企业获利能力增强

顾客忠诚就是顾客重复购买某一品牌，只考虑这种品牌并且不再进行相关品牌信息的搜集。企业的一切努力就是要不断提高顾客忠诚度，促使顾客重复购买。因为顾客忠诚度的提高将会大大促进企业获利能力的增强。一些学者调查发现，忠诚的顾客每增加50%，所产生的利润可达25%～85%。忠诚顾客的增加不仅给企业带来更多的利润，而且能弥补企业在与非忠诚顾客交易时所发生的损失。

服务利润链理论揭示了顾客忠诚度与企业获利能力的相互关系，提出了"企业内在服务质量"的概念。可以看出,服务市场营销的要求多于传统的观点,除了要进行产品市场营销的4Ps的外部市场营销,还需要内部市场营销和相互作用市场营销。

🌼 44.3 工具应用

服务利润链为企业提高营销管理水平,促进利润增长提供了一条很好的思路。那么,企业应该如何建立"服务利润链"呢?

1. 服务利润链中各相关因素的测定

企业进行服务利润链管理,首先应当测定服务利润链中的相关因素,并对企业的现状做出分析。

测定相关因素的方法有很多。例如,顾客忠诚度可以通过问卷调查来完成,也可以在一定时间段内顾客从本企业中购买产品或服务占其总购买量的百分比来确定,或者以顾客在一定时间段内购买本企业产品和服务的频率来确定。

顾客满意度的测定可以运用顾客对企业的总体印象指标,也可以运用顾客对企业有形产品的满意度评价指标。当企业对服务利润链中的各相关因素进行测定之后,需要对这些因素进行相关性分析,以发现企业中服务利润链所起的作用及研究这种作用的程度如何。

员工忠诚度的测量较为复杂,通常的一个测定方法是员工的离职率。离职率越低,员工忠诚度就越高,反之则代表员工忠诚度较低。以员工离职率测定员工忠诚需注意的一个问题是,应将员工的自愿离职和非自愿离职区分开来。这是由于非自愿离职属于招聘失误的问题,而自愿离职才反映了员工忠诚问题。

员工满意度的测定应由定期的问卷调查来完成:一方面,员工忠诚和员工满意的衡量标准不同;另一方面,员工一般不愿意表明是否有离职的趋向。因此,对员工满意的调查也是管理层对员工忠诚测定的一个有用的指标。

当企业对服务利润链中的各相关因素进行测定之后,就需要对这些因素进行相关性分析,以发现企业中服务利润链所起的作用及这种作用的程度如何。在做出这些研究之后,企业应将因素的测定结果反馈给员工,并和员工进行沟通,使员工对此理解并在以后的工作中予以合作。

2. 建立业绩衡量系统,评定考核结果

业绩衡量系统不仅应该包含当前以财务为主的指标体系(如利润、净资产收益等),还应该考虑到对未来财务绩效有影响的因素,同时还应该将人力资源管理、技术创新、顾客满意和忠诚等一系列相关因素加入整体业绩衡量系统。在建立了完整的业绩衡量系统之后,还必须对业绩考核结果进行承认和奖励。一个有效和合理的承认和奖励系统有助于激励业务人员和经理努力工作,提高效率从而推动服务利润链形成良性循环。各业务单位的业绩衡量结果和公司总的业绩结果还应该向全公司进行公布,使公司内部形成了相互竞争的局面,并使各部门之间形成相互学习的良好氛围。

3. 提高服务质量，完善服务管理

企业必须把服务作为管理核心来抓，通过加强服务管理，创建精品服务，为顾客提供高水平服务。同时，应开展全面服务质量管理，从产品或服务的构思设计阶段开始，充分考虑顾客的需求，并在各职能部门团结协作的基础上，从系统最优的角度将顾客的需求转变为服务特性或标准，以大幅度地提高企业的服务管理水平和服务产品质量。另外，企业还应充分利用关系营销这一新的营销观念与方式，建立、维护并增进与顾客和其他参与者之间的良好关系，依靠双方相互交流和完成一系列承诺来满足各方的目标。并重新设计顾客关系生命周期，以便企业更好地把握关系周期过程特点，不失时机地开展关系营销，在各个阶段及时有效地加强与顾客的沟通和理解，最大限度地增加重复购买，培养更多的忠诚客户。

4. 实施内部营销，提高内部服务质量

通过服务利润链可以提升员工的满意度和忠诚度。内部营销是指通过创造满足员工需要的工作来吸引、发展、激励和保持高质量的员工，是将员工当作顾客的哲学，是一种使工作符合员工需要的战略。进行内部营销的目的是形成一种公司与员工之间的准伙伴关系，而不是传统意义的上下级关系，并通过对员工的关心和培养，提高员工对企业的认同感和归属感。当这种认同发自内心地体现到具体工作之中时，员工就会从根本上提高产品和服务的质量，从而使外部的顾客提高对企业的满意度，成为企业的忠实顾客，最终提升企业的市场竞争力。所以，服务企业一定要切实做好内部营销管理工作。具体措施如下。

(1) 树立内部营销观念。内部营销是一种经营哲学，它要求企业的管理者和员工都树立服务内部顾客的意识，只有这样内部营销才能在企业内推行。

(2) 营造一种内部营销的大环境。管理层是内部营销的轴心，管理者必须努力为企业营造一种内部营销的大环境。企业借助于内部营销手段对员工推销服务理念与正确的价值观，使"顾客至上"观念深入员工的心坎，从而使每个员工更好地履行自己的职责。因此，管理人员应当成为理解和实施内部营销的倡导者和推动者。管理者一定要牢记"你希望员工怎样对待顾客，你就怎样对待员工""如果你不直接为顾客服务，那么最好为那些直接为顾客提供服务的人提供优质服务"这两句名言。尊重员工，给员工做示范，为企业正确理解和实施内部营销做表率。

(3) 寻求内部营销与外部营销的最佳结合点。内部营销的服务对象是组织中的员工，外部营销的服务对象是组织外的消费者或经销商。内部营销是从属于外部营销的。内部营销的目的是实现外部营销，只有处理好两者的关系，才能更好地实现企业的目标。正确的做法是，发现外部顾客需要什么，员工需要什么，然后寻找这些需要的最佳结合，即寻求内部营销与外部营销的最佳结合点。

(4) 定期开展员工工作满意度调查，做到内部营销管理有的放矢。定期开展员工工作满意度调查主要是要了解目前员工的需求是什么，找出影响员工工作满意度和不满意度的影响因素有哪些，它们影响的程度如何。通过对员工需求的了解，把握员工的需求

变化；通过企业内部营销尽量满足员工的需求，以此调动员工的积极性。这对于达到企业外部营销的目标具有重要的作用。了解这些基本情况，内部营销工作就会很有针对性，效果也会更好。

(5) 投入足够的财力、精力培训员工，培养员工对企业的向心力和凝聚力。内部营销的培训目标和任务主要有3方面：一是要使每个员工对企业的服务战略及其本人在其中的位置和作用有一个深入和全面的认识；二是树立和增强员工的顾客意识及服务的自觉性；三是提高员工沟通、销售和服务的技巧。

5. 提高顾客让渡价值，促使顾客满意

顾客让渡价值是顾客总价值与顾客总成本之间的差额。顾客总是选择价值最大的产品作为优先选购的对象。当顾客购买产品或服务后所获得的让渡价值越大时，顾客就会越满意，就会重复购买和推荐他人购买，并表现出对企业产品或服务的忠诚。服务企业要想提高顾客的让渡价值，一般有两个途径。

(1) 提高顾客总价值，包括提高产品价值、服务价值、人员价值和形象价值。①现代服务企业要提高产品价值，就必须认真分析不同经济发展时期顾客的需求共性，以及同一经济发展时期，不同消费群体的需求个性，以此为基础进行科学的市场细分。确定目标市场和目标顾客，不断设计和开发功能先进、个性鲜明、品质优良的不同种类的服务产品，不断进行创新，从而为顾客创造更大的产品价值。②服务价值是指伴随产品的出售，企业向顾客提供的各种附加服务，包括产品介绍、保证等所产生的价值。企业向顾客提供的服务越多，则服务价值越大，顾客从中获取的实际利益就越大，从而顾客总价值也就越大。③人员价值指企业员工的经营思想、知识水平、业务能力、工作效率与质量、经营作风及应变能力等产生的价值。企业员工的素质直接决定着顾客总价值的大小，提高人员价值能增加顾客总价值。④形象价值是指企业在社会大众中形成的总体形象所产生的价值。形象价值与产品价值、服务价值、人员价值密切相关，在很大程度上是上述3方面价值综合运用的反映和结果。形象是服务企业的无形资产，良好的形象会对服务产品产生巨大的支持作用，会赋予产品较高的价值，会给客户带来精神上和心理上的满足感、信任感，使客户的需要得到更高层次和更高程度的满足。

(2) 降低顾客总成本，包括降低货币成本和非货币成本。如开发符合顾客需要的新产品，可以在一定程度上降低经营成本，进而降低货币成本，因为所开发的新产品是符合顾客需要的，因此能扩大销量，降低固定成本；同时，在核心产品和基础产品的基础上，开发衍生产品，一般无须较多的投入也可降低开发成本。此外，加强成本管理也是降低管理费用、货币成本的有效途径。降低非货币成本同样也可以降低顾客总成本，增加顾客让渡价值。如通过服务营销简化某些烦琐的业务流程，提供方便、快捷的良好服务，节省顾客购买产品所花费的时间、精力及体力。这时即使产品的货币成本没有降低，但由于所购买产品的非货币成本已减少，顾客总成本仍会降低。顾客也就仍然可以从中获得较大的价值和满足，产品销量也可增加。

6. 提高员工满意度，最终达到员工忠诚

知识经济时代的到来，使得人力资源成为经济发展的一大支柱。在企业中，员工已成为管理活动的中心。员工创造性和积极性的发挥直接影响着企业核心能力的发展，因此员工是否忠诚将影响企业核心能力作用的发挥和企业竞争优势的取得。

7. 加强信息沟通，提高企业形象

信息沟通意味着在企业内部与顾客之间营造一个良好的氛围。而"口碑"传播可以称得上是信息沟通中最为有效的工具，能够对企业宣传起到意想不到的作用。顾客通常在接受服务之后会向其他潜在顾客谈论他们的经验，并乐于给服务提供者建议。这些正面的或负面的"口碑"传播随后就将影响其他人使用服务的程度，并具有加倍的效果。因此，"口碑"传播对顾客或潜在顾客期望的形成有着巨大影响，也是决定未来购买行为的重要因素。同时，注重企业形象，通过建立企业行为识别系统和视觉识别系统来传达企业理念文化，能够将企业的价值观、经营理念和精神文化传达给顾客，使其对企业产生共识，从而树立独特的优秀企业形象。

工 具 45

4Ps营销组合模型——制定市场战略的常用工具

❋ 45.1 基本概念

45.1.1 理论来源

1960年，杰罗姆·麦卡锡(Jerome McCarthy)在其著作《基础营销》中率先提出了4Ps营销组合要素的观点，即产品(product)、价格(price)、渠道(place)和促销(promotion)。

1961年，阿尔伯特·弗瑞(Albert Frey)提出所有的营销决策变量可以划分为两方面的因素：供应品；方法或工具。供应品包括产品、包装、品牌、价格和服务等内容；方法或工具包括分销渠道、人员推销、广告活动、销售促进和公共关系。

1964年，尼尔·博登(Neil Borden)则列出了包括12项内容的组合要素：产品、价格、品牌、分销、人员销售、广告、营业推广、包装、售点展示、售后服务、物流管理、调研和分析。

由于以上主张唯有4Ps简洁而准确，科特勒在1967年出版的《营销管理：分析、规划和控制》畅销书中，确认了4Ps营销组合要素模型。从而，4Ps营销组合理论得到了广泛传播和应用。

45.1.2 主要含义

1. 产品

产品是指企业现有产品本身及其特征(商品、质量、包装、品牌、售后服务等)。另外，产品要素也指企业要重视产品的更新换代与开发创新，要求产品有独特的卖点，把产品的功能诉求放在第一位。

2. 价格

价格是指企业制定价格的方法和竞争定价的策略，也是企业出售产品追求的经济回报。根据不同的市场定位，制定不同的价格策略，产品的定价依据是企业的品牌战略，注重品牌的含金量。

3. 渠道

渠道是根据产品的性质、市场的细分和顾客的区隔研究，所采取的分销渠道、储存设施、运输设施、存货控制等。它代表企业为使产品进入和达到目标市场所组织和实施的各种活动。

4. 促销

企业注重销售行为的改变来刺激消费者，以短期的行为(如让利、买一送一、营销现场气氛等)促成消费的增长，吸引其他品牌的消费者或导致提前消费来促进销售的增长。它包括广告、人员推销、营业推广与公共关系等。

4Ps营销组合模型，如图45-1所示。

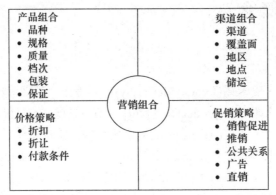

图45-1 4Ps营销组合模型

4Ps提示企业经营者，做好营销工作，其实就是找到下面4个问题的答案。

(1) 什么样的产品是市场最需要的？

(2) 什么样的定价是最适合的？

(3) 通过什么样的渠道推广产品最好？

(4) 采取什么样的手段促销能达到销售目的？

❋ 45.2 工具运用

45.2.1 产品

产品不单单是产品本身，它是一个产品体系。从产品层次来讲，包括核心产品、有形产品、无形产品等不同层次；从产品系列组合来讲，包括产品的广度、长度、深度和相关性等要素。此外，还包括产品的品牌、特色、质量状况，甚至包括售后服务。

产品对人的意义不在于拥有它们，而在于产品所提供的服务和效用。

(1) 核心产品：顾客真正购买的核心利益和服务。

(2) 有形产品：核心产品的体现形式，核心利益和服务的载体。

(3) 无形产品：使有形产品取得更好的、更大的、更多的效用的附加服务。

45.2.2 价格

价格不单指产品或服务的价格本身，而是一个价格体系。它应该包括出厂价格、经销商出货价格、零售价格，还包括企业的价格政策里面的折扣、返利等指标，这样的要素才构成了整个的价格体系。

定价的最佳策略，如表45-1所示。

表45-1 定价的最佳策略

最 佳 做 法	常 见 错 误
价格是根据提供给消费者的价值决定的，而不是由成本和竞争对手来决定的	价格＝成本＋标准毛利
在市场各种的限制范围内，可以灵活管理价格	价格由市场设定
竞争者定价是影响自己的价格水平的诸多因素之一(包括顾客吸引力、成本、产品/服务优势等)	价格由竞争对手决定
定价的目的是得到对自己最有利的订单，同时有助于提高整个行业的价格水平	定价的目的是得到每笔订单
客户需要高价值(利益减去价格)，而不仅仅是低价	客户只关心低价
多形式的价格区别是合法的，价格是针对具体顾客而定的	价格上的区别是非法的，每个人的价格都应一样
不积极、实时地管理价格就不会有利润	提高价格会丢掉业务

45.2.3 渠道

渠道也不单单是渠道本身，它包括了公司的渠道战略是自己建设渠道还是通过总经销建设渠道，是总经销还是小区域独家代理，还是密集分销；产品要占领哪些终端，终端的策略怎样，渠道链的规划、客户的选择怎样；客户的管理和维护、渠道的把握、渠道客户的切换等方面的问题。

企业要满足市场的需求，基本点就是要满足消费者。要求企业能够生产出满足消费者需求的产品，它注重的是生产者和消费者这两头，故企业为实现经营目标，不能只片面地考虑某一因素和手段，必须根据企业自身特点及市场需求与分销环境，综合运用各种营销手段，充分运用4Ps理论的特点，形成行之有效的市场营销战略，达到最佳效果。

渠道管理的最佳策略，如表45-2所示。

表45-2 渠道管理的最佳策略

	类 型	实 例	市 场 地 位	覆 盖 战 略	评 注
设立分销结构的最佳做法取决于品牌的目标市场和覆盖战略	广度覆盖 大量分销商 (每个城市有10家) 无独家代理权	燕京	大众市场的占领领袖	最大范围的覆盖	厂商在市场上的有利地位使其可控制分销商
	重点覆盖 少量分销商(2～4家) 有独家代理的可能性	宝洁	中档或高档产品市场中或竞争较强的细分市场中的经营公司	把力量集中于少量的网点或建立新市场	独家代理权能建立强有力的关系，但除非产品对消费者有很强的吸引力，否则很难谈判
	独家代理 每个城市一个分销商，或一组独家分销商	和路雪	竞争较强的细分市场中的经营公司	把力量集中于少量对高质量服务有特殊需求的网点	建立密切关系，但增强了分销商对厂商的影响力。对和路雪来说，因为需要精心经营产品，因此独家代理权就变得更加重要

45.2.4　促销

促销也不单单是促销活动本身，而是广义上的对消费者、员工、终端、经销商的一个促销组合，这样的促销才是完善的。促销的最佳策略，如表45-3所示。

表45-3　促销的最佳策略

原有做法	系统的制定流程
缺乏详细的年度广告促销计划，现有方案主要制定费用目标	全面详细的计划设定，既包括预算分配，又确定广告和促销的活动方案
预算目标是自上而下的分配过程	自上而下和自下而上的制定过程，提供分公司充分自主权，保证全面的沟通交流和方案的有效实施
预算/计划的制定缺乏全面的数据概念和有效的数据分析	严格的信息收集和分析过程，以事实为基础的计划制订方法
计划方案缺乏对不同产品的针对性	以负责各产品线的产品经理推动各自的广告促销计划
活动方案的设计内容没有对方案效果的评估测算	明确的活动预算效果和评估标准
缺乏有效的跟踪评估机制	定期、系统的方案跟踪评估机制，确保计划有效实施和及时调整
销售与市场部门之间协调配合不力	明确的职责、流程说明；市场部人员积极推动，支持计划的制订和执行

❋ 45.3　工具的意义与缺陷

45.3.1　意义

4Ps的提出奠定了管理营销的基础理论框架。该理论以单个企业作为分析单位，认为影响企业营销活动效果的因素有两种：一种是企业不能够控制的，如政治、法律、经济、人文、地理等环境因素，称之为不可控因素，这也是企业所面临的外部环境；另一种是企业可以控制的，如生产、定价、分销、促销等营销因素，称之为企业可控因素。企业营销活动的实质是一个利用内部可控因素适应外部环境的过程，即通过对产品、价格、分销、促销的计划和实施，对外部不可控因素做出积极动态的反应，从而促成交易的实现和满足个人与组织的目标。所以，市场营销活动的核心就在于制定并实施有效的市场营销组合，如图45-2所示。

此模型优势是显而易见的：它把企业营销活动这样一个错综复杂的经济现象，概括为3个圈，把企业营销过程中可以利用的成千上万的因素概括成4个大的因素，即4Ps理论——产品、价格、分销和促销，的确非常简明、易于把握。得益于这一优势，它不胫而走，很快成为营销界和营销实践者普遍接受的一个营销组合模型。

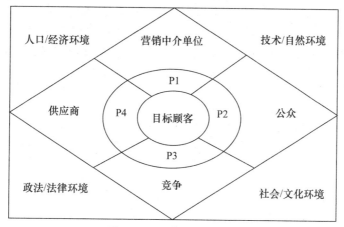

图45-2　4Ps营销活动模型

注：P1—product(产品)；P2—price(价格)；P3—place(渠道)；P4—promotion(促销)。

45.3.2　缺陷

4Ps模型的出现一方面使市场营销理论有了体系感，从而促进了市场营销理论的发展，另一方面使复杂的现象和理论简单化，从而促进了市场营销理论的普及和应用。然而，随着时代的发展，环境的变化，4Ps模型的缺陷也越来越明显。

第一，一个简单的要素清单是不足以涵盖所有的营销变量的，也不可能对任何情况都适用。4Ps模型有着很高的概括性，因为每一个P都是一个次组合，都是由很多更小的要素组合而成的，所以在消费品营销中让人感觉到几乎营销者需要考虑的每一个要素都可以归之于4个P中的一个。然而，不同产品或行业也会有差别，比如工业品营销、国际营销和服务营销等就与人们通常所说的消费品的营销有很大差别。

第二，将4个P从企业其他部门的工作中分离出来，由商场营销部门专门负责，实在是有违营销组合的意愿，也不利于从事市场营销工作。市场营销不仅仅是营销部门的工作，它涉及企业工作的每一个环节，需要各个部门方方面面地配合。比如，产品的生产，按照营销组合的意愿，每一个生产线上的工作人员在生产时心里都要装着顾客，处处为顾客着想，而当为顾客着想的任务只由营销部门负责完成时，生产线上的工作人员就只管生产不管销售了。而生产线上的工作人员处于这样一种思维状态之内，是很难真正贯彻营销部门意图的。再如，企业形象的树立，原本是企业每一个部门、每一个人的职责，但现在只由营销部门负责，没有企业其他部门和全体员工的配合，则企业欲求的形象会很难树立起来。

第三，4Ps组合模型只适用于指导制造业中消费品的营销活动，而不太适合指导其他产品(如工业品和服务)和其他行业(如零售业、金融业、公共事业等)的营销活动。4Ps模型是在研究制造业中消费品的营销活动时发明的，因此在指导制造业中消费品的营销活动时较为适用，一旦超出这个领域，指导其他产品或其他领域的市场营销活动，它就显得力不从心了。比如，零售企业的可控因素，就很难纳入4Ps模型之中。首先，零售企业的产品无法按照4Ps模型中的产品来理解；其次，零售企业的市场也不应该按照4Ps模型中的市场来把握；再次，很多对于零售企业来讲非常重要的可控因素，或者无法包括在4Ps模型之中，或者不能在4Ps模型中得到应有的突出，比如店址、采购、企业形象等。

工具 46

产品生命周期模型——描述产品和市场运作方法的有力工具

❊ 46.1 基本概念

46.1.1 产生背景

1965年，现代营销学的奠基人之一西奥多·莱维特(Theodore Levitt)在《哈佛商业评论》上发表了经典之作——《开发产品生命周期》，文中他首次提出了产品生命周期的概念。

产品生命周期是以生物学上的生命周期为基础的。例如，种子被播下(引入期)；开始萌芽(成长期)；长成大树，抽出叶子，扎根土壤(成熟期)；在成熟一段时间后开始萎缩并死亡(衰退期)。在理论上，这对于某种产品来说也是一样的。经过一段时间的开发后，某种产品被引入或投放到市场；随着产品的成长，它也赢得越来越多的顾客；最终，市场稳定，产品也趋于成熟；在一段时间后，产品被更具优势的竞争品的开发及引入而取代，开始衰退并最终退出市场。

产品生命周期模型是美国哈佛大学教授雷蒙德·弗农(Raymond Vernon)于1966年在其《产品周期中的国际投资与国际贸易》一文中首次提出的。

46.1.2 典型的产品生命周期

典型的产品生命周期一般可以分成4个阶段，即介绍期(或引入期)、成长期、成熟期和衰退期。

1. 介绍(引入)期

介绍期是指产品从设计投产直到投入市场进入测试阶段。新产品投入市场，便进入了介绍(引入)期。此时产品品种少，顾客对产品还不了解，除少数追求新奇的顾客外，几乎无人实际购买该产品。生产者为了扩大销路，不得不投入大量的促销费用，对产品进行宣传推广。该阶段由于生产技术方面的限制，产品生产批量小、制造成本高、广告费用大、产品销售价格偏高、销售量极为有限，企业通常不能获利，反而可能亏损。

2. 成长期

当产品经过引入期，销售取得成功之后便进入了成长期。成长期是指产品通过试销效果良好，购买者逐渐接受该产品，产品在市场上站住脚并且打开了销路。这是需求增长阶段，需求量和销售额迅速上升。生产成本大幅度下降，利润迅速增长。与此同时，竞争者看到有利可图，将纷纷进入市场参与竞争，使同类产品供给量增加，价格随之下降，企业利润增长速度逐步减慢，最后达到生命周期利润的最高点。

3. 成熟期

经过成长期之后，随着购买产品的人数增多，市场需求趋于饱和进入成熟期。成熟期是指产品走入大批量生产并稳定地进入市场销售，此时产品普及并日趋标准化，成本低而产量大。销售增长速度缓慢直至转而下降，由于竞争的加剧导致同类产品生产企业之间不得不加大在产品质量、花色、规格、包装、服务等方面的投入，在一定程度上增加了成本。

4. 衰退期

衰退期是指产品进入了淘汰阶段。随着科技的发展及消费习惯的改变等原因，产品的销售量和利润持续下降，产品在市场上已经老化，不能适应市场需求，市场上已经有其他性能更好、价格更低的新产品，足以满足消费者的需求。此时成本较高的企业就会由于无利可图而陆续停止生产，该类产品的生命周期也就陆续结束，以致最后完全撤出市场。

产品生命周期是一个很重要的概念，它和企业制定产品策略及营销策略有着直接的联系。管理者要想使产品有一个较长的销售周期，以便赚取足够的利润来补偿在推出该产品时所做出的一切努力和经受的一切风险，就必须认真研究和运用产品的生命周期理论。此外，产品生命周期也是营销人员用来描述产品和市场运作方法的有力工具。

🌸 46.2　工具分析

46.2.1　产品生命周期曲线

生命周期曲线，记录了产品从进入市场到退出市场所经历的变化情况，如图46-1所示。

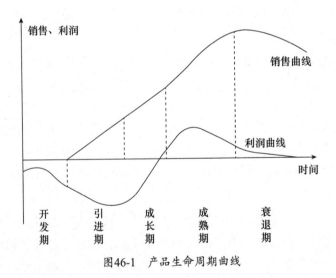

图46-1　产品生命周期曲线

从产品生命周期曲线中可以看到，在产品开发期间该产品销售额为零，公司投资不断增加；在引进期，销售缓慢，初期通常利润偏低或为负数；在成长期，销售快速增长，利润也显著增加；在成熟期，利润在达到顶点后逐渐走下坡路；在衰退期，产品销售量显著衰退，利润也大幅度滑落。

该曲线适用于一般产品的生命周期的描述；不适用于风格型、时尚型、热潮型和扇贝型产品的生命周期描述。

46.2.2 特殊产品生命周期

特殊产品生命周期，包括风格型产品生命周期、时尚型产品生命周期、热潮型产品生命周期和扇贝型产品生命周期，它们的产品生命周期曲线与一般产品生命周期曲线不同。

风格型产品生命周期：是一种在人类生活中基本但特点突出的表现方式。风格一旦产生，可能会延续数代，根据人们对它的兴趣而呈现出一种"循环再循环"的模式，呈现时而流行，时而不流行的状态。

时尚型产品生命周期：是指在某一领域里，目前为大家所接受且欢迎的风格。时尚型的产品生命周期特点是，刚上市时很少有人接纳(称之为独特阶段)，但接纳人数随着时间慢慢增加(模仿阶段)，终于被广泛接受(大量流行阶段)，最后消费者热情缓慢衰退(衰退阶段)，开始将注意力转向另一种更吸引他们的时尚。

热潮型产品生命周期：是一种来势汹汹且很快就吸引大众注意的时尚，俗称时髦。热潮型产品的生命周期往往快速成长又快速衰退，主要是因为它只是满足人类一时的好奇心或需求，所吸引的只限于少数寻求刺激、标新立异的人，通常无法满足更强烈的需求。

扇贝型产品生命周期：主要指产品生命周期不断地延伸再延伸，这往往是因为产品创新或不时发现新的用途。如尼龙的周期图就是如此，原因就在于人们发现了尼龙的新用途，如用它来生产衬衫、裤子、地毯、降落伞等。

以上4种特殊生命周期的曲线形式，如图46-2所示。

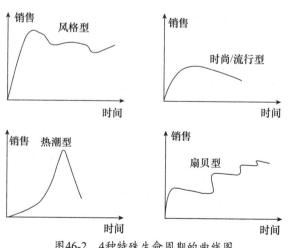

图46-2 4种特殊生命周期的曲线图

❋ 46.3 工具应用

46.3.1 作为预测模式

产品生命周期反映了一个特定市场对某一特定产品的需求随时间变化的规律，企业可以利用产品生命周期要领来预测一项新产品在该市场的销售状况。假设该新产品遵从典型的生命周期曲线，企业已经获得该产品上市后最先一个短暂期间的销售量(额)，又建立了一个简单可行的预测模式，那么就能预测该新产品在后续期间的销售量(额)。

产品生命周期作为预测模式的应用，最常见的是扩散型新产品模式，而这个模式中最著名的是布雷迪—亚当斯模型，该模型公式为

$$rt = S[1-(1-b)2t-1]$$

式中，rt表示t时间的购买率(以所有潜在购买者的购买比率确定)；S表示购买率极限，即顾客的最大比率或饱和程度(由研究人员研究)；b表示新产品购买系数，即顾客中购买该新产品的占S的比率(最初也可由研究人员确定并且按所收集的数据调整)。

在这个模式中，增长曲线的形状取决于系数b的值。如果b值小，曲线接近S形；随着b值的增大，曲线偏离S形的程度也加大，甚至可能呈现为指数曲线的增长。

使用这个模式时，有4个条件应当加以注意。

(1) 销量上限。模式中含有一个销量上限。在多数情况下，它反映了研究人员所期望的销售饱和程度，虽然这个上限可以针对特定情况加以修订以适合条件的变化。但事实上所谓销量饱和程度不是一个常数，而是一个随企业、竞争和环境条件变化的函数。因此，销售饱和程度应当以新产品的类似产品的销售历史数据为基础，并在对条件的变化进行敏感性分析之后，才能恰当地定出。

(2) 曲线形状呈S形。该模式以S形生命周期曲线为基础，仅少数情况考虑为指数曲线。事实上，并非所有行业和产品的生命周期都呈现典型的曲线形状。当企业从与新产品相类似产品的经验中，发现生命周期为异变型时，应当重新建立预测模式。

(3) 消费者同质假设。这个模式认为消费者彼此是同质的，属于同一个总体之中。这是为了简化模式所提出的假设。其实，产品生命周期概念的形成恰恰是以承认消费者是异质为前提的。

(4) 企业的市场营销努力。该模式以销量与时间之间的变化为基础，但是忽视了有条件的销售预测。因为事实上，行业的销售潜力是全行业市场营销努力程度的函数。为此，要用系数修正法对预测结果加以调整，以便考虑不同营销策略对新产品销量的影响。

46.3.2 作为营销策略的指导

产品生命周期各个阶段有不同的特点，这就要求企业拟定与之相适应的市场营销策略。产品生命周期各阶段特征与策略汇总，如表46-1所示。

表46-1 产品生命周期各阶段特征与策略汇总表

阶段		引进期	成长期	成熟期	衰退期
特征	销售额	低	快速增长	缓慢增长	衰退
	利润	易变动	顶峰	下降	低或无
	现金流量	负数	适度	高	低
	顾客	创新使用者	大多数人	大多数人	落后者
	竞争者	稀少	渐多	最多	渐少
策略	策略重心	扩张市场	渗透市场	保持市场占有率	提高生产率
	营销支出	高	高(但百分比下降)	下降	低
	营销重点	产品知晓	品牌偏好	品牌忠诚度	选择性
	营销目的	提高产品知名度及产品试用	追求最大市场占有率	追求最大利润及保持市场占有率	减少支出及增加利润回收
	分销方式	选择性地分销	密集式	更加密集式	排除不合适、效率差的渠道
	价格	成本加成法策略	渗透性价格策略	竞争性价格策略	削价策略
	产品	基本型为主	改进品,增加产品种类及服务保证	差异化,多样化的产品及品牌	剔除弱势产品项目
	广告	争取早期使用者,建立产品知名度	大量营销	建立品牌差异及利益	维持品牌忠诚度
	销售追踪	大量促销及产品试用	利用消费者需求增加	鼓励改变采用公司品牌	将支出降至最低

1. 导入期的营销策略

商品的导入期,一般是指新产品试制成功到进入市场试销的阶段。在商品导入期,一方面由于消费者对商品十分陌生,企业必须通过各种促销手段把商品引入市场,力争提高商品的市场知名度;另一方面,导入期的生产成本和销售成本相对较高,因此企业在给新产品定价时不得不考虑这个因素。所以,在导入期企业营销的重点主要集中在促销和价格方面。一般有4种可供选择的市场战略。

(1) 高价快速策略,指以高价格和高促销水平推出新产品的策略。这种策略的形式是:采取高价格的同时,配合大量的宣传推销活动,把新产品推入市场。其目的在于先声夺人,抢先占领市场,并希望在竞争还没有大量出现之前就能收回成本,获得利润。适合采用这种策略的市场环境为:①必须有很大的潜在市场需求量。②这种商品的品质特别高,功效又比较特殊,很少有其他商品可以替代。消费者一旦了解这种商品,常常愿意出高价购买。③企业面临着潜在的竞争对手,想快速建立良好的品牌形象。

(2) 选择渗透战略,指以高价格和低促销水平推出新产品的策略。这种战略的特点是:在采用高价格的同时,只用很少的促销努力。高价格的目的在于能够及时收回投资,获取利润;低促销的方法可以减少销售成本。这种策略主要适用于以下情况:①商品的市场比较固定、明确;②大部分潜在的消费者已经熟悉该产品,愿意出高价购买;③商品的生产和经营必须有相当的难度和要求,普通企业无法参加竞争,或由于其他原因使潜在的竞争不迫切。

(3) 低价快速策略,指用低价格和高水平促销推出新产品的策略。这种策略的方法是：在采用低价格的同时做出巨大的促销努力，使商品迅速进入市场，有效地限制竞争对手的出现，为企业带来巨大的市场占有率。该策略的适应性很广泛，适合该策略的市场环境是：①商品有很大的市场容量，企业有望在大量销售的同时逐步降低成本；②消费者对这种产品不太了解，对价格又十分敏感；③潜在的竞争比较激烈。

(4) 缓慢渗透策略，指以低价和低促销水平推出新产品的策略。这种策略的方法是：在新产品进入市场时采取低价格，同时不做大的促销努力。低价格有助于市场快速地接受商品；低促销又能使企业减少费用开支，降低成本，以弥补低价格造成的低利润或者亏损。适合这种策略的市场环境是：①商品的市场容量大；②消费者对商品有所了解，同时对价格又十分敏感；③存在某种程度的潜在竞争。

2. 成长期的营销策略

商品的成长期是指新产品试销取得成功以后，转入成批生产和扩大市场销售额的阶段。在商品进入成长期以后，有越来越多的消费者开始接受并使用，企业的销售额直线上升，利润增加。在此情况下，竞争对手也会纷至沓来，威胁企业的市场地位。因此，在成长期，企业的营销重点应该放在保持并且扩大自己的市场份额，加速销售额的上升方面。另外，企业还必须注意成长速度的变化，一旦发现成长的速度由递增变为递减时，必须适时调整策略。

这一阶段适用的具体策略有以下几种。

(1) 积极筹措和集中必要的人力、物力和财力，进行基本建设或者技术改造，以利于迅速增加或者扩大生产批量。

(2) 改进商品的质量，增加商品的新特色，在商标、包装、款式、规格和定价方面做出改进。

(3) 进一步开展市场细分，积极开拓新的市场，创造新的用户，以利于扩大销售。

(4) 努力疏通并增加新的流通渠道，扩大产品的销售面。

(5) 改变企业的促销重点。例如，在广告宣传上，从介绍产品转为树立形象，以利于进一步提高企业产品在社会上的声誉。

(6) 充分利用价格手段。在成长期，虽然市场需求量较大，但在适当时企业可以降低价格，以增加竞争力。当然，降价可能暂时减少企业的利润，但是随着市场份额的扩大，长期利润有望增加。

3. 成熟期的营销策略

商品的成熟期是指商品进入大批量生产，而在市场上处于竞争最激烈的阶段。通常这一阶段比前两个阶段持续的时间更长，大多数商品均处在该阶段，因此管理层也大多数是在处理成熟产品的问题。

在成熟期中，有的弱势产品应该放弃，以节省费用开发新产品；但是同时也要注意到原来的产品可能还有其发展潜力，有的产品就是由于开发了新用途或者新功能而重新进入新的生命周期。因此，企业不应该忽略或者仅仅是消极地防卫产品的衰退，而是应该系统地考虑市场、产品及营销组合的修正策略。

(1) 市场修正策略，即通过努力开发新的市场，来保持和扩大自己的商品市场份额。例如，通过努力寻找市场中未被开发的部分，如使非使用者转变为使用者；通过宣传推广，促使顾客更频繁地使用或每一次使用更多的量，以增加现有顾客的购买量；通过市场细分化，努力打入新的市场区划，如地理、人口、用途的细分；赢得竞争者的顾客。

(2) 产品改良策略，即企业可以通过产品特征的改良来提高销售量。例如，品质改良，即增加产品的功能性效果，如耐用性、可靠性、速度及口味等；特性改良，即增加产品的新特性，如规格大小、重量、材料质量，添加物，以及附属品等；式样改良，即增加产品美感上的需求。

(3) 营销组合调整策略，即企业通过调整营销组合中的某一因素或者多个因素，以刺激销售。例如，通过降低售价来加强竞争力；改变广告方式以引起消费者的兴趣；采用多种促销方式，如大型展销、附赠礼品等；扩展销售渠道，改进服务方式或货款结算方式等。

4. 衰退期的营销策略

衰退期是指商品逐渐老化，转入商品更新换代的时期。当商品进入衰退期时，企业不能简单地一弃了之，也不应该恋恋不舍，一味维持原有的生产和销售规模。企业必须研究商品在市场中的真实地位，然后决定是继续经营下去，还是放弃经营。

(1) 维持策略，即企业在目标市场、价格、销售渠道、促销等方面维持现状。由于这一阶段很多企业会先行退出市场，因此对一些有条件的企业来说，并不一定会减少销售量和利润。使用这一策略的企业可配以商品延长寿命的策略。企业延长产品寿命周期的途径是多方面的，最主要的有以下几种：通过价值分析，降低产品成本，以利于进一步降低产品价格；通过科学研究，增加产品功能，开辟新的用途；加强市场调查研究，开拓新的市场，创造新的内容；改进产品设计，以提高产品性能、质量、包装、外观等，从而使产品寿命周期不断实现再循环。

(2) 缩减策略，即企业仍然留在原来的目标上继续经营，但是根据市场变动的情况和行业退出障碍水平在规模上做出适当的收缩。例如，把所有的营销力量集中到一个或者少数几个细分市场上，以加强这几个细分市场的营销力量，也可以大幅度地降低市场营销的费用，以增加当前的利润。

(3) 撤退策略，即企业决定放弃经营某种商品以撤出该目标市场。在撤出目标市场时，企业应该主动考虑以下几个问题：①将进入哪一个新区划，经营哪一种新产品，可以利用以前的哪些资源；②品牌及生产设备等残余资源如何转让或者出卖；③保留多少零件存货和服务以便在今后为过去的顾客服务。

产品生命周期的营销策略，如表46-2所示。

表46-2　产品生命周期的营销策略

	投 入 期	成 长 期	成 熟 期	衰 退 期
产品	确保产品的基本消费利益	提高质量、增加服务、扩大产品、延伸利润	改进工艺、降低成本、扩大用途	有计划地淘汰滞销品种
促销	介绍产品	宣传品牌	突出企业形象	维护声誉
分销	开始建立与中间商的联系	选择有利的分销渠道	充分利用并扩大分销网	处理好淘汰品的存货、保证协作
价格	撤油定价或渗透定价	适当调价	价格竞争	削价或大幅度削价

46.3.3　分析品牌机会

品牌机会，是将产品品牌和产品类别分别进行考察，并且把两者都划分为处于成长期、成熟期和衰退期的3种状态，由于不同组合从而形成了可供选择的9种产品品牌机会，如表46-3所示。其中，有一类品牌机会叫作产品再定位或品牌再定位，这是指重新确定产品或品牌的若干重要属性在市场中的位置。

表46-3　品牌机会

		产品类别特征		
		成 长 期	成 熟 期	衰 退 期
品牌地位	成长期	扩展市场，创造需求	产品类别再定位(新用途、新消费者)	强调品牌(提示性广告)
	成熟期	按新的市场增加新品牌	产品线延伸，产品改进	产品类别再定位，自然发展
	衰退期	品牌再定位	品牌再定位或改变定位方向	淘汰自然发展

46.3.4　如何测定产品所处生命周期的阶段

能否正确判断产品处在生命周期的哪个阶段，对企业制定相应的营销策略非常重要。企业最常用的判断产品生命周期阶段的方法有以下几种。

1. 类比法

类比法是根据以往市场类似产品生命周期变化的资料，来判断企业产品所处市场生命周期的哪一阶段。例如，要对彩电市场进行判断，可以借助类似产品如黑白电视机的资料，作对比分析，进行判别。

2. 增长率法

增长率法是以某一时期的销售增长率与时间的增长率的比值来判断产品所处市场生命周期阶段的方法，如表46-4所示。

表46-4　周期比值下所处市场生命周期阶段

比值	生命周期阶段
$k<0.1$	引入期
$k>0.1$	成长期
$-0.1<k<0.1$	成熟期
$k<0.1$	衰退期

3. 曲线判断法

曲线判断法是做出产品销售量和利润随时间变化的曲线，然后将该曲线与典型产品市场生命曲线相比较，可以判断这种产品处于市场生命周期的哪一个阶段。

4. 经验判断法

这种方法主要适用于高档耐用消费品的市场生命周期各阶段的推测。

5. 产品普及率判断法

即根据产品在某一地区人口或家庭的平均普及率来判断该产品处于生命周期的哪一个阶段。

工 具 47

服务质量差距模型——分析服务质量简单有效的工具

❋ 47.1 基本概念

47.1.1 产生背景

服务质量差距模型是1985年美国营销学家帕尔苏·帕拉休拉曼(Parsu Parasuraman)、瓦拉瑞尔·泽丝曼尔(Valarie Zeithamal)和莱昂纳德·贝瑞(Leonard L. Berry)等人，在《服务质量的概念模式及其对未来研究的意义》提出的一种用于服务质量管理的理论模型——服务质量差距分析模型。该模型可以作为服务组织改进服务质量和营销的基本框架，有助于分析服务质量问题产生的原因，并帮助管理者了解应当如何改进服务质量，如图47-1所示。

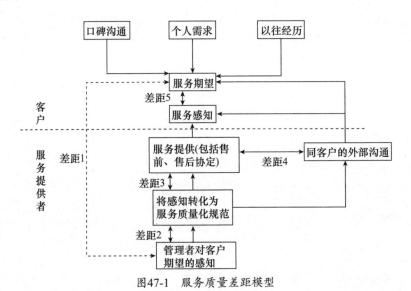

图47-1 服务质量差距模型

该模型的上半部分与客户有关，而下半部分则与服务提供者有关。其中，客户所期望的服务是客户过去的服务体验经验、个人需要和口碑沟通的函数；同时，它还受到服务企业营销宣传的影响。客户所体验的服务在模型中称为感知服务，它是一系列内部决策和活动的结果。

47.1.2 工具内涵

服务质量差距模型指出了服务质量存在的五大差距。

差距1：质量感知差距，指服务企业不能准确地感知顾客服务预期。

差距2：质量标准差距，指服务提供者所制定的服务标准与公司管理层所认知的顾客的服务预期不一致而出现的差距。

差距3：服务传递差距，指服务生产与传递过程没有按照企业所设定的标准来进行而产生的差距。

差距4：市场沟通差距，指市场宣传中所做出的承诺与企业实际提供的服务不一致而产生的差距。

差距5：感知服务质量差距，指顾客所感知的或者实际体验的服务质量与其所预期的不一致而产生的差距。

以上这些差距中，前4个是导致服务质量缺陷的主要因素，第5个是由顾客感知的服务与期望的服务所形成的差距。

❋ 47.2 内容分析

47.2.1 质量感知差距

1. 产生原因

质量感知差距(差距1)产生的主要原因，是管理者没有深刻地理解服务和服务竞争的特性。它具体表现为市场调研和需求分析信息不准确；对顾客期望的解释不准确；未进行需求分析；管理层次过多导致信息传递失真等。企业的管理者和员工能否理解顾客需求并提供个性化的服务，对服务质量的改善是至关重要的。由此可以看出，服务质量具有理解性的特性。

在早期这个模型中所用的术语是"管理者对客户期望的理解"而不是"公司对客户期望的理解"，因为过去大多服务政策和承诺工序的变更是由管理者制定和批准的，但事实上这个差距的责任不单单在组织的管理者，组织中有权改变和影响服务政策及程序权利的任何员工都对这个差距负有责任。

质量感知差距会随着市场研究导向程度的增加而减少，随着由下而上的交流过程的增加而减少，随着管理层次的增加而增加。

2. 缩小差距的方法

缩小质量感知差距的方法如下。

(1) 获取有关顾客期望的准确的信息是缩小此差距的前提。通过市场研究，包括顾客拜访、调查研究、建立投诉系统、举行顾客座谈会等方式获取信息。

(2) 建立良好的顾客关系。人们常用关系营销来描述这种战略方法，该方法强调加强公司与现存顾客之间的联系。

(3) 改善从顾客接触人员到管理层的上行沟通，以增进对顾客期望的了解。

(4) 服务的失败是不可避免的，即使公司很清楚地理解顾客期望。因此，企业理解服务失误时期顾客的期望并尽最大努力进行服务补救，对于缩小此差距是最关键的战略。

47.2.2　质量标准差距

1. 产生原因

质量标准差距(差距2)产生的主要原因是企业高层领导者没有将服务质量问题列为企业的首要问题而导致服务计划工作出现问题。它具体表现为计划失误或计划程序有误；计划管理水平低下；组织目标不明确；服务质量计划缺乏高层管理者的有力支持等。服务提供者能否做到所提供的服务标准与企业所认知的顾客期望服务一致，对缩小服务质量差距是非常重要的。由此可以看出，服务质量具有设计性的特性。

质量标准差距会随着对服务质量管理的重视的增加而减小；随着和服务质量相关的目标设定而减小；随着服务的标准化而减小；随着管理者对服务可行性的理解的增加而减小。

2. 缩小差距的方法

缩小质量标准差距的途径主要有两个，即有效地开发和设计服务及建立顾客定义的服务标准。

开发和设计新服务的最大障碍，是不能在概念开发、产品开发和市场测试阶段描绘服务的样子。使服务说明书与顾客期望相匹配的关键之一，是能够客观描述关键服务过程的特点并使之形象化，这样员工、顾客和经理都会知道正在做的服务是什么，以及他们每个成员在服务实施过程中所扮演的角色。解决在设计和说明无形的服务过程中所遇困难的重要工具是服务蓝图的制定。

服务的一个最重要的特点，是其质量的标准并不取决于服务提供者一方，顾客对服务质量的感知才是服务质量的最重要衡量标准。因此，服务的标准应该以顾客作为出发点。建立顾客定义的服务标准包括9个步骤，如图47-2所示。

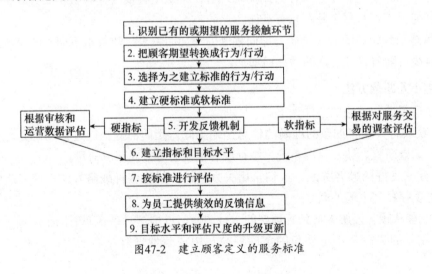

图47-2　建立顾客定义的服务标准

47.2.3 服务传递差距

1. 产生原因

服务传递差距(差距3)是指服务生产与传递过程没有按照企业所设定的标准来进行而产生的差距。其产生的主要原因是管理与监督不力、员工对顾客需要或期望感知有误和缺乏技术、运营方面的支持。具体原因包含如下几个方面。

(1) 员工。员工不能清楚理解自己在公司中扮演的角色;员工感到在各科和公司管理者之间左右为难;未能选用合适的员工;技术支持不充分;评价与奖惩不当;缺乏授权和团队合作。

(2) 顾客。在服务传递中要求顾客能参与,但有的顾客不懂得参与的必要性,有的顾客了解其角色但因为某些自己的原因不愿意或者不能够完成这些角色。

(3) 中间商。服务质量发生在顾客与服务提供者之间的人员互动之中,但很多服务业公司和很多制造业公司面临的情况,却是由不在其直接控制之下的中间商,比如零售商、总经销商、代理和经纪人等代表企业与顾客互动,中间商有时候并不一定按照其服务的特许人的要求去进行这些服务传递。服务的生产与传递能否按照企业所设定的标准去执行,是减少服务质量差距的关键所在。由此可以看出,服务质量具有执行性的特性。

服务传递差距将随着团队合作程度的增加而减小;随着员工和工作的适合程度的增加而减小;随着工具和工作的适合程度的增加而减小;随着员工授权程度的增加而减小;随着员工评价系统的改进而减小;随着服务人员角色冲突程度的增加而增加;随着服务人员角色模糊程度的增加而增加。

2. 缩小差距的方法

缩小服务传递差距的方法如下。

(1) 人力资源战略。建立一支以顾客为导向的、以服务为理念的员工队伍,组织必须雇用正确的人员,进行人员开发,保证服务质量,提供所需的支持系统,保留最好的人员。

(2) 增加顾客参与的战略。在服务过程中,顾客的参与水平和特征是战略性的决定,它会影响组织的生产力、组织相对于竞争对手的位置、组织的服务质量和顾客的满意度。顾客参与战略的总目标是提高生产力和顾客满意度,同时降低由于不可预测的顾客行为产生的不确定性。开发在服务传递时有关顾客参与的发展战略,组织先要决定需要哪种类型的顾客参与,从而定义顾客的工作。有的服务仅要求顾客在场(如音乐会、航空旅行),有的则可能要求顾客通过付出精力或者提供信息实现参与,还有的可能要求顾客实际生产服务产品(如健康训练)。

当顾客的角色定义清楚之后,组织可以通过吸引合适的顾客,并进行教育和训练,使其有效地完成服务的参与角色。由于在服务的供给和消费过程中,顾客之间常常相互影响,所以对于顾客要进行细分,对不同的细分群体进行不一样的管理和服务,如餐厅对吸烟和不吸烟的顾客进行分开就座，这样可以增加顾客的满意度。

(3) 通过中间商有效供给服务的战略分为如下3种。

① 控制战略：当服务的主供商拥有顾客急需的独特服务，或者其他形式的经济权利时，可以通过建立收入和服务绩效标准、度量结果并以绩效水平为基础给予中间商报酬或奖励来控制中间商。

② 授权战略：当服务的主供商缺乏足够的资源来控制渠道时，就允许中间商有更大的灵活性。

③ 合伙战略：包括与中间商合伙一起了解最终顾客、建立标准、改善供给以及诚实地沟通。该战略是具有最高效率潜力的战略。

47.2.4　市场沟通差距

1. 产生原因

市场沟通差距(差距4)是指市场宣传中所做出的承诺与企业实际提供的服务不一致而产生的差距。产生这一差距的主要原因可以分为两类：一类是市场沟通的计划与执行不力，另一类是企业在广告宣传和市场沟通中过度承诺。它具体表现为：市场沟通计划与服务运营未能融合在一起；传统的外部营销与服务运营不够协调；组织没有执行市场沟通中大力宣传的服务质量标准；过度承诺等。服务企业能否做到服务承诺与实际提供的服务一致，能否与外部顾客进行有效的沟通，能否用顾客听得懂的语言来表达服务，能否耐心倾听顾客的陈述，是解决服务质量差距的要点。由此可以看出，服务质量具有沟通性的特性。

市场沟通差距将随着水平交流的增加而减小；随着过度承诺倾向的增加而增加。

2. 缩小差距的方法

企业要缩小市场沟通差距，必须精心整合组织企业内外部的沟通渠道。

(1) 对服务承诺的管理。营销人员对顾客的服务承诺要切合实际，要确实能保证可靠。如果对顾客承诺高于实际水平，这样对建立长期的顾客关系是极为不利的。

(2) 对顾客期望的管理。可以向顾客提供不同价值等级的服务选择，建立服务标准以便顾客对服务价值进行评估。还有对顾客不现实的期望进行谈判，使他们进一步了解服务的价值，以调整顾客对服务的期望。

(3) 改进顾客教育。组织应该在服务提供之前让顾客为服务过程做好准备，应该教育顾客尽量避开需求高峰而选择需求低谷，因为在顾客的需求高峰期往往会让顾客花时间等待，增加了顾客的让渡成本，降低了满意度。

(4) 对内部营销沟通的管理。对内部营销沟通的管理主要是为了保证服务传递与承诺的一致或者做得更好，包括有效的垂直沟通、水平沟通、后台人员和外部顾客的一致性、创建跨职能团队。垂直沟通包括管理层和员工的向上或者向下沟通，水平沟通指组织中跨职能边界的沟通，后台支持人员与外部顾客主要是通过互动和评测来协调一致的，而跨职能团队的创建也能有效地提高沟通水平。

47.2.5　感知服务质量差距

感知服务质量差距(差距5)是指顾客所感知的或者实际体验的服务质量与其所预期的不一致而产生的差距。这是差距模型的核心。其具体表现为：口碑较差；企业或地方形象差；服务失败等。

感知服务质量产生的主要原因在于前面提到的4个差距。因此，弥合顾客感知服务质量差距的关键在于弥合前面的4个差距。

需要说明的是，感知服务质量差距并不是简单的前几个差距的累加。可以用一个函数来表示这种关系，即

$$GAP5 = f(GAP1，GAP2，GAP3，GAP4)$$

47.2.6　关系剖析

1. 服务质量差距符号的界定

顾客感知的服务质量是顾客对服务的期望与服务的感知之间的差距，即

$$服务质量 = 感知的服务 - 期望的服务 = 差距5(即G5)$$

若G5≥0，说明服务质量良好，这种情况是使顾客的满意最佳的服务，但是此情况属于极端高质量的服务，为数不多；若G5<0，则说明服务质量较差，没有达到顾客预期的水平，不会使顾客满意，这是绝大多数的企业所面临的情况。因此，以下所研究的差距如G1、G2、G3、G4和G5均为小于0的差距。

2. 各个差距间关系的分析

(1) G1=管理层对顾客期望的感知-顾客对服务的预期。

如果管理层对顾客期望的感知不准确，且与顾客的期望产生偏差，则G1必然产生。在服务设计、传递和接触的一系列的过程中，服务本身也就是(管理层对顾客期望的感知)这一过程的源泉。

如果服务本身不符合顾客的预期，那么无论它的设计多么完美、传递多么准确都并非顾客想得到的服务。所以只要存在服务质量感知差距，则必然产生服务质量标准差距、服务传递差距和市场沟通差距，即G1直接影响到G2、G3和G4。G1的存在必然导致G2、G3和G4产生，即G1是其他3个差距产生的充分条件，则差距1对它们所造成的影响可分别表示为G12、G13和G14。

(2) G2=管理层将感知转化为服务质量规范-对顾客期望的感知。

G2产生的原因一方面是由G1决定的，另一方面是由于管理层对顾客期望的服务未加以重视。虽然管理层对服务的感知符合顾客的标准，但是他们在设计和制定服务规范的过程中，却偏离其所感知的服务，导致G2的出现。如果服务提供者在提供服务的过程中，服务标准不符合顾客的期望，那么他们所传递的服务也是与顾客的期望相偏离。只要服务质量标准差距存在，那么服务传递差距和市场沟通差距就随之而产生，所以G2直接影响G3和G4，即G2是G3和G4产生的充分条件，这里将G2对它们的影响分别设为G23和G24。

(3) G3=服务的生产和传递－服务质量标准。

服务生产和传递是指服务的提供者将服务提供给顾客的过程，准确地传递服务意味着在正确的时间和地点，将恰当的服务以适当的价格提供给顾客。如果服务传递得不准确则G3必然产生。

(4) G4=服务的生产和传递－外部市场沟通情况。

如果服务提供者在市场上做出过度的承诺，而服务传递却没有达到这样的承诺；或者服务承诺是恰当的，但是服务提供者未能充分了解该承诺而出现承诺与服务传递脱节的现象，则G4就产生了。

(5) G5=顾客对服务的感知－顾客对服务的期望。

G5是顾客对某一服务质量评价的决定因素，也就是感知的服务质量。它的大小是由前4个差距决定的，且G5的变化同其余4个差距是同方向的。当前4个差距都增大时，G5随之增大；相反，当前4个差距都缩小时，G5也跟着缩小。

根据上述分析可将这5个差距之间的关系用图47-3来表示。

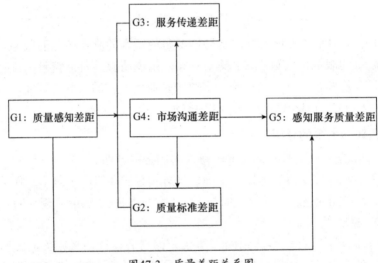

图47-3　质量差距关系图

第七篇 | 项目物流管理工具

工 具 48

VMI模型——前沿的供应链库存管理模式

❋ 48.1 基本概念

48.1.1 产生发展

在传统的供应链管理中，由于供应链各个环节的企业诸如供应商、制造商、分销商等，都是各自管理自己的库存，都有自己的库存控制目标和相应的策略，而且相互之间缺乏信息沟通，彼此独占库存信息，因此不可避免地产生了需求信息的扭曲和时滞，而各节点企业又分别从自身角度进行预测，并通过增加库存来应付需求的不确定性。这样，上游供应商往往比下游供应商维持了更高的库存水平，这样，"长鞭效应"也就产生了。很显然，这种现象将会给企业带来以下严重后果：产品的库存水平提高、服务水平下降、供应链的总成本过高，以及定制化程度低等，这必然降低供应链的整体竞争力，最终使每一个供应链成员蒙受损失。

为了解决这个问题，一种新的有代表性的供应链库存管理方法——供应商管理库存(vendor managed inventory，VMI)在这种背景下产生，它是库存管理发展的一种必然趋势。

48.1.2 概念内涵

VMI模型是一种用户和供应商合作性的策略，以取得供应链上库存成本最低为目的。在VMI模式下，供应商通过获取其用户的库存数据和负责维持用户的库存水平来优化供应链的运作绩效，它的一个重要措施就是供应商有规律地定期检查用户的库存，并快速完成补给任务，从而获得较高的用户满意度。

VMI以供应商和采购商都获得最低成本为目标，由供需双方共同建立VMI执行协议框架和运作规程。供应商与其采购商签订共同协议后，监督客户的库存情况和库存水平，并且还要承担起为用户补充库存的责任，通过使用高度自动化的电子信息系统来达到双方都获得最低成本的目的。供应商据此为准则管理用户库存，并在实践中不断修正和发展该协议框架，从而建立起更为合理有效的VMI模式和方法。

❋ 48.2 主要内容

48.2.1 技术支持

1. 电子数据交换

当今公认的信息传递标准是，供应商和零售商以信息及产品数据的电子数据交换

(electronic data interchange，EDI)报文形式来实现信息共享。零售商根据销售数据和收货数据更新其库存数据，以EDI报文的形式将实际库存数据发送给供应商做参考，供应商再根据收到的数据对零售商的送货量做出决策而不用再给零售商发送订单报文，只需直接向配送中心备货。

2. 自动销售信息系统

自动销售信息(point of sale，POS)系统，是指通过自动读取设备在销售商品时直接读取商品销售信息，并通过通信网络和计算机系统传送到有关部门进行分析加工，以提高经营效率的系统。

3. 条码技术

条码是ID代码的一种符号，由一组排列规则的条、空和相应的字符组成。为了能使VMI模型得到有效实施，就应该使供应商的产品条码化。这样使供应商对产品的库存控制能够真正地延伸到销售商那里，通过POS系统得到销售商的数据，实现对用户库存的网络化控制。

48.2.2　业务流程

VMI系统中的运行管理技术主要包括需求预测技术(可产生准确的需求预测)和补货配送技术(可根据下游企业订单、运送方式，产生出下游企业满意度高及成本低的配送)。

1. 需求预测

需求预测最主要的目的是要协助上游企业做库存管理决策，准确地预测可让上游企业明确提供何种商品，提供给谁，以何种价格提供，何时提供等。而预测所需的参考要素有：下游企业订货历史资料(下游企业平常的订货资料，可以作为未来预测的需求)、外部历史资料(各种市场情报和市场信息)。

2. 补货配送

用可利用的成品库存以满足顾客需求，计算产品出货达到的成本效益，通过实际实时库存的配置，提高顾客服务质量，降低库存水平及最小运输成本，有效地管理库存量。它所产生的补货计划是依据需求预测得到的预测结果，并与下游企业约定相关的补货规则，如最小订购量、配送前置时间、安全库存、配送规则等，在补货订单方面，系统可以自动产生最符合经济效益的建议配送策略(如运送量、运输工具的承载量及配送时间)。

需求预测和补货配送是整个运作流程的核心，加上企业ERP系统中的订单管理和生产制造功能，在运用各种信息技术的基础上，共同支撑起VMI的运作流程，如图48-1所示。

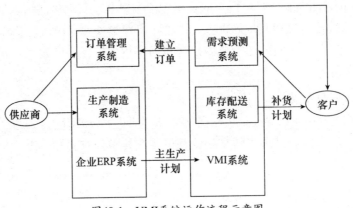

图48-1　VMI系统运作流程示意图

✳ **48.3　实施应用**

48.3.1　实施原则

(1) 合作精神。在实施VMI策略中，相互信任和信息共享是非常重要的，供应商和零售商都要有良好的合作精神，这样才能保持长期较好的合作。

(2) 互惠原则。VMI不是成本如何分配或由哪一方支付的问题，而是减少双方的成本问题。通过VMI，使双方的成本都减少。

(3) 目标一致性原则。双方各自明确各自的责任，在观念上达成一致，如存货的摆放、支付流程、费用结算等，并体现在双方的框架协议中。

(4) 持续改进的原则。供需双方能共享利益，消除浪费。

48.3.2　实施前提

VMI理想运作模式的推行，必须建立在一定的前提之上。

(1) 正确选择合作伙伴，彼此相互信任。

(2) 建立成本与风险的分担机制，减少供应链上的库存成本，使双方都能够获益。

(3) 推行流程的标准化管理和质量保证，确保原材料在出厂之前已被检验合格。

(4) 建立强大的信息平台，双方共同完成需要的信息和库存控制等。

(5) 有完善的物流支持系统，保证供给过程的顺利实施。

48.3.3　实施步骤

供应商管理库存系统的实施具体包括以下7个步骤：

(1) 双方签订实施VMI的战略伙伴协议，确认双方的权利义务。

(2) 双方抽调人员组成VMI项目实施小组。

(3) VMI项目小组成员分析原有双方库存补充流程，并对其进行改造，构建起基于

VMI的新的库存补充业务流程，开发构建VMI系统。

(4) 依据新的业务流程，双方签订具体的库存补充协议，确认系统实施达到的预期目标。

(5) VMI库存系统试运行。

(6) 依据试运行结果，阶段性检查系统是否达到预期目标，否则转入步骤3，进一步优化流程和系统，修正预期目标。

(7) 系统成熟，投入使用。

48.3.4　VMI合约内容

VMI的成功实施是建立在双方互信互利的信用基础之上的。一份内容合理、权责明确的VMI合约不仅可以保障双方的合理利益，也是双方信用的具体体现。一般来讲，一份完整的VMI合约应包括以下内容：合约中所涉及专门术语的定义；合约的生效日期及期限；运作方式的具体描述；生产预测信息及订单条款；提前期的规定；仓储条款；送货与发票条款；库存数量规定；产品有效期条款；买卖双方的责任条款；合约终止方式；不可抗力条款；适用法律及纠纷处理方式。合约的附件部分通常会列出实施VMI的物料清单、每个物料的最小包装量、库存补充的周期等。

48.3.5　具体实施

供应商管理库存的实施主要分为以下几个部分：前期准备阶段、实施阶段和管理库存评估阶段。

供应商管理库存的前期准备阶段主要体现在战略层次上：采取哪种供应商管理库存形式，选定某一个供应商作为自己实施的合作伙伴，制定相互之间的契约关系及供应的目标。

供应商管理库存的实施阶段是最为重要和复杂的。它主要体现在战术层次上：适应供应商管理库存的组织机构变革，买方企业和自己的合作伙伴供应商共同组建一个工作团队，设立一些新的职能部门，以及整个供应商管理库存如何具体运作。

供应商管理库存的评估：根据双方企业实施供应商管理库存之前制定的目标，确定一些经济指标，对实施前后进行一个对比，如果达到预期效果就进入全面实施阶段，如果达不到就返回到供应商管理库存实施阶段，进行改进和完善，直至通过再进入供应商管理库存的全面实施阶段。

1. 准备阶段

(1) 实施VMI的目标分析。根据VMI经济效益和库存分析，双方企业的目标主要在以下几个方面：

① 降低供应链上产品库存，抑制长鞭效应；

② 降低买方企业和供应商成本、提升利润；

③ 保证企业的核心竞争力；

④ 提高双方合作程度和忠诚度。

(2) VMI协议的制定。

① 整个VMI所做出额外投资的成本由买方企业和供应商按比例共同承担。

② 实施VMI所带来的供应链利益的上升，应由双方共享：特别是在双方企业实施VMI的前期阶段，可能会使得供应链上升的利润大部分被买方企业所攫取，所以在短期内买方企业应该让渡部分利润给供应商来保证其实施VMI的积极性和信心。

③ 在整个VMI实施的过程中，规定一系列的条款来规范双方企业的行为。如例外条款的拟定，如一旦出现意外事件需要及时通告双方，通告的渠道和方式；付款条款的拟定，包括付款方式、付款期限的规定等；罚款条约的拟定，包括供应商如果在运输配送中出现差错将如何对其实施罚款，买方企业如果传送错误的产品销售信息将如何对其实施罚款等。

④ 关于操作层面的协议：供应商和买方企业通过协议来确定实施VMI过程中前置时间、订单处理时间、最低到货率、补货点等一系列操作层面的问题。

(3) 实施VMI的资源准备。这是针对实施VMI所必需的一些支持，如一些信息网络的组建和IT技术的准备，用于建立VMI信息决策支持系统。

① 电子数据交换系统：可以降低成本。

② 自动销售信息系统：提高了资金的周转率，可以避免缺货现象，使库存水平合理化。此外，对于如何进行有效的其他管理也起着重要作用，对于供应商管理库存中实现真正的信息共享是必不可少的。

③ 条形码技术：它的应用不仅提供了一套可靠的代码标识体系，还为供应链各节点提供了通用语言，解决了数据录入和数据采集经常出现的"瓶颈"问题，为供应商管理库存的实施提供了有力支持。

除此之外，还包括实施供应商管理库存所必需的物流方面的配套支持，以及产品的仓储和运输配送等。

2. 实施阶段

(1) 实施供应商管理库存的信息沟通。实施供应商管理库存首先必须拥有一个良好的信息沟通平台，企业需要在原有企业拥有的电子数据交换系统的基础上，重新整合资源来构建一个适合于供应商管理库存的信息沟通系统。

(2) 供应商管理库存的工作流程设计。买方企业和供应商实施VMI后，必须进行针对VMI的工作流程来保证整个策略的实施。整个供应商管理库存的实施都是透明化的，买方企业和供应商随时都可以监控。它主要分为两部分内容。

库存管理部分：是由销售预测和库存管理及与供应商生产系统共同组成的，因为实施了供应商管理库存之后，这几个部分的工作主要由供应商和买方企业共同协调完成，所以将其归为一种模块来处理。首先由买方企业那里获得产品的销售数据，然后和当时的库存水平相结合及时传送给供应商，再由供应商的库存管理系统做出决策。如果供应商现有的仓储系统能够满足库存管理系统做出决策所需要的产品数量，就直接由仓储与运输配送系统将产品及时配送给买方企业，如果供应商现有的仓储系统不能够满足库存管理系统做出决策，就必须通知生产系统生产产品后，再通过运输与配送系统及时将产品配送给买方企业。其中，在正式订单生成前，还应该交由买方企业核对，调整后再得出最后的订单。

仓储与运输配送系统包括以下两方面的内容。一方面负责产品的仓储：产品的分检入库及产品的保存；另一方面负责产品的运输配送：产品按要求及时送达买方企业手中，同时负责编排尽量符合经济效益的运输配送计划，如批量运输和零担运输的选择，运输的线路和时间编排及安排承载量等。

(3) VMI的组织结构调整。买方企业和供应商实施VMI后，为了适应新的管理模式，需要根据VMI的工作流程来对组织机构进行相应的调整。

因为VMI毕竟是对原有企业的管理策略的一种"否定"，在双方企业之间肯定会有工作和职能上的合作和调整，所以为了保证VMI能够正常运行，有必要设立一个VMI协调与评估部门。其主要的作用在于以下几点。

① 原有企业之间的人员在实施VMI后，可能会因为工作上的合作而导致利益冲突，所以VMI协调与评估部门就可以制定一系列的工作标准来协调和解决这些问题，可以作为双方企业之间沟通的桥梁。

② 因为实施VMI后，原有工作岗位就会适当合并和调整，如原有的买方企业库存和仓储人员的工作岗位再安排，他们可能会认为现有的VMI对他们来说是一种威胁，所以VMI协调评估部门就应该做好他们的工作，对他们的工作进行适当的安排和调整。

③ 对VMI的实施进行监控和评估，用以提供合理的科学管理信息给企业高层，作为企业高层调整企业的重要依据。

3. 评估阶段

在实施初始阶段，必定会有诸多意料之外和不确定性因素的存在，这样就会导致VMI刚开始实施时可能无法达到双方企业预期的目标。所以，需要设立一个VMI的评估体系来对供应商管理实施进行评估，然后对其进行调整和完善，以便在长期内全面地实施VMI。同时，还需要制定一个评估的时间周期，通常在VMI系统的建设阶段也就是实施初期会比较频繁，双方企业需要采用一致的评估口径和基准，这样才能保证对VMI的实施效果有比较客观的评估。

具体评估过程如下：

(1) 确定评估的目标对象：VMI的实施。

(2) 确定评估的指标。主要是根据供应商管理给买方企业和供应商可以带来的利益进行设立。①产品库存水平满意度(0%～100%)；②节约成本满意度(0%～100%)；③产品的到货率；④双方企业合作与信任满意度(0%～100%)；⑤双方企业各个核心竞争力保护满意度(0%～100%)。这些指标获得的方式可能通过整个VMI的工作人员，根据实施过程调查综合评定得出。

(3) 确定评估指标在整个评估系统中的权重。权重代表上述评估指标在整个供应商管理库存中的重要程度。因为供应商管理库存最直接、最明显的作用就是减少库存和节约成本，所以企业对产品库存水平满意度的权重和节约成本满意度权重分别设立较高，如分别为30%和30%，产品的到货率的权重可以为20%，而双方企业合作与信任满意度权重，以及双方企业各个核心竞争力保护满意度权重可以为10%和10%。这些指标权重获得的方式可能通过管理专家或企业的高层管理人员，根据企业的战略目标综合评定得出。

(4) 评价的等级与量化数据。一般而言，设立4个等级：优、良、中、差。等级的量化数据与等级是相对应的，如优为80～100分；良为70～80分；中为60～70分；差为0～60分。

通过评估系统对VMI实施前后进行评估，如果实施供应商管理后的效果比较理想，就可以进行下一个阶段，继续实施VMI；如果得出的评估结果不满意，就必须对实施进行完善和调整，直到得出理想的结果再进行下一个阶段。

工 具 49

快速反应策略——企业实现供应链竞争优势的管理工具

❋ 49.1 基本概念

快速反应(quick response，QR)是指在供应链中，为了实现共同的目标，零售商和制造商建立战略伙伴关系，利用电子数据交换等信息技术，进行销售时点的信息交换及订货补充等其他经营信息的交换，用多频度小数量配送方式连续补充商品，以实现缩短交货周期、减少库存、提高客户服务水平和企业竞争力的供应链管理方法。

建立快速反应系统的基础是准确把握销售动向。其基本方法是运用自动销售信息系统的单品管理功能，及时掌握每一种商品的销售状况和库存状况，同时将在零售阶段获得的销售信息在供应链上下游企业中共享。也就是说，下游零售阶段的销售动向要及时准确地反映在生产计划上，作为信息交换的手段就是行业电子数据交换系统(EDI)。无论行业中的哪家制造商，只要使用EDI，就可以及时获得某种商品的销售动向信息；无论哪家零售商，都可以通过行业标准EDI与厂家开展交易，补充订货。这样，在信息共享和电子数据交换系统的支持下，实现高效率的商品供应。

快速反应策略要求供应链中企业在面对纺织服装这一类型多品种、小批量的买方市场时，不是预先储备好了"产品"，而是准备好了各种"要素"，一旦用户提出要求时，能以最快的速度抽取"要素"，及时"组装"，提供所需的服务或产品。

❋ 49.2 主要特点

对把"时间"列为竞争优势的企业而言，它们的管理方式与传统企业的管理方式有很大的不同。这类企业的管理往往具有以下几个特点：

(1) 将时间列为重要的管理和战略指标；

(2) 利用快速反应贴近客户，增强客户对公司的依赖性；

(3) 快速将产品或服务转向最有利可图的客户，迫使竞争者转向不太有利的客户；

(4) 比竞争者成长得更快，获利更多。

许多企业通过高度重视"灵活性"和"反应速度"取得了骄人的业绩。快速反应具有如下优势。

快速反应可帮助厂商：更好地为顾客服务；降低了流通费用；降低了管理费用；制订更好的生产计划。

快速反应可帮助零售商：提高销售额；减少削价的损失；降低采购成本；降低流通费用；加快库存周转；降低管理成本。

✳ 49.3　实施应用

49.3.1　实施步骤

实施快速反应策略需要经过6个步骤，每一个步骤都需要以前一个步骤作为基础，并且比前一个步骤有更高的回报，但需要额外的投资。

快速反应策略的实施图，如图49-1所示。

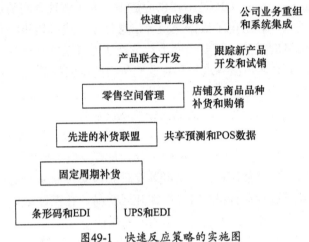

图49-1　快速反应策略的实施图

1. 安装条形码和EDI

零售商首先必须安装条形码(UPC码)、POS扫描和EDI等技术设备，以加快POS机收款速度、获得更准确的销售数据并使信息沟通更加流畅。POS扫描用于数据输入和数据采集，即在收款检查时用光学方式阅读，将条形码转换成相应的商品代码。

产品代码(UPC码)是行业标准的12位条形码，用作产品识别。正确的UPC产品标志对POS端的顾客服务和有效操作是至关重要的。扫描条形码可以快速准确地检查价格并记录交易。

EDI是在计算机间交换商业单证，需要遵从一定的标准。EDI要求公司将其业务单证转换成行业标准格式，并输入某个增值网，贸易伙伴在增值网上接受这些单证，然后将其从标准格式转到自己系统识别的格式。可传输的单证包括订单、发票、订单确认、销售和存货数据及事先运输通知等。

EDI的实施一般分为以下几个阶段：

(1) EDI的技术实现，主要满足贸易伙伴通过EDI进行沟通的需要。

(2) 将EDI系统同厂商和零售商现有的内部系统集成起来，加快信息流的速度，并提高通信数据的准确性。

(3) 重新设计业务流程，以支持全面实现EDI后带来的角色和责任的变化，快速反应要求厂商和零售商完成本阶段的EDI实施。

许多零售商和厂商都了解EDI的重要性，所以已经实施了一些基本交易(如采购订单、发票等)的EDI业务，而且很多大型零售商也强制其厂商实施EDI来保证快速反应，但EDI的全面实施还需要时间。

2. 固定周期补货

QR的自动补货要求供应商更快、更频繁地运输重新订购的商品，以保证店铺不缺货，从而提高销售额。通过对商品实施快速反应并保证这些商品能敞开供应，零售商的商品周转速度更快，消费者可以选择更多的花色品种。某些基本商品每年的销售模式实际上是一样的，一般不会受流行趋势的影响，这些商品的销售量是可以预测的，所以不需要对商品进行考察来确定重新订货的数量。

自动补货是指基本商品销售预测的自动化，基于过去和目前销售数据及其可能变化的软件进行定期预测，同时考虑目前的存货情况和其他一些因素，以确定订货量。自动补货是零售商、批发商在仓库或店内进行的。

3. 建立先进的补货联盟

建立补货联盟是为了保证补货业务的流畅，零售商和消费品制造商联合检查销售数据，制订关于未来需求的计划和预测，在保证有货和减少缺货的情况下降低库存水平。还可以进一步由消费品制造商管理零售商的存货和补货，以加快库存周转速度，提高投资毛利率。

4. 零售空间管理

零售空间管理是根据每个店铺的需求模式来规定其经营商品的花色品种和补货业务。一般来说，对于花色品种、数量、店内陈列及培训或激励售货员等决策，制造商也可以参与甚至制定决策。

5. 产品联合开发

厂商和零售商联合开发新产品，其关系的密切超过了购买与销售的业务关系，缩短从新产品概念到新产品上市的时间，而且经常在店内对新产品进行试销。这一步重点是服装等生命周期很短的商品，不是一般商品和季节商品。

6. 快速反应集成

通过重新设计业务流程，将前5步的工作和公司的整体业务集成起来，以支持公司的整体战略。快速反应前4步的实施，可以使零售商和消费品制造商重新设计其整个组织、业绩评估系统、业务流程和信息系统，设计中心围绕消费者而不是传统的公司职能，它们要求集成的信息技术。前5步使配送中心得以改进，可以适应频繁的小批量运输，使配送业务更加流畅。同样，由于库存量的增加，大部分消费品制造商也开始强调存货的管理，改进采购和制造业务，以做出正确的反应。

49.3.2 实施条件

快速响应原来是大型零售商获取市场份额并进行全球竞争的工具，现在已经成为所有制造商和中间商的标准战略行为。它意味着以更低的成本增加销售额、更好地对商品进行分类，以及向顾客提供优质的服务。企业成功实施快速反应策略应具备以下5个条件。

(1) 必须改变传统经营方式，革新企业的经营意识和组织。具体包括以下几方面的内容。

① 企业必须改变只依靠独自的力量来提高经营效率的传统经营方式，要树立通过供应链各方建立合作伙伴关系，努力利用各方资源来提高经营效率的经营意识。

② 零售商在垂直型快速反应系统中起主导作用，零售店铺是垂直型快速反应系统的起始点。

③ 通过POS数据等销售信息和成本信息的相互公开和交换来提高各个企业的经营效率。

④ 明确垂直型快速反应系统内各个企业之间的分工协作范围和形式，消除重复作业，建立有效的分工协作框架。

⑤ 通过利用信息技术实现事务作业的无纸化和自动化，改变传统的事务作业方式。

(2) 必须开发和应用现代信息技术，这是快速反应系统应用的前提条件。信息技术包括商品条形码技术、物流条形码技术、电子订货系统、数据读取系统、电子数据交换系统、预先发货清单技术、电子支付系统、生产厂家管理的库存方式、连续补充库存方式等。

(3) 必须与供应链各方建立战略伙伴关系。一方面积极寻找和发现战略合作伙伴，另一方面在合作伙伴之间建立分工和协作关系。合作的目标定为：削减库存，避免缺货现象的发生；降低商品风险，避免大幅度降价现象发生；简化作业人员的事务性作业等。实现固定周期补货、供应商管理库存、零售空间管理，以及制造商和零售商之间的联合产品开发。

(4) 必须改变传统的对企业商业信息保密的做法，将销售信息、库存信息、生产信息、成本信息等与合作伙伴交流分享。在此基础上，要求各方一起发现问题、分析问题和解决问题。

(5) 供应方必须缩短生产周期，降低商品库存。现在，快速反应策略已经成为零售商实现竞争优势的工具。同时，随着零售商和供应商结成战略联盟，竞争方式也从企业与企业间的竞争转变为战略联盟与战略联盟之间的竞争。

49.3.3 产生的效果

快速反应策略经过10年的发展与应用，取得了巨大的成功。商品供应商和零售商通过这一策略为它们的客户提供了更好的服务，同时也减少了整个供应链商的非增值成本。

1. 销售额大幅度增加

应用快速反应策略可以降低经营成本，从而降低销售价格来增加销量；伴随着商品库存风险的减少，商品以低价位定价以增加销量；能避免缺货现象，从而避免销售机会的损失；易于确定畅销产品，能保证畅销品齐全，连续供应，增加销售量。

2. 商品周转率大幅度提高

应用快速反应策略，可以减少商品库存和运转周期，加快商品周转，如图49-2所示。

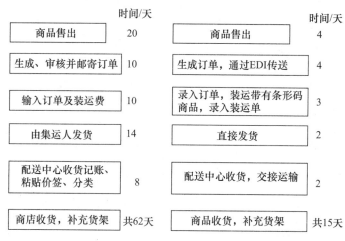

图49-2 应用快速反应策略前后补货周期比较

3. 需求预测误差减小

通过应用快速反应策略还可以及时获得销售信息，把握畅销商品和滞销商品，同时通过多频度小数量的送货方式，从而有效地降低需求预测的误差。

需要指出的是，虽然快速反应策略的初衷是为了对抗进口商品，但实际上并没有出现这样的结果。相反，随着竞争的全球化和企业经营的全球化，快速反应策略这一管理方法迅速地在各国企业扩展，已经成为企业实现供应链竞争优势的有效管理工具。

工 具 50

ECR系统——新型的供应链管理策略

※ 50.1 基本概念

50.1.1 产生与发展

在20世纪80年代以前，美国的百货业的竞争主要在生产厂商之间展开，竞争的重心是品牌、商品、销售渠道和大量的广告及促销，在零售商和生产厂家的关系中，生产厂家占据了主要地位。而在20世纪80年代以后，特别是进入20世纪90年代，在零售商和生产厂家的交易关系中，零售商开始占据主要地位，竞争重心转向流通中心、商家自有品牌(PB)、供应链效率和POS系统。

在供应链内部，零售商和生产厂家之间为取得供应链主导权的控制，同时为商家品牌和厂家品牌占据零售商铺货架空间的份额展开激烈竞争。这种竞争使得供应链上各个环节的成本不断转移，导致供应链整体的成本上升，而且容易牺牲力量较弱一方的利益。

从零售商的角度看，大量零售业者的出现使得商品价格很低，竞争愈加激烈，许多传统超市业者开始寻找针对这种竞争的新型管理方法；从生产厂家角度来看，由于日杂百货技术含量不高，使得生产厂家竞争趋同化，所以经常采取直接或间接降价的方式作为促销的手段，往往牺牲厂家自身的利益；从消费者角度看，过度竞争使得企业在竞争中忽视消费者的需求，而仅仅采用诱导性的促销方法。在这样的背景之下，1992年初，美国食品市场营销协会(FMI)联合多家企业(包括可口可乐、宝洁)组成研究小组，研究商品供应的新体制，具体作业分析由嘉思明咨询公司(KSA)执行。该公司对食品行业展开调查，提出物流、品种、促销和新商品的引入四大需要改革的领域。KSA公司针对四大领域的改革措施和信息技术提出了一个综合运作系统，这就是高效消费者回应(efficient consumer response，ECR)系统。经过美国食品市场营销协会的大力宣传，ECR概念被零售商和厂商所接纳并被广泛运用于实践。

ECR是真正实现以消费者为核心，转变制造商与零售商买卖对立统一的关系，实现供应与需求一整套流程转变方法的有效途径，目前日益被制造商和零售商所重视。

50.1.2 基本内容

ECR的核心是通过向消费者传递价值来提高业绩，要求生产厂家、批发商和零售商等供应链组成各方面相互协调与合作，更好、更快地以更低的成本满足消费者需要为目的的供应链管理系统。

ECR是一种把以前处于分离状态的供应链联系在一起来满足消费者需要的工具。ECR概念提出者认为ECR活动是一个过程，这个过程主要由贯穿供应链各方的四个核心过程组成，如图50-1所示。

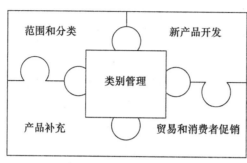

图50-1　ECR的四大要素

因此，ECR的战略主要集中在四个领域：有效的店铺空间安排、效率商品补充、有效的促销活动、有效的新产品开发与市场投入。

(1) 有效的店铺空间安排。零售商通过有效利用店铺空间和店内布局，提高货架的利用率，最大限度地提高商品的获利能力。有效的商品分类要求店铺储存消费者需要的商品，把商品范围局限在高销售率的商品提高货架的利用率，从而提高销售业绩。

(2) 效率商品补充。效率商品补充的目的在于通过降低系统的运行成本，从而降低商品的价格。其目标是以最有效的方式将适当数量的适当商品，在适当的时间和适当的地点提供给消费者。

(3) 有效的促销活动。有效促销的主要内容在于简化贸易关系，将经营重点从采购转移到销售上来，使消费者从促销活动转为到低成本中获利。

(4) 有效的新产品开发与市场投入。新产品的导入为消费者带来新的兴趣和价值，为企业创造新的业务机会。

❄ 50.2　主要特征

ECR的特征主要表现在以下四方面。

1. 管理意识的创新

传统的产销双方的交易关系是一种此消彼长的对立型关系，是一种输赢关系。ECR要求产销双方的交易关系是一种合作型关系，即交易各方通过相互协调合作，实现以低成本向消费者提供更高价值服务的目标，在此基础上追求双方利益，是一种双赢关系。

2. 供应链整体协调

传统的流通活动中，缺乏效率的主要原因在于厂家、批发商和零售商之间存在企业间联系的非效率性，以及企业内的采购、生产、销售和物流等部门或职能之间存在部门间联系的非效率性。ECR要求各部门、职能以及企业之间消除隔阂，进行跨部门、跨职能和跨企业的管理和协调，使商品流和信息流在企业内和供应链内顺畅地流动。

3. 涉及范围广

ECR要求对供应链整体进行管理和协调，其所涉及的范围必然包括零售业、批发业和制造业等相关多个行业。为了最大限度发挥ECR的优势，必须对关联的行业进行分析研究，对促成供应链的各类企业进行管理和协调。

4. 有效的成本降低

ECR对成本的节约主要来自两方面：一方面是通过减少额外活动和费用降低的直接成本；另一方面是通过实现单位销售额的存货要求，降低间接成本。具体而言，节约的成本包括商品成本、营销费用、销售和采购费用、后勤费用、管理费用和店铺经营费用等。

❄ 50.3 主要内容

50.3.1 结构模式

ECR系统的结构，如图50-2所示。

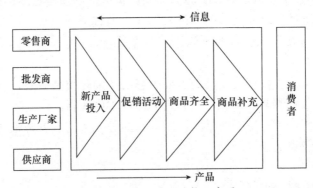

图50-2　ECR系统结构示意图

ECR主要解决4个问题：以最合理的价格、最合理的时间、最合理的形式，向消费者提供他们所需要的商品；保持一个合理必要的商品库存，保证畅销商品不会因为各种原因出现断货；通过宣传和价格刺激，向消费者有效地传递商品的价值和利益；基于顾客需求，有效地开发商品。

50.3.2 四大要素

快速产品引进、快速商店分类、快速促销，以及快速补充被称为ECR的四大要素，如表50-1所示。对于前3种，目前主要还停留在理论研究阶段，而谈论最多的要数"快速补充"了。

表50-1　ECR的四大要素

快速产品引进	有效地开发新产品，进行产品的生产计划，以降低成本
快速商店分类	通过第二次包装(如为满足不同订单需求，将一个运输包装中的产品进行不同的包装，并赋予不同的包装标识)等手段，提高货物的分销效率，使库存和商店空间的使用率最优化
快速促销	提高仓库、运输、管理和生产效率，减少预先购买、供应商库存及仓储费用，使贸易和促销的整个系统效益最高
快速补充	以需求为导向的自动连续补充和计算机辅助订货，使补充系统的时间和成本最优化

50.3.3　4种关键技术

ECR主要可分解为几种不同的技术，每一种技术都由一个或多个标准支持。本节将重点讲述4种ECR技术。

1. 计算机辅助订货

计算机辅助订货(computer assisted ordering，CAO)系统，是通过计算机对有关产品转移(如销售点的设备记录)、影响需求的外在因素(如季节变化)、实际库存、产品接收和可接受的安全库存等信息进行集成而实现的订单准备工作。那么，计算机究竟什么时候自动生成订单呢？首先，人们应了解一下库存系统。库存系统由恒定的最高库存和最低库存之间的一个恒定的订货点所控制。位于最高库存与最低库存之间的库存水平为安全库存。零售商在销售点通过扫描客户所购商品上的商品条码，计算机系统就会自动更新商店的销售数据库和库存数据库中的有关数据。随着商品的不断出售，其对应的库存水平也不断地下降。当库存低于恒定订货点时，计算机就会自动"报警"并自动生成一个新的订购单。当该订购单经零售商确认以后，零售商便可通过使用订货单报文向供应商传送订单，并且可自动更新零售商的订购单操作应用系统。计算机辅助订货系统是一个由零售商建立的"高效率消费者反应"工具，应用计算机辅助订货使得公司能够配合客户的要求控制货物的流动，达到最佳存货管理。

2. 连续补充程序

连续补充程序(continuous replenishment program，CRP)改变了零售商向贸易伙伴生成订单的传统补充方式，它是由供应商根据从客户那里得到的库存和销售方向的信息，决定补充货物的数量。在库存系统中，订货点与最低库存之差主要取决于从订货到交货时间、产品周转时间、产品价格、供销变化及其他变量。订货点与最低库存保持一定的距离是为了防止产品脱销情况的出现。最高库存与订货点之差主要取决于交货频率、产品周转时间、供销变化等。为了"降低库存"要求，供应商通过与零售商缔结伙伴关系、主动向零售商频繁交货，并缩短从订货到交货之间的时间间隔。这样就可以降低整个货物补充过程(由工厂到商店)的存货，尽量切合客户的要求，同时减轻存货和生产量的波动。可见，CRP成功的关键因素是在信息系统开放的环境中，供应商和零售商之间通过进行库存报告、销售预测报告和订购单报文等有关商业信息最新数据交换，使得供应商从过去单纯地执行零售商的订购任务转而主动为零售商分担补充存货的责任，以最高效率补充销售点或仓库的货品。

3. 交接运输

交接运输，是将仓库或配销中心接到的货物不作为存货，而是为紧接着的下一次货物发送做准备的一种分销系统。因此，交接运输要求所有的归港和出港运输尽量同时进行。交接运输实施的成功取决于3个因素：交付至仓库或配销中心的货物预先通知；无论交付包装的尺寸或原产地如何，仓库或配销中心要具备利用自动数据采集设备对所有交付包装识别的能力；具备交货接收的自动确认能力。供应商利用发货通知报文向仓库或配销中心提供装运货物的预先通知。报文发送可发送唯一标识，记录交付的贸易项目的运输包装箱代码、物品编码。在交货地、仓库或配销中心可利用设备扫描接收到的货物包装，核查其是否与供应商发出的货物匹配，并自动生成收货通知报文以便传回供应商。在交货地点利用扫描技术可使仓库或配销中心自动处理交货的货物，并自动跟踪货物的下一项分销事宜，使其正确到达最终目的地。

4. 产品、价格和促销数据库

当大多数ECR概念都强调有关实物供应链的问题时，人们必须注意到要想成功地改善供应链关系的效率，必须着眼于供应商和零售商最关注的问题，那便是产品、价格和促销数据库。将信息存取到产品、价格和促销数据库中对ECR系统有效运作是很重要的，离开这些数据库，系统的诸多好处就不能实现，这些数据库必须对供应链上所有的信息节点都是可存取的。供应商和零售商拥有产品细目校准，将消除在贸易的许多节点上通常会出现的错误，如由于使用专有物品代码而出现的错误产品运输，在销售中扫描出错误价格的产品，出现在供应商发票上不被买方接受的产品等。

❋ 50.4 实施应用

50.4.1 应用原则

要实施ECR，首先应联合整个供应链所涉及的供应商、分销商及零售商，改善供应链中的业务流程，使其最合理有效；然后，再以较低的成本，使这些业务流程自动化，以进一步降低供应链的成本和时间。这样才能满足客户对产品和信息的需求，给客户提供最优质的产品和适时准确的信息。ECR的实施原则包括如下5方面。

(1) ECR以较少的成本，不断致力于向食品杂货供应链客户提供产品性能更优、质量更好、花色品种更多、现货服务更好及更加便利的服务。ECR通过供应链整体的协调和合作来实现以低的成本向消费者提供更高价值服务的目标。

(2) ECR必须有相关的商业巨头的带动，该商业巨头决心通过互利双赢的经营联盟来代替传统的输赢关系，达到获利的目的。ECR要求供需双方关系必须从传统的赢输交易关系向双赢型联盟伙伴关系转化，这就需要商业巨头或企业的最高管理层对各企业的组织文化和经营习惯进行改革，使供需双方关系转化成为可能。

(3) 必须利用准确、适时的信息以支持有效的市场、生产及后勤决策。这些信息将以EDI的方式在贸易伙伴间自由流动，它将影响以计算机信息为基础的系统信息的有效利用。

(4) 产品必须随其不断增值的过程，从生产至包装，直至流动至最终客户的购物篮中，ECR要求从生产线末端的包装作业开始到消费者获得商品为止的整个商品转移过程中产生最大的附加价值，以确保客户能随时获得所需产品。

(5) ECR为了提高供应链整体的效果，必须采用共同、一致的工作业绩考核和奖励机制，它着眼于系统整体的效益(即通过减少开支、降低库存，以及更好的资产利用来创造更高的价值)，确定可能的收益(增加收入和利润)，并且公平地分配这些收益。

50.4.2 系统实施

ECR概念是流通管理思想的革新，ECR作为一个供应链管理系统需要把市场营销、物流管理、信息技术和组织革新技术有机结合起来作为一个整体使用，以实现ECR目标。

构筑ECR系统的具体目标，是实现低成本的流通、基础关联设施建设、消除组织间隔阂、协调合作、满足消费者的需要。组成ECR系统的技术要素主要有信息技术、物流技术、营销技术和组织革新技术，如图50-3所示。

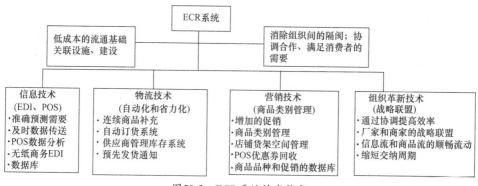

图50-3　ECR系统技术构成

(1) 营销技术：主要是商品类别管理和店铺货架空间管理。

(2) 物流技术：ECR系统要求及时配送和顺畅流动。实现这一要求的方法有连续库存补充计划、自动订货、预先发货通知、供应商管理库存、交叉配送、店铺直送等。

(3) 信息技术：子数据交换和POS销售时点信息。

(4) 组织革新技术：需要把采购、生产、物流、销售等按职能划分的组织形式，改变为以商品流程为基本职能的横向组织形式。

ECR供应链管理追求各方推进真诚合作，实现消费者满意和实现基于各方利益的整体效益最大化的过程。

50.4.3 实施的四大阶段

第一个阶段：供应链构筑

供应链构筑阶段的主要任务是供应链的优化，是在物流和信息上的交互、存货管理。这个阶段比较重要的是电子数据交换。从补货体系来看，零售商将订单发给供应商，供应商通过平台看到自己的存货从而判断需不需要补货。

目前在供应链体系中，电子数据交换在生产商和零售商之间呈现上升趋势；顾客导向订货现在还做不到，这是相对比较高级的阶段；持续补货目前一般零售商都具备了；高效地卸货是比较复杂的，它主要强调的是配送环节；直通在国内是比较少的，目前还不太容易实现。

第二个阶段：品类管理

通过品类管理，将集中点从成本缩减转移至增长，从顾客需求、市场份额、盈利能力、顾客忠诚度来看是供应商和零售商双方的合作。品类管理涉及补货、促销、有效的门店品类组合、有效的新品引进等。

第三个阶段：激发顾客热情

品类管理相对来说是比较数据化的，它是从现有的需求来考虑，在这个阶段就需要激发顾客的消费热情，保持顾客长期的满意度。消费者最大的期望是企业了解自己并给与满意的服务，企业建立与消费者持久的供需关系，加强了消费者对企业商品的信任。

第四个阶段：强调顾客价值

对生产商和零售商来说要考虑资源的整合，毕竟资源是有限的。同时管理水平也要有所增长，管理水平和知识的增长，必须超越销售额的增长，这样的增长才是比较有效的。消费者价值有两方面：价值输出和价值导入。企业传导的价值和顾客接受的价值是不是一样的，如果是平等的，企业传导多少顾客就能接受多少。

第一个阶段的结果是供应链成本降低，第二个阶段的结果是销售额和毛利率增长，第三个阶段的结果是以更少的需求整合达到更大的购买力，第四个阶段的结果是购物观念改变和需求增长。总的来说，实施这4个阶段的效果是价值的有效传导。

50.4.4　实现4R革命

ECR流通模式的核心内容是管理，要从传统的流通模式向ECR流通模式转化，就必须对整个商品供应链进行彻底的4R革命，即组织构架再造(restructure)、策略再定位(reposition)、企业文化再造(revitalization)、流程再造(reengineering)。

(1) 组织构架再造。ECR流通模式以消费者需求为系统动力，而零售商是第一位置和第一时间与消费者接触，因此零售商自身的组织化程度至关重要。通常采用连锁经营方式，可提高商业组织化的程度和增强规模经济的效应。零售商、批发商、制造商和社会物流之间，可以通过广泛的合并、合作，形成新的企业集团或战略联盟，以促进供应链的整体优化。

(2) 策略再定位。在ECR流通模式中，供应链的上下游之间应彼此分享资讯，共同改进各个流程和经济活动。因此，企业之间的相互信任非常重要，这需要对竞争环境、竞争对手、合作伙伴和竞争策略进行再认识和再定位。作为一项长期的流通模式改造，实施ECR需要进行综合性、根本性的谋划，事先应明确阶段性目标和长远目标，并对其所需要的资金和人力投入进行仔细的投资效益评估。

(3) 企业文化再造。导入ECR流通模式之后，会对企业原有的经营理念、思维方式、管理激励、绩效评估、商品采购等带来冲击。为此，企业内部各部门的作用和关系也需要进行重新的调整，要更多地倡导合作精神和团队精神。

(4) 流程再造。首先，在整个供应链上的各方，要以消费者的利益为出发点，在健全和完善自身内部工作流程的基础上，再与合作伙伴共同讨论彼此间的交易流程。其次，研究和推进商品资讯的标准化。

50.4.5　实施关键因素

企业要有效实施ECR，需具有如下5个关键因素。

(1) 顾客至上：定期对消费者进行问卷调查，避免各合作伙伴浪费时间、成本及资源于生产活动中。

(2) 视非必需的库存为敌人：致力于取得必需库存的理想数量。

(3) 注重学习：实施ECR需具备新的知识。

(4) 制造商引领变化：制造商主动奖励零售商、批发商/供货商的销售量，避免视库存为负债造成的销售导向。

(5) 零售商/批发供货商要具备主动参与的积极性：零售商可以提供正确的市场信息供上游供应链伙伴进行资源计划及流程系统、品类管理及预测、补货系统，以应对快速变化的消费者行为。

根据以上的对各种企业活动的研究，可以将实施ECR的关键因素归纳为四个主要方面：需求管理、供应管理、促使因素(技术应用)、集成因素。这四个要素构成实施ECR的主要内容。它是一种能力评价指标，企业可以依据这一结构展开各细节内容的评分，凭借这一评分评价企业实施ECR的成效，并进一步制定改进的步骤；也可以通过评分后与达到标杆性指标的同行进行比较，使企业达到自我能力的提升。

❈ 50.5　ECR测量表

50.5.1　ECR测量表的类型

ECR测量表的评分项目是以ECR架构(品类管理)，四个策略(有效率补货、有效率商品管理、有效率商品介绍、有效率促销)，共五大类作为评分项目。

ECR测量表有多种类型和版本，例如，Procter & Gamble管理顾问公司(以下简称P&G)所使用的经销商/制造商测量表，以及美国Joint Industry Project管理顾问公司(以下简称JIP)的测量表版本，其特点是力求将评分项目予以细分，希望测量表能协助产业衡量导入ECR过程。

在计分表的种类上，P&G的测量表只适用于不同合作伙伴之间做彼此的评估，而JIP的测量表分为制造商评估批发商、制造商评估零售商、自我配销通路零售商评估制造商、制造商评估自我配销通路和零售商、批发商评估制造商、零售商评估制造商6种。

在评分项目上，JIP将评分项目再予以细分，更细分评分子项目，如在战略方面分为远景、接受度、关联性和消费者4类。

50.5.2　区域性测量表

区域性ECR测量表主要提供区域内供货商和零售商数据，来测量公司内部甚至和交易伙伴间在ECR推动的成熟度评估，推动制造商、经销商及零售商相互合作，共同推行一个量身打造的QR/ECR计划，以提升产业绩效及反应速度，最终汇集消费者。例如，亚洲ECR测量表就是区域性测量表中的一种。

测量成熟度的评估结果可与P&G管理顾问公司QR/ECR数据库中世界之最佳模式进行比较。区域性测量表有三大领域和14个子项，如图50-4所示。

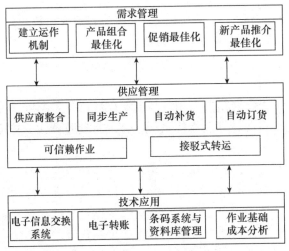

图50-4　区域性测量表的三大领域和14个子项

50.5.3　ECR全球测量表

ECR全球测量表是一份可以让企业自行评估公司推行QR/ECR 4项主要概念(需求管理、供应管理、驱动力和整合力)的成熟度的测量表，可以衡量企业在推行QR/ECR前后进步情况；同时在交易伙伴导入QR/ECR合作时，也可借此测量表评估各交易伙伴导入QR/ECR的能力，以作为未来合作关系的基础。ECR全球测量表增加了一些新的战略架构，尤其是增加了在区域测量表中没有的第四领域——整合力的应用。

QR/ECR的四大主要基本架构也就是ECR全球测量表所要测量的4个部分，包括供应管理、需求管理、使QR/ECR付诸实践的驱动力(即技术应用)，以及整合力的应用。

(1) 需求管理：针对改善消费者的商品，包括品类管理。

(2) 供应管理：一系列特别为改善供应链上商品流动的活动，并包括已涵盖在快速补货及运作改善概念内的原则。

(3) 驱动力(技术应用)：为使需求管理和供应管理能真正落实，科技应用的支持是主要的驱动力。例如，和交易伙伴间的系统整合，必须依靠技术面的应用来达成。

(4) 整合力：需求与供应管理的策略能力结合新科技的应用和发展，改变旧的商业模式，并增加与交易伙伴的互动和价值提升。

ECR全球测量样表，如表50-2所示。

表50-2　ECR全球测量样表

项　目	战　　略	主要或进阶
D：需求管理(600分)		
D1.需求战略与能力	战略方向——消费者价格取向的商业模式	进阶
	战略方向——品类管理	主要
	人与组织	主要
	资源管理	主要
D2.最佳商品化组合	商品组合计划	主要
	商品组合执行	主要
	商品组合测量	主要
D3.最佳化促销	促销计划	主要
	促销实行	主要
	促销测量	主要
D4.最佳的新商品介绍	新商品计划	主要
	促销品计划	主要
	新商品测量	主要
D5.创造消费者价值	消费者知识管理	主要
	消费者需求解决方案	进阶
	提供消费者商品通路	进阶
S：供应面管理(550分)		
S1.供应战略能力	战略方向	主要
	人与组织	主要
	资源管理	主要
S2.有效补货	自助订货	主要
	持续补货	主要
	商品流动技术	主要
	运输最佳化	进阶
	单位有效负荷	进阶
S3.融合性需求导向供给	同步生产	主要
	供货商整合	主要
S4.操作性需求导向供给	店铺营运的可靠度	主要
	配销的可靠度	主要
	生产的可靠度	主要

项目	战　略	主要或进阶
E：驱动力(250分)		
E1.共同的资料与通信标准	产品与运输的确认	主要
	主要资料整合	主要
	电子资料交换	主要
	电子通信标准	进阶
E2.成本/获利与价值测量	活动成本分析	主要
	消费者价值测量	进阶
I：整合力(200分)		
I1. 协同式规则/预测与补偿		进阶
I2. 企业对企业电子商务		进阶

工具 51

SCOR模型——标准的供应链流程参考模型

❋ 51.1 基本概念

51.1.1 概念内涵

供应链运作参考(supply chain operations reference，SCOR)模型，是一个跨行业的标准供应链参考模型和供应链的诊断工具，提供了全面准确的优化各种规模和复杂程度的供应链所必需的方法。SCOR对核心商业流程采用共同的工业术语和方法，因而也适用于那些专门的行业。SCOR使企业间能够准确地交流供应链问题，客观地评测其性能，确定性能改进的目标，并影响今后供应链管理软件的开发。参考模型通常包含一整套流程定义、测量指标和比较基准，以帮助企业开发流程改进的策略。可以说，SCOR是一个基于流程管理的工具，也是第一个标准的适合不同领域的供应链运作参考模型。

SCOR模型是一个流程参考模型，它将流程元素、评价指标、最佳实践和运作供应链的方法特征整合到一个统一的架构中。与以往的流程分解模型不同，它同时提供了横向(交叉流程)和纵向(流程层次)的供应链视图，可以具体定位和配置供应链的流程元素，并且将一系列流程的模型以层次的方式集合在一起。它使得企业可以使用通用的术语和标准的描述方式进行供应链层面的沟通，达到最优化的供应链绩效。

51.1.2 核心逻辑

SCOR模型的范围从供应商的供应商到客户的客户。具体来说，包括所有与客户之间的相互往来，从订单输入到货款支付；所有物料实体的传送，从供应商的供应商到客户的客户，包括原材料、在制品、成品、配件、设备、软件等；所有与市场之间的相互影响，从对总需求的把握到每项订单的完成，以及退货的管理。

供应链运作参考模型的基本思路是将业务流程重组、标杆管理及最佳业务分析集成为多功能一体化的模型结构，如图51-1所示。

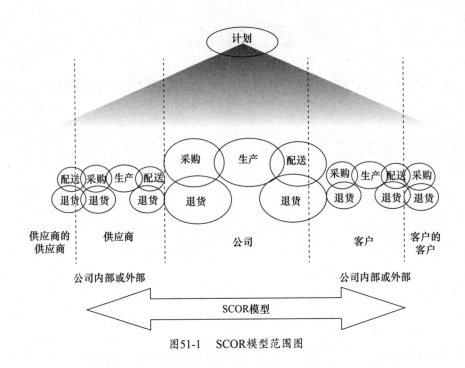

图51-1　SCOR模型范围图

❈ 51.2　主要内容

在最初的版本中，供应链只包含4个流程，即计划、采购、生产和发运。此模型经过多次修订，将供应链分解为5个流程，分别为计划、物料获取、制造、交付和退货。其中，每一个流程又可以分解为下一层的计划、采购、生产、发运和反向物流这相同的5个流程，共有3个层次。

51.2.1　工作流程

SCOR将供应链分解为5个流程：计划、采购、生产、配送和退货。

1. 计划

计划，是指根据需求/供应规划和管理，建立和沟通整个供应链计划，以及寻源、制造、交货和退回的执行流程。进行商务规则、供应链业绩、数据采集、库存、资产评估、运输、规划配置、常规性需求和补货等方面的管理。协调供应链单元规划和资金规划。

计划包含评估企业整体生产能力、总体需求计划，以及针对产品分销渠道进行库存计划、分销计划、生产计划、物料和生产能力的计划。然后进行制造或采购决策的制定、供应链结构设计、长期生产能力与资源规划、企业计划、产品生命周期的决定、生产正常运营的过渡期管理、产品衰退期的管理与产品线的管理等。

2. 采购

采购，指采购库存产品、根据订单生产的产品和根据订单设计生产的产品。采购流程包括：制定交货时间表，如接收、验货、产品转递、给供应商付款等；若没有事先确定，还要识别和选择供应源，如根据订单设计生产的产品、寻找供应源；管理商务规则、评估供应商的业绩、数据维护等；管理库存，资产评估，接收产品，供应商网络，进口/出口需求。采购管理的具体内容如下。

(1) 供应商管理。供应商评估、采购运输管理、采购品质管理、采购合约管理、进货运费条件管理、采购零部件的规格管理。

(2) 物料管理。获得、接收、检验、拒收与发送物料。

(3) 原材料仓库管理。

(4) 原材料运送和安装管理。

(5) 运输管理、付款条件管理以及安装进度管理。

(6) 采购支持业务，包括采购业务规则管理、原材料存货管理。

3. 生产

生产，指制造各类产品，如制造库存产品、根据订单生产产品和根据订单设计生产产品等。生产流程包括：制定生产活动时间表；实施产品制造，如制造、测试、包装、暂时库存等，将产品送交发货员等；根据订单设计、制造产品。生产管理的具体内容如下。

(1) 申请及领取物料、产品制造和测试、包装出货等。

(2) 工程变更、生产状况掌握、产品质量管理、现场生产进度制定、短期生产能力计划与现场设备管理。

(3) 在制品运输。

(4) 生产支持业务，包括制造业务规格管理、在制品库存管理。

4. 配送

配送，指订货、仓储、运输、管理库存产品，根据订单生产产品和根据订单设计生产产品。配送流程包括：制定所有的订货管理步骤，从客户询问、常规送货报价和选择送货方式，到仓储管理、装卸货物的接收和分拣；在客户处接收和检验产品，如果需要负责安装，向消费者开具货物发票，管理发货中的商务规则。配送管理的具体内容如下。

(1) 订单管理。订单输入、报价、客户资料维护、订单分配、产品价格资料维护、应收账款管理、授信、收款与开立发票等。

(2) 产品库存管理。存储、拣货、按包装明细将产品装入箱、制作客户特殊要求的包装与标签、整理确认订单、运送货物。

(3) 产品运输安装管理。运输方式安排、出货运费调整管理、货品安装进度安排、进行安装与产品试运行。

(4) 配送支持业务。配送渠道的决策制定、配送存货管理、配送品质的掌握和产品的进出口业务。

5. 退货

退货流程与任何原因的退货和交付后的客户支持相联系，包括将原材料返还供应商和顾客的退货。返回的产品包括缺陷产品、维修产品和剩余产品。

433

退回缺陷产品步骤：从承诺退回，到给出产品退回时间表，接收、检验、交付退回的产品，退回替换等。退回维修产品步骤：从承诺退回，到产品退回时间表，确定产品状态，传递产品，检验产品状态，产品处理，要求召回的批准。退回剩余产品的步骤：从识别过剩库存、计划运输、接收退货、批准授权、接收退回、验证过剩、回复，到处理过剩产品等。退货管理的具体内容如下。

(1) 原料退回。退还原料给供应商，包括与商业伙伴的沟通，同时准备好文件资料，以及物料实体的返还及运送。

(2) 产品退回。接受并处理从客户处返回的产品，包括商业伙伴的沟通，同时准备好文件资料，以及物料实体的返还、接受和处理。

51.2.2　三个层次

SCOR模型按流程定义可以分为3个层次，每一层都可用于分析企业供应链的运作。

SCOR模型的第一层描述了5个基本流程：计划、采购、生产、发运和退货，如图51-2所示。它定义了供应链运作参考模型的范围和内容。企业通过对第一层SCOR模型的分析，可做出基本的战略决策。

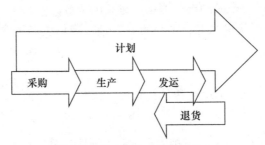

图51-2　SCOR第一层流程定义

SCOR模型的第二层属于配置层，按照计划、执行、交付、使能分类，由26种核心流程类型组成不同分类体系。企业可根据需要，选用与构建与供应链相适应的流程类型，构建供应链后，再根据流程特点选择模型第二层中定义的标准流程元素描述供应链。所有流程元素都附有综合定义，循环周期，成本、服务、质量、资金的性能属性，相关评测尺度，以及软件特性要求。SCOR模型中第二层的19个标准流程元素，如图51-3所示。

SCOR模型的第三层是流程元素层，定义了一个公司在其市场上竞争成功的能力，并包括流程元素定义、流程元素信息的输入与输出、流程性能指标、最佳运作方式，以及要求系统能够支持最佳的运作行为，如图51-4所示。公司可以在第三级供应链上对其运营战略进行微调。

在第三层以下还有实施层等更详细的具有企业微观特色的流程描述层次，但不包括SCOR模型。SCOR模型没有对实施层进行定义，这增加了使用SCOR模型进行供应链建模的难度，但同时也体现了SCOR模型的灵活性。因为每个企业的供应链具体流程是不同的，这些流程也没有严格的配置标准，所以SCOR模型没有对实施层加以限制。

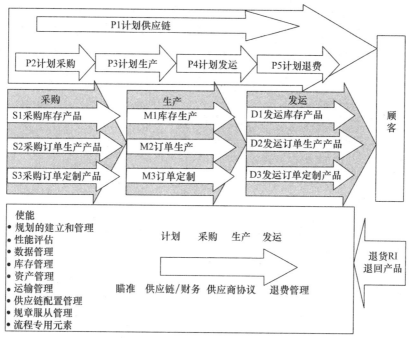

图51-3 19个标准流程元素

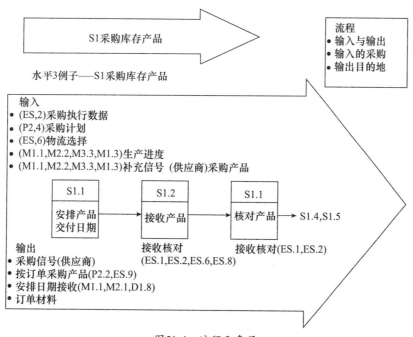

图51-4 流程元素层

SCOR的3个层次及实施层是一种层层深入的关系,每一层都是前一层的分解和细化,企业通过从战略到部署再到实施的一系列过程,可以清晰而完整地对当前的供应链结构进行建模。通过层次建模法，企业不必一次将供应链的细节完全构建出来，而是可以沿着建模框架不断充实整个模型，这样也可以避免出现模型的重复元素，同时也便于供应链模型的重构。SCOR模型的层次划分，如图51-5所示。

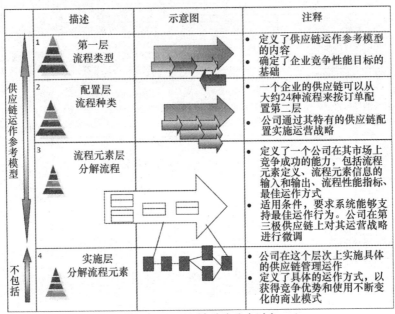

图51-5　SCOR模型的层次划分

51.2.3　支持系统

支持系统包括计划支持、采购支持、制造支持、配送支持、退货支持5个部分。整个SCOR模型采用了一套标准的符号。P代表计划流程，S代表采购流程，M代表生产流程，D代表配送流程，R代表退货流程。支持系统的标准模块代号由"E"加上相应的流程代号组成，如ES表示采购支持模块，EP代表计划支持模块。

目前，SCOR模型对每个基本流程，分别定义了9种支持元素，包括规章的建立和管理、业绩评估、信息系统与数据管理、库存管理、资产管理、运输管理、供应链网络结构管理、遵守法规管理、特殊元素。计划模块中的特殊元素需要企业将供应链的计划和财务相结合以后再确定，采购模块中的特殊元素需要与供应商合作以后再确定，而生产和配送模块中的特殊元素尚未确定。各流程的具体内容如下。

1. 规章的建立与管理

规章的建立与管理主要是在企业总体战略目标的基础上，确定每个基础流程的决策支持标准，从而形成企业规章制度，指导企业各个基础流程的决策过程。它主要包括客户服务水平、供应商的选择标准、物料管理标准、配送标准、合作伙伴服务标准等元素。

2. 业绩评估

业绩评估是比照已制定的标准，对每个基本流程的现有业绩进行评估，并且建立和实施一系列措施，获取目标业绩水平，从而能够满足客户和竞争的需要。通过评估可以帮助经营者清醒地认识到企业目前的经营状况，有利于企业不断改善经营方式以提高经营水平。它主要包括供应商评估、生产状况评估、配送情况评估等。

3. 信息系统与数据管理

信息系统与数据管理主要在供应链的运作过程中，收集有关信息，并且加以整理、分析，用以支持各基本流程中的计划和执行过程，在信息处理过程中，确保信息的准确性。它主要包括采购信息、库存信息、运输信息等，对这些信息有效的管理，极大地促进了各环节的运作能力及各环节之间的协调性。

4. 库存管理

库存管理主要对供应链整体及供应链各环节上的库存进行管理，在这一元素支持下将有利于库存成本的降低。例如，在EP.4中主要是建立供应链总体库存战略，计划总库存水平，包括原材料、在制品和产成品的库存水平，以及补货模型、产品组合、仓储位置等。在其他基本流程中，还包括盘点方式、供应商数目等。

5. 资产管理

资产管理主要是确定整个供应链系统及各个环节上的资产能力，以满足企业正常运作及发展的需要。资产管理还包括资产获取、资产维护，以及资产分配管理。例如，在EP.5中包括对自制与外包比例的确定，以及自营物流与第三方物流的比例确定等。

6. 运输管理

运输管理主要是解决供应链中各环节中的运输问题，规避风险，降低运输成本，提高运输效率。例如，ED.6主要确定了配送流程中的运输方式，并且对配送流程中的各类运输信息加以管理，包括车辆、路线、管制、税章/关税、逆向物流机会及承运人管理。

7. 供应链网络结构管理

供应链网络结构管理主要对供应链网络结构进行设计与管理，确定产品从供货点到需求点流动的网络结构。例如，EP.7主要对市场总体需求情况进行评价，确定产品开发、引进、生产、退出及售后支持，该支持元素还包含对诸如产品路线、ABC分类、物料清单等的确定。在ES.7、ED.7、ER.7中分别对供应商网络、生产网络及退货网络进行确定。

8. 遵守法规管理

遵守法规管理，主要识别并遵守由政府及相关组织所制定的各种法规、规章和标准，包括进出口法律条文、运输管制等。

9. 特殊元素

特殊元素主要根据企业战略和规划修正企业的长期供应链能力和资源计划，包括与资源、制造、配送计划相关的预测等。例如，ES.9主要对现有订单或者合同进行管理，包括价格、调解方式、期限等。

支持系统是SCOR模型中重要的有机组成部分，它为5个主要管理流程提供了强有力的支撑作用，维护和管理了5个主要管理流程中所需要的各种信息，也是SCOR模型中非常具有特色的一部分，为使用者提供了一个很好的借鉴模型。

51.2.4 供应链评价指标

对于SCOR模型每一层的每一个过程都有明确定义的业绩表现衡量指标，根据供应链业绩表现的特征分为可靠性、反应能力、柔性、成本、资产利用率几方面。将企业衡量指标与SCOR计分卡相结合，与行业一般水平、先进水平及企业的目标水平相比较，用于供应链差距分析和标杆管理。SCOR模型的每一个标准过程都给出可以相比较的最佳业绩表现特征，如表51-1所示。

表51-1　供应链性能衡量指标

性 能 特 征	性能特征定义	衡量指标
供应链配送可靠性	在正确的时间，将正确的产品以正确的质量和完整的文件资料，以及正确的包装和放置条件，送达正确的地点，交给正确的客户的能力	配送性能
		完成率
		订单的完好履行率
供应链的反应	供应链将产品送达到客户的速度	订单完成提前期
供应链的柔性	供应链面对市场变化获得和维持竞争优势的灵活性	供应链响应时间
		生产的柔性
供应链成本	供应链运营所耗成本	产品销售成本
		供应链管理总成本
		增值生产率
		质量保证成本/退货处理成本
供应链的资产和利用率	组织为满足需求有效利用资本的能力	现金周转时间
		库存供应总天数
		净资产周转次数

根据供应链运作性能指标进行决策，这些指标主要有：交付性能(按时或提前完成订单/计划的比率)、发运速度(成品库接到订单，在规定时间内发运的比率)、供应链响应时间、完成订单性能、订单完成提前期、全部订单完成率、生产的柔性、供应链管理总成本、增值生产率、保修返修成本、资金周转时间、存货供应天数、资金周转次数。企业很难实现所有性能指标的最优，却可以依据自身核心竞争力和供应链的微观特色，合理选择指标。

❈ 51.3　实 施 应 用

51.3.1 实施重点和难点

国内外的许多公司的实践证明，采用SCOR模型来管理整个企业物流的运作，可以使企业在保证良好交货服务水平的同时降低50%以上的库存。那么SCOR是怎么做到这一点的呢？

一般来说，可以对SCOR模型进行纵横两方面的理解：从横向来讲，SCOR认为任何企业的内部活动都可以划分为计划、采购、生产、发货和回流5项；从纵向来看，企业的上述任一项活动都应该根据产品/客户订单的不同特征进行分类。

SCOR配置层的具体运作流程，如图51-6所示。

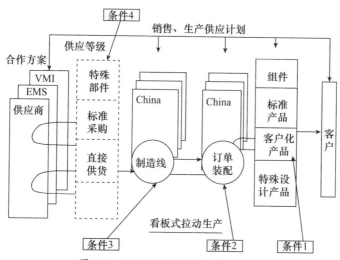

图51-6　SCOR配置层的运作流程图

SCOR主要涉及三方当事人：供应商、核心企业(本企业)和客户。其中，核心企业又由制造中心和集约中心构成。制造中心全面负责产品的设计和生产；集约中心一般由物流中心、流通加工中心、订单管理及职能部门组成。在制造中心的制造线上，普遍采用的是MTS(make-to-stock)生产模式，采用这种模式的根本原因在于，制造中心生产的产品并非最终产品而是通用件，而集约中心的流通加工部采用的则是典型的ATO(assemble-to-order)模式，这有利于企业对客户订单做出快速反应，在满足客户个性化需求的同时，大大缩短了订货至交货时间。

SCOR的实施需满足以下几个基本条件。

(1) 赋予每一个客户订单以明确的订单等级。企业对所有收到的客户订单划分等级，等级高的可以向客户承诺较短的订货提前期，而等级较低的则只能承诺较长的提前期，这样就避免了采购和生产部门在销售部门的催促下业务活动无序的混乱状态。通常可将客户订单分为4个等级：组件、标准产品、客户化产品和特殊设计产品。

(2) 由集约中心的订单部门对客户订单全权负责。通常情况下，客户订单在企业内流转，涉及多个部门，会导致订单延迟、客户不满、销量下降等后果，所以必须由一个部门对客户订单负全责。在SCOR中，这一部门就是集约中心的订单管理部门。

(3) 工厂制造部门必须采用拉式生产模式。SCOR的重要目标之一就是减少库存，为此工厂制造部门就必须采用拉式生产模式。这里，拉动生产的信号主要来自集约中心。

(4) 必须赋予企业所采购的每一项物料以一定的供应等级。这样做的根本目的在于更好地与供应商沟通，提高采购效率，降低整个供应链的成本。通常，供应等级分为4级：直接供货、标准供货、特殊部件和客户化部件，其补货的提前期依次递增。满足了以上4个条件，企业就可以进入SCOR实施阶段。

51.3.2　实施步骤

SCOR模型描述的是供应链的业务流程，而不是功能。在SCOR模型实施的过程中，强调规范运作，各个部门各司其职，各个流程环环相扣。SCOR的实施共分为15个步骤。

步骤一：集约中心的订单管理部门在收到客户订单后，根据相应规则赋予每一客户订单以一定的订单等级。

步骤二：将客户订单录入订单管理部门信息系统，成为整个流程的拉动生产的信号。

步骤三：集约中心的流通加工部获得订单信息，开始按照订单要求做好装配准备。

步骤四：流通加工部向集约中心的仓库发出要货(通用件)请求。

步骤五：集约中心仓库准确无误地将相关通用件递交流通加工部。

步骤六：流通加工部在收到通用件后，安排装配，并最终将装配好的产成品递交集约中心的配送部门。

步骤七：集约中心配送部门将符合客户要求的货物及时交给客户。

步骤八：集约中心仓库向集约中心采购部发出补充通用件库存的请求。

步骤九：集约中心采购部将采购信息及时传递给各相关供应商和各相关工厂。

步骤十：各相关供应商及工厂在收到集约中心发出的采购订单后，直接调取库存，将有关部件(通用件)递交集约中心。

步骤十一：集约中心仓库收到所需部件，填充库存。

步骤十二：工厂通用件库存的消耗作为一个标志，向工厂生产车间发出生产信号，生产车间做好生产准备。

步骤十三：生产车间向工厂原材料仓库发出要货(原材料)请求。

步骤十四：工厂原材料仓库从库存中分拣出生产车间所需的物料，及时递交生产车间。生产车间完成生产后，填充工厂成品(通用件)库存。

步骤十五：工厂原材料仓库向工厂采购部门发出要货请求，采购部门安排采购。

通过以上分析可以看出，整个SCOR模型的运作将供应商、核心企业和用户紧密地连接在一起，其效率得到大大提高，各个阶段的订货至交货时间都得到了有效控制，并最终大幅度降低了供应链中的库存，使所有的供应链成员共同获益。

51.3.3　实施过程

SCOR的整个实施过程主要包括：

(1) 竞争基础/因素的分析；

(2) 配置供应链(包括从供应链在地理上设计，到单个产品供应线程的设计)；

(3) 绩效层次、实践和系统的统一；

(4) 供应链实施的改变。

从方案实施途径看，如果将固定的方案管理与实施的技术专家队伍相结合，SCOR将会是最为成功的。SCOR方案路线在多重绩效水平上也可以有效地利用，如建立一个持续改进的流程，定义战略供应链投资来支持竞争优势。

51.3.4　运用优势

SCOR是第一个标准的供应链流程参考模型，是供应链的诊断工具，几乎涵盖所有行业。SCOR使企业间能够准确地交流供应链问题，客观地评测其性能，确定性能改进的目标，并将影响今后供应链管理软件的开发。SCOR模型包括一整套供应链流程的定义、测量指标和比较基准，以帮助企业开发流程改进的策略。

SCOR模型的优势主要体现在以下几方面。

(1) SCOR是为了使供应链伙伴间能高效地沟通而设计的参考模型。它用标准的语言，帮助管理者着眼于管理的问题。作为一个工业标准，SCOR帮助管理者着眼于交叉企业间的供应链。

(2) SCOR用于描述、衡量和评价供应链配置。描述是指标准的SCOR流程定义事实上允许任何类型供应链的配置。衡量是指标准的SCOR衡量制度，使供应链绩效的衡量和基准成为可能。评价是指评价供应链的配置，支持不断改进的战略计划。

(3) SCOR的实施使得企业能够做出基于实施的决策并且监督竞争者的有关绩效，抉择供应链的哪一个改进可以产生最大的战略价值，衡量绩效改进的影响。

这个参考模型为供应链上不同成员间的交流和合作提供了一个好的工具。例如，在软件行业，SCOR的导入可以使得制造商和软件销售商交流各自面临的挑战并且合作改进软件的绩效。同时，流程和标准化一般性的定义可以使公司理解平均绩效、最优绩效和产生较优结果的最优实践，从而大幅改善基准。

工 具 52
PERT网络分析法——有效的项目进度管理工具

❋ 52.1 基本概念

计划评审技术(program evaluation and review technique，PERT)，是把工程项目作为一个系统，用网络图、表格或矩阵来表示各项具体工作的先后顺序和相互关系，以时间为中心，找出从开工到完工所需时间最长的关键线路，并围绕关键线路对系统进行统筹规划、合理安排，以及对各项工作的完成进度进行严密控制，以达到用最少的时间和资源消耗来完成系统预定目标的一种计划与控制方法。

简单地说，PERT是利用网络分析制订计划，以及对计划予以评价的技术。它能协调整个计划的各道工序，合理安排人力、物力、时间、资金，加速计划的完成。在现代计划的编制和分析手段上，PERT被广泛地使用，是现代化管理的重要手段和方法。

PERT网络是一种类似流程图的箭线图，它描绘出项目包含的各种活动的先后次序，标明每项活动的时间或相关的成本。对于PERT网络，项目管理者必须考虑要做哪些工作，确定时间之间的依赖关系，辨认出潜在的可能出问题的环节，借助PERT还可以方便地比较不同行动方案在进度和成本方面的效果。

构造PERT图，需要明确3个概念：事件、活动和关键路线。事件，表示主要活动结束的那一点；活动，表示从一个事件到另一个事件之间的过程；关键路线，是PERT网络中花费时间最长的事件和活动的序列。

❋ 52.2 主要内容

PERT的作业时间(工期)上有3个估计值。计算出一个期望时间，作为求关键路径使用，同时用这3个时间，计算全部工程完成的概率。

52.2.1 活动的工期估计

(1) 最乐观时间(to)：在一切条件非常满足的情况下，完成一个项目所需要的时间，所以最乐观时间是最短时间。

(2) 最可能时间(tm)：这是概率最高的完成一个项目所需的时间。

(3) 最悲观时间(tp)：在一切条件非常不利的情况下，完成一个项目所需要的时间，所以最悲观时间是最长时间。

在估计一个活动将要花费多少时间时，建立3个时间估计，使把不确定因素考虑进去成为可能。最可能时间必须大于或等于乐观时间，悲观时间必须大于最可能时间。

52.2.2　概率的计算

PERT网络分析法首先是建立在网络计划基础之上的，其次是工程项目中各个工序的工作时间不肯定，过去通常对这种计划只是估计一个时间，到底完成任务的把握有多大，决策者心中没数，工作处于一种被动状态。在工程实践中，由于人们对事物的认识受到客观条件的制约，通常在PERT中引入概率计算方法，组成网络计划的各项工作可变因素多，不具备一定的时间消耗统计资料，因而不能确定出一个肯定的单一的时间值。

1. 概率假设

在网络计划中，假定估计的3个时间的概率服从β概率分布。在这个假定的基础上，由每项活动的3个时间估计，可以为每项活动计算一个期望工期t_r，$t_r = (t_o + 4t_m + t_p)/6$。这个期望公式的3个时间估计概率设定是1/6、4/6、1/6，定义为权重是1/4/1，这个权重是可以根据实际情况进行调整的，可以是1/4/1，也可以是1/3/2、2/3/1等，但权数之和必须是6。

2. 概率基本原理

在网络计划中，由于给出了3个假定按β概率分布的估计时间后，就允许在活动工期估计中存在不确定因素了。因此，为每项活动估计3个时间是一项随机或概率统计技术，仅用一个时间估计的技术是确定性的技术。既然已经假定了每个活动的时间服从β概率分布，那么可以计算由多个活动组成的项目完成的概率了。需要说明的是，计算项目完成概率时的活动必须是关键路线上的活动。当采用3个时间估计时，网络图上关键路径上的所有活动的时间估计加起来可以得到一个总概率分布。由概率理论中的中心极限定理可知，这个总概率分布不是一个β概率分布，而是一个正态概率分布，概率曲线是以其总的期望值为对称轴的钟形曲线。这个总概率分布曲线的期望工期等于构成总分布的各项活动的期望工期之和，而且其方差等于构成总分布的各项活动工期的方差之和，一个活动的β概率分布的方差可以通过公式$\sigma^2 = [(t_p - t_o)/6]^2$计算。需要说明的是，正态概率分布的方差等于$\beta$概率分布的方差之和。

❋ 52.3　实施应用

52.3.1　工作步骤

开发一个PERT网络要求管理者确定完成项目所需的所有关键活动，按照活动之间的依赖关系排列它们之间的先后次序，以及估计完成每项活动所需的时间。这些工作可以归纳为5个步骤。

(1) 确定完成项目必须进行的每一项有意义的活动，完成每项活动都产生事件或结果。

(2) 确定活动完成的先后次序。

(3) 绘制活动流程从起点到终点的图形，明确表示出每项活动及其他活动的关系，用圆圈表示事件，用箭线表示活动，结果得到一幅箭线流程图，即PERT网络，如图52-1所示。

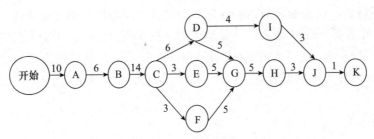

图52-1　PERT网络

(4) 估计和计算每项活动的完成时间。

(5) 借助包含活动时间估计的网络图，管理者能够制订出包括每项活动开始和结束日期的全部项目的日程计划。在关键路线上没有松弛时间，沿关键路线的任何延迟都会直接延迟整个项目的完成期限。

52.3.2　注意事项

(1) 制作项目网络图时注意不要遗漏一项或几项重要活动。

(2) 注意优先关系未必全部显示正确。

(3) 注意时间估计可能包含捏造因素，这会导致PERT计算结果与实际工期偏差较大。

工 具 53

工作分解结构——高价值的项目管理工具

❄ 53.1 基本概念

53.1.1 概念

工作分解结构(work breakdown structure，WBS)是以项目的可交付结果为导向而对项目任务进行的分组，它把项目整体任务分解成较小的、易于管理和控制的若干子任务或工作单元，并由此组织和定义了整个项目的工作范围。未列入工作分解结构的工作将排除在项目范围之外，不属于项目团队的工作。工作分解结构的每一个细分层次表示对项目可交付结果更细致的定义和描述。

WBS是项目管理众多工具中最有价值的工具之一，它给予人们解决复杂问题的思考方法——解剖麻雀化繁为简，然后各个击破。通过工作分解结构，项目团队得到完成项目的工作清单，从而为日后制订项目计划时工期估计、成本预算、人员分工、风险分析、采购需求等工作奠定了基础。

53.1.2 主要定义

1. 功能结构树

功能结构树是将系统性能分解为各项功能，每项功能可再分解为子功能而构成的层次结构，可独立形成产品形式。

2. 产品结构树

产品结构树是依据确定的功能将系统分解为依次形成的所有硬件和软件产品构成的层次结构，是WBS编制的基础。

3. 工作分解结构码

工作分解结构码是指对工作分解结构中的每一单元用有规则的数字串和分割符号所做的标识。工作分解结构码与工作分解结构是一一对应关系，通过该标识可唯一确定该单元在工作分解结构中的位置和隶属关系，便于计算机对工作分解结构进行识别和检索。

4. 工作分解结构单元

工作分解结构单元为构成工作分解结构的每一独立部分，简称工作单元，它是由每一个工作包构成。

5. 工作包

工作包是工作分解结构的底层工作单元，它由一组作业组成。利用工作包可以方便地进行成本预算及成本费用汇总统计。

6. 作业

作业是为完成各种项目可交付物所必须进行的各项具体活动。如文件编写、设计出图、生产、试验、总装、测试、验收、评审、转段、飞行试验等。对作业建立逻辑关系，并就作业的工期、资源需求进行估算，可以形成详细的技术流程和计划流程。

作业应满足以下几个特点：作业可被独立完成；有明确的可交付物；周期、资源需求、经费易于估计；具有唯一的完成单位或责任人；周期不宜太长。

7. 属性

属性是指对工作单元、工作包和作业所编制的任务类型、风险等级、项目内优先程度、质量成本等信息，具体包括名称、所属型号、所属阶段、编码、任务类型、完成单位、完成责任人、参加完成人、预算、完成形式、前置单元(紧前、紧后关系)、计划工期、实际工期等。

❋ 53.2 主要内容

53.2.1 基本要素

建立工作分解结构的基本要素有3个：结构、代码和报告。

1. 结构设计

工作分解结构的总体设计对于一个有效的工作系统来说是个关键。结构应以等级状或"树状"构成，底层代表详细的信息，而且其范围很大，逐层向上，即结构底层是管理项目所需的最低层次的信息，在这一层次上，能够满足用户对交流或监控的需要，这是项目经理、工程和建设人员管理项目所要求的最低水平；结构上的第二层次将比第一层次要窄，而且提供信息给另一层次的用户，依此类推。

结构设计的原则是必须有效和分等级，但不必在结构内建太多的层次，因为层次太多了不易进行有效管理。对一个大项目来说，4～6个层次就足够了。在设计结构的每一层中，必须考虑信息如何向上流入第二层次，原则是从一个层次到另一个层次的转移应当以自然状态发生。此外，还应考虑到使结构具有能够增加的灵活性，并从一开始就注意使结构被译成代码时对于用户来说是易于理解的。

2. 代码设计

代码设计对作为项目控制系统应用手段的工作分解结构来说是个关键。不管用户是现场会计，还是现场其他职员或高级管理人员，代码对所有的人来说应当有共同的意义。在设计代码时，对收集的信息及收集信息所用的方法必须仔细考虑，使信息能自然地通过工作分解结构代码进入应用记录系统。代码设计与结构设计是有对应关系的。

3. 报告设计

报告设计的基本要求是以项目活动为基础产生所需的实用管理信息，而不是为职能部门产生其所需的职能管理信息或组织的职能报告。报告的目的是要反映项目到目前为止的进展情况，通过这个报告，管理部门将能够去判断和评价项目各个方面是否偏离目标，偏离多少。

53.2.2　主要种类

1. 工作分解结构

工作分解结构主要分为以下几种。

(1) 纲要性工作分解结构。纲要性工作分解结构是指导性的、战略性的工作分解结构。该结构只有三级：第一级为整个系统项目；第二级为项目的重大单元；第三级为从属于第二级的单元。

(2) 项目纲要性工作分解结构。项目纲要性工作分解结构，是针对某一特定项目，对纲要性工作分解结构进行裁剪得到的工作分解结构。

(3) 合同工作分解结构。合同工作分解结构是适用于特定合同或采购活动的完整的工作分解结构。它概括了项目的任务，确定了这些任务与项目的组织机构、技术状态的关系，为项目的性能、技术目标、进度和费用之间的联系，确定了逻辑上的约束框架。合同工作分解结构应与合同规定的层次相一致。

2. 其他分解结构

在某些具体的应用领域，常见的其他分解结构主要包括如下几种。

(1) 组织分解结构，它用于显示各个工作元素被分配到哪个组织单元。

(2) 资源分解结构，它是组织分解结构的一种变异，通常在将工作元素分配到个人时使用。

(3) 材料清单，表述了用于制造一个加工产品所需的实际部件、组件和构件的分级层次。

(4) 项目分解结构，它基本上与工作分解结构的概念相同。

53.2.3　表达形式

项目工作分解结构有两种比较通用的表达形式(见图53-1)：第一种是类似于组织机构图的树形方式，只不过方框中的内容表示活动，而非人名或职务；第二种是任务清单式的直线排列方式，从上往下排列，上面一层是大任务，下面一层是完成大任务的子任务或者是更详细的、具体的活动。

树形结构图的工作分解结构层次清晰，非常直观。结构性很强，但不是很容易修改，对于大的、复杂的项目也很难表示出项目的全景。由于主观性，一般在小的、适中的项目中应用较多。

在实际应用中，任务清单式的工作分解结构应用比较普遍，特别是在项目管理软件中。

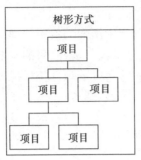
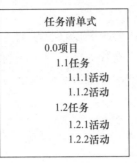

图53-1　项目工作树形分解结构

❋ 53.3　实 施 应 用

53.3.1　基本要求

创建工作分解结构时，需要满足以下几点基本要求。

(1) 某项任务应该在工作分解结构中的一个地方，且只应该在一个地方出现。

(2) 工作分解结构中某项任务的内容是其下所有任务的总和。

(3) 一个工作分解结构项只能由一个人负责，即使许多人都可能在其上工作，也只能由一个人负责，其他人只能是参与者。

(4) 工作分解结构必须与实际工作中的执行方式一致。

(5) 应让项目团队成员积极参与创建工作分解结构，以确保实施的一致性。

(6) 每个工作分解结构项都必须文档化，以确保准确理解已包括和未包括的工作范围。

(7) 工作分解结构必须在根据范围说明书正常地维护项目工作内容的同时，也能适应无法避免的变更。

53.3.2　应用步骤

(1) 召集核心的项目小组成员，这些人必须对项目的工作有直接的知识或经验。

(2) 按照项目的实施顺序确定项目生命期的各个阶段，或者按照交付产品结构的组成部分，或者按照项目工作的性质确定项目的主要交付成果，包括项目管理。由此形成工作分解结构的第一个层次。注意，从这一层就要开始检查，不要漏掉了某些重要工作。

(3) 确定完成项目生命期各个阶段的主要工作的具体任务，或者实现产品各结构、实现项目交付结果的主要工作的具体任务，由此形成工作分解结构的第二个层次。

(4) 确定完成每项具体任务的子任务，形成工作分解结构的第三个层次。

(5) 确定完成每项子任务需要进行的具体活动，活动应当用动词来描述，每项活动完成后应当可以输出可验证的结果，以便于进行绩效测量。由此形成工作分解结构的第四个层次。

(6) 核实分解是否彻底、完整和正确。有没有遗漏的活动，每项活动的定义是否清晰、完整，下层的活动对分解项的完成来说是否必要和充分，每项任务是否可以很容易地分配责任和角色并落实到相应的部门、项目团队或个人，每项活动需要的资源是否很容易确定，每项任务的工期或成本是否很容易估计，每项任务完成的衡量标准是否十分清楚等。如果答案是否定的，就需要进一步地修改、添加、删除或重新定义，直到上述答案完全肯定。

53.3.3　分解方式

对于同一项目，工作分解结构视角不同，所分解的结果也是不同的。在项目管理的过程中，一般采用以下几种分解方法。

1. 以项目的实施过程进行工作分解

任何一个项目都有生命周期，以项目的生命周期为主线进行工作分解是经常采用的方法，这是项目的动态分解过程。

2. 按项目的交付物进行静态分解

项目的最终交付物可以是实物产品，也可以是一项服务，在进行静态的工作结构分解时，以交付物的功能结构为出发点进行分解。例如，可以将办公楼建设项目分解为研发中心、生产运营中心、市场营销中心、行政服务中心、总裁办公室、会议中心、绿化区几个功能区。又如，一个大型公司的庆祝活动项目可以分解为接待工作、会场布置工作、安全保卫工作、服务工作和参观工作几个部分。

3. 按项目的纵向(动态)和横向(静态)分解相结合进行工作分解

利用工作结构分解方法分解项目时，单一地采用动态分解方法或者单一地采用静态的分解方法都不能反映项目管理的客观实际。为了实际工作的需要，有时需要将两个方法结合起来使用，才能满足成本核算或选择合适的负责人。例如，办公楼建设项目分解为初步设计、地质勘查、详细设计、办公楼办公区建设、办公楼服务区建设、设备安装、竣工验收七大部分。在此例中，初步设计、地质勘查、详细设计及竣工验收是按照过程分解的方法进行的，而办公楼办公区建设、办公楼服务区建设的分解是按照办公楼的平面布局静态分解方法进行的。

4. 按项目的合同进行分解

合同工作分解结构定义为合同用的完整的工作分解结构。此方法是将项目的工作内容分解为能够分包的各个工作单元，并以合同的形式承包。

另外，可以按其他多种方法进行分解，如按要素进行分解，如一个车间的结构可分为厂房结构、吊车设施、设备基础和框架等。

53.3.4　制定方法

制定工作分解结构的方法多种多样，主要包括类比法、自上而下法、自下而上法和使用指导方针等。

1. 类比法

类比法是以一个类似项目的工作分解结构为基础，制定本项目的工作分解结构。例如，ABC飞机制造公司，曾设计制造多种类型的大型客机，当公司计划设计生产某种新型战斗机时，就可以使用以往制造大型客机而设计的子系统。以从前的子系统为基础，开始新项目的工作分解结构的编制。比如，该工作分解结构的第一层中有飞机机身项，该项又包括了飞机前身、飞机中部、飞机后身和机翼等第二层的多个子项。这种一般性的产品导向的工作分解结构就成为新飞机项目的范围定义和新型战斗机成本估算等工作的起点。

2. 自上而下法

自上而下法常常被视为构建工作分解结构的常规方法，即从项目最大的单位开始，逐步将它们分解成下一级的多个子项。这个过程就是要不断增加级数，细化工作任务。这种方法对项目经理来说是最佳方法，因为他们具备广泛的技术知识和对项目的整体视角。

3. 自下而上法

自下而上法，是要让项目团队成员从一开始就尽可能地确定项目有关的各项具体任务，然后将各项任务进行整合，并归总到一个整体活动或工作分解结构的上一级内容当中。

4. 使用指导方针

如果项目存在工作分解结构的指导方针，那就必须遵循这些方针。使用指导方针包括针对工作分解结构中每一项任务的成本估算，既有明细估算项，也有归总估算项。项目整体的成本估算，必须是通过归总工作分解结构底层各项任务成本而得到的。

53.3.5　制作流程

(1) 制定工作产品清单。工作产品是项目需要产出的工作结果，可以是项目最终交付成果的组成部分，也可以是项目中间过程的产出结果。工作产品有大有小，有的相互关联，有些为隶属关系。列出工作产品清单的过程，可使用头脑风暴法，由项目组共同完成。

(2) 制定工作产品分解结构。工作产品大大小小列出了很多，大型项目有几百项、几千项。运用这些工作产品的属性和关系，用结构化的方法组织这些工作产品，形成一个自上向下的逐级细分的工作产品分解结构。

(3) 制定工作任务分解结构。通过工作产品分解结构，可以明确工作产品的任务，根据任务可制定工作任务分解结构。

(4) 制定组织分解结构。工作分解结构中的任务确定了，完成任务的责任人也就可以明确了。因此，由工作分解结构可以形成整个项目的组织分解结构，由哪些人来完成项目的任务，得到工作产品，并完成项目。

关于结构的分解方法，常用的有组件分解方法和过程分解方法。典型的组件方法就是制造业中把一个完整的产品，逐级分解到零件。典型的过程分解方法可以是软件开发从需求到设计、编码、测试的一个过程。项目分解中，这两种方法往往交替使用，其最终是把项目分解到一个个具体和细小的工作任务中。

53.3.6　建立的原则

建立工作分解结构，应按照实际工作经验和系统工作的方法、工程的特点、项目管理者的要求进行。其基本原则是：

(1) 将主体目标逐步细化分解，底层的日常活动可直接分派给个人去完成。

(2) 每个任务原则上要求分解到不能再细分为止。

(3) 日常活动要对应到人、时间和资金投入。

53.3.7　考虑的因素

(1) 确定适当的工作分解结构层次，最底层的元素需对应有形的交付物。

(2) 对工作分解结构生命周期的考虑，需要考虑在项目不同阶段的活动发展。

(3) 满足项目计划、绩效报告、整体变更控制、范围管理的需要。

(4) 满足资源计划和风险管理的需要。

53.3.8　注意问题

(1) 不同的工作分解结构要求有不同的高级管理人员的配置，有时分解的过程和组织机构的设置是一个互相影响的过程，在主要项目管理人员稀缺的情况下，分解甚至要向人力资源的可获得性妥协。比如，把一个项目分段管理，每段需要类似的人力资源配置，如果关键性岗位没有人选，就需要考虑改变分解方式。

(2) 项目管理者，尤其是项目经理的工作方式影响项目的组织形式，并直接影响分解方式，项目经理应作为工作分解结构制作的负责人。

(3) 工作分解结构的制作由项目经理主持，项目各部门参与，公司总部的专家资源、有类似项目执行经验的其他项目经理的参与也很有必要。

(4) 每一个工作分解结构单元有明确的范围和可考核性，明确的范围和可考核性可以更好地调动责任人的工作热情。

(5) 每一个工作分解结构单元的所有下一级工作的完成代表这一单元的完成，即工作分解结构的各级分解都要完全，以保证项目的完整性。

(6) 工作分解结构要和项目的组织结构、会计记账结构有兼容性，这也是项目综合管理，加强协调、提高管理水平的要求。

(7) 自行施工部分和分包商的工作范围应该独立。

(8) 材料和服务供应商的工作范围应该独立。

(9) 任何一个工作分解结构单元由明确的单位或个人负责，便于激励机制的实施和责任的追究。

(10) 有潜在风险和不确定性的工作内容尽可能独立，如某些审批工作；内容很少、时间很短但很关键的工作应尽可能独立，如某些测试工作。

53.3.9　实践技巧

对项目进行工作分解时，最多使用20个层次。对于一些较小的项目，4～6层一般就足够了。

工作分解结构中的支路没有必要全都分解到同一层次，即不必把结构强制做成对称的。在任意支路，当达到可以做出所要求准确性的估算的层次时，就可以停止了。

53.3.10　检验标准

检验工作分解结构是否定义完全、项目的所有任务是否都被完全分解，可以参考以下标准。

(1) 每个任务的状态和完成情况是可以量化的。

(2) 明确定义了每个任务的开始和结束。

(3) 每个任务都有一个可交付成果。

(4) 工期易于估算且在可接受期限内。

(5) 容易估算成本。

(6) 各项任务是独立的。

工 具 54

甘特图——常用的项目控制管理的有效工具

❄ 54.1 基本概念

甘特图(Gantt chart)，也称为条状图，是1917年由科学管理大师亨利·劳伦斯·甘特(Henry Laurence Gantt)开发的一种图表系统法，后以他的名字来命名。它被认为是管理工作上的一次革命，被视为20世纪最重要的社会发明，经常用于计划和排序，是把活动与时间联系起来的最早尝试之一。甘特图是管理项目的常用方法，其内在思想简单，基本是一个线条图，横轴表示时间，纵轴表示活动(项目)，线条表示在整个期间上计划和实际的活动完成情况，它直观地表明任务计划在什么时候进行，以及实际进展与计划要求的对比。

甘特图以图形或表格的形式显示活动，是一种通用的显示进度的方法。构造时应包括实际日历和持续时间，并且不要将周末和节假日算在进度之内。

❄ 54.2 工具内容

54.2.1 主要内容

甘特图由二维坐标构成，在甘特图中，横轴方向表示时间，纵轴方向并列机器设备名称、操作人员和编号等。图表内以线条、数字、文字代号等来表示计划(实际)所需时间、计划(实际)产量、计划(实际)开工或完工时间等，如图54-1所示。这样就可以通过观察计划活动的线条和实际活动的线条，清晰地了解实际活动的进度情况。

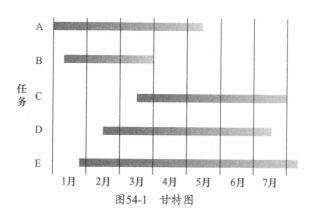

图54-1 甘特图

54.2.2 表示方法

甘特图有两种表示方法，一种是用矩形条表示，一种是用带三角形的线条表示，如

图54-2所示。

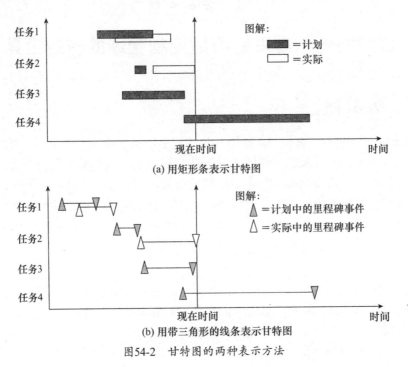

(a) 用矩形条表示甘特图

(b) 用带三角形的线条表示甘特图

图54-2 甘特图的两种表示方法

❄ 54.3 工具应用

甘特图具有简单、醒目和便于编制等特点，在企业管理工作中被广泛应用。甘特图按反映的内容不同，可分为计划图表、负荷图表、机器闲置图表、人员闲置图表和进度表5种形式。

54.3.1 绘制步骤

(1) 明确项目牵涉的各项活动、项目，内容包括项目名称(包括顺序)、开始时间、工期、任务类型(依赖/决定性)和依赖于哪一项任务。

(2) 创建甘特图草图，将所有的项目按照开始时间、工期标注到甘特图上。

(3) 确定项目活动依赖关系及时序进度。使用草图，按照项目的类型将项目联系起来，并合理安排。此步骤将保证在未来计划有所调整的情况下，各项活动仍然能够按照正确的时序进行，也就是确保所有依赖性活动能并且只能在决定性活动完成之后按计划展开，避免关键性路径过长。关键性路径是由贯穿项目始终的关键性任务所决定的，它既表示了项目的最长耗时，也表示了完成项目的最短可能时间。注意关键性路径会由于单项活动进度的提前或延期而发生变化。不要滥用项目资源，对于进度表上的不可预知事件要安排适当的富裕时间。但是，富裕时间不适用于关键性任务，因为作为关键性路径的一部分，它们的时序进度对整个项目至关重要。

(4) 计算单项活动任务的工时量。

(5) 确定活动任务的执行人员适时按需调整工时。

(6) 计算整个项目时间。专业性软件可以自动完成该项工作。

54.3.2 注意事项

(1) 甘特图中所绘的实施线应是边做边画，同时进行。

(2) 计划线与实施线要区别清楚。

(3) 实施的进度要与事实配合。

(4) 计划线与实施线有差异时，要备注说明理由。

(5) 实施线不可同时并行的步骤为：①解析与对策拟定；②效果确认与标准化；③进度管制落后时，要追究原因，并采取对策。

※ 54.4 特点和作用

54.4.1 主要作用

甘特图主要用于计划安排和进度控制，管理者可由此极为便利地弄清一项任务(项目)还剩下哪些工作要做，并可评估工作是提前还是滞后，抑或正常进行，是一种理想的控制工具。

这一工具是基于作业排序的目的，帮助管理者描述对诸如工作中心、超时工作等资源的使用。当它用于负荷分析时，可以显示几个部门、机器或设备的运行和闲置情况。这表示了该系统的有关工作负荷状况，这样可使得管理人员了解何种调整是恰当的。此外，甘特图还可以用于检查工作完成进度，它表明哪件工作如期完成，哪件工作提前完成或延期完成。

54.4.2 特点

甘特图的特点是把计划和进度安排两种职能组织在一起，它虽没有用图形直接地表示任务之间的相关性，但着重表示了时间信息的相关性，特别适用于项目开始后的进度跟踪。可以用不同颜色标识项目的进度，如已经完成部分、未完成部分、提前完成或延迟完成、剩余时间等。

54.4.3 优点

(1) 图形化概要，通用技术，易于理解。

(2) 中小型项目一般不超过30项活动。

(3) 有专业软件支持，无须担心复杂计算和分析。

甘特图的主要优点，是可以将计划进度与实际进度在同一个图中进行比较，从而能直观地看出项目的实际进展情况，有利于进度控制。

54.4.4　局限性

(1) 甘特图事实上仅仅部分地反映了项目管理的三重约束(时间、成本和范围)，因为它主要关注进程管理(时间)。

(2) 尽管能够通过项目管理软件描绘出项目活动的内在关系，但是如果关系过多，纷繁复杂的线图必将增加甘特图的阅读难度。

(3) 为了不至于转移阅读者的注意力，最好避免使用栅格。

工 具 55

关键路径法——广泛运用的项目管理方法

❋ 55.1 基本概念

关键路径法(critical path method，CPM)是采用网络技术来组织生产、节约时间和资源的科学管理方法。

关键路径法是通过分析哪个工作序列(哪条路线)进度安排的灵活性(浮动时间)最少，来预测项目历时的一种网络分析技术，是进度控制最常采用的方法。这种方法适用于复杂性较高的项目或者有资源约束的项目。用关键路径法可以直观地表示出所有项目工作环节的顺序及相互之间的依赖关系，能够将各种分散、复杂的数据加工处理成项目管理所需的信息，从而方便项目管理人员进行各种资源的分析和配置，并进行有效项目控制。

"关键路径"是一组有顺序的任务，代表要完成此项目所需的最长时间。在关键路径中的任何一个任务若有延迟，整个项目的完成日期就会有延迟，以至于"非关键任务"，即不在关键路径上的任务，则有时差。

❋ 55.2 主要内容

55.2.1 基本内容

关键路径法，是用网络图的形式列出工程计划及其各项工作之间的相互关系，并找出关键路径和关键工作。根据关键路径对整个工程和生产进行必要调整，严格控制关键路径上的每一项活动，合理安排资源，改进技术组织措施，达到加速工程进度和降低成本的目的。关键路径法采用的时间是确定的，其重点在于控制生产成本。

55.2.2 表示符号

关键路径法的符号表示，如表55-1所示。

表55-1　关键路径法符号表

项　目	符号	定　义
预计活动完成期	T	一项活动的预计完成期
最早开始时间	ES	前面所有的活动都是以最早时间开始时，一项活动能够开始的最早时间
最早完成时间	EF	以最早开始时间开始的活动的最早完成时间
最迟开始时间	LS	在不延迟项目完成期的情况下，活动最迟开始时间
最迟完成时间	LF	以最迟开始时间开始的活动的最迟完成时间
总缓冲时间	TS	在不延迟项目完成期的情况下，一项活动能被延迟的时间

❉ 55.3 实施应用

55.3.1 实施步骤

1. 进行项目分解

依照以下步骤进行项目分解：详细说明完成项目所需的所有活动；确定完成每一个活动所需的所有子活动；必要的话，继续细分每一个子活动；继续这种方法，直到已经足够详细地描述整个项目，要确定合理的工作细分程度。不能分得过细，因为那样就会增加编制网络图的难度和费用，并可能导致高频度的网络调整。也不能分得过于简单，因为那样可能会在项目实施中出现较大的偏差。

2. 估计各个活动所需要的时间

通过明确定义活动、细分活动，明确定义活动的开始和结束点等过程，实现对实际所需时间的估算。

3. 确定各个活动的执行顺序

决定执行各个活动的顺序，确定紧前活动。紧前活动是指将开始某活动前必须完成的活动。

4. 绘制网络图

网络图是一张流程图，它展示在项目中要进行的各个活动的顺序，包括以下三个要素(见图55-1)：事件，它标志一项活动的起始或结束，不占用时间和资源，即$t=0$；活动，占用时间和资源，即$t\neq0$；持续时间t，完成一个活动实际需要花费的时间。

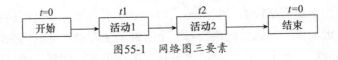

图55-1 网络图三要素

5. 网络图分析

对网络图进行分析，考虑需要多长时间完成各条路径上的活动，确定关键路径以及非关键路径、最早开始时间和最早结束时间、最晚开始时间和最晚结束时间、松弛时间，如图55-2所示。

(1) 关键路径：对于一个项目而言，只有项目网络图中耗时最多的活动路径完成之后，项目才能结束，这条活动路径就称为关键路径。图55-2所示的关键路径的长度为7周，它包括"开始"事件、活动1到活动5和"结束"事件。关键路径上所有活动的持续时间加起来就是项目的工期。关键路径上的任何一个活动都是关键活动，其中任何一个活动的延迟都会导致整个项目完成时间的推迟。

(2) 非关键路径：指即使延误一段时间去做，也仍然可以在最短的时间内完成工作的一系列活动。活动2、活动3和活动4都在非关键路径上。

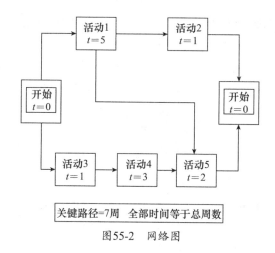

图55-2　网络图

(3) 最早开始时间与最早结束时间：通过正推法计算活动的最早时间。最早开始时间是指可能开始一项活动的最早时间；最早结束时间是指可能完成一项活动的最早时间。

(4) 最晚开始时间与最晚结束时间：通过逆推法计算活动的最迟时间。最晚开始时间是指为了保证工作能在最可能短的时间内完成，可以开始一项活动的最晚时间。最晚结束时间是指为了保证工作在最可能短的时间内完成，可以完成一项活动的最晚时间。

从"开始"事件到达"结束"事件的最早时间是第7周周末，如果要在第7周周末完成项目，可以完成活动2和5的最晚时间是第7周周末。再考虑包括活动3、活动4和活动5的路线，如果要在第7周周末结束项目，则必须在第6周开始活动5；如果开始活动5，必须先完成活动1和活动4。因此，最迟必须在第5周周末完成活动1和活动4，最迟必须在第3周开始活动4。以此类推，得出各个活动的最晚开始时间与最晚结束时间。

(5) 松弛时间：指保证在最可能短的时间内完成工作的前提下，活动可以延误的最多时间。它的计算公式为

$$松弛时间＝最晚开始时间－最早开始时间＋最晚结束时间－最早结束时间$$

如果一个活动的松弛时间是0，这个活动就在关键性路线上。松弛时间实际上和一系列的活动有关系，而不是和单个活动有关系。在图55-2中，活动3和活动4是在同一条路线上，共有1周的松弛时间，然而如果活动3被延误1周，那么活动4就没有松弛时间了。

55.3.2　实施方法

1. 事先绘制出项目的网络图

关键路径法要求项目团队根据活动的逻辑关系，事先绘制出项目的网络图，并将每个活动所需要的时间，也就是这个活动的历时记录在网络图中。每个活动卡片可用如图55-3所示的格式表示。

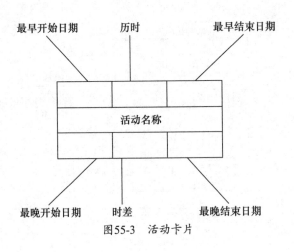

图55-3　活动卡片

2. 用顺推法确定活动时间

所谓顺推法，又称顺排工期法，就是从项目的开始往项目结束的方向推导，来计算网络图中每项活动的最早开始时间和最早结束时间。

具体方法是，从网络图的左边开始，把该活动的最早开始时间加上其历时，就可以方便地得到它的最早结束时间。而前一个活动的最早结束时间，也就是后一个活动的最早开始时间。当然如果后一个活动有超前或滞后时间，还需相应地减去或者加上这个时间，再把结果作为它的最早开始时间。依次类推，就可以很快地确定出每项活动的最早开始和最早结束日期，直至项目的最后一个活动为止。注意，在不同路径的交会点，应取它前面较大的那个时间数值，作为后面活动的最早开始时间。也就是说，某项活动的最早开始时间必须相同或晚于直接指向这项活动的所有活动最早结束时间中的最晚时间。图55-4中显示了最后一项活动"清扫办公室"的最早开始时间，取决于它前面3个活动最早结束时间的最晚时间。

3. 用逆推法确定活动时间

所谓逆推法，又称倒排工序法，就是从完成所有项目任务的最后期限算起，看看每项活动最晚必须什么时间结束，或者最晚必须什么时间开始的方法。在上面的例子中，从最后一个活动"清扫办公室"开始，假设它的最晚结束时间是第25天，减去它的工期2天，就得到这个活动的最晚开始时间，是第24天。也就是说，要使这个项目在第25天结束，"清扫办公室"这个活动必须最晚在第24天开始。这个时间也必须是"清扫办公室"之前所有活动的最晚结束时间，也就是说，"清扫办公室"之前的3个活动"安装办公家具""安装智能系统""装修地板"都必须最晚在第23天结束。依次从后往前进行计算，从该数字中减去活动的持续时间，结果就代表了每个活动必须完成的最晚结束时间。注意，在不同路径的交会点，应取它后面较小的那个时间数值，作为前面活动的最晚结束时间。也就是说，某项活动的最迟结束时间必相同或早于该活动的直接指向的活动最迟开始时间的最早时间，如图55-5所示。

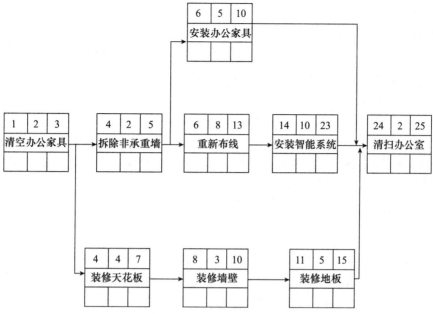

图55-4　顺推法确定活动时间

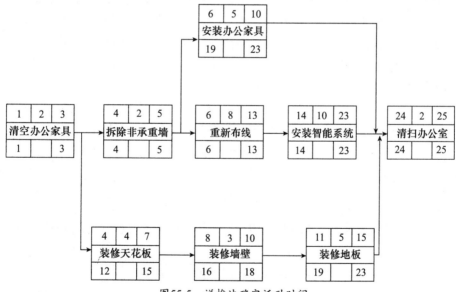

图55-5　递推法确定活动时间

4. 确定每个活动的时差和关键路径

用活动的最晚结束时间减去最早结束时间，或者用最晚开始时间减去最早开始时间，它们之间的差为该活动的时差，又称浮动时间。所谓时差，也就是这个活动能够推迟的时间，推迟以后不影响它后面的活动最早开始，也不增加整个项目的持续时间，如

图55-6所示。

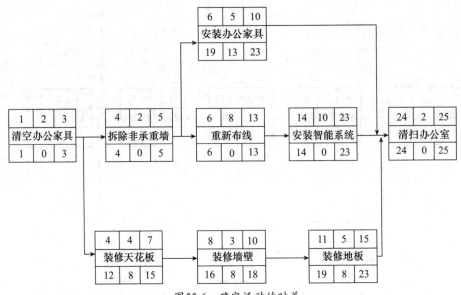

图55-6 确定活动的时差

这个时候就会注意到，在项目的网络图中，有些活动有相同的最早开始、最晚开始时间和相同的最早结束、最晚结束时间。也就是说，这些活动不能早也不能晚，必须在这一天开始，必须在这一天结束，没有任何挪动的余地，这些活动的时差为零，或者说没有时差，人们称这些活动为关键活动，包含这些关键活动的路径为关键路径。这条线路虽然最长，但表明了完成该项目的时间最短。

值得注意的是，时差总是对某项活动而言的，在项目的网络图中，某项活动的时差等于它的最晚开始时间减去最早开始时间，或者最晚结束时间减去最早结束时间。即

$$时差＝LS－ES$$

或

$$时差＝LF－EF$$

而总时差是对某条路径而言的，总时差等于这条路径上所有活动的时差中的最大值，即

$$总时差＝max(该线路各活动时差)$$

在图55-6中，活动"装修天花板""装修墙壁""装修地板"的时差分别为8、8、8天，而这3个活动所在路径的总时差为它们中间的最大值，为8天。

自由时差则是多个紧前活动对同一个紧后活动而言的，它是指某项活动不影响其紧后活动最早开始时间的情况下，可以延迟的时间。

$$自由时差＝后续活动的ES－该活动的ES－该活动的持续时间$$

既然自由时差是多个紧前活动对同一个紧后活动而言的，那么，只有在两项或更多

项的活动指向同一活动时才存在自由时差。

在图55-6中，活动"安装办公家具"的ES为第6天，它本身需要5天，而其后续活动"清扫办公室"的ES为第24天，因此活动"安装办公家具"的自由时差为13天，同样，指向活动"清扫办公室"的另外一条非关键路径上的活动"装修地板"的自由时差为8天。一般而言，自由时差总为正值。

55.3.3　优化方案策略

在项目管理中，编制网络计划的基本思想就是在一个庞大的网络图中找出关键路径，并对各关键活动，优先安排资源，挖掘潜力，采取相应措施，尽量压缩需要的时间。而对非关键路径的各个活动，只要在不影响工程完工时间的条件下，抽出适当的人力、物力和财力等资源，用在关键路径上，以达到缩短工程工期，合理利用资源等目的。在执行计划过程中，可以明确工作重点，对各个关键活动加以有效控制和调度。

在这个优化思想指导下，人们可以根据项目计划的要求，综合地考虑进度、资源利用和降低费用等目标，对网络图进行优化，确定最优的计划方案。下面分别讨论在不同的目标约束下，优化方案策略的制定步骤。

目标一：时间优化

根据对计划进度的要求，缩短项目工程的完工时间。可供选择的方案：

(1) 采取先进技术的措施，如引入新的生产机器等方式，缩短关键活动的作业时间；

(2) 利用快速跟进法，找出关键路径上的哪个活动可以并行；

(3) 采取组织措施，充分利用非关键活动的总时差，利用加班、延长工作时间、倒班制和增加其他资源等方式合理调配技术力量及人、财、物等资源，缩短关键活动的作业时间。

目标二：时间—资源优化

在考虑工程进度的同时，考虑尽量合理利用现有资源，并缩短工期。具体要求和做法是：

(1) 优先安排关键活动所需要的资源；

(2) 利用非关键活动的总时差，错开各活动的开始时间，拉平资源所需要的高峰，即人们常说的"削峰填谷"；

(3) 在确实受到资源限制，或者在考虑综合经济效益的条件下，也可以适当地推迟工程时间。

目标三：时间—费用优化

这个目标包括两方面：一方面是指在保证既定的工程完工时间的条件下，所需要的费用最少；另一方面是指在限制费用的条件下，工程完工时间最短。

一般来讲，工程费用可分为直接费用和间接费用两大类，其中直接费用包括直接生产的工人工资及附加费，设备折旧、能源、工具及材料消耗等直接与完成活动有关的费用。为缩短活动的作业时间，需要采取一定的技术组织措施，相应地需要增加一部分直接费用，如为了赶工增加设备或者单位时间内增加能源消耗等。因此，在一定条件下和一定范围内，活动的作业时间越短，直接费用越多。间接费用通常包括管理人员的工资、办公费等，从成本会计上，把间接费用按照工程的施工时间进行直接分摊。在一定的生产规模内，活动的作业时间越短，分摊的间接费用也越少。因此，有以下时间一费用函数，即

$$Y = f_1(t) + f_2(t)$$

式中，Y表示总费用；$f_1(t)$表示直接费用；$f_2(t)$表示间接费用。

该方程式表明，工程项目的不同完工时间所对应的活动总费用和工程项目所需要的总费用随着时间的变化而变化。假设，当$t = T'$时，$Y' = \text{Min}(Y)$即工程总费用达到最低点，人们将T'点称为最低成本日程(可以用一阶导数为零，二阶导数为正来求得T'点)。在制订网络计划时，无论是以降低费用为主要目标，还是尽量缩短工程完工时间为主要目标，都要计算最低成本日程，从而拟定出时间一费用的优化方案。

参考文献

[1] 赵丽芬. 管理理论与实务[M]. 北京：清华大学出版社，2004.

[2] 陈洪，李煜. 工业产品设计方法[M]. 北京：清华大学出版社，2005.

[3] 刘玉明. 工程经济学[M]. 北京：清华大学出版社，2006.

[4] 刘兴倍. 管理学原理[M]. 北京：清华大学出版社，2004.

[5] 陈洪，李煜. 工业产品设计方法[M]. 北京：清华大学出版社，2005.

[6] 郑立梅. 管理学基础[M]. 北京：清华大学出版社，2006.

[7] 窦胜功，张兰霞，卢纪华. 组织行为学教程[M]. 北京：清华大学出版社，2005.

[8] 陈洪，李煜. 工业产品设计方法[M]. 北京：清华大学出版社，2005.

[9] 苗长川，杨爱花. 现代企业经营管理[M]. 北京：清华大学出版社，2004.

[10] 刘悦安. 创造学实用教程[M]. 北京：清华大学出版社，2005.

[11] 达夫特. 组织理论与设计[M]. 王凤彬，张秀萍，译. 北京：清华大学出版社，2003.

[12] 刘吉发. 产业政策学[M]. 北京：经济管理出版社，2004.

[13] 马梅. e时代旅游产业价值链重构战略设计[M]. 上海：三联书店，2004.

[14] 戴维，李克宁. 战略管理[M]. 北京：经济科学出版社，2001.

[15] 揭筱纹. 创业战略管理[M]. 北京：清华大学出版社，2006.

[16] 王知津. 竞争情报[M]. 北京：科学技术文献出版社，2005.

[17] 杨公朴，等. 产业经济学教程[M]. 上海：上海财经大学出版社，2003.

[18] 克雷格·弗莱舍，芭贝特·本苏桑. 战略与竞争分析[M]. 王俊杰，沈峰，等，译. 北京：清华大学出版社，2004.

[19] 陈淑珍. 中国企业核心竞争力经典[M]. 北京：经济科学出版社，2003.

[20] 周海炜. 核心竞争力：知识管理战略与实践[M]. 南京：东南大学出版社，2002.

[21] 陈庆修. 世界500强如何提高企业核心竞争力[J]. 经济管理，2003.

[22] 姜彦福，张帏. 创业管理学[M]. 北京：清华大学出版社，2005.

[23] 孙连才. 企业集团管控[M]. 北京：经济科学出版社，2009.

[24] 徐二明. 企业战略管理[M]. 北京：中国人民大学出版社，2003.

[25] 邹昭晞. 企业战略分析[M]. 北京：经济管理出版社，2001.

[26] 裘海涛. 麦肯锡的7s模型[J]. 政策与管理，200l.

[27] 冉斌. 你就是公司顾问：如何建立人力资源3P系统[M]. 深圳：海天出版社，2003.

[28] 林泽炎. 3P模式：中国企业人力资源管理操作方案[M]. 北京：中信出版社，2001.

[29] 孙连才. 战略视角下的人力资源[M]. 北京：清华大学出版社，2010.

[30] 王玺. 最新职位分析与职位评价实务[M]. 北京：中国纺织出版社，2004.

[31] 赵曼. 公共部门人力资源管理[M]. 北京：清华大学出版社，2005.

[32] 盖特伍德. 人力资源甄选[M]. 薛在兴，张林，崔秀明，译. 北京：清华大学出版社，2005.

[33] 郑晓明，等. 工作分析实务手册[M]. 北京：机械工业出版社，2002.

[34] 奚玉芹，金永红. 企业薪酬与绩效管理体系设计[M]. 北京：机械工业出版社，2004.

[35] 李新建，孟繁强，张立富. 企业薪酬管理概论[M]. 北京：中国人民大学出版社，2006.

[36] 王凌峰. 薪酬设计与管理策略[M]. 北京：中国时代经济出版社，2001.

[37] 谌新民，张帆. 薪酬设计技巧[M]. 广州：广东经济出版社，2002.

[38] 郑晓明，吴志明. 工作分析实务手册[M]. 北京：机械工业出版社，2002.

[39] 孙海法. 现代企业的人力资源管理[M]. 广州：中山大学出版社，2002.

[40] 刘昕. 薪酬管理[M]. 北京：中国人民大学出版社，2002.

[41] 吴晓，李立轩. 中小企业人力资源管理与开发[M]. 北京：清华大学出版社，2005.

[42] 王凌峰. 薪酬设计与管理策略[M]. 北京：中国时代经济出版社，2005.

[43] 谌新民. 人力资源管理概论[M]. 北京：清华大学出版社，2005.

[44] 郭洪林. 企业人力资源管理[M]. 北京：清华大学出版社，2005.

[45] 吴晓，李立轩. 中小企业人力资源管理与开发[M]. 北京：清华大学出版社，2005.

[46] 黄维德，董临萍. 人力资源管理[M]. 北京：高等教育出版社，2005.

[47] 余凯成，程文文，陈维政. 人力资源管理[M]. 大连：大连理工大学出版社，2001.

[48] 石金涛. 现代人力资源开发与管理[M]. 上海：上海交通大学出版社，2001.

[49] 罗伯特·卡普兰，大卫·诺顿. 战略中心型组织——如何利用平衡计分卡使企业在新的商业环境中保持繁荣[M]. 北京：人民邮电出版社，2004.

[50] 毕意文，孙永玲. 平衡计分卡中国战略实践[M]. 北京：机械工业出版社，2003.

[51] 王化成，刘俊勇，孙薇. 企业业绩评价[M]. 北京：中国人民大学出版社，2004.

[52] 罗伯特·卡普兰，大卫·诺顿. 战略地图：化无形资产为有形成果[M]. 刘俊勇，孙薇，译. 广州：广东经济出版社，2005.

[53] 麦斯特企业管理研究中心. 员工绩效考核[M]. 北京：经济日报出版社，2004.

[54] 饶征. 以KPI为核心的绩效管理[M]. 北京：中国人民大学出版社，2002.

[55] 郭洪林. 企业人力资源管理[M]. 北京：清华大学出版社，2005.

[56] 彭剑锋. 员工素质模型设计[M]. 北京：中国人民大学出版社，2003.

[57] 刘昕. 薪酬管理[M]. 北京：中国人民大学出版社，2003.

[58] 张德. 人力资源开发与管理[M]. 北京：清华大学出版社，2001.

[59] 张建国，窦世宏，彭青峰. 职业化进程设计[M]. 北京：北京工业大学出版社，2003.

[60] 戴维·泰勒，戴维·布伦特. 生产运营与供应链管理——精益方法[M]. 北京：清华大学出版社，2004.

[61] 唐德权. 深度精耕：日本软件企业精义解读[M]. 北京：清华大学出版社，2004.

[62] 戴克商，雷金溪. 质量管理理论与实务[M]. 北京：清华大学出版社，2004.

[63] 严成根，洪江如. 现代企业管理[M]. 北京：清华大学出版社，2005.

[64] 但斌，等. 大规模定制[M]. 北京：科学出版社，2004.

[65] 陈荣秋，周水银. 生产运作管理的理论与实践[M]. 北京：中国人民大学出版社，2002.

[66] 张淑君，林光. 企业运作管理[M]. 北京：清华大学出版社，2004.

[67] 尹柳营. 顺畅创造财富：企业运作动态衔接管理理论与方法[M]. 北京：清华大学出版社，2005.

[68] 许文治. NPs现场管理操作手册[M]. 广州：广东经济出版社，2002.

[69] 申元月，张鸿萍. 生产运作管理[M]. 济南：山东人民出版社，2001.

[70] 王世良. 生产与运作管理教程[M]. 杭州：浙江大学出版社，2002.

[71] 孙林岩，汪建. 先进制造模式[M]. 西安：西安交通大学出版社，2003.

[72] 潘家轺，曹德弼. 现代生产管理学[M]. 北京：清华大学出版社，2003.

[73] 苏威洲，刘丽文，童仲豪，等. 生产与运作管理[M]. 北京：清华大学出版社，2002.

[74] 威廉·J. 史蒂文森. 生产与运作管理[M]. 北京：机械工业出版社，2000.

[75] 刘飞. 先进制造系统[M]. 北京：中国科学技术出版社，2003.

[76] 格雷格·布鲁. 六西格玛[M]. 北京：中信出版社，2005.

[77] 王作成. 六西格玛效果评价与量测[M]. 北京：中国人民大学出版社，2004.

[78] 孙少雄. 如何推行5S全面质量管理基本知识[M]. 厦门：厦门大学出版社，2001.

[79] 今井正明. 现场管理[M]. 北京：机械工业出版社，2000.

[80] 肖智军. 5S活动推行实务[M]. 广州：广东经济出版社，2004.

[81] 钟朝嵩. TQM全面品质管理[M]. 厦门：厦门大学出版社，2006.

[82] 洛丝特，李晓光. 全面质量管理[M]. 北京：中国人民大学出版社，1999.

[83] 李葆文. 全面生产维护——从理论到实践[M]. 北京：冶金工业出版社，2001.

[84] 徐盛华，陈子慧. 现代企业管理学[M]. 北京：清华大学出版社，2004.

[85] 王秀伦. 现代管理工艺技术[M]. 北京：中国铁道出版社，2004.

[86] 马林，等. 全面质量管理基本知识[M]. 北京：中国经济出版社，2001.

[87] 派恩. 大规模定制：企业竞争的新前沿[M]. 北京：中国人民大学出版社，2000.

[88] 潘家轺，曹德弼. 现代生产管理学[M]. 北京：清华大学出版社，2003.

[89] 熊光楞. 制造企业的产品生命周期管理[M]. 北京：清华大学出版社，2006.

[90] 李飞. 分销渠道：设计与管理[M]. 北京：清华大学出版社，2003.

[91] 卢小平. 现代制造技术[M]. 北京：清华大学出版社，2003.

[92] 董文尧. 质量管理学[M]. 北京：清华大学出版社，2006.

[93] 朱兰. 朱兰质量管理手册[M]. 北京：中国人民大学出版社，2003.

[94] 杨钢. 质量无神：零缺陷之父克劳士比的商业传奇[M]. 北京：中国城市出版社，2003.

[95] 陈阳，徐文锋. 零缺陷实战[M]. 广州：广东经济出版社，2005.

[96] 卢显林. 零缺陷管理[M]. 北京：中国商业出版社，2006.

[97] 杨新泉，张群. 运营管理[M]. 北京：清华大学出版社，2006.

[98] 杨钢. 零缺陷大道[M]. 北京：北京大学出版社，2006.

[99] 康建平. 分析与解决生产问题的技术——8D[M]. 北京：东方音像电子出版社，2007.

[100] 大野耐一. 大野耐一的现场管理[M]. 北京：机械工业出版社，2006.

[101] 大野耐一. 丰田生产方式[M]. 北京：中国铁道出版社，2006.

[102] 伍勇军，伍宇. QCC品管圈操作实务与案例[M]. 广州：广东经济出版社，2004.

[103] 佃律志. 图解丰田生产方式[M]. 北京：东方出版社，2006.

[104] 钟朝嵩. 实用品质管理[M]. 厦门：厦门大学出版社，2005.

[105] 文放怀. 企业管理方法和工具精选：新工厂管理[M]. 广州：广东经济出版社，2004.

[106] 马刚，李洪心，杨兴凯. 客户关系管理[M]. 大连：东北财经大学出版社，2005.

[107] 郭国庆. 市场营销通论[M]. 北京：中国人民大学出版社，2005.

[108] 杰姆·G. 巴诺斯. 客户关系管理成功奥秘——感知客户[M]. 北京：机械工业出版社，2001.

[109] 克里斯托弗·H. 洛夫洛克. 服务营销[M]. 北京：中国人民大学出版社，2001.

[110] 菲利普·科特勒. 营销管理[M]. 北京：中国人民大学出版社，2001.

[111] 张秀玉. 企业战略管理[M]. 北京：北京大学出版社，2001.

[112] 贾旭东. 从CI到CS[M]. 北京：中国经济出版社，2002.

[113] 林朝阳. 基于产品生命周期理论的新产品渠道策略选择[J]. 大众科技，2006.

[114] 贾艳瑞. 基于产品生命周期理论的营销实践思考[J]. 江苏商论，2006.

[115] 胡运权，郭耀煌. 运筹学教程[M]. 北京：清华大学出版社，2002.

[116] 周小桥. 项目管理工具与模板[M]. 北京：清华大学出版社，2005.

[117] 马士华，林勇，等. 供应链管理[M]. 北京：机械工业出版社，2003.

[118] 赵林度. 供应链与物流管理理论与实务[M]. 北京：机械工业出版社，2003.

[119] 曹俊超，戴克商. 物资管理理论与实务[M]. 北京：清华大学出版社，2006.

[120] 邹辉霞. 供应链物流管理[M]. 北京：清华大学出版社，2004.

[121] 王能民，孙林岩，汪应洛. 绿色供应链管理[M]. 北京：清华大学出版社，2005.

[122] 张锋，林自葵. 电子商务与现代物流[M]. 北京：北京大学出版社，2002.

[123] 李万秋. 物流中心运作与管理[M]. 北京：清华大学出版社，2003.

[124] 王关义. 现代企业管理[M]. 北京：清华大学出版社，2004.

[125] 钱明辉，风陶. 项目管理[M]. 北京：中华工商联合出版社，2001.

[126] 唐少清. 项目评估与管理[M]. 北京：清华大学出版社，2005.

[127] 左美云，周彬. 实用项目管理与图解[M]. 北京：清华大学出版社，2002.

[128] 吴之明，卢有杰. 项目管理引论[M]. 北京：清华大学出版社，2000.

[129] 张立友. 项目管理核心教程与PMP实战[M]. 北京：清华大学出版社，2003.

[130] 陈少华. 财务报表分析方法[M]. 厦门：厦门大学出版社，2004.

[131] 安玉华. 企业会计报表与分析[M]. 上海：上海人民出版社，2003.

[132] 陈宝锋. 财务管理[M]. 北京：机械工业出版社，2004.

[133] 王萍. 财务报表分析[M]. 北京：清华大学出版社，2004.

[134] 陈琼. 会计学基础[M]. 北京：清华大学出版社，2004.

[135] 崔毅，邵希娟. 现代财务管理[M]. 广州：华南理工大学出版社，2002.

[136] 郭亚军. 综合评价理论与方法[M]. 北京：科学出版社，2002.

[137] 姜旭平. 经营分析方法与IT工具[M]. 北京：清华大学出版社，2004.

[138] 董文尧. 质量管理学[M]. 北京：清华大学出版社，2006.

[139] 埃巴，凌晓东. 经济增加值：如何为股东创造财富[M]. 北京：中信出版社，2001.

[140] 思腾恩. EVA挑战：实施经济增加值变革方案[M]. 上海：上海交通大学出版社，2002.

[141] 格兰特，刘志远. 经济增加值基础[M]. 大连：东北财经大学出版社，2005.

[142] 张诗信，王学敏. 3S绩效考核[M]. 北京：企业管理出版社，2019.